黎明前后

王家声　应春山
孙宏光　郭芙秀　主编

世界知识出版社

图书在版编目（CIP）数据

黎明前后 / 王家声主编. —北京：世界知识出版社，2013.12

ISBN 978-7-5012-4590-1

Ⅰ.①黎… Ⅱ.①王… Ⅲ.①中国历史—现代—通俗读物 Ⅳ.①K260.9

中国版本图书馆CIP数据核字（2013）第306239号

责任编辑 胡孝文
责任出版 赵 玥
责任校对 丁洁琼

书　　名 黎明前后
Liming Qianhou

主　　编 王家声　应春山　孙宏光　郭芙秀

出版发行 世界知识出版社
地址邮编 北京市东城区干面胡同51号（100010）
网　　址 www.wap1934.com
经　　销 新华书店
印　　刷 北京新华印刷有限公司
开本印张 718×1000毫米　1/16　26印张
字　　数 370千字
版次印次 2014年1月第一版　2014年1月第一次印刷
标准书号 ISBN 978-7-5012-4590-1
定　　价 56.00元

目录

黄埔军校走出了哪些国共名将……何仁勇 / 1
唐纳：神秘的身份之谜……贺越明 / 9
唐纳的真实身份……叶永烈 / 21
“谍战玫瑰”沈安娜……陆　昇 / 33
“红与黑”：革命历史上的真假叛徒……散　木 / 45
叫一声“革命”太沉重：叛徒龚楚其人……散　木 / 57
杨登瀛：“双面间谍”？红色特工？……卢　荻 / 70
绝密：李克农与西安事变……左玉河 / 81
“乱世蛇神”：大叛徒、大特务谷正文之谜……散　木 / 94
1950，叛徒蔡孝乾与台湾地下党……何立波 / 107
何畏变节之后……散　木 / 120
英雄抑或叛徒？
——“满族第一抗日将领”赵侗死亡之谜……王　龙 / 132
“两个”蒋经国……胡　平 / 144
“平型关战斗”与“平型关战役”……王彬彬 / 158
“伍豪之剑”：周恩来率领的中央特科……王铁群 / 165
1930：“富田事变”的前前后后……罗平汉 / 174

1949，“中国第一舰”起义揭秘……毛剑杰 / 188
历史岂能变“戏法”……叶永烈 / 197
蒋氏父子在溪口的最后日子……王　凡 / 204
四次血案幕后：蒋介石的智与不智……杨奎松 / 215
反贪：蒋介石的严刑与空言……杨天石 / 230
张灵甫死因之谜及其他……何仁勇 / 239
从“国军伙夫”到志愿军英雄……王　龙 / 251
从“拍苍蝇”到“杀老虎”
——战后反腐第一案姜公美案……阮清华 / 261
“明月依然在，何时彩云归”
——毛、周、蒋酝酿的“第三次国共合作”……邓　因 / 270
首任统战部长李维汉……叶介甫 / 285
“铁军主帅”李济深……吴东峰 / 297
何香凝：坚毅刚正奇女子……王开林 / 306
关于中国：罗斯福与斯诺的三次密谈……丁晓平 / 316
陪都重庆：一些曾被忽略的侧面……左双文 / 326
李茂堂：潜伏“中统”十五年……陆　昇 / 339
莫雄：国民党少将的“潜伏”人生……莫栋梁 / 348
红色特工张克侠……陆　昇 / 358
潜伏：“红色卧底”郭汝瑰……卢　荻 / 369
打入蒋介石侍从室的段氏兄弟……陆　昇 / 381
潜伏：“隐形将军”韩练成……卢　荻 / 392
青年蒋经国为何加入苏共……何仁勇 / 402

黄埔军校走出了哪些国共名将

何仁勇

1924年6月，孙中山在中国共产党和苏联的帮助下，于广州黄埔长洲岛创建“中国国民党陆军军官学校”。这个学校有一个更著名的名字——黄埔军校。

从1924年到1949年底，黄埔军校在大陆开办了23期，包括各分校、训练班在内，培养出了23万多名毕业生。其中，不少毕业生成为国共的骨干将领——胡宗南、林彪、刘志丹、罗瑞卿、杜聿明、黄维、郑洞国、戴安澜、胡琏、徐向前、陈赓、赵一曼……没有他们，整个中国现代史或将黯然失色。

胡宗南“哭”进黄埔军校

胡宗南是浙江镇海人，国民党陆军一级上将，深得蒋介石的宠爱和器重，指挥40余万精锐部队，人称“西北王”。一生戎马30年，经历了黄埔建军、东征、北伐、第一次国共内战、抗日战争、第二次国共内战、台海对峙等中国现代史上几乎所有的重大事件。

但是，当年胡宗南参加黄埔军校入学考试，因为个子比别人矮，身体又较瘦弱，差点在体检时被淘汰出局。幸好他及时施展“哭”功，硬是“哭”进了黄埔军校。

1924年，黄埔军校在上海秘密招生，进行初试，合格后再到广州复试。上海初试的主考官是毛泽东，胡宗南顺利通过，可接下来在广州举行的复试就没有这样简单了。

体检复试，考官让考生站成一排检查身高。胡宗南身高不足1.6米，一下子就被拎了出来。考官不客气地说，“你根本就不是当兵的材料。”这就意味着，还没进入文化考试环节，胡宗南就被“咔嚓”了。

这个结果是胡宗南无论如何没有想到的。他怔了怔，突然蹲在地上号啕大哭起来。在举目无亲的地方，这个29岁的男人第一次体会到了“绝境”两个字的含义。

哭了一阵后，胡宗南醒悟过来。他猛然站起来，大声责问把他拎出来的考官，“为什么不让我参加国民革命？革命是每个年轻人的义务，个子矮怎么了，拿破仑的个子也不高，总理孙中山先生的个子也只有1.68米，廖仲恺先生更矮嘛，国民革命怎能以相貌取人呢。”

这时候，在旁边一间屋的黄埔军校党代表廖仲恺被惊动了，他出来后对胡宗南说，“这位同学，我批准你参加考试”。当即写了一张纸条交给胡，上书“国民革命，急需大批人才。只要成绩好，身体健康，个子矮一点也是应该录取的”。

凭着廖仲恺的纸条，胡宗南参加了文化考试，成为黄埔军校一期的一员。当然，那时候的廖仲恺没有想到，这个差点被淘汰的小个子，日后会成为国民党最著名的战将之一，更没想到日后他会把毛泽东“逼”出延安——当然，最终结果是胡宗南被逼退台湾……

“灵不过陈赓的腿”

“既生瑜，何生亮？”这是三国东吴大将周瑜的一句名言。对此，胡宗南有很深体会。他这辈子与无数对手过招，最难忘的一位可能就是陈赓了——这位老同学与他从黄埔军校就开始争斗，直到解放战争还没停息。

两人都是黄埔军校一期生。陈赓是青年军人联合会成员，而胡宗南则加入了孙文主义学会。两派经常因为思想和立场的不同而发生冲突，打架斗殴是家常便饭。有一回，在一次集会上，两派又起争斗，闹成一团。陈赓开始和李仙洲对阵，胡宗南跑过去帮李仙洲的忙；陈赓一时火起，操起一只板凳追赶胡宗南，把后者赶得狼狈逃窜，帽子都跑丢了。

陈赓成名很早，被称为“黄埔三杰”（另两人为蒋先云和贺衷寒）

之一。当时还有一首打油诗说："蒋先云的笔，贺衷寒的嘴，灵不过陈赓的腿。"说的是陈赓在第二次东征中救蒋介石一命的事情。

1925年秋，国民革命军进行第二次东征。东征军总指挥蒋介石在华阳镇一役中遇险，陈赓背着蒋介石，靠着两条长腿健步如飞，最终在枪林弹雨中让蒋过河脱险。

1933年春天，因为叛徒告密，陈赓在上海被国民党当局抓获。后来送到南昌。蒋介石召见陈赓时心疼地说："陈赓，你瘦了。"陈赓回答："瘦吾貌而肥天下。"陈赓说："校长也瘦了。"蒋介石说，"国家如此，生灵涂炭，寝食不安哪！"陈赓说，"身为一党一国领袖，校长瘦而天下更瘦，这是为何？"蒋介石无言以对。

陈赓性格非常豪爽，行事不拘小节。1943年的一天，陈赓等军政干部在听毛泽东作报告。听了一阵，陈赓突然站起来，直接往主席台而去。毛泽东愣了，问："陈赓同志，有何急事？"陈赓也不回答，取过毛泽东的杯子，喝了一大通后才报告："天太热，借主席一口水。现在没事了！"在场的干部哄堂大笑，毛泽东也不禁微笑起来。

令人痛心的是，1961年，年仅58岁的陈赓病逝于上海，共产党痛失良将。当年考试时与陈赓并排而坐，后来一同进入黄埔军校的宋希濂，经常想起老同学："陈赓给我印象最深刻的是解放后的几次会面，他没有一点以胜利者自居的神气，令我心折和怀念。"

杜聿明：同时收到国共两党"入党登记表"

1948年，淮海战役快要结束时，毛泽东曾以人民解放军中原和华东两司令部的名义，写了一篇800余字的广播稿《敦促杜聿明等投降书》，让时任东北"剿总"副总司令的杜聿明家喻户晓。杜聿明也是黄埔一期出身。

杜聿明是陕西米脂县人，书香门第出身，可他却老想着投笔从戎，干出一番可歌可泣的事业。1923年，杜从榆林中学毕业后，一次无意在《新青年》上看到黄埔军校的招生广告，同时，也在另一份报刊上看到吴佩孚办洛阳军官学校的招生广告。经过慎重考虑，杜聿明选择了黄埔军校。

1924年3月，杜聿明与堂兄杜聿鑫，同乡青年阎揆要、关麟征等11人，从北京取道天津，搭乘英轮南下广州。他们在陕西会馆住下后，随即上街打听招生情况，获悉军校还在招生，但报名者超过1000多人。为了保证被录取，他们决定由杜聿明执笔，给国民党元老、原陕西靖国军总司令于右任先生写了封信，请求他帮忙做个介绍。原来于右任是杜聿明父亲的同窗好友，又同是早期的同盟会员，感情很深。半个月后，爱惜人才的于右任回信，不但请他们吃饭，还慷慨地写了一封介绍信给黄埔军校校长蒋介石，说这里有11位陕西有志青年，前来报考黄埔军校，希望破格录取，以便将来到北方开展工作。

据称，蒋介石收到于右任的介绍信后很高兴，专门找来负责录取工作的人员，当面交代说："于先生送来的学生理应全部收下！"

4月下旬，黄埔军校举行最后一次补考。试题是国文和数学。杜聿明不怕数学，担心的是国文。国文的题目是"你为什么要信仰三民主义？"杜聿明对"三民主义"没什么研究，好在那时《新青年》等进步刊物盛行中国，杜便根据上面的一些文章，结合自己的看法写了几百字交卷。也许是因为运气好，也许是于右任的介绍信起了作用，总之4月底放榜，杜聿明等11人全部榜上有名。入校后，杜聿明收到了国民党和共产党的入党登记表。那时候，他对于什么是国民党、什么是共产党一无所知，只好从字面意思来理解。他想，"共产"大概就是把家里的财产拿出来分给大家。杜聿明家中比较殷实，有些舍不得"分财"，所以就填写了国民党的表格。

当然，杜聿明做梦也没有想到，就在他加入国民党的当儿，他的妻子曹秀清正在陕西榆林中学，举着右手向共产党党旗庄严宣誓呢。他更没有想到，后来他能当上国民党的大官，1949年却成了共产党的俘虏，1964年又当选为人民共和国的政协委员……

郑洞国："冒名顶替"进黄埔

总体来说，黄埔军校的入校考试比较严格，也非常注重公平，但避免不了一些“意外”事故发生。比如，国民党名将郑洞国就是冒名顶替考进黄埔军校，这也是黄埔军校史上独一无二的“事故”。

郑洞国是湖南石门县人，学生时代参加过五四运动。1921年，他曾投笔从戎，但没成功。1924年1月，正在长沙商业专门学校读书的郑洞国听说孙中山创办黄埔军校的消息，立刻找同乡王尔琢商议。没料到，王尔琢已先走一步了。郑洞国赶紧邀上三位同乡，一同南下广州。当他们找到王尔琢时，才知道报考军校的日期已经过了。

郑洞国心急如焚，王尔琢也跟着急。这时，转机出现了，一位叫黄鳌的湖南老乡，因为担心考不上，就报了两次名。此刻见郑洞国急成这般模样，便建议顶替他的名去考。郑洞国沉吟半晌，决计冒顶黄鳌之名报考军校，而且考上了。巧的是，真黄鳌也考进去了，而且他们都被编在第二队。在点名出操的时候，两人竟一同应声出列。

郑洞国是个老实人，对于冒名顶替的事情一直惴惴不安。经过反复考虑，他终于鼓足勇气，向区队长坦白了。好在校方并没有追究他的责任，只是把他的名字改了回来。

于是，郑洞国的名字开始在东征、北伐、抗日等历史事件里闪耀……

刘志丹：气质更像艺术家

刘志丹是陕北红军和苏区主要创建人之一、中国工农红军高级将领。1936年刘志丹牺牲后，毛泽东曾亲笔题词：“群众领袖，人民英雄”。

刘志丹长得俊朗儒雅，能歌善舞，写得一手漂亮文章。从气质和特长上来看，他更像一名艺术家或者文学家。不过，刘志丹打小就立志做一名军人，过金戈铁马的日子。因此，当他在榆林中学读书时，第一个响应中共党组织的号召，报考黄埔军校。不料，此举遭到很多人反对。亲戚朋友轮番劝阻，学校也不放行。刘志丹慨然而言：“古人云‘虽有文事，必有武备’，对付军阀，没有军队怎么行？”

1925年秋天，刘志丹南下广州，成功进入黄埔军校第四期，习步科。刘志丹是北方人，在广州水土不服，入校没多久就染上重病，一度昏迷不醒。医生以为他死了，准备送往太平间。同乡请求医生再观察一天。医生说，再观察一天可以，但不能放在宿舍里，以免传染。

也是刘志丹命不该绝，在同乡的悉心照料下，他闯过了“鬼门关”，逐渐康复——否则的话，中国工农红军就少了一位杰出的领导人。

“福将”胡琏

在国民党众将领中，能打仗的多，会打仗的少，敢打恶仗硬仗的就更屈指可数了，胡琏即其中一位。

有好事者作过统计，《毛泽东军事文选》里有7篇专门针对国民党十八军及胡琏的电文。能够多次得到毛泽东这种“指名道姓”的待遇，实为罕见。开国上将杨勇曾经说过：“我们宁愿俘虏一个胡琏，不愿俘虏十个黄维。可惜让胡琏给跑掉了。”

胡琏是黄埔四期毕业生，与林彪同窗。毕业后，他从少尉排长干起，历经北伐、中原会战、江西“剿共”、抗战诸役，因战功显赫而不断擢升，37岁做到十八军军长，中将军衔。抗战胜利后，国民党对军队进行整编，十八军改为十一师，与新一军、新六军、第五军、七十四师，并称国民党军五大主力。

在随后进行的三年国共内战中，胡琏率三万全部美式装备的十一师，在中原、华东两大战场同解放军对峙周旋，与刘伯承、陈毅等中共名将均有过正面碰撞，丝毫不落下风。1949年10月，退守台湾的胡琏担任“金门防卫司令部总司令”，统领金门党、政、军务，在当地影响深远，被称为“金门王”。胡琏在金门打了“古宁头”战役。此战是国民党三年内战之后唯一一次歼灭性的胜仗，也是解放军第一次团级以上建制单位被全吃的败仗记录（是役解放军伤亡9000人）。

胡琏会打仗，更是一名运气超好的“福将”——

1947年8月，华东野战军三个纵队将十一师包围在山东南麻，志在将其一口吞掉。战斗打响后，却突降大雨，华野将士苦战四天，最终只能撤出战斗。老天帮了大忙，胡琏没有被歼灭，此役也被列为国民党“十大武功之一”，后于台北圆山忠烈祠以浮雕壁画作记。

一年后，胡琏与黄维率由十一师扩编的十二兵团参加淮海战役，在败局已定的情况下，胡琏爬上坦克逃生。中途遇到大队解放军人马，竟无人理睬这辆逆行的坦克，甚至还有不少战士“礼貌友好”为他让路。黄维就没有这么好的运气了，同样是乘坐坦克，却因坦克抛锚而被捕。

1958年8月23日，台湾“国防部长”俞大维来金门视察，与胡琏等人到翠谷水上餐厅参加晚宴。临行前俞大维突然叫住胡琏——就在此时，解放军开始炮轰，胡琏等人赶紧躲进坑道，再次逃过一劫。而在餐厅恭候的金门防部副司令赵家骧、吉星文、章杰三人均被炸身亡。

俞大维后来回忆这件事情时说，该谈的其实都已谈过，为什么要叫住胡琏，连自己都百思不得其解，只能说是命运的安排。

戴安澜：蒋介石、毛泽东为他写悼词

与老资格的第一期、群星荟萃的第四期相比，黄埔三期显得多少有些寂寥，不过，依然走出了不少震动一时的著名将领，比如戴安澜将军。

戴安澜是安徽无为县人，曾经就读南京安徽公学，深受陶行知先生的影响。1924年初，戴安澜响应时任广东粤军第四师团长的远方叔祖父戴端甫的号召，报考黄埔军校一期，却因身材瘦弱被淘汰。戴安澜只能退而求其次，先参加国民革命军，当了二等兵。在部队里，戴勤奋锻炼，身体情况很快好转。

1925年，戴安澜再次报考，终于考进黄埔军校第三期，被编在步兵队学习。

真正让戴安澜“扬名立万”的是在抗日战争时期，率领中国远征军南征缅甸。1942年，抗日进入了最艰难的战略相持阶段，中国广大军民正在为抗日付出最惨重的牺牲。当年2月，日军为了切断援华抗战物资的重要运输线——滇缅公路，向缅甸大举进攻。应英国政府请求，中国国民政府派遣远征军3个军约10万人赴缅参战。其中，第五军戴安澜所率的200师表现最为突出。

1942年3月，戴安澜率200师参加东瓜保卫战，与日军第55师团正面交火，在敌众我寡，又失去空军支援的恶劣环境中，与日军苦战12天，歼敌5000余人，掩护了英军安全撤退。4月24日，戴率部克复棠吉，使东线战局的转危为安。5月18日，戴安澜在郎科地区指挥突围战斗中负重伤，26日下午5时40分在缅甸北部茅邦村殉国。

戴安澜殉国后，国共两党领袖均亲撰挽词。蒋介石的挽词是：“虎头食肉负雄姿，看万里长征，与敌周旋欣不忝；马革裹尸酹壮志，惜大勋未集，虚予期望痛何如？”毛泽东的挽诗是《海鸥将军千古》：“外侮需人御，将军赋采薇。师称机械化，勇夺虎罴威。浴血东瓜守，驱倭棠吉归。沙场竟殒命，壮志也无违。”

1956年，戴安澜被中央人民政府内务部追认为革命烈士，2009年被评为“100位为新中国成立作出突出贡献的英雄模范”——这可能是其中唯一一位国民党将领。

（作者系文史学者）

原载于《同舟共进》2013年第4期

唐纳：神秘的身份之谜

贺越明

2012年8月23日是唐纳先生的忌日——离他逝世，已经整整24周年了。

“唐纳”这个名字，知悉的人应该不少。随着“四人帮”的倒台，去国多年、近乎匿迹的唐纳，重新回到了国人的视野中，成了普通民众任意谈论和想象的人物。

曾经“为情轻生”

从上世纪70年代末到现在，报章上出现了不少介绍唐纳其人的文字，林林总总，不胜枚举。总括而言，这些文字中，除了曾与唐纳共事的几位老报人的回忆有些真材实料外，其他的大都是捕风捉影，辗转抄袭，且有不少杜撰成分。更有甚者，坊间一本号称以“纪实手法”写成的《唐纳浮沉录》，将其主要的人生经历几乎描绘成一部情海浮沉史，故事情节、人物关系大都出自虚构。

以讹传讹、添油加醋，唐纳的形象被涂抹得面目全非，哪怕是离表面的真实也越来越远。唐纳生前对此习以为常，虽有怨愤也无可奈何。国内某家刊物曾发表一篇涉及唐纳1930年代婚事的文字，他看到后在给友人的信中说：“不知是否我于二十余年来看过诸如此类的文章太多了，并没有引起很大的惊奇。所谓见怪不怪，其怪自败。让他乱抄乱袭去吧，我是不屑一理……这种财迷心窍、唯利是图的‘作家’我也见得多了，没有对他们重视的必要。”

那么，这位江青的“前夫”，究竟是什么样的人呢？

唐纳夫人陈润琼编选的《马季良（唐纳）文集》（华东师范大学出版社1993年版），有一段对著者的生平事略介绍：本名马继宗，1914年5月7日生于苏州，父亲马培甫时任津浦铁路局洋务译员，母亲费文英。两岁时过继给大伯马含荪为嗣，从小喜爱诗文。少时就读于苏州私立树德初级中学，毕业后考入省立苏州中学。从1930年开始，他以巨钰、瞿觉等笔名在《吴县日报》发表一些散文、短诗。“九一八”事变后的1931年11月，他加入由吴县共青团委和苏州进步青年发起成立的“社会科学者联盟”，积极参加抗日救亡活动，还与进步青年佘增涛（史枚）、项志逖（胡绳）、吴大琨、袁水拍等交往，经常议论国事，探讨救亡之道。1932年3月，因中共吴县县委和共青团组织遭破坏，马继宗亦遭当局追查而避逃上海，改名马继良，后又用季良、骥良等名。同年夏考入圣约翰大学。1933年，以唐纳、罗平、陈陀等笔名在《晨报》“每日电影”、《申报》“电影专刊”、《新闻报》“艺海”等副刊发表电影评论，常有独到见解，深受读者喜爱。翌年秋，进华艺电影公司任编剧，为抗日影片《逃亡》主题歌《自卫歌》和插曲《塞外村女》填词，由聂耳作曲而广为流传。后又进电通影业公司任编剧、宣传主任，明星影片公司任编导委员会副主任……

因唐纳外貌俊朗，一表人才，被电通的导演看中，获邀在喜剧片《都市风光》中出演男主角李梦华。他虽是初登银幕，却演得相当出色。正是在电通拍摄《都市风光》时，唐纳与来自山东青岛、本名李云鹤的蓝苹结识并相恋，在不久后发生了耸动视听的婚恋风波，成为报刊花边新闻中的男、女主角。

传记作家叶永烈撰写的《江青传》（作家出版社1993年版），对风波的前因后果记述甚详：1936年4月26日上午，唐纳和蓝苹，与同为演员的赵丹和叶露茜、顾而已和杜小鹃一起，在杭州六和塔下举行集体婚礼，由导演郑君里主持，上海法学院院长沈钧儒证婚，一时传为佳话。5月底，蓝苹称到济南探视生病的母亲，竟一去不返，并来信表示断绝关系，如雷轰顶的唐纳6月下旬赶去济南，遍寻无着，绝望中在旅店吞火柴头自尽，幸被茶房发现送医及时抢救过来。其实是到天津找前男友俞启威的蓝苹闻讯来到济南，在郑君里劝说下和唐纳回到上海。但两人共同生活不久，又多次争吵而分居。1937年5月22日，唐纳获知蓝苹竟插足导演章泯的家庭后悲愤欲绝，一气之下跑到吴淞口跳入长江，幸被路人救了上来……

但是，婚恋只是整个人生的一部分，单从这个视角认识和评判一个人是远远不够的，而且还容易流于片面。需要留意的是，蓝苹在到上海认识唐纳之前，经前男友俞启威引导和帮助，已于1933年2月在青岛加入了中共；因为一度失去组织关系，又在上海加入青年团。踏入影剧界时，她绝对是一个左翼文艺女青年。1937年，她为了高远的政治理想，放弃上海相对安逸的生活，奔赴条件极为艰苦的延安。在上海为蓝苹舍妻弃子的导演章泯，更是早在1926年就加入了中共，此后一直从事左翼戏剧工作。蓝苹也好，章泯也好，尽管私人生活都有喜新厌旧的记录，政治上却非碌碌之辈。与蓝苹一度同居成婚的唐纳，其时是什么政治面目呢？他与后来改名“江青”的蓝苹，有没有共同的志向呢？

被忽视的政治身份：中共党员

上世纪三四十年代，从上海、武汉、重庆再到上海，唐纳称得上是横跨影剧界、新闻界的活跃人士。在上海，他编辑《大公报》“戏剧与电影”专刊，出演喜剧片的主角，还当过战地记者；去武汉，他创作并策划演出抗日话剧《中国万岁》，轰动三镇；到重庆，他进入英国新闻处当译员，组织进步戏剧活动；回上海，他先任《时事新报》主笔，再任《文汇报》总编辑……唐纳中、英文俱佳，是公认的多面手。撇开给他带来另类名声的那段短暂婚史不谈，以他在影剧和新闻方面的业绩，也堪称出类拔萃的文化人。然而，唐纳除了演员、报人的职业身份之外，还有一个当年罕为人知且以后也被忽略的政治身份：中共党员。

《江青传》在“沸沸扬扬的六和塔婚礼”一节中有个脚注，称唐纳认识蓝苹时，“其实已加入共青团。后来，他也加入了中国共产党”。另一处又转述夏其言接受访问时的回忆，他早年考上一家银行当练习生，与同事马骥善为好友，进而认识了其兄马骥良亦即唐纳，“那时候，马骥良参加了‘C.Y.’，亦即共青团”。但对于唐纳究竟何时加入中共，该书语焉不详。

夏其言作为唐纳青年时代的挚友，曾应新加坡《联合早报》邀约撰写《唐纳与我》一文，回忆他与唐纳相识于1936年，共同的忧国之心和救亡之忧，使他们引为知交。一天，唐纳说有个朋友是职业革命家，刚从国民党反省院中逃出来，当局正在追捕，想找个可靠的藏身之所，问夏敢不敢接受。夏一听是个进步人士，还是个传奇人物，便欣然答允。

唐纳的这个朋友名叫史枚（本名佘增涛），后来与夏其言一起住在亭子间。史枚很有学问，文史哲经，古今中外，无不通晓，夏尊他为师长。唐纳三天两头来夏家，给史枚带来许多外面的消息。两人一起谈形势，谈救亡，谈文艺，谈着谈着，一篇评论就出来了。唐纳那时主编《大公报》的“戏剧与电影”专刊，上面许多鼓吹国防电影、宣扬救亡图存的文字就是夏家亭子间的产品。夏那时还只有旁听的资格。听着听着，再加上读了史枚推荐的不少进步书籍，也就懂得了许多革命道理。

夏其言在文中说：“我之能够走上革命道路，如果说史枚是最早的启蒙人的话，那么唐纳应该是最早的引路人。”夏本人于1937年加入中共。依照常理，唐纳作为他“最早的引路人”，应该在他之前加入中共。

在这一点上，还有一个文字记载可作为证据。2005年10月号《上海滩》月刊一篇题为《新闻界老战士夏其言》的文章，在小标题“唐纳引他走上革命道路”下，写道：“1936年，他（夏其言）结识了共产党员唐纳……”该文作者居欣如曾先后供职中共华东局宣传部、上海市委宣传部，而夏其言在所属机关报《解放日报》先后任经理、政文部主任、副总编辑直至离休。他们相互熟识，在文章中这样表达不会没有根据。

对这个问题尚不确定的是：唐纳究竟是哪年正式成为中共党员的？在上世纪二三十年代，由团转党是比较普遍的做法，即入团后经过一段时间考验，直接转为共产党员。有可能当夏其言知道唐纳是“C.Y.”时，实际上他很快就成了“C.P.”（“共产党”的英文缩写）。这个推断如能成立，唐纳的党龄应始于1936年或更早一些。可见，尽管唐纳与蓝苹很快就分道扬镳，但最初能走到一起并不是偶然的，他们在政治思想上毕竟属于同一阵营。

依照中共组织部门以1937年七七事变引发抗战全面爆发的划线原则，唐纳在那之前投身革命并入党，属于“红军时期”的干部，是名副其实的老革命。如果说演员、报人均为唐纳的职业身份，那么中共党员就是这位文化人的政治身份。因而，他的思想底色就像他当年向夏其言传输的革命理想那样，是救亡图存，解放劳苦大众，建立一个人人平等、自由的新中国。

可以说，中共党员这一政治身份，是解开唐纳“人生秘密”的一把关键钥匙。

“潜伏”的报人

在1949年10月1日中共正式成为执政党之前（甚至之后一个短时期），大多数中共党员都处于秘密状态，甚至在红色根据地或革命队伍里也是如此。所以，1948年赴港工作不久就远赴海外的唐纳，从未有过公开党员身份的机会。从一些涉及唐纳的回忆文字可以看到，他的政治面目并不清晰，但做着共产党人才会做的事情，而且扮演了非常独特的角色。

解放前曾参与妇女运动的童礼娟写有《和许广平相处的日子》一文，说1946年春节过后不久，在中共地下党学委领导下，她和几位同志一起参与筹建上海妇女联谊会。许广平、胡子婴等被选为常务理事。为了扩大影响，妇联会要办会刊，因没有经费，开头用油印机印了两期，不够理想。许广平出面联系到《时事新报》的半个版面，党组织安排她去协助许广平做些具体工作。有一次，她应许广平安排到许家与马季良（唐纳）见面。“那天我比约定的时间稍早些先到，稍后，马季良来了，他中等个头，穿一身灰色西装，学者风度。我们就在前半间靠窗口围桌而坐，主要是许先生和马季良交谈，我只在一旁听着。许先生很谦虚，不时征求我的意见，我总是点点头。最后大家商定，副刊半个版面，一星期出一期，刊名为《妇女生活》，因已有《学生生活》、《工人生活》副刊，这样，可以保持名称一致。”文中提到，《时事新报》是国民党四大家族之一孔祥熙所办，这个副刊的稿件刊出后没有稿酬，排版看清样等工作由她去报社处理。她又说：“《妇女生活》出了几期，许先生又联系到《联合晚报》，这次是许先生写了张字条让我直接去联合晚报社找主编冯宾符，冯和我谈了些具体事情，刊名为《妇讯》……”还说:“《联合晚报》是上海地下党领导的以民营面目出现的一张报纸，因是晚报，都是上午去报社工作。由于许先生坚持争取和平、民主，反对独裁、内战的编辑方针，因而这两个副刊团结教育了广大妇女读者。”

《联合晚报》本是中共地下党领导的报纸，而《时事新报》是国民党财阀孔祥熙掌控的报纸。但由于唐纳任《时事新报》主笔，某些版面起到了与中共的报纸近乎相同的宣传作用。鲁迅夫人许广平是妇女界左翼领袖人物，其背后是中共地下党，唐纳与她的合作当然不是个人行为。前述居欣如的文章也提到唐纳进入《时事新报》之事:“唐纳当主笔，完全是受党的委派，他的直接领导人是文委负责人夏衍。夏衍要唐纳利用国民党内部派系矛盾，把这张报纸作为一个很好的阵地，用来宣传进步主张。”唐纳能进该报主持笔政，凭借的是与孔祥熙之子孔令侃在圣约翰大学先后同学的关系。该报有一次报道军人和警员在戏院互殴的丑闻，军警双方扬言要来砸报社，唐纳马上请出孔令侃出面周旋，始告平息。这是共产党人在国民党文宣机构的“潜伏”，类似事例不少。

唐纳在《时事新报》为时不长，因有些文章、版面的色彩偏红，引起后台老板的注意而被迫退出。他应邀担任《文汇报》总编辑，与总主笔徐铸成，副总主笔陈虞孙、宦乡及采访主任孟秋江等主持这份立场偏左的报纸，也有不少出色表现。最耐人寻味的一次，是在国共和谈彻底破裂，中共代表团撤离南京返回延安前夕，1946年11月19日，唐纳突然乘火车由沪至宁，偕该报驻宁记者郑永欣去梅园新村访晤中共代表周恩来。据郑永欣的回忆文章《石头古城“逐鹿”记》所述，整个过程不到半小时，唐纳只问了一个问题：周先生，您返延安，国共破裂势不可免，《文汇报》将何以自处？周恩来答道:“你们照常工作嘛，这要临机应变，倒是一个复杂问题哩。”郑永欣接着问：周先生此去何时回来，和谈之门有重开希望吗？周的回答是：我们希望越快回来越好，取决于国民党实现政协决议的诚意。从战场形势发展来看，大概明春，半年多以后也许可以与你们在南京再见。唐纳是专程而来，当晚即乘夜车返沪，并关照不发消息，要对外保密。这显然不是一次寻常的访问，从唐纳来去匆匆的经过看，更像是向周恩来作当面请示，讨教在环境恶化时同国民党当局进行斗争的策略，彼此心照，互动默契。

据后来统计，当时《文汇报》编辑部内，有十六七名地下党员，来自三四个不同的系统，有的在组织内是上下级关系，但在报馆上班时却装作互不熟识，如陈虞孙与夏其言；也有的相互很熟，却又不是同一系统而无组织关系，如夏其言与唐纳。不用说，《文汇报》是一份特殊的报纸，唐纳则是具有特殊身份的报人。

为香港《文汇报》创刊幕后牵线并出任总编辑

唐纳的中共党员身份，是由与其两度共事的老报人徐铸成最先揭橥的，但起初用的是间接笔法。他1980年代初撰写的《报海旧闻》（上海人民出版社1981年版）有一节“吴绍澍与《正言报》”，提到1947年5月《文汇报》被国民政府查封后，次年与吴结伴同游台湾，“事有凑巧，回沪不久，有一位党员同志从香港秘密到了上海，对我说，民革已在港成立，准备办一机关报，李任潮先生坚决要我去主持……”成立于香港的民革，全称是“中国国民党革命委员会”，主席李济深，字任潮。此处提到的“一位党员同志”是谁呢？徐数年后撰写《我所认识的李济深》一文揭开了谜底：1947年5月上海《文汇报》被封后，“翌年春，老同事马季良同志（唐纳）忽由港来沪，对我说：‘李任潮先生他们已在港成立了国民党革命委员会，准备办张报，李任潮一定要你去当总编辑。’”两处文字说的是同一件事，只要略加比对，不难明白，前一书里的“一位党员同志”就是唐纳。

徐铸成有关香港《文汇报》缘起的回忆文字，有几个大同小异的文本。还有一个版本，顺带说到了唐纳当时从香港到上海的任务：“翌年3月（指1948年——作者注），正当我百无聊赖、‘甲胄生虮’的时候，忽然一天下午，来了个不速之客——马季良同志，他原是《文汇报》的总编辑，报纸被封后，出走香港的，怎么忽然回来了呢？我愕然良久。坐定后，他告诉我，此来是奉派护送华岗同志过沪去山东解放区的，‘顺便给你带来一个口信’。”这个口信，即前述“民革”已在香港成立，准备办机关报，李济深属意徐铸成前往主持。

文中提到的华岗，1924年加入社会主义青年团，1925年8月成为共产党员，历任中共南方局宣传部长、国共谈判时的中共代表团顾问，1947年3月国共和谈破裂后随中共代表团撤回延安，1948年春到香港治病，协助中共香港工委做统战工作……唐纳此行是为了护送他去解放区而路经上海，冒着一定的风险。这说明，他这时担当了秘密而重要的任务。因为前一年《文汇报》被查封时，唐纳、陈虞孙、宦乡等都上了黑名单，随时可能被捕，因而分头隐蔽或远遁他乡。唐纳当时回到苏州老家，不久就出走香港，此刻危险犹在，却又悄然潜回沪上。所以，徐铸成才“愕然良久”。

唐纳上海之行捎给徐铸成的口信，为正在寻求出路的《文汇报》部分同仁指明了方向。他还给准备赴港与“民革”商谈合作的徐铸成提供了张建良、夏衍的联系方式，专门交代通过张的安排即可见到潘汉年，正是潘在幕后主导“民革”与《文汇报》的合作。

按照唐纳提供的联系方式，徐铸成离沪赴港，先后见到了张建良、夏衍和潘汉年，还拜访了李济深、蔡廷锴、谭平山等民革高层，代表上海《文汇报》顺利地洽谈了合作事宜。最终，唐纳不仅参与了香港《文汇报》的创刊，并出任总编辑，除了负责编务外，还为总主笔兼管经理部的徐铸成分担经济压力及对外联络。如果说潘汉年是整个方案的策划者，唐纳就是步步推进的落实者；即使称唐纳是迄今已逾花甲的香港《文汇报》的催生者，也不为过。2012年7月，香港老报人容若在《明报月刊》撰文称，香港《文汇报》从一开始就是共产党“控股”的报纸，唐纳是“该报组班的幕后牵线人”。前一句尚可商榷，后一句无可置疑。

与潘汉年关系非同一般

徐铸成是无党无派的职业报人，任上海《文汇报》时对同事中谁是中共地下党员不清楚也无意了解。但到香港《文汇报》时期，他结识了过去闻名而不相识的夏衍和潘汉年，也认识了张建良，与这些共产党人接触日多。他在回忆文章《香港〈文汇报〉创刊初期》中说：“潘汉年同志经常关心《文汇报》的情况。他的工作很忙，要经常联系各民主党派和民主人士，还有其他重要工作。他不可能经常和我见面，我有事和张建良同志联系，或请马季良同志转达。”这是已经写出来的。笔者1982年2月起在徐先生指导下读研究生时，还听他讲过一些没有写出来的掌故，其中说到唐纳是潘汉年系统的人；潘汉年、张建良和唐纳是结拜兄弟，潘是老大，张建良是老二，唐是老三，等等。

唐纳的这两位“结拜兄弟”，当年都是神通广大、声名赫赫的人物。潘汉年的不凡功业，在其冤案平反后已广为人知。这位1925年加入中共的文化人，从中央“特科”开始负责情报和保卫工作，在抗战时期和解放战争时期，长期出没于敌占区和国统区，把公开的统战工作与秘密的情报工作结合得出神入化，既结交了三教九流的朋友，又获得了极有价值的情报，是隐蔽战线上功绩卓著的领导人。张建良这个名字相对寡闻，但其本名“华克之”却很有传奇色彩。在他还不是中共党员的1935年11月，就策划并委派孙凤鸣以记者身份混入国民党四届六中全会会场，原定的刺杀目标蒋介石没出现，结果刺伤了汪精卫，震惊全国。据郝在今的《中国秘密战》(作家出版社2005年版)记述，1937年5月4日，毛泽东在延安接见了前来投奔的华克之，考虑到国、共正在商谈合作抗日，不宜将他留下，遂建议他去华南担任中共与李济深等人的联络人。于是，他到了华南，化名张建良，在潘汉年领导下工作，周旋于日本人、蒋介石、汪精卫的势力之间，获取许多重要情报，完成不少难度颇大的使命。

在沪港与唐纳两度共事的《文汇报》退休编辑任嘉尧，也在《唐纳胸怀祖国情系家园》的文章中提到，唐纳和袁牧之、郑君里、赵丹志同道合，是结拜兄弟，“又与潘汉年义结金兰”，但没有提到张建良。前述潘、张、唐“结拜兄弟”的说法，尚属一家之言，还需更多的资料印证，但至少说明唐纳与潘、张尤其是潘之关系非同一般，是同一战壕的战友。

解放前夕为何离国远去

香港《文汇报》创刊于1948年9月9日，而唐纳在12月初突然提出辞呈，距他担任总编辑不到3个月。此时，人民解放军捷报频传，报社同仁心情振奋，准备有朝一日回到内地。所以，徐铸成惊讶地问："现在全国解放已指日可待，同事们都准备'青春结伴好还乡'，你怎么忽思离国远去？"并对他恳切挽留。次日，潘汉年对徐说："马季良要走，你就不必坚留了。"后来报社设宴，为唐纳饯别并合影留念。《徐铸成回忆录》（三联书店1998年版）记述此事时还说了一句："几十年后，我才恍然钦佩季良的先见之明。"

任嘉尧在《故旧忆唐纳》中也谈及此事，说唐纳心头有难以言宣的疙瘩："解放战争胜利，实现了我的愿望。你们都可以回去，只就我不能。"又称，唐纳私下告诉一位年轻的编辑："为了那位已离异而去的女郎，我如回去，难保有命。"证诸与江青熟识的郑君里、王莹、赵丹、郁风等人"文革"中的悲惨遭遇，唐纳似乎未卜先知，料事如神。

不过，这只是一种"事后诸葛亮"式的假设。在上世纪八九十年代的政治语境中，以避江青之祸来解读唐纳出国之举，无疑是最正常也最正确的，但现今看来过于简单化，也经不起仔细推敲。例如，"蓝苹"的第一个男友俞启威，后改名黄敬，从青岛出狱辗转到北平，参与领导"一二·九"运动，经过多年革命斗争历练，解放后先后出任天津市市长、第一机械工业部部长、国家科委副主任，于1958年2月病故。虽说他在工作上曾受过毛泽东严厉批评，但显然与江青无关。又如，导演章泯后来回到妻儿身边，解放后历任中央电影局艺术委员会主任、北京电影学院院长、党委书记，在"文革"中安然无事，于1975年去世。

事实上，很难排除唐纳出国另有目的，而且，这不完全是一种个人行为。他的苏州中学同学、后来成为经济学家的吴大琨写有《回忆三十年代初期的苏州革命斗争》一文，回顾了同学少年时期与唐纳、史枚等人从事街头抗日救亡宣传的往事。对于唐纳，该文有个脚注："离开苏中后，唐纳继续为革命事业和文化事业做了不少工作。解放前夕，远去海外。建国初，我在上海遇到潘汉年，潘对我说：'唐纳是我派到海外去的，他却去娶了国民党外交官的女儿为妻。'其实唐纳也许是为了避免江青日后对他不利才远行的。"此注说出一项事实和一项猜测，事实是：潘汉年说唐去美国系他派遣；猜测是：唐此去可能是避免江青对他加害。对这种猜测无需赘言，而事实如果确凿的话，那么唐纳当年赴美就是富有战略目光的潘汉年对海外情报工作设点布网的一步棋。吴大琨的说法，也恰与徐铸成回忆的潘汉年叫他“不必坚留”唐纳互为印证，显示唐之离港赴美与潘有关。

确实，无论英文水平、社会经验还是交际能力，唐纳都是派往海外最恰当的人选。况且，他还有与已到纽约联合国总部工作的恋人陈润琼相聚的理由，而陈父又是前国民政府高级外交官。这种家庭背景以及可能产生的人际关系，对在海外立足是“打着灯笼也难找”的。至于唐纳本人，可谓公私兼顾，两全其美。潘汉年对吴大琨说的那句“他却去娶了国民党外交官的女儿为妻”，是他当时身为上海市副市长的地位所限，对并不完全知晓内情的人要表露的政治立场，自在情理之中。

可以断言，如果唐纳当年像同事们一样回到内地，十有八九会在1955年潘汉年一案发生时遭受牵连。受“潘案”波及者数以百计，遍及各地。而以唐纳与潘汉年关系之密切，必定像张建良（华克之）那样被逮捕并判刑。即使侥幸活着等到平反和恢复名誉，也是24年后的1979年了。也就是说，唐纳若在国内，其厄运早在“文革”之前10年已经降临，而这与那时还“偶尔露峥嵘”的江青没多大关系。这样看，客居海外的唐纳终究还是幸运的。

1948年底，唐纳从香港到美国后，在纽约的中文报社、印刷厂工作不足两年，即转往法国巴黎，与陈润琼成婚，育有一女。他俩以经营中餐馆为业，过着平静安逸的生活。1988年8月23日，唐纳因肺癌病逝，终年74岁。

《江青传》一书在结尾部分交待了与传主有关的几位人士的结局，其中提到粉碎“四人帮”之后，唐纳曾返中国大陆，重游上海，感慨万千。“不过，他几度回来，行踪保密，没有在公开场合露面”。

叶剑英、罗青长的不寻常接见

唐纳首度返国是1978年。夏其言曾私下对人说，唐纳初抵上海，即与其夫妇见面叙旧，又在郑君里夫人黄晨陪同下，到郑的墓地献花致哀，随后就去了北京。唐纳确实极为低调，不光没有在公开场合露面，对其他朋友和同事都未约见，想必有他的考虑。

那么，唐纳在北京见了哪些人，办了什么事呢？局外人很难揣测和判断，但多年后终于有个让人见出端倪的线索浮现。2008年12月18日《南方周末》刊发专题“改革八贤”，其中一篇长文《叶剑英：最后十年》配发了四张图片。有一张是合影，文字说明为：“1978年12月，叶剑英在北京会见旅法华侨唐纳（左三）。右一为罗青长，左二为叶选宁，左一为叶选基。”照片上，唐纳站在居中的位置。这足以令人大吃一惊！

熟知现当代革命史的人都知道，叶剑英元帅时任中共中央副主席、中央军委副主席和全国人大常委会委员长，德高望重、地位尊崇。在战争年代，他屡任方面军或全军参谋长，多次与闻重大事变，曾参与中共南方局领导工作，兼管南方地区包括港澳及海外的情报、统战事务等；罗青长时任中央调查部部长，是国家情报安全部门头号主管；叶选宁为叶帅次子，以后出任解放军总政联络部部长；叶选基是叶帅侄子，也参与部分机要。只要稍加思索就会想到，若仅仅是个在法国开餐馆的老华侨，阔别多年回国，怎么可能获得叶剑英这样的党政军主要领导人的接见，且由国家情报安全机构主管而非侨务部门官员陪见。唐纳1978年底在北京获得如此规格的礼遇、如此特殊的陪同，使他曾经拥有的神秘身份呼之欲出。这样超乎寻常的安排，在他而言，即便不说是“认祖”，也可算是“归宗”了。

这次会面时叶剑英讲了些什么，而唐纳又讲了些什么——由于唐纳未及写出回忆录即已辞世，有关内容可能只会留存在某个部门的档案里了。但有一点应可确定：唐纳曾是一名共产党员，并且是特殊战线上的一员。

对这位一生多彩多姿并在多个领域留下足迹的历史人物，能否彻底拂去笼罩在他身上的那层神秘雾纱，这要期待有关档案的公开之日了。

（作者系文史学者）

原载于《同舟共进》2012年第10期

唐纳的真实身份

叶永烈

27年前的采访录音至今犹在

在2012年第10期《同舟共进》杂志上，读到贺越明先生《唐纳：神秘的身份之谜》一文，看得出，贺先生对江青前夫唐纳的政治身份——是不是中共党员、何时加入中共，进行了认真的考证。作为《江青传》作者，我读毕之后，曾于2012年10月24日给《同舟共进》郭芙秀编辑发去一封简短的电子邮件——

郭小姐：看到贵刊关于江青前夫唐纳中共党员的考证文章。其实，唐纳虽然生前名义上是巴黎天桥饭店老板，实际上不仅是中共特别党员，而且还是国家安全部情报人员。正因为这样，唐纳回国时参加接见的有罗青长、叶选基，他们都是国家安全部情报部门的负责人。作者显然不知唐纳的“底细”。我因写《江青传》，曾经“考证”过唐纳的真实身份。

叶永烈 2012-10-24

关于唐纳是中共党员，我在《江青传》（作家出版社1993年版）中已经很明确写及，1936年4月26日唐纳和蓝苹（江青）在杭州举行婚礼，“唐纳那时其实已加入共青团。后来，他也加入了中国共产党”。

我还在论及江青是一个左翼文化工作者时，曾提及江青先后嫁过的四个丈夫，即俞启威（黄敬）、唐纳、章泯、毛泽东，都是中共党员。

至于唐纳晚年，“不仅是中共特别党员，而且还是国家安全部情报人员”，这一敏感身份，我在写《江青传》时就知道，只是在当时尚属机密，所以没有写进《江青传》。现在时过境迁，到了可以说的时候了。

关于唐纳的真实身份，我是在1986年8月7日采访唐纳挚友夏其言时得知的。当时的采访录音带，后来我转成数码，刻在光盘上。写这篇文章时，我又听了一下，27年前他的谈话声音仍相当清晰。

夏其言跟唐纳、江青同龄，都属虎，生于1914年，曾任中共上海市委机关报《解放日报》党委副书记、副总编辑，2002年10月23日病逝于上海华东医院，享年88岁。

那是27年前，当我得悉唐纳挚友夏其言在沪工作，便于8月4日下午前往拜访。炎夏酷暑，柏油马路都有点酥软了，我叩响一幢小楼的房门。本以为，倘若夏老不去黄山、青岛避暑的话，定然在家午睡。出乎我的意料，夏师母告知，夏老上班去了！他和唐纳同岁，也属虎，当时已是七十有二了，照样天天去报社上班，工作日程表排得满满的。

几次打电话跟夏老约时间，他不是接待外宾，便忙于业务。总算有了空余，乃于8月7日得以与他长谈。除了听觉差一点之外，夏老身体甚健，记忆清晰。此后，我多次向他请教。

史枚深刻影响了唐纳和夏其言

夏其言说，他跟唐纳相识，说来纯属偶然：夏其言是浙江定海人。1927年就读于舟山中学。高中毕业后，1934年正值刘鸿生开办的中国企业银行招收练习生，夏其言考上了。跟他一起考上的，有个青年马骥善，两人意气相投，遂结为好友。

马骥善之兄，即马骥良，也就是如今人们所称的唐纳。马骥良常到银行宿舍看望弟弟，跟夏其言结识了。夏其言也随着马骥善喊马骥良“大哥”，虽然他跟马骥良同龄。那时候，马骥良参加了“C. Y”，即共青团。夏其言呢？正追求进步，悄悄地在读马列著作。正因为这样，他跟马骥良相见恨晚，非常投机。

夏其言说，当朋友有难，马骥良就会挺身而出。夏其言当时正与一位姑娘相爱，而姑娘因家庭穷困曾被迫与一位大资本家之子订婚。唐纳得知夏其言的困境，竟化装成律师，夹着公文皮包，到资本家家里陈说利害。凭三寸不烂之舌，居然使那资本家的儿子不得不放弃了婚约……年逾古稀的夏其言回忆往事，指着他的夫人笑道："她便是当年那位姑娘！我们都很感谢唐纳热情相助……"

马骥良再度为朋友挺身而出，那朋友非同寻常。夏其言记得，有一天，马骥良神秘地对他说："我有一个朋友，很有学问，可以教你懂得许多革命道理。不过……"马骥良说到这里，戛然而止，用双眼看着夏其言。夏其言立即明白他的意思，说道："我不怕风险。"马骥良这才轻声地说："他没地方落脚，你敢不敢收容他？"夏其言一口答应下来。

当时，马骥良租房居住，房间很小，而夏其言的父亲在"十三层楼"（今上海锦江饭店）掌厨，他家住离"十三层楼"不远的长乐路怡安坊17号，石库门房子，独门进出。

过了几天，夏其言家多了一位青年"房客"。那青年"房客"跟夏其言住一间小屋。他跟马骥良、夏其言同庚，所以很谈得来。此人足不出户，终日闭门幽居，邻居从不知马家有"房客"。所谓"房客"，只不过夏其言对亲友的遮掩之词罢了。

"房客"叫小琳，常用的笔名为史枚，真名佘其越、佘增涛。此人跟马骥良同乡、同学，马骥良用"总角之交"（即少年朋友）来形容。

日子久了，夏其言才明白，佘其越乃中共地下党员。他在上海杨树浦活动时，被国民党警察逮捕，押往苏州反省院。那时，苏州反省院有所谓"假释放"制度：如果有两家铺保，"犯人"可"假释放"两个月，届时自回反省院，仍旧关押。"假释放"的本意，是让"犯人"体验一下"自由"是何等舒坦，以促使"犯人"早日"反省"。然而，佘其越却趁"假释放"之际出逃了！

佘其越请求马骥良帮忙。神不知，鬼不晓，他隐居在夏其言家里。国民党警察局急得跳脚，却也不会查到夏家，因为在此之前，佘其越跟夏家毫无瓜葛。

佘其越擅长写作，在隐居中写了不少文章，署名唐纳，由马骥良送出去发表。马骥良自己写的文章，也署名唐纳。于是，唐纳成了两人合用的笔名。马骥良本来以“罗平”为笔名，在常用“唐纳”之后，渐渐地，人们以“唐纳”相称，以致后来变成“唐纳=马骥良”。佘其越隐居夏家，唯一的常客是马骥良。以下按照人们现今的习惯，称马骥良为“唐纳”，而称佘其越为“史枚”——因为他的真名已被国民党政府上海警察局记录在案，他改名史枚，沿用至解放后。

史枚跟夏其言朝夕相处，教他科学社会主义理论，引导他走上革命之路。在佘其越的影响下，夏其言于1937年加入中国共产党。夏其言告诉笔者，他的入党介绍人是张承宗。张承宗在解放后曾任上海市副市长。在夏其言之前，唐纳加入了中国共产党。

当唐纳跟蓝苹相爱之后，蓝苹也成为夏家的常客。蓝苹曾经送她主演的话剧的戏票，给夏其言的弟妹以及父母亲。此外，电影导演郑君里的夫人黄晨（笔者于1986年6月16日采访）、蓝苹所住环龙路许家房东的保姆秦桂贞（笔者从1986年7月26日起多次采访），是蓝苹的密友，也来夏家。正巧，唐纳、蓝苹、史枚、夏其言、黄晨、秦桂贞是同龄人，然而不约而同以史枚为长。因为他是“C. P”（共产党），而且学者风度，老成持重，唐纳、夏其言尊敬他理所当然，蓝苹在他面前也颇恭敬。就连她跟唐纳吵了架，也常常要到怡安坊来，在史枚面前告状，请史枚“仲裁”。

夏其言记得：当蓝苹跟唐纳在史枚面前吵闹时，甚至动手打架——居然在夏其言家中大打出手！他还记得：有一次，天还没亮，他跟史枚还在睡觉，突然，蓝苹披头散发，前来敲门。蓝苹刚进来，唐纳也来了，又是一场大吵大闹。还有一次，在他的家里，当着史枚和他的面，蓝苹抓住唐纳的头发，把唐纳的头往墙上撞……

夏其言告诉笔者，一天，当蓝苹跟史枚、唐纳、他一起闲聊，蓝苹随口说了一句“名言”：“男想女，隔座山；女想男，隔层板。”也许正是因为这句“名言”，她征服了一个又一个男人，朝着“高居人上”的目标走了一步又一步棋。

蓝苹还有一句“名言”：“英雄人物创造历史，我如果不能成为英雄，也要成为英雄的终身伴侣。”大约正是出于这一“行为准则”，她最后选择了毛泽东。

在上海“孤岛”从事秘密活动

唐纳与蓝苹分手后，日军进逼上海。蓝苹经济南、西安，于1937年8月进入延安，改名江青。唐纳则在1937年底前往武汉，然后来到“陪都”重庆。

看到唐纳在山城孤身一人，赵丹有意把18岁的女演员陈璐介绍给唐纳，便对陈璐说：“我有个好朋友，想见一见你。”陈璐问这位好朋友是谁，赵丹便向她介绍了唐纳的身世、为人……

陈璐记得，1938年3月的一天，由赵丹作东，请她和唐纳在重庆冠生园吃饭。唐纳和陈璐一见倾心，唐纳频频约她去骑马，去重庆南温泉游泳。唐纳亲热地喊她“璐璐”，她则叫唐纳“罗平”。他们以闪电的速度结婚。为了纪念两人相识之处，婚礼在冠生园举行。

1938年10月，唐纳与陈璐经越南河内，到达香港。在香港住了一个多月，乘船返回上海。当时上海处于所谓“孤岛时期”：自1937年“八一三”淞沪会战之后，日军占领了上海公共租界的北半部，即今虹口、杨浦两区，包括上海四周，只剩下上海法租界和苏州河以南的半个上海公共租界，称为“华界”。“华界”成为日军包围下的孤岛。

唐纳和陈璐住在法租界海格路（今华山路）、江苏路口。唐纳改用笔名“蒋旗”，发表多幕话剧《陈圆圆》，又写出多幕话剧《生路》。陈璐在上海当演员。唐纳为陈璐取了个艺名叫“红叶”。据云，“红叶”的含义是与“蓝苹”相对。

1940年5月1日，陈璐生下儿子，唐纳非常高兴，为儿子取名“马均实”，意即“均分劳动果实”——出生那天是劳动节。唐纳还为儿子取了奶名，叫“红儿”，这奶名显然来自陈璐的艺名“红叶”。

笔者于1998年2月21日在汉口采访了当时已78岁的陈璐以及58岁的红儿。陈璐告诉笔者，当时她并不知道唐纳的政治身份，只知道他常常行踪机密。有一回，唐纳对她说：“如果我被捕，牵连了你，你就说‘我早就跟唐纳离婚了’！”陈璐听了一时愕然。

后来，突如其来的事情果然发生了。那是一天清早，她所住的三楼忽然响起了敲门声。那时，唐纳不在家，他离沪秘密前往重庆了。陈璐和红儿以及保姆留在上海。保姆开了门，门外站着的竟是法国巡捕。巡捕问："陈小姐在家吗？"陈璐应声而出。巡捕说要她去巡捕房一趟。陈璐吃了一惊，就故意改用武汉话说："孩子还没有'过早'呢！"所谓"过早"，是道地的武汉话，意即"吃早饭"。巡捕却坚持一定要她马上就走。

陈璐被带到法租界卢家湾巡捕房。到了那里，巡捕倒显得很客气，一边给她喝咖啡、吃三明治，一边说希望她能好好合作。陈璐"过完早"，巡捕带她到另一个房间去。一个大块头巡捕开始对陈璐进行审问："你是唐纳太太吗？"陈璐知道事情不妙，就按唐纳的嘱咐用武汉话说道："我跟唐纳已经离婚了，不再是唐纳太太了。""大块头"接着问："你知道，唐纳在哪里？"陈璐答道："我跟唐纳已经离婚好几年，我不知道他在哪里。""大块头"面对这位一问三不知的陈小姐，只好放她回去。

陈璐庆幸唐纳事先为她编好对付巡捕的"台词"，所以也就顺利"过关"。她来到上海兰心大戏院，全身心地投入《天罗地网》的排练。她万万没有想到，过了几天，巡捕又来找她。

这一回，她来到巡捕房，"大块头"板起了面孔。原来，巡捕经过暗中调查，得知她根本没和唐纳离婚。所以，当她又一次声称自己跟唐纳已经离婚，"大块头"也就不客气了。她被关押在巡捕房。她说，唐纳不在上海，到底在哪里，她不知道。她强调自己正在"上戏"，如果被关押在巡捕房，不去剧院，戏没法上演，剧团的经济损失谁负责？审了几回，得不到关于唐纳的线索，巡捕房只得又一次把她放了。

回到家中，陈璐很快就发现，家门口有人盯着，直到夜里熄灯之后，盯梢的人才离去。白沉（后来在1955年担任电影《南岛风云》导演——笔者注）来看望她，劝她赶紧把唐纳放在家中的进步书籍转移。

过了半个多月，大约没有发现唐纳回家，楼下那盯梢者才消失了……

唐纳从重庆回来后，陈璐把那场虚惊告诉他。唐纳笑道，他事先替她拟好的"台词"，还是派上了用场呢！他并没有把巡捕房为什么这样"关注"他的原因说出来。直到好多年之后，陈璐才知道唐纳当时参加共产党的地下活动。

有国难回，定居巴黎

陈璐与唐纳的婚姻只维持了8年。唐纳在重庆爱上另一个演员康健，开始同居。同居关系没维持多久，因性格不合，两人最终分手。

抗战胜利后，唐纳从重庆回到上海。应《文汇报》总经理严宝礼及总主笔徐铸成之邀，进入《文汇报》任副总编。徐铸成原在《大公报》，与唐纳有过同事之谊。这时，唐纳改用“马季良”这个名字。

唐纳来到陈璐家，陈璐已与一位盐商结婚。但是唐纳常常看望红儿。

此后，唐纳在上海又传出新的恋情：1947年8月唐纳出席美国总统特使魏德迈在上海举行的记者招待会，会上见到《自由论坛报》女记者陈润琼年轻、俏丽，能操一口纯正英语。才华出众的陈小姐，顿时使唐纳为之倾倒。用唐纳的话来说，那就是“惊为天人”。

唐纳热恋着陈小姐，不断给她寄一封封用蝇头小楷写成的情书。最初，一头热，一头凉。唐纳有情，陈小姐无意。陈小姐乃名家闺秀，福州人，原驻法公使陈的第三个女儿，自幼受家庭熏陶，精通英语、法语。

1949年2月，陈小姐调往联合国科教文组织工作。已在香港担任《文汇报》总编辑的唐纳向报社提交辞呈，也飞往纽约，先在《纽约日报》工作，后在联合国一家中文印刷厂工作，为的是能够与陈小姐在一起。

唐纳看似是为“追”陈润琼而远赴美国，其实那是随着中共在解放战争中节节胜利，唐纳虽满心欢喜，已决定离开。他深知蓝苹是报复心极重的女人，她已成为“第一夫人”。当年她在上海敢于当着夏其言的面，抓住唐纳的头发把他的头往墙上撞。倘若唐纳留在中国，心狠手辣的江青不知会怎样折腾他！

正因为这样，唐纳“追”陈润琼小姐，从美国纽约“追”到法国巴黎，在那里与陈小姐结为伉俪，并开设天桥饭店。为了远避江青之势，唐纳更名“马绍章”，而陈润琼则用英文名字安娜。最初，在巴黎华人之中，人们只知马绍章乃国民党政府原驻法公使陈之“驸马”，并不知道他是江青前夫。

唐纳有国难回，心中记挂着红儿。据红儿告诉笔者，1953年收到父亲从法国寄来的480万法郎（旧法郎），给他买自行车。另外，唐纳还托他在上海的老朋友夏其言、许怀沙等照料红儿。后来叶露茜自告奋勇，挑起照料红儿的担子。当时，叶露茜照料着她和赵丹所生的两个孩子以及她和杜宣所生的七个孩子，加上红儿，总共有十个孩子。红儿成人后，到上海文汇报社工作。唐纳曾担任《文汇报》总编辑。所以，红儿在文汇报社，得到唐纳老朋友们的多方照料。红儿说，在《文汇报》，上至总编辑，下至排字工人，一说起唐纳，都很尊敬。后来，红儿转到安徽、湖北工作。

在“文革”岁月，幸亏唐纳身居海外，“旗手”鞭长莫及，他才免遭毒手。

唐纳回国探访乃中调部安排

1976年中国爆发“十月革命”，江青成了阶下囚，唐纳终于可以回国探望了。

夏其言告诉我，1979年初，他正出差北京，突然接到报社党委电话，要他立即回沪。夏其言赶回上海，这才得知“中调部”找他。

“中调部”，亦即中共中央调查部的简称。如今，很多人只知道国家安全部，而不知道中共中央调查部，它直属中共中央，是1955—1983年主管对外情报的最高级别的情报机构。“中调部”前身为中央军委总参谋部联络部。1955年6月20日，中共中央调查部正式成立，首任部长为李克农（兼任），秘书长为罗青长。从1983年7月1日起，以中共中央调查部为主体，与公安部的反间谍部门及其他部分相关单位合并，组成了中华人民共和国国家安全部。

“中调部”为什么突然找夏其言呢？原来，唐纳从1948年离开中国大陆之后，首次从巴黎回国。尽管唐纳在法国已经用马绍章之名多年，但“中调部”还是称他为唐纳。唐纳回国，“接待单位”便是中共中央调查部，他在法国的秘密身份不言而喻。

其实，唐纳是1978年冬从巴黎来到北京的。唐纳在北京时，夏其言也正出差北京，但“中调部”并不在北京找夏其言，而是让他回到上海，通过组织关系找他，让他在上海接待唐纳。

当夏其言正为唐纳由“中调部”出面接待感到惊讶时，“中调部”的干部告诉他，唐纳此行，对外严格保密，所以要求他不能透露唐纳的消息，尤其是他在新闻界工作，更需注意。由于夏其言是唐纳要求回国时要见的挚友，所以“中调部”通过上海《解放日报》党委事先约见夏其言。“中调部”的干部还轻轻地告诉夏其言，“唐纳又入党了！”这个“又”字，表示唐纳过去是中共党员，中间曾经脱党，如今“又入党了”！“中调部”的干部说，见面时对于唐纳的称呼，用“马先生”。

夏其言在把这些情况告诉笔者时，唐纳尚健在，所以他再三关照，“让你知道这些情况，是为了使你写《江青传》时把握好唐纳的政治分寸，不能把他写成朝三暮四追求女性的人，他有着革命理想。但是你不能对外透露唐纳的真实身份。”正因为这样，我在《江青传》里，只在写及20世纪30年代的唐纳时，提及他曾加入中共。另外，在《江青传》写及唐纳的后来时，提及他在粉碎“四人帮”后曾回到中国大陆：“不过，他几度回来，行踪保密，没有在公开场合露面。”我只字未提唐纳的特别身份以及与“中调部”的特殊关系。

夏其言记得，当时“中调部”安排唐纳住在上海东湖招待所。东湖招待所离上海繁华的商业街淮海路仅百米之遥，最初是上海大亨杜月笙的住宅，后来成为中共中央华东局招待所。记得，我就是在这家东湖招待所，采访从北京来的任弼时夫人陈琮英。陈云夫人于若木、张闻天夫人刘英来上海，也住那里。如今那里改为东湖宾馆。

夏其言说，他终于与阔别整整30年的老朋友唐纳见面，异常兴奋。唐纳夫人陈润琼也一起来了。他跟陈润琼是初次见面，她果真是名媛风度，大家闺秀。夏其言称唐纳为“老马”，称陈润琼为“马太太”。

夏其言说，他发觉，唐纳仿佛变了一个人，不像当年豪爽直率，而是变得谨言慎行。唐纳跟夏其言谈话，只谈往事旧谊，极少涉及在法国的生活。唐纳在上海电影界、新闻界朋友众多，他只会见了郑君里夫人黄晨等极少数老朋友。

笔者在采访郑君里夫人黄晨时，她说，郑君里在“文革”中受尽折磨，被投入监狱，于1969年4月23日病逝。郑君里是唐纳、蓝苹的好友。1936年4月26日，22岁的唐纳、蓝苹，与赵丹、叶露茜以及顾而已、杜小鹃，三对明星伉俪一起在杭州六和塔举行婚礼。证婚人为沈钧儒，主持人便是郑君里。黄晨回忆说，当时她与蓝苹互以“阿黄”、“阿蓝”相称。看到一块合意的料子，一起买来，做成一色的两件衣服，黄晨和蓝苹同时穿了出来。

黄晨告诉笔者，当年在上海电影界，袁牧之、郑君里、唐纳、赵丹四人志同道合，曾结为“把兄弟”，依照年龄称袁牧之为大哥，郑君里为二哥，唐纳为三哥，赵丹为小弟。

黄晨说，在“文革”中，江青委托张春桥找郑君里谈话（上海市副市长梁国斌在场——笔者注），要他交出了江青去延安后写给他的几封信以及她的两张照片。1966年10月9日凌晨，位于上海淮海路的武康大厦3楼的郑君里家，遭到乔扮为红卫兵的空四军教导队的大抄家，抄走日记、书信、手稿、相册等资料。不久，郑君里被捕入狱。郑君里心知肚明，这一切皆因他对“旗手”江青往日的历史知道太多……

黄晨说，唐纳对郑君里的遭遇深表同情，而且感叹说，倘若他在国内，会比君里更惨。

在黄晨的陪同下，唐纳和夫人前往郑君里墓，虔诚地献上鲜花。

夏其言记得，唐纳和夫人在沪期间，从未在公众场合露面。唐纳依然对中国电影保持浓厚的兴趣，但是“中调部”规定他不能去电影院观看（尽管东湖电影院近在咫尺），只能在东湖招待所的内部小放映室为他和夫人专门放映。

唐纳在沪期间，宴请老朋友。夏其言和妻子当然在邀请之列。在那次宴会上，夏其言见到的只是唐纳在上海的几位老友，七八个人而已，其中有著名电影演员赵丹，也有黄晨。他们一起喝啤酒。赵丹是当年介绍唐纳与陈璐结合的“月老”，当然当着陈润琼的面就不提那段往事了。夏其言的妻子则说起当年唐纳饰演“大律师”，为她解除婚约的往事，唐纳哈哈大笑。

夏其言的妻子还邀请唐纳夫妇来家做客。这原本是情理之中的事，令夏其言惊讶的是，唐纳竟然面有难色，没有爽快地答应。夏其言马上意识到这可能与唐纳此行的保密规定有关。大约是唐纳请示了“中调部”，这才答应回访，和夫人一起来到夏其言家中。

叶剑英元帅接见唐纳意味着什么

就是这次唐纳回国，1978年12月在北京受到叶剑英元帅的接见。

有了夏其言和黄晨的回忆，就为叶剑英元帅为什么会接见“旅法华侨”唐纳，作出了顺理成章的解读。

在那张历史性的照片上，站在叶剑英元帅一侧的罗青长，曾任中共中央调查部秘书长、副部长，1978年任中共中央调查部部长。站在叶剑英元帅另一侧的是叶选宁和叶选基。叶选宁乃叶剑英之子，当时任国务院经济委员会办公厅主任康世恩的秘书。叶选基乃叶剑英之侄，笔者曾多次采访他。叶选基在“中调部”工作多年。2009年5月31日笔者在国家安全部上海某处宾馆拜晤叶选基时，在座的多是叶选基当年在“中调部”工作时的老同事。至于叶剑英元帅，当时任中共中央副主席并主持中央军委工作，中共中央调查部直属其领导。“旅法华侨”唐纳，其实是中共特别党员、“中调部”在法国的重要干部，他回国受到叶剑英元帅的接见便在情理之中。陪同接见的人员有“中调部”部长罗青长以及在“中调部”工作的叶选基，清楚地点明了这次接见的“主题”。

另外，请注意，这张照片上没有唐纳夫人陈润琼。这表明，叶剑英元帅接见唐纳，唐纳的政治身份并非“旅法华侨”。倘若是“旅法华侨”，必定携夫人一起参加接见。这表明，叶剑英的接见是“中调部”的内部会晤。也正因为这样，这次重要的接见在当时秘而不宣，照片也没有见诸报端。直至整整30年后，在介绍叶剑英生平时，才“顺便”刊登了这张接见唐纳的照片，而照片说明词仍称唐纳是“旅法华侨”，似乎与“中调部”毫不沾边。

应当说，唐纳在法国巴黎开设天桥饭店，而饭店乃名流汇聚之处，唐纳又有老丈人的国民党招牌做掩护，不论职业或者身份，都是从事情报工作的最佳选项，谁都不会怀疑唐纳是“中调部”的高级情报干部，顶多拿他与蓝苹的往事“开涮”而已。

夏其言记得，1985年9月，唐纳再度回国，则是由国家安全部安排。这一回，唐纳带着夫人、女儿回国，被安排住在上海五星级的新锦江饭店南楼。当时，赵丹已经去世，唐纳在上海只见了黄晨。

唐纳这次回来，似乎在北京住了相当长时间。夏其言记得，当时他作为中国新闻代表团成员去北欧四国访问，从上海来到北京，在北京饭店看望了唐纳。当时，唐纳一个人住在那里。当他从北欧回国，国家安全部正安排唐纳到承德休养。他又与唐纳见面，正是秋高蟹肥，他们一起吃大闸蟹。唐纳说起自己打算写回忆录，所以请夏其言托人为他找散失的历史资料。

夏其言回沪之后，托毛羽、徐怀沙替唐纳找资料，也托笔者为他寻找解放前所写的《祖国万岁》《陈圆圆》等剧本。

不料，回忆录资料尚在收集，1988年8月23日，唐纳因肺癌在巴黎病逝。

2013–7–13写于上海

（作者系文史学者、作家）

原载于《同舟共进》2013年第11期

“谍战玫瑰”沈安娜

陆　昇

这是一个不可思议的“神话”。抗战时期，延安窑洞里的中共中央总能及时准确地掌握蒋介石在政治、军事上的种种企图；解放战争时期，在华北各地转战的中共中央对蒋介石的军事部署了如指掌：蒋介石上午在重庆开会骂娘，毛泽东晚上在窑洞里就能知道。国民党元老曾当面告诫蒋介石：“共产党就在你身边。”蒋介石身边的卧底到底是谁？

她就是被称为“按住蒋介石脉搏的人”——潜伏蒋身边十余年的美女速记员沈安娜。

以“剿共”情报作婚礼“贺仪”

沈安娜原名沈琬，字淑和，1915年出生于江苏泰兴县城的一个书香门第。她性格倔强，从小具有反抗精神，且天资聪慧，勤奋好学。在父亲的教导下诵读古典诗文，练习书法，能用毛笔书写一手娟秀的楷书和行书。这些都为她日后顺利打入国民党内部奠定了基础。

1932年，沈安娜为支持二姐沈伊娜反抗包办婚姻，和她一起“出走”来到上海。

从苏北小县城来到上海这个远东大都市，沈家姐妹原以为可以改变自己的命运，但残酷的现实告诉她们，上海是阔人的天堂，穷人的地狱。这时的沈安娜不知道自己该怎么办，也看不到中国的前途，心情苦闷。然而，她不知道，即使在上海白色恐怖最严重的时候，中共党组织的地下活动也没有停止。在沈安娜就读的南洋高商，就有中共地下党在活动。学校里一位同学舒曰信（后改名舒庸之）看到她有心事，就主动接近她。

舒曰信于1933年8月由上海地下党干部鲁自诚发展入党。经舒介绍，鲁自诚认识了与舒同一宿舍的华明之（原名华家骊），并把华明之列为培养对象。

1934年春节，沈安娜姐妹俩因没有路费不能回泰兴老家过年，就去给恩师毛啸岑拜年。在毛家，沈安娜意外遇到了在南洋高商的校友和同学——比她高两届已毕业的舒曰信，比她高一届还在校读书的华明之。四人相见，交谈甚欢。沈家姐妹刚开始并不知道舒、华的真实身份，只觉得他们是可以信赖的学长。几次在恩师家的聚会，彻底改变了沈家姐妹的命运，不仅使她们先后走上了革命道路，也为她们的个人情感找到了归宿。华明之与沈安娜同在一所学校，他们渐渐走到了一起。

姐姐沈伊娜与舒曰信来往密切，情投意合，不久结为革命伴侣。

1934年夏天，刚读完高二的沈安娜因没钱交学费被迫辍学。经与姐姐、姐夫商量，这年秋天，她到上海炳勋速记学校学习速记，以便日后谋生。她刻苦上进，学业优秀。1934年底，天赐良机，国民党浙江省政府派员到该校招募速记员，校长确定沈安娜与其他两位男生去实习。

沈安娜一听要去国民党那里工作，很不乐意，向舒曰信诉苦。舒立即向上级领导王学文（特科人员）报告这件事。王学文认为，这是个千载难逢的机会，要沈安娜一定努力争取，用自然考录的方式打入国民党浙江省政府，然后寻机开展情报工作。自中央红军撤出闽浙赣苏区后，当地的地方革命武装仍在坚持斗争，如果沈能进入省政府，及时获知敌人的行动计划，就可有力地配合地方革命武装斗争。当沈安娜得知打入敌人内部获取情报也是革命，而且是不可或缺的重要工作时，便愉快地到浙江省政府报到了。实习期间她勤奋工作，表现突出。1935年1月，沈安娜正式进入国民党浙江省政府秘书处议事科（原称记录科）担任速记员，开始在共产党中央特科的直接领导下，从事秘密情报工作。这时沈安娜年仅20岁，风华正茂，她凭着每分钟100字的记录速度和一手好字，很快在浙江省政府机关脱颖而出，并站稳了脚跟。

沈安娜经常在浙江省高层重要会议上做记录，接触了上层大批机密文件。一个月后，她接到二姐沈伊娜的暗语密信，要她回上海帮助“筹办婚事”。带一些什么回去作为“贺礼”好呢？她分几次偷偷抽了自认为有用的尚未销毁的机密文件和高层会议速记，与衣物混装在一只小皮箱里，大模大样坐火车回上海了。

一进门，沈安娜神秘地说带来了结婚“贺礼”。姐姐打开皮箱一看，几份国民党的机密文件赫然摆在里面，不禁吓了一跳，数落妹妹过于冒失，这么做太危险了。舒曰信认为此事不能怪沈安娜，鼓励了几句，从中挑出了几份涉及国民党“剿共”的材料，马上送给王学文。王学文非常高兴：“不错嘛！其中涉及‘剿共’的军事情报很重要，太好啦，第一次搜集情报，一炮打响，真是太不容易了！”

潜入敌人心脏的两对“夫妻组合”

沈安娜在浙江省政府机关，人生地不熟，为取信于敌，勤奋肯干，埋头工作。她与科长薛元燕搞好关系，取得信任，并认薛夫人为干娘，租住她家的空房，利用顶头上司做保护伞。听说薛的两个上小学的儿子无人辅导功课，她就放弃休息时间利用晚上前去辅导。薛元燕多次在省主席黄绍和秘书长朱家骅面前夸奖沈安娜。大小头目都很信任她，让她参加省政府所有重要会议。

起初，沈安娜使用隐形药水的原始方法密写情报，以家信形式邮寄上海。但这种密写技术容易出问题。一次信寄到上海，由于药水失效，还没等显影，密写的字就出来了。党组织马上指示，不能再用密写，改由沈伊娜去杭州取，或由沈安娜亲自送往上海。但这样常常忙不过来，也容易出危险，最后决定由华明之利用星期天到杭州取情报，并对沈安娜进行指导、联络。

中央红军长征之后，留在闽浙赣、皖浙赣边区和浙南地区的部分红军和游击队还在进行艰苦的游击战。浙江是蒋介石的老家，又是国民党政府的重要财政来源之一，那里的游击队是蒋的一块心病。他派了自己的亲信、侍从室卫士长宣铁吾到浙江当保安处长，负责“清剿”红军游击队。按照党组织的指示，沈安娜特别注意搜集国民党的“剿共”计划、军事措施、武器装备、兵力部署、军队建制和对中共游击队的分析估计等文件，以及黄绍竑、宣铁吾的“剿共”秘密报告，连同公路碉堡附件、图表等重要情报，都设法秘密摘抄下来，通过华明之源源不断地带往上海。

1935年中秋节，经王学文和党组织批准，华明之和沈安娜结成生死与共的“神仙眷侣”。不久，组织决定，华明之辞去国民党交通部上海国际无线电台的公开职业，到杭州与沈安娜共同战斗。华明之在浙赣铁路局谋到一份职业，作为掩护，也为养家糊口。他们的情报质量也随之有了明显提高。沈安娜说：“我们是一个夫妻组。华明之是我的丈夫，也是我跟上级党之间的交通员。我二姐和二姐夫是上海的夫妻组。两个夫妻组，相互之间，既有独立又有联系。明之和我结婚之后，我们的情报就更加有序。经过他的整理、浓缩，用很薄的纸，很细的钢笔，把一大张情报，缩小成一小块，伪装就比较容易，传递也更加安全了。”

蒋介石一直十分重视浙江的经营，他对桂系的黄绍竑担任浙江省主席总是不大放心。1936年12月，蒋介石把黄绍竑调到湖北省政府当主席，派自己的亲信朱家骅接替浙江省政府主席。原浙江省政府“树倒猢狲散”，但经科长薛元燕的推荐，沈安娜得以继续留用。凭着为人正派和业务娴熟，她很快得到朱家骅的信任。

1937年卢沟桥事变后，党组织指示，国内形势将发生急剧变化，要沈安娜注意了解蒋介石集团的新动向。她细心地记录省政府召集的会议上有关这方面的情况，还想方设法从其他途径去了解。此时，蒋介石集团给浙江省政府发来不少重要文件，有些涉及在游击区制止共产党发展的方案等。沈安娜趁内部混乱之际，取出组织需要的这些文件。1937年8月上旬，沈伊娜向沈安娜夫妇传达了党的指示：秘密情报工作很重要，一定要坚持下去，“如战事扩大到杭州，你们就跟着省政府跑，等待时机，党组织会与你们联系的”。

1937年底杭州失陷，时局更加动荡，浙江省政府又迁到永康、方岩山区。这时沈安娜夫妇反复考虑：随省政府撤到山沟里，难以得到重要情报，而且无法与组织取得联系，而他们从报纸上看到国民党中央机关已迁到武汉，浙江省朱家骅等要员也已去武汉，中共的一些领导人周恩来、董必武等也到了武汉，设立了八路军办事处。如果能去武汉，与组织取得联系，就可以继续为党工作。于是，他们夫妻商定，华明之仍在浙赣铁路局工作，维持两人生活，由沈安娜先去武汉八路军办事处寻找党组织恢复联系。

蒋介石主持会议担任速记的不二人选

1938年5月，沈安娜在汉口街头偶遇华明之的入党介绍人鲁自诚。他指点沈安娜说：“去武汉‘八办’首先要求见领导——周恩来、董必武同志，因为你们过去打入国民党机关从事情报工作是保密的，只能向‘八办’领导汇报。”

5月下旬的一天，沈安娜夫妇终于在武汉“八办”恢复了与党组织的联系。夫妻两人继续一起工作、生活，相互掩护。

次日，沈安娜就到国民党中央党部求见朱家骅。朱马上接见她，夸奖说：“沈小姐，难得你从杭州赶到武汉效忠党国，真是有为的青年啊！”沈安娜说：“我千辛万苦来到武汉，请主席安排我工作。”朱家骅很高兴，说中央党部速记工作正缺人手，办个手续就行了，接着问：“你是不是国民党员？中央党部工作人员一定要是国民党员。”这一点，沈安娜事先没考虑到，但她随机应变：“在浙江时我还年轻，没有参加国民党，现在加入可以吗？”朱家骅马上指示秘书为沈办理特别入党手续，审批快捷，党证编号前还有一个特别醒目的“特”字——这在国民党内部被认为是有后台、有来头的。朱家骅还说：“等党证批下，即来中央党部报到。”

1938年8月，武汉保卫战失利，国民党机关开始撤往重庆。沈安娜和华明之遵照董必武的指示继续潜伏，跟着参政会的一艘包船前往重庆。10月，沈安娜正式进入国民党中央党部秘书处的机要处，当了机要速记员。因为是朱家骅安排进中央党部的，沈安娜很受信任，马上担任了国民党中央常务委员会的速记工作，因此能顺利获得蒋介石及国民党军事头目讲话的重要情报。

此后，沈安娜就常在国民党中央常务委员会、国防最高委员会、最高军事会议以及国民政府委员会的高层会议上担任速记。她也是蒋介石主持会议担任速记的不二人选。只要国民党政要召集重要会议，她就有可能在主席台的一侧就座，埋头记下会上的全部发言，然后将速记底稿译成汉字，由华明之负责摘要、整编、密写，送交中共中央南方局派来领导他们的吴克坚、卢竞如、徐仲航手中，再上报延安，供中央参考。毛泽东很重视沈安娜报送的情报。

1938年10月，沈安娜得知国民党开始筹备五届五中全会，制定了溶共、防共、限共、反共的政策，并提前看到发来的会议通知、议程、人事安排以及报告、决议的草稿，感到事关重大。沈安娜在华明之的掩护下，趁着夜色进了八路军办事处，向董必武汇报。董必武听完神色严肃:“情况很重要，继续了解内幕，及时报告。”博古也说:“要注意自身的安全和保密啊！”

1938年12月，蒋介石从外地到了陪都重庆，立即主持召开国民党中央常务委员会。沈安娜被指定任此次中常会的速记。此后，她进一步获悉了即将提交国民党五届五中全会讨论的两个文件，即《防制异党活动办法》(后改为《限制异党活动办法》)和《关于共产党问题处置办法》(都是由国民党中统局副局长徐恩曾主持起草的)。后来，中共中央把沈安娜提供的材料编入《摩擦从何而来》的小册子，并予以公布，明确指出：国民党下达的这两个文件，是造成国共摩擦的根源。此举揭露了国民党的反共阴谋，在全国人民中产生了重大影响。

周恩来说，要以大局为重，要甘当无名英雄

沈安娜身处国民党核心部位工作，觉得国民党中央机关死气沉沉，太压抑了，而八路军办事处热气腾腾，于是产生了想去革命圣地延安，痛痛快快大干一场的强烈愿望。她又一次在华明之的掩护下，溜进了八路军办事处。董必武和博古接见了她。

博古听了沈安娜的工作向往，先是一愣，然后摇着头说了一串“不行”。董必武也明确表态不赞成，他笑着说:“你去了延安，我们这里就没有小速记了！”沈安娜顿时泄了气，闷闷不乐地回了家。

几天后的一个夜晚，周恩来突然派人找沈安娜去谈话。他和邓颖超一起，一见面就开门见山地说：“听说你想去延安？”接着周恩来开导“小速记”：你已经有了这么好的工作条件，也获得了重要情报，你又有速记专长，别人无法像你这样打入国民党核心机关。你要从革命大局着想，以大局为重……这种秘密工作非常重要，党很需要你坚守在这个重要岗位上继续努力。沈安娜思想触动很大，但她仍觉得在国民党机关里工作，无法学习马列主义，想到延安去学习一年。周恩来听了哈哈大笑：“去一天也不行，你去了延安，就不能回国民党中央党部了！”周恩来接着指出：在国统区一样可以学习，可以从国民党的报纸上，从反面观察到不少东西。拿秘密材料和公开报道相互印证。只有长期埋伏，才能为党作出更大的贡献。“为了情报工作需要，要甘当无名英雄”。这是沈安娜第一次听到“无名英雄”这个词，它出自周恩来和邓颖超之口，给沈以极大震动。

抗日战争进入相持阶段后，国民党不断制造摩擦。为了保护打入敌方内部的沈安娜和华明之的安全，以周恩来为书记的中共中央南方局决定，改派早年在中央特科，有秘密工作经验，现身份较隐蔽的卢竞如，来接替时任《新华日报》总编辑的吴克坚，直接领导联系她们的秘密情报工作。卢竞如是吴克坚的夫人。自此以后，卢竞如就打扮成女职员模样，根据沈家窗帘分合的暗号标记，来他们家“串门”。

早在浙江省政府工作时，沈安娜就曾不止一次申请入党。与卢竞如熟悉后，她多次向卢倾诉：渴望入党，成为一名真正的共产主义战士。终于，在1939年中秋节前后的一个晚上，卢竞如来接头，她兴奋地告诉沈安娜：“党组织决定吸纳你为共产党员，我是介绍人，博古同志批准同意了！”沈安娜激动得热泪盈眶。卢竞如紧紧拥抱她，没党旗，没誓言，没国际歌，一切全在紧紧一抱中。

朱家骅还未开口，延安已知其讲稿内容

1940年调任国民党中央组织部长兼中统局长的朱家骅，要到中央训练团作报告、讲课，都要沈安娜去速记。有一次，朱去中央训练团讲授

《调查统计》谍报课，实际上要讲中统局特务机构的概况、职能、活动方法及手段，讲话稿应该由其亲信秘书杨公达起草，不想杨公达为了省事，想出一个取巧的办法。杨把沈安娜找来说："局座在那儿讲话，你速记完还得整理，不如你先帮我把那讲稿整理出来，我改改就行了。所需资料我提供给你。"

其时，董必武正需要敌人特务机构的情报，沈安娜装作很好说话的样子，痛快地接下这个活儿。杨公达从中统局副局长徐恩曾手里讨来大批绝密文件，从里面找出有用的素材读给沈安娜听，沈安娜速记、整理成文后，送给他修改，最后再由沈安娜抄正，送朱家骅过目。大秘书使唤小秘书，杨公达自以为得意，岂知帮了沈安娜的大忙。

下班后沈安娜带速记材料回家，整理出来给丈夫看。华明之情报工作经验极其丰富，指出那批原始材料里肯定藏有更多机密。

次日，沈安娜以文章某处尚需补充为由，让杨公达再读一遍。杨公达图省事，把资料一推，说："你自己看吧。"沈安娜就在他眼皮底下，用速记符号摘抄重要情报。杨公达一旦离开办公室，沈安娜趁机翻阅桌上其他绝密文件，发现有用的也都摘走。

中统特务机关组织结构、分布状况、活动形式、工作方式等一套完整的情报，就这样传到了周恩来、董必武手中。当时，国共两大阵营隐蔽战线斗争激烈，敌中有我，我中有敌，全是看不见的战斗，双方主帅要想制胜，必须做到知己知彼。可笑的是，当中统局长朱家骅夸夸其谈如何对付"共党"时，周恩来、董必武却早已洞悉他排兵布阵的套路与招数，沈安娜、华明之送来的情报，比朱家骅的报告更详细。

1941年10月，国民党中央党部筹备五届九中全会。党组织指示沈安娜：目标直取此会全局战略性情报。那时沈安娜怀孕8个月，为照顾她，科长不再让她担任速记，可她为完成任务，直至临产仍坚持上班。重庆是山城，沈安娜每天要走无数的台阶，累得脸色惨白。上班后她还到处"溜达"，借给各科帮忙之际，收集重要情报。一天，沈安娜发现某秘书办公室里藏有何应钦的《关于对共产党问题的报告大纲》和中统局副局长徐恩曾的《对共产党的处理问题的提案》，她趁别人不注意时，翻开文件迅速看上一两页，立刻回自己办公室，凭记忆速记在纸上。多年来她练就了过目不忘的功夫。犹如蚂蚁搬家，两份绝密文件被她一点点“搬”进速记本。

一系列的情报，让中共中央及时掌握了蒋介石对付共产党的政策和动向。而沈安娜自己连病带累还要生养孩子，瘦得脱了形。

毛泽东赞道："这是玻璃瓶子里面押宝！"

沈安娜夫妇在龙潭虎穴里从事地下情报工作，非常危险。而周恩来关于对付突然事变的教导，在他们后来的经历中起了重要作用。

1942年夏，沈安娜和华明之的直接领导人已由吴克坚、卢竞如改为徐仲航。据华明之回忆：那时，徐仲航打入国民党官办的正中书局总管理处工作，要有国民党员身份作掩护。我们商量，由安娜用“特别入党”的办法为他办理党证。但党证还没发下，他就不幸被捕了。由于老徐没有按规定时间来联系，我们又不知他的地址，我同意安娜以国民党机关同事的身份，给他写信，寄到正中书局总管理处，信里借口称孩子生病，借他的钱等下月才能归还。

几天后，两个不明身份的年轻人就拿着那封信来到中央党部，点名要找沈小姐谈话。沈安娜心中一惊，但马上镇定下来，以静制动。来人追问沈安娜，为什么找徐仲航借钱，他是共产党，已经被抓起来了。沈安娜看他们像是两个小特务，又一听，只问信上的那些事，便摆出架子，生气地反问：“你们有什么证据说人家是共产党？”两人抢着说：“他的抽屉里全是反动的书本。”这句话使沈安娜摸了底，马上强硬地说：“你们有什么事，去向朱家骅秘书长报告好了。”说完扬长而去。当时朱家骅已调任国民党组织部部长（兼中统局局长），沈安娜仍兼着朱的讲话速记。

沈安娜虽然顶住了特务的盘问，却深知此事的严重性。为防患于未然，夫妻俩做了最坏打算，把家中一切可能引起疑问的材料统统投入火炉，付之一炬。从此夫妇二人又与党失去了联系。由于红岩“八办”日夜有敌人监视，他们不能去了。沈安娜后来回忆：“那是我一生之中最艰苦的时期，我呆在10平米的房子里，每天都在等人来取情报。更让我悲恸的是，我搜集到的情报，因没人来取，不得不亲手销毁……"

1943年5月，沈安娜暂兼"新生活运动妇女指导委员会"的速记工作，常为宋美龄的讲话做速记。每次给宋美龄速记前，她都会找出自己最好的旗袍穿上，因为"宋美龄实在是气质出众，只有这样去见她才显得比较得体"。每次速记完，沈安娜都将速记符号翻译成文字，工整抄录，由华明之装订成册，封面还加上漂亮的美术字标题，宋美龄看后十分高兴，以后每次讲演总要把沈安娜带在身边。这样，沈安娜又多了一层保护色。

1945年10月下旬的一天晚上，吴克坚奉周恩来指示，突然来到了沈安娜的家，并再度领导他们工作。性格坚强的沈安娜见到南方局派来的老领导，3年来的委屈、等待，让她激动得流下热泪，急忙汇报徐仲航被捕后的情况。吴克坚说："情况组织上已知道了，你们应付得好，坚持了岗位，3年，也真不容易呀！"

这时沈安娜夫妇才得知，徐仲航被捕后，1944年已由党组织派秘密党员阎宝航设法保释出狱离渝。吴克坚传达了南方局领导的指示：在我党与国民党和谈期间，要着重了解国民党策划的阴谋活动，及时向组织报告。

1945年国共谈判期间，沈安娜逐日把国民党密商谈判策略的情报，通报中共中央代表团。毛泽东对此赞道："这是玻璃瓶子里面押宝！"看透对手底牌的周恩来，掌握了国共谈判的主动权。

1946年1月10日至31日，政治协商会议在重庆举行，讨论实施国共和谈"双十协定"的具体措施。沈安娜白天担任政协大会和分组会的速记，晚上还担任国民党政协委员"党团会"的速记。国民党政协委员每天晚上的党团会，策划第二天如何对付共产党。他们商量的底牌，都一一记在沈安娜的速记本上。会议一结束，沈马上回家和华明之一起整理出书面材料，连夜由华明之送给吴克坚，再转送周恩来。吴对华明之说："恩来同志每天等着看呢。"第二天会上，共产党代表胸有成竹，据理力争……周恩来由衷地称赞他们的情报："迅速、准确"——这看似简简单单的四个字，其实是对情报工作的最高要求。

“谍战玫瑰”安全撤离

1946年5月，国民党机关从重庆迁回南京。沈安娜按照中共中央南京局的指示，在解放战争的3年中，参加了国民党历次的中央全会、中央常委会、国防最高委员会（后改为政治委员会）以及立法院的所有重要会议。她全神贯注地记录着何应钦、白崇禧、陈诚等军事头目的军事报告，特别注意蒋介石的言行。

蒋介石鉴于内部失密的教训，每逢讲到绝密军政问题时，总是突然下令:“这段不许记，把笔搁起来！”沈安娜知道，蒋介石越是不让记的话，越是党最需要了解的。她就细心地在心头默记，到休息时间，佯装去厕所，马上速记在纸上。当时国民党中央党部对保密也做出新规定，不准工作人员带文件和笔记本回家，但沈安娜还是想办法把速记材料带回去一份，回家后赶快译成正式文件送给组织。

南京3年，沈安娜经常告诫自己，在这重要时刻绝不能暴露自己。她家里从不放进步书报，生活上穿着入时，常看美国电影。国民党的“元老派”有影响，各派头子都怕他们三分，沈安娜就向他们“敬求墨宝”，然后把居正、于右任、吴稚晖等人的书法挂在家里最显眼处，外人都以为她与“元老派”交情很深，上司也更信任她。一次国民党中央常委会休息时，张继、于右任、吴稚晖等人对沈安娜说，他们愿意联名推荐她竞选立法委员，问她有无信心。沈安娜考虑到当立法委员虽可名利双收，但获得情报的机会很少，在和丈夫华明之商量后，谢绝了几位元老的好意。为此上级吴克坚表扬说:“不把名利放在眼里，实在难能可贵！”就这样，沈在国民党心脏潜伏了十余年，为共产党提供了大量重要情报，直到解放后撤回，也无人怀疑过她是共产党。

1949年4月21日，解放军百万雄师横渡长江，并很快占领南京。此前在走投无路情况下，国民党政府不得不宣布迁往广州。吴克坚指示沈安娜和华明之：不必随国民党南下了，你们可去上海迎接解放。他们悄然离开南京，回到上海。1949年5月27日，上海解放，沈安娜长达15年的地下谍报生涯宣告结束。15年中她的那些“速记”情报，正好记录了蒋家王朝由盛到衰的“金陵春梦”。

新中国成立后，沈安娜夫妇进入国家安全局，担任司局级职务。1986年，萧克上将参观重庆红岩村，得知沈安娜的感人事迹后，特赋长达百行的五言长诗《无形战线》赞扬她，其中有句:“按住敌脉搏，指头卜吉凶……不用千钧棒，赛过孙悟空……”1989年12月，沈安娜获得国家安全部为隐蔽战线的无名英雄颁发的荣誉奖章。

近年来，随着以沈安娜为原型的电影《谍战玫瑰》的上映，人们才知道，原来隐蔽战线还有这样一位默默无闻的“女版余则成”！2010年6月，95岁的沈安娜安然离世，独留下一段潜伏传奇，让世人叹息。

（作者系文史学者）

原载于《同舟共进》2011年第12期

“红与黑”：革命历史上的真假叛徒

散 木

传统文化仇视叛徒

中国革命涌现了许多慷慨悲歌的先烈，也曾出现过许多经不起考验的叛徒。前者，仅就1927年3月到1928年上半年的统计，在国民党的“清党”运动中，共产党员和革命群众被杀害的即达31万之多，陈延年、赵世炎、罗亦农、向警予、陈乔年、夏明翰、郭亮等这些人们熟知的中共杰出人物，就是相继牺牲在白色恐怖之下的。此后，在1938年中共扩大的六届六中全会开幕式上，总书记张闻天曾宣读了一个开幕词，他在回顾了中共自五中全会以来的历史后，动情地说宣读了一份多达90位牺牲者的名单，并带领与会者全体起立默哀。

其中，许多先烈的牺牲是因为叛徒出卖而导致的，如陈延年、赵世炎、罗亦农、彭湃、杨殷、颜昌颐、邢士贞、何孟雄、林育南、李求实、恽代英、杨匏安等，有的甚至是直接死在了叛徒的手下，如项英、周子昆。因此，人们格外地痛恨叛徒。

为了吸取历史教训，叛徒也应该有一份类似“中共高级叛徒名录”的历史档案，如张国焘、向忠发、顾顺章、白鑫、卢福坦、王云程、李竹声、盛忠亮、龚楚、孔何宠、何畏、涂振农、邢仁甫、曾洪易、余洒度、旷朱权、郭炳生、赵凌波、郭潜、徐梦秋、袁晓轩，等等。但中国的传统文化观念一向倡导“气节”，于是叛徒历来受到人们的鄙视和不屑，在大量文学作品中的形象只剩猥琐和丑恶，以致到现在我们还没有一本翔实的《叛徒史》。

同样，革命领袖毛泽东也深受传统文化观念的影响，仇视叛徒。

在延安整风时期，毛泽东强调党的建设，其中他还特别强调革命气节的教育。他说：中国共产党人在开展或将要开展的新民主主义革命和社会主义革命的过程中，“就需要学习季米特洛夫讲的四条”，即“1.要无条件地献身于工人阶级的事业，忠实于党，并且在敌人面前——在战斗中、在监狱中、在法庭中——受过考验的；2.要极密切地接近群众；3.要能独立地自觅方向，不怕担负决策的责任；4.不但在对一切违背布尔什维克路线的现象作不调和的对抗时，而且在对阶级敌人作斗争时，都要守纪律，受布尔什维克的锻炼”。在延安整风时，这四条在党内得到了广泛的普及教育。毛泽东还曾说：“你是不是无限忠心，要用客观的标准来衡量。季米特洛夫讲得好，这要在战斗中，在监狱中，在法庭上经受考验的。”他还说：革命者要讲革命道德，其中，不能光听其言，也不能在某一时间观其行，要“永久奋斗”，“三十年前的汪精卫，二十年前的康白情、罗家伦、张国焘，他们都很英勇，但是都有一个缺点，就是奋斗比较差，没有‘永久奋斗’的精神”。（1939年5月30日在延安庆贺模范青年大会上的讲话）汪精卫曾经是反清的英雄，几乎成为“烈士”，后来却是让人齿冷的第一大汉奸；康白情、罗家伦、张国焘，则是北京五四学生运动的佼佼者，后来先后脱离革命，张国焘更成为中国革命的大叛徒。毛泽东特别鄙视“有一些人，他们嘴上道德、气节乱喊一阵，但在政治上是不坚定的，中途会变节的，这是无道无德”。

了解了这些，对延安整风时期发生的“审干”、“反特”扩大化风波就不会惊诧了。当时大量爱国青年涌入延安以及国民党“反共限共”政策的制定，都让当时中共组织部门和有关部门不能掉以轻心，毛泽东也在一篇《大量吸收知识分子》的文章中说：“毫无疑义应该充分注意拒绝敌人和资产阶级政党派遣进来的分子，拒绝不忠实的分子。对于这类分子的拒绝，应取严肃的态度。”其中，“对于叛徒，除罪大恶极者外，在其不继续反共的条件下，予以自新之路；如能回头革命，还可予以接待，但不准重新入党”。（《论政策》）这是当时对叛徒的一个政策。

李秀成、瞿秋白为何被点名?

历史上的一些问题，看似没什么直接关联，但其微妙之处却足以让人深思。到了“文革”前夕，革命时代已经过去，建国已十几年，谁能想到“叛徒”风波这时再次掀起惊天大浪?

1963年,《历史研究》第 4 期发表了一篇由中南海工作人员戚本禹（时任“中办”信访科科长，后为《红旗》杂志历史组编辑组长）写的《评李秀成自述》，戚本禹在这篇文章中把太平天国著名将领李秀成说成是“叛徒”，随即在史学界引起了很大的反响，如历史学家罗尔纲就不同意他的观点。戚本禹与罗尔纲展开了论战，当时戚本禹受到了广泛的批评。就在此时，江青把戚本禹的文章送达毛泽东，毛泽东阅后表示赞成戚本禹的观点，并在文章旁边批写了16个大字:“白纸黑字，铁证如山。晚节不忠，不足为训。”据说当时江青还代表毛泽东约见了戚本禹，并对戚本禹说:“你的文章写得很好，主席看了，表扬了你，说你给党立了一功。因为你的文章里提到了叛徒问题，主席认为党内叛徒问题长期以来没有解决，你的文章提出了这个问题，所以主席表扬了你。你要继续写下去，写完以后，你可以请教康老在钓鱼台‘九评’的班子，他们会给你出主意。”果然，经过康生的“调教”，1964年，戚本禹又发表了第二篇文章《怎样对待李秀成的投降变节行为?》，其中明确地提出了“叛徒”问题。到了翌年6、7月间召开的中央会议上，毛泽东突然又说：瞿秋白也是“晚节不终”。

李秀成、瞿秋白，这八竿子打不到一块的历史人物，此时提出来重新加以评价是什么意思呢？过了几年，即在“文革”掀起的翌年3月，中共中央印发了关于薄一波、刘澜涛、安子文、杨献珍等出狱问题材料的一个批示，重新提出了所谓“叛徒”问题。6月，康生又在一次谈话中，表扬“红卫兵”在运动中“挖出了许多叛徒和变节分子，作了许多贡献”。在他的煽动下，以“揪叛徒”闻名全国的南开大学“八一八红色造反团总部”下发了《对各“抓叛徒”战斗队的命令》，中共中央也作出了《关于‘抓叛徒’问题的通知》(中发〔67〕200号)。《通知》

说："无产阶级文化大革命运动开展以来，红卫兵小将和革命群众进行了大量的调查工作，揭露了党内最大的一小撮走资本主义道路当权派长期包庇的叛徒集团，挖出了一批混进党内的叛徒特务分子，对于纯洁党的组织，对于彻底批判党内最大的一小撮走资本主义道路当权派，作出了重要的贡献。"《通知》同时也作出了一些规定，要求"必须经过周密的调查，采取慎重的态度。不要根据不充分的，未经核实的材料，自行宣布某人为叛徒。不要轻易公布材料"，"应当把重点放在清查党内一小撮走资本主义道路当权派中的叛徒"等。

渐渐地，"党内一小撮走资本主义道路当权派中的叛徒"浮出水面——原来暗指共和国主席刘少奇！刘少奇的所谓历史问题也因此浮出水面："远在抗日战争爆发前夕，他竟大肆宣扬活命哲学、投降哲学、叛徒哲学。"（《彻底批判中国的赫鲁晓夫》，《文汇报》1967年4月2日社论）

1969年召开的中共九大上，在林彪所作的政治报告中称："现已查明，刘少奇早在第一次国内革命战争时期就叛变投敌，充当内奸、工贼，是罪恶累累的帝国主义、现代修正主义和国民党反动派的走狗……"

吊诡的是，时间到了1973年，中共十大又宣布了一项决议："永远开除资产阶级野心家、阴谋家、反革命两面派、叛徒、卖国贼林彪的党籍。"被指责为"叛徒"的，还有上了林彪"贼船"的陈伯达。

"叛徒"一度成为政治斗争的工具

关于对待历史上的"叛徒"问题，除了对革命者"政治道德"的气节大义的考量之外，如果是一个十分具体的指称，则应该对有关事实十分慎重，因为它涉及当事人的政治生命。在政治运动中，它可以是鞭笞和打击革命队伍中出现的真正叛徒的严厉道德武器，也可能滥用为政治斗争中的工具——这样一来，就混淆了是非，不免造成冤案。

试举例如下：

“胡风反革命集团”中的“叛徒”

在揭发和批判“胡风集团”时，毛泽东曾根据舒芜提供的胡风等人的书信材料在“按语”中写道：“他们的基本队伍，或是帝国主义国民党的特务，或是托洛茨基分子，或是反动军官，或是共产党的叛徒，由这些人做骨干组成了一个暗藏在革命阵营的反革命派别，一个地下的独立王国。”这其中就有醒目的“共产党的叛徒”一条。然而，在被定性为所谓“胡风反革命集团”成员的2100多人中，能够被指为“叛徒”和“变节分子”的，大概只有绿原一人，因为他曾被定为“中美合作所”的“特务”和“变节分子”。但真实情况是绿原于1944年在后方译员训练班受训时，国民党曾要他去“中美合作所”工作，绿原从胡风处得知“中美合作所”是国民党特务戴笠控制的一个特务组织之后，根本就没有去；至于又说他是“变节分子”，则是根据绿原1940年在重庆被国民党逮捕过，并且供出了他于1939年在湖北恩施读高中时曾和几个同学办过壁报的情况。但当时的绿原只是一个中学生，并不是共产党员，因此他与“叛徒”、“变节分子”毫无联系。

“丁、陈反党小集团”中的丁玲

1955、1957年，在中国的政治舞台上，先后揪出了“丁、陈反党小集团”和“丁、冯反党集团”。丁——著名女作家丁玲，此前还是中宣部文艺处处长、中国作家协会副主席、文学讲习所所长、《文艺报》主编、全国人民代表大会代表等；陈——陈企霞，当时亦为《文艺报》主编；冯——冯雪峰，中国作家协会副主席、《文艺报》主编、全国人民代表大会代表等。

发生在1955年和1957年的这两个“反党集团”案件，主要由历史积怨和现实冲突的积聚所形成，是周扬为书记的中国作家协会党组错误划定的。当时丁玲的一个历史问题成了关键，即她曾于1933年在上海被国民党特务拘禁，至1936年离开南京辗转至陕北，后来指控者称其“自首叛变”——与“叛徒”丈夫冯达继续同居并生有一女、接受国民党每月100元的生活费、给国民党写有一份声明（大意是“因误会被捕，生活蒙受优待，未经什么审讯，以后出去后愿居家读书养母”），等等。这一结论制定后，当时颇有反对的声音，于是进行复查，最后中宣部复查小组将之改写为“变节性行为”，但当事人丁玲仍不同意。不久，“反右”运动爆发，重新拟定的结论是：“1933年丁玲被捕后，自首叛变，从南京回到陕北，是敌人派回来的。”显然，这一结论更加严重了。这一结论，毛泽东当然知道，而周扬当年那篇著名的文章《文艺战线上的一场大辩论》，也是经过毛泽东审阅修改的。

这里就有一个问题了。丁玲与毛泽东都是湖南老乡，丁玲还和毛泽东当年的妻子杨开慧是长沙周南女子中学的同学。丁玲成名后，热爱文学的毛泽东当然熟知她。1936年丁玲来到陕北，毛泽东和当时中共中央的领导人为她召开了欢迎会，此后两人经常交谈，毛泽东还为她写了《临江仙》的词作，其中有一句“洞中开宴会，招待出牢人”。延安整风运动开始后，对干部进行了普遍审查，当时主持其事的康生首先对丁玲被捕的历史提出质疑，随即丁玲向毛泽东申诉，毛则让她向中共中央组织部（陈云、李富春）提请审查。最后，审查结论认为：“党内有些同志曾经传说过丁玲同志在被禁于南京的三年中曾经自首，但中央组织部直到今天未听到任何同志提出丁玲同志曾经自首的具体证明，也未见过丁玲同志发表过自首文字和屈服于国民党的文字，因此认为这种传说不能凭信。”

毛泽东也在这个结论上添写道：“因此，应该认为丁玲同志仍然是一个对党对革命忠实的共产党员。”问题是这个“应该认为”到了后来严酷的政治环境下，特别是毛泽东本人对“叛徒”的理解趋于僵硬之后，原来丁玲的这段历史问题，就已经不是毛所能接受的了。（周扬等人到后来也一直认为丁玲有“历史污点”。但在“文革”中，周扬也被打成了“叛徒”。事后，周扬回忆说：当时，他对所谓“说理”的批判还可以承受，最难接受的是硬让你承认是叛徒。他说：“我没被捕过，怎么会是叛徒！不承认就动手打人。”当时周扬的一双耳朵都被打聋了。）

因此，1955年“反胡风”和1957年“反右”运动之间的“丁、陈反党小集团”和“丁、冯反党集团”的案件，由于有了丁玲历史上的“自首”问题，就成为指控者非常方便的一个口实。这一“集团”的人数也不断增加——除丁、陈、冯三人之外，还有丁玲后来的丈夫陈明，以及李又然、艾青、罗烽、白朗、秦兆阳等。而毛泽东曾过目所有指控的材料，并提出重新公开发表和批判丁玲等在陕北时写下的《三八节有感》等文章，他还在“再批判”的“编者按”中改写和加写道：“丁玲在南京写过自首书，向蒋介石出卖了无产阶级和共产党。她隐瞒起来，骗得了党的信任。”

丁玲获知这一切时，只能怅怅地发问：“难道他就一点也不了解我吗？”

陈独秀是“叛徒”吗？

毛泽东在回顾中共的历史时，提到大革命的失败，就要提到陈独秀。毛泽东曾说陈是一个“不好的马克思主义者”（尾巴主义、取消主义、投降主义、右倾机会主义等），并把他与俄国的普列汉诺夫相提并论。

1937年，毛泽东在陕北公学鲁迅逝世周年大会上的演说中说：“有些不彻底的革命者，起初是斗争的，后来就开小差了。比如外国的考茨基和普列汉诺夫，就是很好的例子。在中国这种人也不少，正如鲁迅先生所说：最初大家都是‘左’的，革命的，及到压迫来了，马上有人变节，并把同志献给敌人作见面礼。”这段讲话中虽然没有提及陈独秀，但那意思已经呼之欲出了。1939年5月，毛泽东在延安青年五四运动二十周年纪念会上讲演时则明白无误地说：“陈独秀不是也‘信仰’过马克思主义吗？他后来干了什么呢？他跑到反革命那里去了。”（《青年运动的方向》）1964年6月，毛泽东又在一次讲话中说：“我们党的历史有五朝领袖，第一朝是陈独秀，第二朝是瞿秋白，第三朝是向忠发（实际是李立三），第四朝是王明、博古，第五朝是洛甫（张闻天），五朝领袖都没有把我们搞垮，搞垮不容易，这是历史经验。”

这里，所谓“搞垮”，轻一点是指“路线错误”，重一点的话就几乎等于是说“叛徒”和“变节分子”了。但这和历史上真实的陈独秀是不符的，之所以要这么指称，其实是对“党内走资本主义道路的当权派”的追根溯源，即寻找出这么一条与“革命路线”相针对的“反革命路线”，便于在政治运动中频繁使用这种“革命话语”和“革命逻辑”，加大批判的效果和声势。

于是，正如胡耀邦后来曾说过的：建国以后“这二十年来，我们党的政治生活很不正常，首先是中央政治局的生活很不正常。一是没有真正的集体领导，有时简直就是封建式的家长制；二是没有正常的批评与自我批评，使得一些坏人从中拨弄是非、诬陷好人。这是我们党执政后遇到的一次长时期的深刻危机”。这又让他非常想知道：“毛主席为什么要发动‘文化大革命’？”他说他从10年“浩劫”开始就在思考这个问题。那么，当毛泽东提出要“整党内走资本主义道路的当权派”的想法时，为什么又要在外地（如上海）与人密商（张春桥、姚文元等），从海瑞、李秀成、瞿秋白这些古人和死人身上发难呢？

领袖人物的被捕经历

中国共产党的领导核心，如果从战争年代的中共七大说起，当时领导班子“五驾马车”（中央书记处书记）中的毛泽东、朱德、刘少奇、周恩来、任弼时，除了刘少奇、任弼时有过被捕的经历之外，其他三人没有被捕的经历。此后，至1956年召开的中共八大，在新的中央领导集体中，毛泽东、刘少奇、周恩来、朱德、陈云、邓小平这六位政治局常委，也只有刘少奇有过被捕的经历。到了1958年5月，在中共中央八届五中全会上，林彪被补选为中央政治局常委和中共中央副主席，由此形成了新的中共的七大领袖——“毛、刘、周、朱、陈、林、邓”，这其中，在战争年代有过被捕经历的，只有刘少奇。

不过，严格地说起来，在民主革命的地下斗争和战争年代中，中共的领导人或多或少都有过惊心动魄的斗争经历。如毛泽东，他在战争年代可谓身经百战，又多次化险为夷。1927年9月初的一天，当时中共中央委员、中央特派员毛泽东奉命到长沙组织秋收起义，在湖南浏阳与江西邻界的张家坊一个客栈内，毛泽东正准备吃饭，忽然闯进来一帮前来搜查的团丁，他们怀疑毛泽东是“共党嫌疑犯”，便将他和其他一些“共党嫌疑犯”一道，押往不远处的团防局。其间，毛泽东借机和团丁唠嗑，趁团丁放松警惕，在经过山林时逃脱。

与毛泽东相同经历的，还有朱德、邓小平、林彪。至于周恩来，他在1927年国民党“清党”时也遇到过一次危险，后来又有一个“伍豪启事”的旧案。“文革”中，“四人帮”多次企图通过所谓“伍豪启事”给周恩来加上“叛徒”的罪名。

任弼时曾于1928年和1929年先后两次被捕，狱中受到严刑折磨，但他坚贞不屈，后经组织营救出狱，而且任弼时逝世较早，也就与“叛徒”八竿子打不着了。

陈云也曾与周恩来一起在上海等地从事地下斗争，据《亲情话陈云》（中央文献出版社2006年版）一书，陈云的女儿陈伟兰回忆说：“文革”时，大街上贴了很多大标语、大字报，说陈云是叛徒，“我问爸爸，你是叛徒吗？爸爸认真负责地给我讲了他的一段历史，说明他在上海做地下工作中只被外国租界的巡捕扣押过几个小时，并且是与期货人一起。后来巡捕房找不到什么疑点证据，很快就放了人，此后他再也没被捕过。最后爸爸非常严肃地说，你一定要相信我，我绝不会做对不起党和国家的事情，我从来没有背叛过党。”原来陈云从来没有被捕过，只是在上海租界罢工时与商务印书馆的工人一起被关押了几个小时，所幸身份没有暴露，很快得以释放。

陈云因为曾在上海从事过地下斗争，后来在长征途中奉命经由上海赴苏联，当时上海苏州河上的每个桥头都有国民党特务把守，其中很多是叛徒，陈云不幸被认出。当时陈云十分机敏，他毫不慌乱，两眼逼视特务，又用低沉且严厉的声音说：“如果你敢指认我，共产党早晚有一天要找你算账。”叛徒特务受到威慑，只好扭过头，装作没看见。这是陈云熟知叛徒的心理，他们最害怕“红队”（即中央特科的“打狗队”）的惩治，所以陈云敢于硬碰硬。

“共和国第一冤案”背后的隐情

如此说来，中共领袖之中，只有刘少奇有过被捕的经历，即他分别在1925年和1929年在长沙和奉天（沈阳）的被捕。本来事情很清楚，但到了“文革”之初，却成了莫大的嫌疑和罪名，加上“61人案”（即

1936年8月，刘少奇以中共中央北方局的名义，指示关押在北平军人反省院的薄一波、刘澜涛、安子文、杨献珍等60多人“履行国民党政府必须规定的出狱手续”，出来参加抗日救亡运动）的重新提起，更是“跳进黄河也洗不清”了。

随着“文革”的全面展开，“叛徒”、“特务”、“走资派”和知识分子成为打击的重点对象，特别是“叛徒”和“抓叛徒”，更成了“文革”发动的一个动因，甚至是一个战果。刘少奇被扣上“叛徒”帽子，有一个过程。

据张秀山《我的八十五年——从西北到东北》（中共党史出版社2007年版），早在建国初期的一次东北地区高级干部会议上，当时任东北局第二书记兼东北军区副政治委员的张秀山忽然遇到了一件让他百思不解的事，即：“在一次谈话中，罗瑞卿突然问我：你们查看刘少奇的档案是什么目的？我听后感到很不对头，便对他说：这件事我建议你核实一下。我说：1953年初，高岗对我说，毛主席让看一下东北敌伪档案中有关刘少奇1929年在奉天被捕的情况，要我去组织落实。我当时问高岗这件事跟其他人说过没有。他说跟陈云说过。我又问他，东北呢？他说没有。我说，这件事不能扩大，传开不好。说这事时，高岗的秘书在场。这件事后来具体承办的同志也不知道查阅敌伪档案的目的。”毛泽东指示高岗查看刘少奇的档案，张秀山只是具体承办的人，据他回忆，当年接到任务后，“我在东北局组织部布置工作时，将审查干部工作分成两个组，一个组查现实表现；一个组查阅敌伪档案，查阅的对象不做特别限定，避免给人留下是专门查看某个人的印象。这件事即使是后来任组织部部长的郭峰，和具体承办这项工作的同志也不知道查阅敌伪档案的目的，查阅结果是按敌伪档案的原本情况上报的。罗瑞卿听后没有再说什么”。（张秀山《1954年揭批高岗、饶漱石反党分裂活动会议》，《百年潮》2007年第5期）

事实上，早在1963年以前，毛泽东就已明确地表示准备由刘少奇来接替他在党内的位置，如1956年9月毛在中共七届七中全会上讲话时说：“中央准备设四位副主席，就是少奇同志、恩来同志、朱德同志、陈云同志。”他还说：“一个主席，又有四个副主席，还有一个总书记，我这个‘防风林’就有几道。”（《刘少奇传》，中央文献出版社1998年版）七中全会是为召开“八大”做准备的，而毛泽东的讲话表明了选举几位副主席和总书记，是为了在党内建立“防风林”，以避免如苏联发生的因领导人的变动而影响了共产主义事业。翌年11月毛泽东出访苏联，毛泽东又与赫鲁晓夫谈到他不再出任党主席的设想，据翻译李越然回忆：“赫鲁晓夫就问他，‘谁来接班呢？有这样的人吗？’主席讲得很清楚，‘有！我们党内有好几位同志完全可以。’接着他就一个一个地点名，说第一个是刘少奇，第二个是邓小平。”（李越然《外交舞台上的新中国领袖》，解放军出版社1989年版）1961年9月，英国元帅蒙哥马利访华时与毛泽东会谈，蒙哥马利说：“我认识世界各国的领导人，我注意到他们很不愿意说明他们的继承人是谁，比如像麦克米伦、戴高乐，等等。主席现在是否已经明确，你的继承人是谁？”毛泽东回答说：“很清楚，是刘少奇，他是我们党的第一副主席。我死后，就是他。”蒙哥马利又问：“刘少奇之后是周恩来吗？”毛泽东说：“刘少奇之后的事我不管……”（《知情者说》第7辑，中国青年出版社2000年版）显然，当时毛泽东已在考虑“接班人”问题，而且已经非常明确地提出是刘少奇。据黄峥《刘少奇的历史地位》一文：“早在1957年，毛泽东在访问苏联时就向赫鲁晓夫介绍刘少奇是他的接班人。”毛还在与赫鲁晓夫的会谈时说：“这个人在北京和保定参加了五四运动，后来到你们那里学习，1921年转入共产党，无论能力、经验还是声望，都完全具备条件了。他的长处是原则性很强，弱点是灵活性不够。”

另据黄峥《刘少奇十大功绩》一文，刘少奇曾在党内拥有特殊地位，可以归功于他在历史上创下的“十大功绩”，其中第八、九条内容如下：“八、代表中共中央在中共八大作政治报告，正确分析社会主义基本制度确立后中国社会的主要矛盾，提出党在社会主义建设时期的基本任务。九、20世纪60年代，在第一线主持国民经济调整工作，为克服国民经济严重困难作出重要贡献。”（《中共党史研究》2002年第6期）不过，也正是因为围绕文章提到的第八、九条等内容，毛泽东和刘少奇形成了认识上的分歧和矛盾，最终让毛泽东彻底改变了对刘少奇的看法。1970年12月斯诺问：“您是什么时候最终作出刘必须下台的决定的。”毛泽东回答：这个决定早已酝酿了，最后“决定是在1965年1月作出的”（斯诺《漫长的革命》，东方出版社2005年版），即1965年1月中共中央发表关于《农村社会主义教育运动中目前提出的一些问题》（“二十三条”）——这个文件的第一条就说“四清”的目标是“整党内走资本主义道路的当权派”。这也就是说：晚年的毛泽东越来越倾向于相信刘少奇就是“中国的赫鲁晓夫”。

不过，鉴于刘少奇的历史功绩和声望，要打倒他，其实并不容易。戚本禹的《评李秀成自述》等事件，触发了斗争的灵感——“叛徒”无疑是很好的突破口。

1966年8月初，中共八届十一中全会召开，全会通过了关于“文化大革命”的《十六条》，并改组了中央领导机构，刘少奇由原来常委排序的第二位降为第八位（林彪由第六位上升为第二位，并且未经选举成为党的唯一副主席和毛泽东实际上的接班人）。而在1968年10月举行的中共八届十二中全会上，刘少奇则因“叛徒、内奸、工贼”三个罪名被“永远开除党籍”。

“共和国第一冤案”，就在这样的特殊背景下酿成了。

（作者系文史学者）

原载于《同舟共进》2011年第4期

叫一声“革命”太沉重：叛徒龚楚其人

散　木

所谓世事无常，白云苍狗，活跃于历史帷幕下的人，往往鱼龙曼延，这就是人们惯常所见的现象——“三十年河东，三十年河西”。在中国革命历史上，有位“红色元老”的一生，即如此大幅度地沉浮于史册之中，他就是龚楚。

龚楚于大革命时期加入共产党，此后在红军中担任过许多重要职务。就在红军开始长征时，他还是中央军区的参谋长。然而，龚楚最终离开了艰苦的革命斗争环境，变节投敌，成为当年若干叛徒中职位最高者，于是人们送他一个称号——“红军第一叛将”。

但凡革命处于低潮时，叛徒就会大量出现。有人曾初步统计：江南三年游击战争，红军中叛变的团级以上军官至少有四五十人，有的部队甚至到了主要军官全部叛变的程度，如湘赣军区独立第四团的团长、政委、参谋长、政治部主任全部叛变；湘鄂赣军区红十六师的师长、政委、参谋长、政治部代主任也都先后投降。至于这一时期大军区和军一级的高级将领，叛变的则是中央军区参谋长龚楚、闽赣军区司令员宋清泉、湘赣省委书记兼湘赣军区政委陈洪时、闽浙赣省委书记兼闽浙赣军区司令员曾洪易、闽赣军区政治部主任彭佑、新红十军副军长倪宝树等。

龚楚叛变后，变成了对方的“过河卒子”，在国民党部队中混了若干年后，退役成为国民政府广东省参议员，又于沧桑鼎革之际遁往香港。终于，他等到了大陆的改革开放，等到了历史尘埃的消退。所谓

“往事如烟”，1991年，经“老战友”邓小平的批准，他叶落归根，返回广东老家定居，不久病逝。

一生“进进出出”，暮年回归故里

龚楚，曾用名龚鹤村，广东乐昌人。参加红军后，因其早年有从军经历，成为资历雄厚的将官。早在1917年，孙中山在广州组织军政府，龚楚即加入粤军第2旅，先后担任班长、旅部副官，后考入云南陆军讲武堂韶州（今韶关）分校学习。1920年以后，先后任粤军排长、连长，1923年任国民革命军攻鄂军（总司令程潜）少校参谋，参加攻打湖南的作战，失败后被派到广州通讯处工作。

龚楚戎马生涯，其间接受马克思主义，参加了革命。1924年6月，在广州加入“社青团”，一年后转为中共正式党员。

龚楚参加革命后，又是主要投身农民运动的成员之一。1925年6月，他受中共广东区委派遣，以国民党中央农民部特派员身份，到广东省农民协会北江办事处从事农民运动。国共合作后，参与建立国民党广东乐昌县党部的工作，并被选为县党部执委和监察委员。1926年5月，任共青团乐昌特支书记；1927年5月，他率领乐昌农民军与北江工农军汇合，组成工农讨逆军，亲任总指挥，指挥部队赴武汉参加讨伐蒋介石的军事活动。（讨逆军到达湖南耒阳时被改编为第13军补充团，龚楚任团长。）

一段光荣阅历下来，龚楚站到了时代的高台。彼时大革命失败，中共开始独立领导武装斗争，此后一气呵成的三大起义，其间皆有龚楚的影子。先是南昌起义和秋收起义——1927年7月，汪精卫的武汉政府宣布分共，龚楚奉命将部队拉至江西，随后参加南昌起义，此后，他的补充团被编入贺龙的第20军3师6团3营，龚楚任营指导员。不久，他又被调赴长沙参与领导秋收起义，但中途遭敌军袭击，因失去联络，被迫转赴香港，继而潜回家乡。彼时又有牺牲惨重的广州暴动，龚楚任广东农军的北路指挥。三大起义功败垂成，其残部又有辉煌的湘南暴动。1927年底，朱德率军抵达粤北，为军阀范石生收留，此时中共广东北江特委派龚楚赴朱德部队开展工作，并委以团副的名义。1928年1月，朱德、陈毅发动湘南暴动，宣告成立中国工农革命军第1师，随即击溃前来进剿的国民党许克祥部，继而部队整编为中国工农革命军第3师，龚楚任党代表。接下来，部队开赴湘赣边境，遥指井冈山。4月，朱、毛会师，红军的第一“山头”由此形成，龚楚亦有与焉。

就在朱、毛会师不久，红4军组成，下辖3师8团，首长为军长朱德，党代表毛泽东，参谋长王尔琢，军委书记陈毅，原来的工农革命军第3师被改编为红4军10师29团，龚楚任党代表，此外龚楚还担任了红4军前委常委。

1929年5月，龚楚被任命为中共广西前委委员，参加争取俞作柏和李明瑞的工作。彼时，龚楚以龚鹤村为化名，在广西省政府办公室任机要秘书，策动俞作柏等。是年12月11日，百色起义爆发，红7军宣告成立，首长为军长张云逸、政委邓小平（即邓斌）、参谋长龚楚（龚鹤村）、政治部主任陈豪人。后部队进入湘南，遭遇粤军和湘军的“围剿”，龚楚因受伤留在地方疗养，而红7军则开入江西苏区，此后龚楚秘密潜入上海疗伤，待伤愈后又潜赴香港，再经广东、福建回到中央苏区。

在苏区，龚楚见证了苏区的辉煌与衰落，也暴露了自己的弱点。1931年8月，龚楚伤愈后回到中央苏区，即被委任为红12军34师师长，后接任红12军参谋长。其时，正值王明左倾路线开始发飙，就在龚楚到职不及一周，起义首领李明瑞已在“肃反”运动中被杀，龚楚仓促接任红7军军长，随即率红7军参与了扩大中央苏区的历次战役。不料是年底，龚楚也因犯了“右倾机会主义”错误被撤去军长一职，改任中革军委直属的红军模范团团长。不久，模范团改为红1军团第3师第7团，龚楚任团长；又不久，被调任独立第22师师长兼政委，最终，改任粤赣军区司令员。

1933年5月，中共中央在瑞金召开党、政、军高级干部会议，周恩来主持会议，会议期间对龚楚“在工作中所犯对革命前途灰心丧气，甚至发生动摇的右倾机会主义错误”进行了严肃认真的批评教育，决定给予开除党籍一年的处分，并调赴红军大学高级研究班受训。当然，历史往往在吊诡中蹒跚而行，在这里，真理与谬误，坚定与动摇，光荣与可耻，明暗只在咫尺间。

还在龚楚受训期间，1934年4月，他在“红大”的高级研究班结业。因军委总参谋长刘伯承患有严重的贫血症在汀州医院疗养，龚被调至红军总司令部任代理总参谋长，此时正是悲壮的中央苏区第五次反“围剿”战斗时期。不久，粤赣军区改为赣南军区，由龚楚任赣南军区司令员，后又改任参谋长，负责部署红军突围的准备工作。

1935年2月，中央分局召开紧急会议，决定龚楚和红24师71团团长史犹生、政委石衡中率领该团的9个连，转战至湘南，以收容在湘江之役失散的红34师部队，并在该地发展游击区。此后，龚楚以湘、粤、桂边区红军总指挥的名义，率千余人从江西于都突围，经历了多次战斗之后，终于抵达湘南。此时，国民党当局也在“清剿”红军和游击队的同时，采取了“剿抚兼施”的政策，龚楚原本革命意志就不坚定，又对苏区革命产生了看法，此后在革命失利时曾多次试图脱离革命队伍，潜回家乡，如今条件成熟，他终于以行动告别革命了。

1935年5月2日，龚楚带着一个连开赴湖南郴县某地。晚上，他托辞身体不适，晚饭后早早入寝。半夜，龚楚趁警卫人员熟睡之机，逃离队伍，潜回广东乐昌。不久，龚楚悍然投靠了国民党粤军余汉谋部，此后他先后担任过国民党“剿共”游击司令、粤湘边区“剿匪”指挥官、粤北五县联防主任等。其中最恶劣的莫过于“北山事件”了。叛变之后，他急于邀功，10月13日带领粤军30余人，化装成红军游击队，由广东仁化到达北山，企图消灭该地区的红军和游击队。这支“伪红军”来后，先与当地土匪武装（周文山部）乱打了一气，随即放出口风，说自己是湘南红军的一支，来寻找当地游击队，最后竟诱使赣粤边红军游击队后方主任何长林也告叛变。此后，龚楚以召集红军游击队开会为由，将北山游击队诱入其设好的埋伏圈，胁迫游击队投降。当时这支游击队奋起反抗，但除数人冲出包围之外，其余30余人皆壮烈牺牲，这就是“北山事件”。不仅如此，事后，两个叛徒——龚楚、何长林又带领粤军“抄剿”中共中央分局和中央军区，即当时项英、陈毅等的驻地，途中，偶遇正外出采购粮食和物品的侦察员吴少华等，龚楚假借要寻找项英等汇报工作，要吴带路，幸好吴识破对方，在到达营地前抢先登山，通知哨兵鸣枪示警。结果项英、陈毅、杨尚奎、陈丕显、李乐天等听见枪声后迅速转移，才避免了一次危难。这也是红军长征后江南游击部队遭遇的一次生死危机。却说龚楚听到山上鸣枪，不知道山上有多少红军，考虑到自己在山下，处于不利地形，乃慌忙夺路而逃。这也是天数，让他免了又一重罪过。

此后的龚楚，也就堂而皇之地开始了国民党的军旅生涯。一晃，抗战爆发，龚任第5战区孙连仲部上校参谋处长，后历任第7战区少校参谋、第4战区第46军少将参谋长等。值得一说的是，他在第5战区时，奉命驻守徐州以西的陇海铁路，阻止日军西犯武汉，再后日军侵入广东，龚楚曾出任第7战区第1纵队抗日游击司令，与日军激战于木壳岭，歼敌甚多，从而保卫了韶州的安全。抗战胜利后，龚楚曾任徐州市市长、广东省参议会议员、广州行辕高参、广东仁化县县长、广东省第4区（北江地区）行政督察专员兼保安司令等。

时间又一晃，1949年10月，人民解放军打到了广东北江，此时龚楚带领一个保安团慌忙逃到了乐昌的瑶山。据说这时的中共北江行署主任黄松坚写信规劝龚楚投诚，龚楚也深知国民党大势已去，遂率部下山，随后被送到韶关北江军分区交代问题。是年12月，四野大军兵临海南，时海南国民党守将正是龚楚的同乡、抗战时打死鬼子最多的薛岳将军，为了减少伤亡，时任广东省省长叶剑英请示军委意见，决定派龚楚去策反薛岳。当时龚楚满口答应，随即潜入香港，按计划应转道海南，但龚楚滞留香港不进。原来他考虑到自己的叛徒历史，恐遭清算，于是在香港"隐"起来了。据说其间他曾应邀赴台谒见蒋介石，蒋委派他在香港秘密收编残部，组织所谓"反共救国军"，以配合可能的"第三次世界大战"，伺机反攻大陆。然而此时的龚楚已窥破国民党的命数，他婉言谢绝了老蒋的委任，回港后索性"立地成佛"，彻底脱离了政治漩涡，而且名字也由"龚楚"改成了"龚松庵"。

在香港，"居大不易"，没有背景的"龚松庵"先是办实业以维持生计。不久，香港这座"自由港"成了各色人等的天堂，一些"灰色"人物也"大隐"于此，如中共元老张国焘等。为了生计，他们不约而同分别以撰写回忆录赚取版税，想必也有以此"名垂青史"之心。一晃，龚楚在香港有40年矣，据说他曾到过美国，并拿到了“绿卡”，但由于语言和生活习俗的阻隔，又回到香港。在香港，他以写作和书画自娱，出版有《我与红军》、《龚楚将军回忆录》。

晚年的龚楚算是有福之人，能在凋谢之前了却心愿，叶落归根，并造福乡梓。那是上世纪80年代末，时“两高”宣布：因时间超期，不再追诉原国民党军政人员在建国前的犯罪行为。此时的龚楚不仅有心，也有了能力。原来他的几个在香港办实业的亲属也愿意帮他实现宿愿，他的侄孙、香港乐昌同乡会的龚庆韶还愿意回乡投资，并牵线引资等。改革开放之后，地方领导也愿意促成好事，所谓“常回家看看”。就这样，龚楚在家乡的祖屋得以恢复，还有了新居，也得以“按原国民党中级军政人员接待来往”的待遇回到故乡。

1990年9月13日，龚楚夫妇坐火车抵韶关，乐昌当地政府为之设宴接风。在宴会上，垂垂老矣的龚楚拿出三封书信，那是他早就准备好的致“老战友”邓小平、杨尚昆、王震的三封书信，委托当地代为寄发。这些书信，内容是问候之意及请求准许他回乡长住，此外他还特别向邓小平发了电报，告知他已返乡的消息。

晚年的龚楚还有一段逸闻。原来人们盛传龚楚手中有三宝：一是从前蒋介石颁发给他的一件“中将高参”的委任状，二是唐寅的一幅名画，三是香港数名书画家联袂为他创作的四幅屏风水彩画。然而他能够向人展示的，却只有最后一件。1995年7月24日，龚楚在家中安然去世，享年95岁。

龚楚变节“背后的动因”

叛变之后的龚楚逐渐被人遗忘，特别是到了沧桑鼎革之后，人们更不屑提及此侪了。久而久之，许多人也就根本不知道，在红军的历史上还曾有过一位高级将领龚楚。于是，不久前国防大学金一南教授有一篇文章就特别吸引眼球。他问：你知道红军叛将龚楚是如何度过落魄余生的么？文章中，金一南提到龚楚曾在历史上留下的几个纪录：

一、龚楚曾是我党著名的农民运动领导者，红四军被称为“朱、毛、龚”，就是说朱德、毛泽东、龚楚。这么高的地位，最后却变成了叛徒。

二、所谓此一时也彼一时也，后来龚楚向他原来的部下投降，又留下了这样的故事——向“部下”投降的“首长”。这个曾经的“部下”，抑或所谓“下级的下级的下级”，正是有中共“战神”之称的林彪。也正因此，龚楚觉得非常没有面子，跑到香港不回来了。当然，这种说法只是一种揣测。

笔者还在网上看到了黄文治先生的《从〈龚楚将军回忆录〉看龚楚何以会变节》一文，他说：“其实，中共党史上的变节群体最值得研究。”“龚楚变节，无疑有中央革命根据地瓦解后其对革命丧失信心的因素……在经历失败之后的消沉黯淡岁月里，此时的龚楚已难以化解革命失败主义情绪对自己的销蚀，最终脱离红军变节。这种表面的直接诱因，常被后人诟病。但仔细梳理《龚楚将军回忆录》，其间的动因又远非上文所言的那么简单。他在回忆录里反思其变节的深层次动因乃是其恐惧中国革命过程中的‘赤色恐怖’造成的。”

谈到所谓的“深层次动因”，这就要联系到党史上的许多“深层次”问题了。其实，改革开放以来，随着人们认识的深入，包括反思力度的加大，以及史料的发掘（特别是由于苏联解体之后历史档案的公开），沈志华、杨奎松、高华、何方等史家的新著也一改人们惯常的史观和认知，甚至我们还可以毫不夸张地说：改革的深入，其实是伴随着历史研究的深入的。作为历史反思，历史上的那些故事所起的作用和意义，正如温总理在本届人大会议结束答记者问时所说：“历史告诉我们，一切符合人民利益的实践，都要认真吸取历史的经验教训，并且经受住历史和实践的考验。这个道理全国人民懂得。”

至于龚楚其人，我们在鄙薄其叛徒历史的时候，也应该看到“变节背后的深层次动因”。在龚楚的回忆录中，他举了这样一个例子：1933年，根据共产国际的指示，中央苏区开展了“消灭地主”的运动，结果，“清算接连清算，杀了一批又一批，甚至杀到红军干部的家属，如江西独立师师长杨遇春，他是瑞金武阳围人，父母叔伯都被捕去清算，家中屋宇财产全被没收……迫得他冒险逃出苏区，向国军投降”。杨遇春出身黄埔军校，也参加过南昌起义，而且是一个很能打仗的将领，就是因为自己的家庭遭到清算，又害怕牵连自己，于是索性投降，甚至不惜加入“军统”与中共为敌，这也是中国革命历程中“红与黑”的故事之一了。以上种种，为龚楚的出走埋下了伏线。

不妨对照一本史学新作，黄道炫的《张力与限界——中央苏区的革命（1933–1934）》，就可以看到当年苏区的困境：“军事上受制于敌之外，还有内生瓶颈的制约。”原来，越到后来，中央苏区人力、物力、经济、政治资源日益匮乏，中共的生存和作战资源面临极大挑战，而在错误路线之下，政策越发激进，肃反运动、查田运动、扩红运动、滥发公债、强收谷米同时展开，加上国民党军的严密封锁，两年之内便把苏区弄到资源枯竭、师老兵疲、财尽民困之境。特别是，1930年由赣西南党组织和红一方面军开端的肃反运动，以党政军群的精英为杀戮对象，元气大伤，而其理论依据则是一些党的高级领导一再公开著文标榜的“列宁主义关于无产阶级专政只凭借暴力而不受任何法律限制的理论”。在实践中，更是废除一切法律和司法程序的制约，严刑逼供，放手杀人，成为后来一系列整人运动的先导，其遗害之大，已为人所共知。那段历史的教训，是我们必须记取的。

龚楚回忆录里的“亲历、亲见、亲闻”

最后，说一说龚楚的回忆录（即在《我与红军》基础上扩写的《龚楚将军回忆录》）。

此书关于红军和根据地的历史，揭载颇详，涉及的领导人颇多，可作为红军和苏区历史的重要参考文献。至于其可信度，据中共中央党史研究室编辑出版的《党史通讯》（1984年第11期），杨尚昆曾在一次谈话中说：“有一个叫龚楚的，在井冈山时期就跟毛主席在一起，在中央苏区时是作战处长。此人在三年游击战争中被捕叛变，还带敌人去抓陈毅。后来，龚楚写了《我与红军》一书，在台湾、香港广为流传，书中写了他是怎样参加红军和在红军中做了些什么工作。建国后我看了这本书，曾问过陈老总，他说龚楚的历史就是那个样子，叛变前的那一段历史基本上是确实的。”当然，书中自我辩护的方面，读者是能自行分析的。

这本回忆录，还有一个“破记录”的地方——它是由两个叛徒写序的：张国焘的序和龚楚的自序。

张国焘在序言中称：包括他和龚楚在内的当年“参加中共的青年，实质上并非真正的共产主义者；他们对于马克思列宁的学说既无研究，更无所谓信仰：他们对于苏联和共产国际的理论和实际，也是一知半解，那批青年几乎都是对于中国的积弱和腐败，怀抱着痛心疾首的心情，他们心目中所憧憬的，是一个独立自由和富强之中国。中国一直被专制政权统治着，政治腐败极了，古老的文化又是脆弱的和空虚的，外侮纷至，国亡无日。民国以后，此种情况，并未改善，孙中山先生的革命行动，无论在理论上行动上，已经具有急进的特色，然而孙中山先生穷毕生之力，仍未能撼动专制统治的根本；这就使中国那一代的青年更加偏激了”。于是，张国焘感慨道：“我们读了龚楚先生这本书，就可以了解和同情当时青年这一不平凡的经历。面对中国半世纪来的这许多演变，也将发生无限的感慨。”这真是惺惺相惜了。

龚楚在自序中称：“……一九二八至一九三五年的国内战争中，我是红军中一个流汗流血备尝艰苦的高级指挥员。我早年参加中共革命的目的是：改造不平等的、妨碍人类生存进步的旧社会，建立平等自由、人类和平共存的新社会。”显然，这是为他后来的叛变预设理由，即：革命本身发生了逆转，乌托邦走上了不归路，革命者又该怎么办？真乃：叫一声“革命”太沉重！

龚楚在回忆录里谈及朱德、陈毅，他说：“那时我们忙得要命，因为军中能作政治工作的只有朱德、陈毅和我三人，政治工作干部又十分缺乏，朱德虽很喜欢接近工农群众，而且是一个措词通俗的马克思主义宣传家，他每与群众谈话，首先必问人家的家庭状况，人口及生活情形等等，接着就讲共产主义的理论，和一个工人或农民常谈一两个钟头而不倦。他身负军事重任，对于地方群众工作，确是无暇兼顾。至于陈毅，他是法国留学生，返国后即任江西永丰县长，缺乏群众工作经验，指导群众工作，仅说些原则性的问题，既不够深入，也不详尽。因此，一切群众运动的计划和指导，多由我负责……”

龚楚在香港写回忆录，横跨了上世纪50年代至70年代，其间对毛泽东的评价也呈多元。龚楚现身说法，似乎更增添了“过来人”的“三亲”（亲历、亲见、亲闻）分量。彼时，在井冈山会师，龚楚初见毛泽东，“他的诚恳的谈吐，亲热的态度，深深地使我感动，因他是党的中央委员，有长远的斗争历史，经验丰富，我很激动地对他说：‘我们今后能够和毛同志在一起，有毛同志来领导，我们的责任就轻了。毛同志有丰富的斗争经验，今后的革命前途更有希望了。’喜悦洋溢在他的眉梢，含笑地对我说：‘好的，我们大家努力创造一个新局面！’”而不久之后，龚楚对毛泽东就有了戒心，这似乎也不是他一人之见，因为在此前后当地军政首领皆有此看法，如“接到陈毅的信，详述何挺颖告诉他有关毛泽东的近况，并郑重地说毛是工于心计的人，今后与他合作，要特别小心，切勿似对朱德那样坦白”；后来“杜修经对我说：红军前敌委员会的组织，中央原拟以常务委员会集体领导，不设书记，目的是防止毛泽东操纵，现在又以毛泽东为书记，将来你们须要防止他操纵，否则的话，麻烦又多了”等。

龚楚说：“中国红军前敌委员会，自五月下旬军队分散以后，就没有开过会，一切决策均由毛泽东以红四军党委会、边区特委、地方县党委书记等联席会议的名义处理一切问题，实际上他此时已集大权于一身了。遇有军事问题，他只和朱德、陈毅谈谈，便由军部发布命令，他的独裁作风，从那时起已充分表露出来了。朱德在当时亦已看得很清楚，有一次军队转移，我和他见面，他对我说：毛泽东同志对我们总有点隔膜，凡事都不事前商量，等到立即行动时才通知我，使我连研究和考虑的时间都没有，现在各县送来的情报都先经过他，真是有点麻烦；本来他个人要独裁，我没问题，事情总要有点时间准备才成。”

彼时，毛泽东与其他领导人的关系已呈紧张态势，龚楚认为“朱、毛”发生龃龉，原因在于：“（一）毛……凡事都自行决定，而且非常固执，处处都想控制朱德为他守住井冈山，使朱德不满。（二）（朱德）对毛泽东要以井冈山为中心，作波浪式的缓缓向外发展的计划，不感兴趣。（三）毛泽东常反对湖南省委及中央的指示……朱德不愿跟着毛泽东作抗命行为……”但龚楚也认为毛“除了他缺点的一面外，他的聪明才智实非常人可及，是有许多地方使人佩服的，比如：（一）他不是军人，但他提出红军作战时的战略战术观点是正确的……（二）他有组织天才……”

由于是“三亲”史料，龚楚的上述回忆自然很有分量。毛泽东随后又与退入苏区的中共中央产生了很深的矛盾，据龚楚回忆，围绕“长征初期的争论”，“当时我觉得毛泽东的见解很对，屡欲起而发言，但想到我受过严重处分，恢复党籍不久，也就不愿参加这次辩论了”。

但龚楚在回忆往事时，因其身份和资历的特殊，难免自炫，看轻他人。他认为周恩来“以党中央军事委员会主席及革命委员会参谋团主席的地位，把持决策，致贻误戎机”。

对于左倾路线和政策的反思，一向被认为是《龚楚将军回忆录》的最大看点。龚楚也以此暗示读者，他之“告别革命”，并非没有原因。

十年内战之初，龚楚说：“党中央指示‘要杀绝地主，烧毁其房屋，以赤色恐怖对付白色恐怖’。因我自离开广东后，就没有与党的省级党委联系，不知党的政策转变（当时党中央还在执行瞿秋白的盲动主义路线）所以不便强加制止……眼见到这种违反人道的行为，我内心觉得很难过，并使我陷于极端苦闷之中。”何以“难过”和“苦闷”？“在这几年的斗争过程中，使我印象最深的是：土地革命时，农民向地主豪绅的激烈清算；和地主豪绅伺机向农民的残酷报复，在循环不已的斗争中，既违背了人道主义的精神，也没有增进社会人类的幸福，反而使生产萎缩，农村经济破产，人民固有的生活方式破坏了，新的生活根本没有建立起来，人与人之间彼此猜忌，彼此防范……这样的革命手段，难道是我所应追求的理想吗？这些问题，使我感到无限的困惑和烦扰。同时，我更想到我们的红军，是共产革命的武装，它的任务是要以战争来消灭敌人的军事力量，以推翻旧的统治，建立苏维埃政权，但是在不断的战争中，战死沙场的，并不是高级统治者本身，而是破了产的工农贫苦大众的士兵和中下级的军官。战争的结果，还不是贫苦工农的自相残杀吗？谁无父母，谁无兄弟，蝼蚁尚且贪生，何况人类？”

不仅于此，对龚楚来说，似乎更多和更大的“难过”和“苦闷”是来自于“苏式”的“肃反”。即“自1933年秋，中共实行消灭地主的农民政策后，农村阶级斗争更趋严重，清算接连清算，杀了一批又一批，甚至杀到红军干部的家属”，最后又滥杀到了起义首领的身上，赫赫宁都起义（早在1931年底，“剿共”前线的国民党26路军经赵博生做工作，董振堂、季振同、黄宗岳等长官率1万7千余人之众、携两万多件武器起义，后编为红一方面军第5军团，后来在这支部队中，产生了31位人民解放军的将军），不料长征初期，起义首领季振同、黄宗岳被“错杀”，龚楚惊出一身冷汗。他不无后怕地回忆：“在这种恐怖的气氛笼罩下，怎能叫人生活下去呢？这时，我便暗萌去志。”

党内“叛徒现象”给我们什么昭示

龚楚的这本回忆，专门有一章是说苏区的“政治保卫局”，局长即邓发。但“政治保卫局”在陕北时已是“社会部”了，主持者为康生。回忆录中不经意间还提及另外几个叛徒：

一是孔荷宠。他说：“孔荷宠是无产阶级出身。但他在湘东红十六军军长任内，平日好买点肉食，且有时打麻雀牌为戏。中共即认为他的生活腐化，便被撤职调来江西苏区。”随后其人因受到处分，“给他的精神打击极大，嗣后他在红军大学结业后，被派到兴国县做群众工作时，乘机逃出苏区，向泰和的国民党军队投降……”

二是抗战时“失踪”了的周昆。周昆也是出身井冈山的元老，曾任红8军团军团长、红一方面军参谋长等。龚楚回忆：“‘红大’校长周昆，过去曾任红四军的师长，后升军长，在第四次反围剿末期作战负伤，治愈后调来高级班当学员，被选为校长。”就是这样一位红军的高级将领，在抗战初期，115师奉命开赴吕梁山建立晋西根据地，参谋长周昆则赴八路军总部领取军费（彼时由国民政府提供），岂料周昆遣人带信（信言“共领取了6万块钱，我带走了3万块，另3万块交警卫员带回，望查收”）之后，就潜逃回湖南平江老家去了。

由周昆，又让人不免想到抗战初期八路军第115师的张绍东（团长，1930年参加红军），被败类兰国清（一个吃喝嫖赌五毒俱全的人，曾任红3军团11团参谋长）拉下水，两人携不明实情的官兵携械出走，至半路两人叛逃，徐海东闻之顿时大口鲜血喷出。此外，还有新四军成立之初的“杨、曹叛逃事件”（团长杨克志、副团长曹玉福乘打“土围子”之机，侵吞金银财物，叛逃到桂系军队之中），也是同类旧案。

凡此种种“叛徒现象”，大概可以昭示人们：理想催生革命，但革命最终能走到哪里，则要看思想建设了。

（作者系文史学者）

原载于《同舟共进》2012年第5期

杨登瀛："双面间谍"？红色特工？

卢 荻

1975年12月20日，周恩来在弥留之际，将总理办公室副主任、中央调查部负责人罗青长约到身边谈话。周恩来提到了一些鲜为人知的名字，其中就有杨登瀛。周恩来动情又郑重地嘱咐说："对这些在我们党最危难时期帮助过我们的人，千万不要忘记了……"

杨登瀛，后人多称其为中共第一个党外特工、国共"双面间谍"——实际上，他是中共首个潜伏在国民党内部的高级特工，是名副其实的"一代名谍"、隐蔽战线的奇人。

上海滩崭露头角

杨登瀛，本名鲍君甫，1893年出生于广东香山县前山白石村（今属珠海市）。自幼在日本生活与求学，在东京读完高等学校后，又毕业于著名学府早稻田大学。他熟悉日本早期社会主义者河上肇，对马克思列宁主义书籍有所接触，思想上受过不少触动。

1919年杨登瀛从日本回国后，来到日本人办的基督教青年会做事，并投身五四运动。他交游广阔，与一些日本商人有经济往来，和上海租界巡捕房政治处很熟，同国民党中人也有来往。同时，他以娴熟的日文为日本一些通讯社撰稿，声名鹊起，在上海滩崭露头角。1924年，他加入了改组后的中国国民党。不久，又结识了当时的中共工运领导人、后沦为大叛徒的顾顺章，通过顾结识了许多共产党人。

1925年以前，杨登瀛经常到上海伊文思洋行书店买书，认识了在该书店供职的青帮中人、洋务工会负责人杨剑虹。杨剑虹也是广东人，两人渐成莫逆之交。后杨剑虹去广东投靠陈立夫，逐渐成为陈立夫的亲信和助手。通过杨剑虹，杨登瀛也结识了陈立夫、张道藩等国民党要人。每次陈立夫、张道藩等到上海，无论公干还是私事，杨登瀛总是悉心招待，无微不至。就这样，杨登瀛成了在十里洋场黑白两道都吃得开、"兜得转"的人物。

杨登瀛与张道藩之间更有一段特殊政治关系。原来，张道藩在国民党中央组织部有一个俗称"李痞子"的政敌，杨登瀛一口应承帮他消灭这个政敌。不久，李痞子在家门口神不知鬼不觉地被人击毙。从此，张道藩在组织部站稳了脚跟。张因此对杨感激不尽，视为知己。张道藩是继陈立夫之后的党务调查科主任，正好给杨登瀛撑起一把政治保护伞。

杨登瀛原住上海私立大学江湾附近（该校被称为当时的"中共党校"），因此与该校很多师生相识。1926年，杨与陈养山（国民党中央宣传部上海交通局发行科长）认识。陈经常到杨家学习日文，时常将《中国青年》、《语丝》、《向导》等进步刊物带给杨阅读，并与他多次倾心长谈。后陈养山将杨登瀛介绍给中共上海某区党支部书记敖景象，杨参加了几次会议，认识共产党人李季、沈雁冰、赵子昂、陈望道等。因此，杨登瀛1951年在法院申辩材料中强调他是共产党员，自述"1926年由陈养山介绍参加共产党"。据其女儿鲍美云回忆，那是在"文革"前的一天，一家人正在午餐。不知道什么由头，父亲鲍君甫突然很正式地告诉家人说，"我其实老早就入党了，1926年，陈养山是我的入党介绍人"。

1927年，蒋介石在上海发动反革命政变，杨登瀛大为不满，颇多微词，被抓起来关进了大牢。可没过几个月，又由国民党要员蔡元培等从狱中将他保释，以后便蛰居上海。

"四一二"政变后不久，蒋介石因党内斗争被迫下野。1928年10月，蒋介石复出任国民党军队总司令，又当上国民政府主席。为了加强独裁统治，他指令亲信陈立夫筹建"国民党中央组织部党务调查科"，此即"中统"前身。

陈立夫走马上任后，任命亲信杨剑虹为采访股总干事。当时国民党中央对特务工作经验不多，也无适当工作干部，物色上海特务机关负责人颇费周章。杨剑虹多次找杨登瀛帮忙搞特务工作，两人无话不谈。

但杨登瀛很快便把杨剑虹两次找他在上海从事反共工作，准备如何在沪侦察中共及其他反蒋党派活动，全盘告知陈养山，并表示愿将所了解的情况提供给“党内”参考。陈感到杨登瀛有正义感，态度真诚，乃正式将这一重要情报及他与杨的关系报告陈赓，建议同杨建立绝密的特情关系。陈赓时任中央特科二科科长，详细询问了杨登瀛的情况，并向周恩来作了汇报。此时的杨登瀛已是国民党特工系统高级干部，被视为“难得人才”。正苦于特科无法打入国民党特工高层的周恩来十分重视，当即决定由陈赓与杨单线联系并掌控之。

中共第一个“双面间谍”，作用非比寻常

1928年5月，化名王庸的陈赓在霞飞路（今淮海路）一家咖啡馆与杨秘密洽谈。

杨登瀛谈到了自己与杨剑虹的关系，并诉说了身不由己当国民党特务的苦衷。陈赓非常诚恳地表示，完全理解他的处境和为人，支持他跟着杨剑虹干调查科的工作，而且希望他同国民党上海市党部、淞沪警备司令部建立起联系，最好与公共租界、法租界的巡捕房取得友好合作关系。杨提出工作上需要一些钱，陈赓当即递给杨登瀛一根金条，并答应以后每个月给他300块光洋，特别花费再当别论。

杨登瀛提出今后杨剑虹向他索取中共情报，应如何办？陈赓请他放心，表示以后会不断向他提供中共党内的文件、传单以及《红旗》《布尔什维克》等机关刊物，绝不会使他为难。（周谷《六十年前潜伏在国民党心脏中的共谍》，台湾《传记文学》第56卷第1期）经过杨剑虹的推荐，杨登瀛被任命为高级侦探，并改鲍君甫为杨登瀛。这次与陈赓见面，杨登瀛正式确定了“双重间谍”的身份，从此成为中共在敌人侦探机关中的第一个反间谍关系。

陈赓复于同年5月底再找杨谈以后的工作部署，改派曾领导上海“五卅”工人运动、在苏联培训过的地下党员连德生担任杨的保镖，成

天陪杨到处公干。有了情报，连德生立即转报陈赓。实际上，连德生是杨在中共方面的领导人。

1928年8月，杨剑虹因涉及一桩贪污大案和青帮内讧自杀身亡，国民党中央调查科失去在上海的得力工作人员，不得不借重杨登瀛。同年10月，经陈立夫、张道藩联袂推荐，蒋介石任命杨登瀛为中央组织部调查科驻上海特派员。从此，杨登瀛成了国民党在上海特务机关的最高负责人，同时又以原名鲍君甫成为中共特二科的绝密工作人员——国民党的杨登瀛，就是中共的鲍君甫，从此他要演出一部双簧名戏。

从1928年5月至1931年4月顾顺章案发生三年间，杨登瀛表现杰出，深为中共所器重。为了使杨得到国民党的重视，中共还特地为他准备情报，作为他向上邀功的资本，以巩固其地位；还布置一些机关或留下一些机关，让他率员去破获，凡中共认为不可靠的党团员，让他去逮捕。由于杨登瀛要经常陪张道藩等人出入上海市公安局、警备司令部、巡捕房，陈赓在经费十分困难的情况下，特别请示周恩来破例为杨买了一部高级轿车，使杨更便于接近上海各界上层人物，也利于他与中共特工的联系。

1929年12月，新任中央调查科主任徐恩曾对杨登瀛加以重用，上海的重大案件多交由杨独自处理。徐每到上海必到杨家探望，对杨常亲自函电指示，但从不检查杨的工作，以示信任。杨升任上海特派员后，中共特为杨在上海北四川路大德里对面的过街楼上设立一办事处，挂牌"国民党中央调查科驻沪办事处"。陈赓将安娥派来这里做杨的秘书，连德生也在此做联络工作，还给杨配备了其他中共人员。

安娥原名张式沅，1925年加入中共。杨登瀛将收集到的情报全部交予安娥，"凡属中共有用的，由安娥秘书及时抄送给陈赓"。安娥后来成为共和国国歌词作者田汉的夫人，其本人所作的歌词《渔光曲》，随同名故事片在莫斯科国际电影节获奖，曾响遍神州大地。

由于杨登瀛的关系，国民党在上海的反共机关一开始就在中共特科影响下工作。陈赓在谈到这一段历史时曾说："当时国民党在上海的特务机关，实际上掌握在我们手里。"金冲及主编的《周恩来传》也指出："他（即杨）提供的大量情报，对防止党的机关被破坏，营救战友和清除内奸起了重要的作用。”

当时上海公共租界是各方势力激烈较量的地方，杨登瀛与英巡捕房探长兰普逊、帮办谭绍良建立了良好的工作关系。1928年8月，谭绍良要杨登瀛打听他们手下失踪的两个人是否被淞沪警备司令部关起来了。杨找到钱大钧司令询问，果有此事。当杨回到巡捕房时，这两个人已经被放回来了。谭绍良奉英工部局之命，拿出两百大洋给杨登瀛，杨拒绝了。这件事给巡捕房的印象很深。此后不久，兰普逊要求杨登瀛弄一份淞沪警备司令部的印鉴式样。杨登瀛搞到后，兰普逊如获至宝。由此，英国巡捕房得出结论：杨登瀛不是警备司令部的人，但司令部的人听他指挥。兰普逊明确对国民党方面表示，“巡捕房不希望同杨登瀛以外的人接触”。从此杨成了兰普逊的座上宾。后来，兰氏又将杨介绍到法租界巡捕房，杨又成为法租界巡捕房的顾问。

杨登瀛成了驻沪特派员之后，身价倍增，可以在上海各侦探机关独立活动，不再受人管束。陈立夫、徐恩曾经常将一些大案要案直接交杨登瀛办理。英、法租界巡捕房也视他为在中国官场可以通天的人物，有案子也找他商量。这样一来，南京国民党特务机关和上海租界巡捕房破坏中共的计划、命令，中央特科都能够通过杨登瀛的关系及时了解，化险为夷。杨登瀛对中央特科的作用非比寻常。

惩治叛徒：“东方第一谋杀案”始末

1928年8月，国民党淞沪警备司令部将一封密信交巡捕房，要求公共租界当局按照信中所指地址去破获共产党的一个地下机关。兰普逊特地派人将“共党问题专家”杨登瀛请来，杨一看，发现信是一个名叫戴冰石的人写的，信中所指是中共沪东区秘密机关的地址。“箭在弦上不得不发”，杨登瀛心里暗暗叫苦，只得随兰普逊、谭绍良同行，去搜查平凉路中共机关，抓走驻在该机关七人，其中之一是戴冰石的小姨子。回家后，杨登瀛将情况通过连德生告诉了陈赓。陈赓很快查实戴冰石由杜月笙牵线，已经向杨虎自首。过了几天，戴冰石托人找到杨登瀛，要杨向兰普逊求个情，将他的小姨子放出来，杨一口答应，要戴冰石到永安公司后的一家小旅馆接他的小姨子。杨登瀛把上述情况告述陈赓，陈派中共特三科人员埋伏在附近，将戴冰石即时击毙。

1928年，经杨登瀛介绍，中共特工宋再生担任淞沪警备司令部第四号政治密查员。一天，宋再生在警备司令部值班，快下班时，有个铁路工会秘书顾某进来说有要事相告。宋怀疑他是告密者，就说快下班了，有什么事快说。顾某觉得宋可能是个负责人，就直奔主题了："捕获柏山奖赏是多少？"柏山是李立三的化名，时任中共中央政治局委员。宋感到事态严重，忙问在什么地方。顾某附耳把李立三的住处告诉了宋。宋感到事情紧急，一面稳住顾某，叫他不要再对任何人说起这件事，并说管赏金的人回家了，要他先留下地址，等抓到李立三，便通知他来领奖。第二天一大早，顾某拿来了一张李立三在国外时拍的照片给宋再生。告密者走后不久，宋再生及时把这一情报报告中央特科。中央特科马上通知李立三转移，同时很快制订了惩罚叛徒的行动方案。

三天后，宋再生通知顾某，约好晚十时在大都饭店附近街口见面，带他去见警备司令。顾某在指定时间和地点看见宋再生走来，忙迎上前去，跟着宋朝大都饭店走去。突然，一辆夜巡的警车呼啸而过，只听"砰砰"两声枪响，两颗子弹已经打中了顾某。枪声得到了警笛声的掩护，没有引起远处巡警的注意。当警笛声消失的时候，原来在大都饭店附近街角摆的小烟摊和买烟的两个年轻人都已经不见了，顾某的发财梦也随之烟消云散。

1929年8月23日，中共中央军委秘书白鑫秘密通知在上海的中共中央政治局委员、中央农委书记兼江苏省委军委书记彭湃，以及杨殷、颜昌颐、邢士贞等人，于次日下午在他家开军委会议，研究重要军事问题，并且说，党中央军委书记周恩来也参加。24日下午，会议按时在上海沪西区新闸路经远里六一三弄12号进行。周恩来本应参加会议，临时因要事未去。会议正进行时，大批"帝国主义的武装巡捕与公安局的中国包探"，一如周恩来所说，"驾着几辆红皮钢甲车，如临大敌地"呼啸而来，"登楼捕人如像预知的一样"。（《周恩来选集》上卷，人民出版社1980年版）与会者还没反应过来，全副武装的巡捕、包探已冲入房内，按名逮捕彭湃、杨殷等人。中共中央十分震惊。周恩来指示陈赓，设法通过在国民党内部的线人，打听彭湃、杨殷等人关押的地点及审讯情况，以便营救。

陈赓立即找到杨登瀛，指示迅速查明真相。杨登瀛经过一番打听，查明原来是白鑫变节投敌。白鑫是黄埔一期学生，后加入中共，1927年参加“南昌起义”，曾在彭湃领导的海陆丰政权工作，1929年调入上海中央军委当彭湃的秘书，他家常被作为军委会场。一个月前，白鑫通过其弟向国民党上海市党部秘密自首，其叛变的理由是他的一个亲属背叛革命被发现后由彭湃批准将其枪毙，因此怀恨在心。再经中央查证，杨登瀛提供的消息完全可靠。原来“白鑫于当日下午开会时做记录，虽一同被捕但旋即释放。中共特科遂认定白鑫为告密人，将加以制裁”。

当晚，周恩来主持紧急会议，研究营救彭湃等同志和惩办叛徒的措施。他指令特科：不惜任何代价，全力营救彭湃等人并尽快除掉叛徒白鑫。陈赓找到杨登瀛，杨向陈提出，彭湃是知名人士，不可能轻易地营救出来，建议在彭湃由国民党上海市公安局解往司令部途中设法营救。陈赓将杨的想法向中央特科请示后，一致同意路劫。但因准备不周，错过时机，营救未获成功。30日，彭湃、杨殷、颜昌颐、邢士贞在龙华遇难。

周恩来和陈赓断定叛徒白鑫目前仍在上海，但由于害怕共产党镇压，迟早会逃离。为了准确地了解白鑫的意图，决定由杨登瀛找白鑫当面试探。杨登瀛以国民党特派员身份找到白鑫的住处，对白鑫安抚一番，然后问他还有共党什么线索，今后有什么计划？白鑫表示，最近风声很紧，特科红队手段非常厉害，上海不可久留，最近准备到南京面见蒋介石。杨登瀛向陈赓作了详细汇报。周恩来表示决不能让白鑫阴谋得逞，一定要将其消灭。白鑫非常狡诈，他深晓“红队”的厉害，当起了“缩头乌龟”。

按照中共特科要求，杨登瀛几次去找白鑫闲谈打麻将消遣，终于弄清楚国民党决定派白鑫去意大利留学，以逃避“红队”的惩罚。白鑫与范争波、杨登瀛商定11月11日晚上11时从范家出发乘轮放洋。杨登瀛立即将此确切信息通知中共特科。周恩来听了陈赓汇报，决定在这天将白鑫处决。周还亲自到和合坊四弄观察了现场。11月11日下午，陈赓亲自指挥邵达夫（邵扶民）等10名红队队员，化装潜入43号周围的弄堂埋伏下来。傍晚杨登瀛以辞行为名，特地到范公馆侦察白出发的确切时间。晚上10点多钟，先有两辆国民党方面为转移白鑫的小车驶来，停在范争波家的后门口，范家佣人开始往车上搬行李。11时许，白鑫夫妇、范争波兄弟和3个保镖特务共7人从后门走出，离第二辆车仅几米处时，“装卖水果与补皮鞋的队员，针对保镖首先迎头发动袭击，在黑暗中，保镖二人未及拔枪，即被击毙”。一直在惊疑恐惧中的白鑫见状拔腿就逃，并拔出手枪试图反抗。白拼命向北奔逃，但三名特科队员紧追不舍，很快就将其逼入死角，击毙在和合坊71号门前。是役，白鑫、范争波弟弟和保镖等5人毙命，范争波和白鑫的老婆则受了重伤。红队队员乘着人们惊慌奔跑的混乱之机，“从容逸去”。在戒备森严的法租界发生如此刺杀大案，部署策划如此周密，实施刺杀如此干净利落、准确无误，此消息立即轰动了上海滩。各报连日以显著位置报道这一重大新闻，有的报纸甚至称之为“东方第一谋杀案”。

严惩出卖周恩来的叛徒黄第洪

1930年4月，黄第洪从莫斯科留学返回上海。根据共产国际的指示，周恩来代表中央与黄联络。黄是湖南平江人，黄埔一期学生，在校期间政治思想表现不错，被中共吸收入党，毕业后经周恩来提议，留在军校政治部编纂股工作。从1925年底起，黄第洪一直待在莫斯科。黄回国后，组织上本来安排他去江西苏区，但他不愿意过艰苦的斗争生活。原来，黄在苏联习惯了安逸平静生活，他被国民党的“白色恐怖”吓破了胆，对革命悲观失望，于是秘密致信蒋介石，表示愿意“改过自新”，脱离中共，归顺校长，恳请校长拨冗接见，但不要让旁人知道；信中还自称他回上海后直接在周恩来手下工作，与周恩来来往密切，与刘伯承、左权等也有来往。近期周恩来将会与他见面，他可以利用这个机会，协助国民党抓住周恩来。蒋介石看到信后高兴得很，昔日弟子能从中共方面回头，并以抓捕共党首脑之一的周恩来作为“见面礼”，真是求之不得。

蒋介石十分重视，立即作出批示："此人对党国一举摧毁共匪首脑机关大有用处，命调查科从速处理之。"他直接将信件和批示给陈立夫经办；陈立夫不敢怠慢，找来特务头子徐恩曾，徐恩曾又将此事交给了亲信杨登瀛。

杨登瀛立即把黄第洪秘密自首的情况报告了中央特科二科刘鼎。因事关重大，刘鼎直接通过陈赓将此事报告周恩来。黄第洪写信约周恩来在先施公司旁边的邮电局见面，声称有中共党员在苏留学的重要情况汇报及商谈分配工作的事情，信誓旦旦地表示要为共产主义事业献出全部力量。周恩来"决定将计就计，答应与黄第洪准时赴约，并指示红队伺机镇压这个叛徒。要处决'黄埔的老大哥'，也是件不得已而为之的事情。周恩来感叹：我方的黄埔老大哥不多，他们是很宝贵的。但是黄第洪叛变投降证据确凿，如果手下留情，会后患无穷啊"！（叶健君、李万青《红色警卫》，湖南人民出版社2011年版）

赴约那天，狡猾的黄第洪走到半路，经过再三思量，还是回去了。黄知道周恩来一向办事谨慎周到，没有把握，他不会轻易赴约的。他晓得护送周恩来的红队队员身手敏捷，弄不好，自己会偷鸡不成蚀把米，把小命搭进去。此次之后，黄第洪做贼心虚，不断变换住址。黄的变节，对中共机关和周恩来威胁太大，务需铲除祸患。特科经过周密侦查，终于找到了黄的住址，迅速把他处决。

1931年4月24日，中共中央政治局候补委员、协助主持中央特科具体工作的顾顺章在汉口被捕，旋即叛变投敌。顾熟知中共中央在上海的绝大部分机密，当然也知道杨登瀛与中共的秘密联系情况。危急时刻，徐恩曾身边的机要秘书钱壮飞立即将情报转报中央，党中央及所属各机关平安脱险，只有极少数机关遭到破坏。

在十分紧急困难的情况下，陈赓找到杨登瀛，告诉他顾顺章已叛变，叫他尽快去外地躲一躲。杨登瀛听后，很感动地握着陈赓的手说："王庸（陈赓的化名），你真够朋友，共产党真够朋友，危难之时没忘记我。"但他自恃有张道藩这把保护伞，能够对付顾顺章，不打算外出躲避。陈赓于是叮嘱道："你实在不想离开上海的话，就要有个思想准备。万一顾顺章咬住你，你就反咬他，别的一句话也不要多说。今后共产党总会得天下的，到时候我们绝不会忘记你。”杨登瀛也动情地说：“有你这句话，哪怕明天上刀山下火海，我也不后悔交了你这个朋友！”

不出所料，4月底，杨登瀛被国民党逮捕入狱，“杨在监狱中遵照中共指示无一语向国民党中央提及他‘效忠’事。翌年‘一二八事件’后，由其老长官张道藩保释出狱思过。1934年……再度受启用为国民党效力，任南京反省院副院长，生活归于平淡，手中失去权力……”

“我不是特务……周恩来是知道我的”

1949年，解放军百万雄师过大江。而此时的杨登瀛一文不名，在南京靠摆小烟摊维持生计，生活困顿。1951年春“镇压反革命运动”时，由于杨登瀛担任过国民党政府感化院和反省院的副院长，遂被逮捕。经法院有关领导审批，准备处以重刑。这时杨提出他在土地革命战争时期曾为中共地下党组织做过工作，要求陈赓作证。

1951年，南京法院院长鞠华两次给时任云南省人民政府主席的陈赓发函，希望证实杨过去的政治身份。11月24日，陈赓给杨登瀛出过一个证明：“关于鲍君甫（又名杨登瀛）之供词是否属实一事，据我所知，鲍确系1927年起即与我党发生关系，1931年以前在工作上曾和我联系，在此期间对党贡献颇大，我被捕时曾在南京宪兵司令部与我同狱，此时表面上还好，以后任伪中央感化院院长，据说表现不好，其他详情不知……”根据陈赓的证词，杨登瀛被放了出来。1952年11月，时任司法部副部长的陈养山闻讯后，写信给南京市公安局局长，说明“鲍君甫在大革命后对我党的保卫工作有很大的贡献，而且救出了许多我党负责同志……”信中说：“我与陈赓同志商量给鲍作些救济，或想其他办法帮助一下。”1956年3月，应陈赓之邀，南京军区经解放军总参办公厅同意，专程派人送杨登瀛去北京。陈养山在车站亲自迎接。次日，陈赓夫妇设家宴款待杨登瀛，又邀约昔日在特科工作过的李克农、陈养山、安娥、刘少文等战友聚旧。4月，陈赓和陈养山又专程到南京看望杨登瀛。陈赓临行前还委托南京市公安局给杨家添置家具等物，他们“希望给鲍一些救济，或想其他办法帮助一下”。从此市公安局每月给鲍家发放100元生活补助费。以后陈赓每到南京必探望杨登瀛，直到1961年陈赓在上海逝世。

“文革”发动后，杨登瀛被打成“大特务”、“叛徒”、“国民党残渣余孽”，再受严重冲击。1967年，康生、江青等人大抓“叛徒网”，挖出了安子文等“61人叛徒集团”，最后一直挖到了化名“伍豪”的曾任中共隐蔽战线负责人的周恩来身上。作为曾经潜伏在国民党内部的高级特工杨登瀛自然厄运难逃。他被抄家，“连家里的地板也全部撬起来，什么都没有找到”。1967年8月，杨登瀛被押解至北京审查，天天轮番审问，想让他提供有关周恩来、陈赓、陈养山等人的“黑材料”。难能可贵的是，在专案组的逼迫下，杨登瀛坚决拒绝提供有关“黑材料”，表现出了一个尊重历史、敬畏历史的人应有的可贵品质。其妻谭秀珍前去看望，为使丈夫少受折磨，说：“你就按他们说的承认，免得再受皮肉之苦。”杨登瀛坚决地摆了摆手说：“明明没有的事我怎么能瞎说？！我一说，有人就要人头落地！”

1969年12月19日，杨登瀛被折磨致死，终年76岁。临终时他再三说：“我不是特务，不是叛徒，也不是什么内奸。我到底算一个什么人，自己也说不清，但周恩来是知道我的……”

据杨登瀛小女鲍美云回忆，父亲的尸体停放在时任公安部部长谢富治的办公室，用一张黄草纸盖着，嘴张开，双眼直勾勾地睁着，死不瞑目。母女俩僵立着，泣不成声。她们短暂地看了一眼，军管会的人就匆匆地将杨登瀛的尸体抬走火化。

苦撑危局的周恩来获悉杨登瀛死讯，非常痛疚，托付陈养山前去抚慰杨登瀛家人，并由陈转告他对杨一生的评价：“鲍君甫的一生功大于过。”1978年谭秀珍去世后，与丈夫的骨灰一起合葬在南京“广东山庄”的粤籍人公墓里。

（作者系文史学者）

原载于《同舟共进》2013年第5期

绝密：李克农与西安事变

左玉河

震惊中外的西安事变，是中国革命由国内战争转向抗日战争的重大事件。在这场事变发生后不久，就有不少人发出的疑问：身为国民党“剿匪”副总司令的张学良，怎么会接受中共中央提出的“停止内战，一致抗日”号召，毅然扣押国民党最高军事领袖蒋介石呢？

冰冻三尺，非一日之寒。实际上，中共中央此前已对张学良进行了耐心细致的统战工作，促使张学良的思想发生转变。而1936年初张学良与周恩来、李克农在陕北的秘密会晤，无疑成为推动这种转变的关键性事件。

“龙潭三杰”接受特殊使命

1935年10月，中共中央和红军经过25000里长征到达陕北吴起镇，与陕北红军胜利会师。毛泽东审时度势，向全党发出了《为目前反日讨蒋的秘密指示信》，确定反日讨蒋是目前党的主要任务，统一战线是抗日反蒋的主要策略。随后，张浩（林育英）携带共产国际七大决议及与共产国际联系的密电码，经新疆、甘肃、陕西到了瓦窑堡。

12月，中央在瓦窑堡召开了政治局会议，确立了抗日民族统一战线的总方针。会后决定成立东北军工作委员会，以中共中央副主席周恩来为书记，李克农为主要助手，专门负责做张学良和东北军的统战工作。同时，撤销了国家政治保卫局，成立中央对外联络局，由李克农任局长，负责对东北军、西北军及白区工作的联络事宜。

李克农长期在上海做情报工作，与钱壮飞、胡底一起被誉为“龙潭三杰”。顾顺章叛变后，他奉命撤到中央苏区。受命负责东北军的统战工作后，李克农立即投入对东北军的争取中去。

李克农将劳山、榆林桥、直罗镇战役中俘虏的数千名东北军官兵集中在瓦窑堡，创办了“解放军官学习班”，巧妙地攻破了被俘官兵的心理防线。在榆林桥战役中被俘的东北军团长高福源，是张学良的爱将。高通过自己的切身体会，由衷地赞同红军“停止内战，一致抗日”的主张，主动要求回去做张学良的工作。李克农向毛泽东、周恩来作了汇报。周恩来果断地说：“我们已经派出了许多干部到东北军、十七路军中开展工作，我赞同再派高福源去做张学良的工作，争取让他成为红军与张学良之间的‘牵线人’。”

1936年1月初，李克农带着高福源来到甘泉城下，通过东北军129师参谋长张文清，将高福源秘密送到城中。随后，67军军长王以哲派车将高福源接到洛川。王以哲与高福源谈话后，立即密电张学良，告知高福源已回洛川，据云有重要事情面陈。

此时身为“剿匪”副总司令的张学良，指挥东北军与红军交战，不到3个月就被消灭了3个师。师长、团长、参谋长被击毙或被俘，数千名官兵做了俘虏。张学良极为震惊。

而最让张学良心情沉重的是，东北军的损失，南京方面拒绝给予补充，军政部长何应钦还要减发军费，取消被消灭的两个师的番号。张学良深切地感觉到，“剿匪”是死路一条，必须另寻出路。为此，他到上海秘密会见了同乡好友杜重远和李杜。两人向他介绍了中共政策的变化，劝他接受中共“停止内战，一致抗日”的号召。上海之行，张学良的思想发生了重大变化。回到西安后，他千方百计寻找共产党的地下关系，但一连十多天毫无所获。

闻听心腹爱将高福源突然回到洛川，并声称有重要事情报告，张学良为之一振。第二天一早，张学良亲自驾驶波音座机从西安飞到洛川。张学良、王以哲、高福源在67军军部整整谈了一个晚上。高福源特别说明：“共产党主张停止内战，一致抗日，完全是为国家民族着想，是非常真诚的。红军愿意联合东北军，帮助东北军打回老家去，是完全可以信赖的；共产党眼光远大，治军有方，红军虽然生活艰苦，但军政训练搞得很好，士气旺盛，英勇无敌，值得东北军学习。”张学良命高福源作为信使，再去见李克农，邀请中共方面派代表来洛川会谈。

中共中央收到张学良的口信，立即决定派李克农秘密到洛川会晤。

1月19日，一副东北军军官打扮的李克农和高福源到达洛川。第二天上午，毛泽东、周恩来从瓦窑堡发来了给李克农的“万万火急电”，提出了与张学良谈判的基本原则：第一，向彼方表示在抗日反蒋基础上，我方愿与东北军联合之诚意，务使进行之交涉克抵于成；第二，向彼方指出，东北军如不在抗日反蒋基础上求出路，则前途是危险的；第三，彼方如诚意抗日反蒋，则我方可以助其回平津、东三省等。

此时的张学良，最关心的是中共是否真有合作诚意。为此，他自己并没有出面，而是首先派王以哲和赵镇藩与李克农接谈，以探虚实。20日晚，李克农与67军军长王以哲及其参谋长赵镇藩举行了初次会晤。会谈后，王以哲将会谈情况详细向张学良作了汇报，并赞叹李克农的坦诚、机智、幽默，强调：红军和共产党确有合作诚意，是完全可以信赖的。

23日晚8时，在洛川67军军部，张学良在王以哲、赵镇藩的陪同下，与李克农进行了正式会谈。李克农首先向张学良阐述了党的建立抗日民族统一战线政策，表示愿意与包括东北军在内的一切抗日军队合作，组成抗日联军与国防政府，早日实现对日作战。张学良也坦诚地说明了自己的苦闷，表示同意与红军在抗日基础上合作……

双方均有合作诚意，会谈进行得非常顺利。会谈后，李克农与王以哲的机要参谋共同协商，确定了东北军与红军联络的办法，约定了电台的呼号、波长以及密电码，并当即作了收发演练。双方约定，今后在会谈前可先用电台联系。

接着，李克农不顾疲劳连夜起草了致中共中央的电报，汇报他与张学良会晤的情况：一、与张学良会谈达3小时之久，张颇有诚意，表示愿意为成立国防政府奔走；二、约定，张于2月内到甘肃、南京做工作，争取早日实现停火议和；三、东北军中同情中共抗日主张者不乏其人，对蒋介石剿共态度消极，愿与红军在抗日前提下停战；四、张学良与其将领表示：愿意各守原防，恢复苏区与白区间的通商。具体事宜以后再详谈；五、双方约定电讯联络的波长呼号。

李克农与张学良初步会晤，探明了张学良的合作抗日诚意，与东北军建立了友好的联系，坚定了毛泽东、周恩来做通东北军工作的信心。

毛泽东："李克农单枪匹马，搞得很好"

此时，陕北形势发生了较大变化。1936年1月10日，中共中央召开常委会议，决定红军主力东征山西。17日又召开政治局会议，决定2月中旬开始东征战役，毛泽东、彭德怀、洛甫、张浩、凯丰随军行动，周恩来、博古、邓发留守苏区，组成中央局。中共中央指示：由周恩来领导、李克农具体执行，加紧与张学良的联系，准备尽快与张举行会谈。

2月10日，周恩来约见李克农，布置他再赴洛川，同张学良、王以哲举行正式谈判。此时，李克农与王以哲的电台已开通，双方进行秘密电讯联络，商定2月25日于洛川再次晤面。

2月17日，红军抢占黄河渡口，一举突破阎锡山所吹嘘的"固若金汤"的黄河防线，红军主力进入山西作战。20日，毛泽东、彭德怀等人电询周恩来、李克农：东征已打响，南线东北军动向如何——此时，南线东北军集结在延安、洛川一线，红一军团主力东渡黄河后，南线空虚。若东北军控制黄河渡口，切断红军西归退路，后果不堪设想。

2月20日，毛泽东致电李克农，对他即将赴洛川谈判作指示：张学良目前的思想是同意抗日，愿意同中共订立互不侵犯协定，但不同意讨蒋；不反对国防政府、抗日联军口号，但不同意马上实行这个口号，因此我们的策略是：1.把张学良和蒋介石分开；2.求得互不侵犯协定的订立；3.坚持抗日救国代表大会，坚持抗日同讨伐卖国贼不可分割；4.要求停止内战，不阻止全国红军集中河北，不反对红军充任抗日先锋队；5.原则上不让步，交涉不破裂。

2月25日上午，李克农由高福源引导到达洛川城。张学良接到王以哲的电报，决定再次以到前线"巡视"为名飞赴洛川。可正当他准备飞赴洛川时，突然收到蒋介石发来的密电，命令他火速飞往南京，有重要事情商量。

原来，红军东征山西后，阎锡山一面增派援军，一面急电南京，请蒋介石速令张学良乘机进攻陕北，切断红军后援，以便夹击红军。蒋收到阎的电报后，电令张学良火速来南京商议。蒋在自己的官邸接见了张学良，向他介绍了红军东征山西的情况，命令东北军切断红军后方，封锁黄河渡口。张学良表示：我马上赶回西安，亲赴洛川前线动员广大官兵，布置进攻。实际上，这只是为赴洛川密晤李克农找一个合适的借口，以防蒋起疑心。

此时在陕北洛川，李克农正按照周恩来和中央的指示，提出3项谈判条件：1.红军与67军就地停火，双方互不侵犯，各守原防；2.恢复苏区与白区的通商；3.允许红军到白区采购物资，67军负有保护之责。

早有准备的王以哲也提出了三项条件：一、67军与红军各守原防；二、允许67军到苏区购买粮食、食盐、柴草、牛羊等物资，红军有动员民众支持和负保护之责；三、红军保证肤施—甘泉—鄜县—洛川一线公路交通之安全，保证不袭击、破坏67军交通线。

双方均有谈判诚意，28日即达成了三条协定草案。李克农立即电告正在山西石楼前线的中央。很快，中央复电李克农，在双方三条协定草案基础上，补充为更为完善的五条协定。李克农又与王以哲、赵镇藩切磋，王以哲表示满意。王以哲提议：为了预防万一，不留下把柄，这个协定暂不形成文字，而是以口头协定的形式通令双方于3月5日同时执行。

3月4日，张学良亲自驾机飞抵洛川，当晚由王以哲、赵镇藩陪同，与李克农举行了具有历史意义的会谈。

谈判一开始，张学良就诚恳地表示："李先生和王军长的会谈，以及达成的协议，我完全同意。我拜读贵军毛泽东、周恩来等先生写的《告东北军将士书》，完全赞成贵党、贵军关于联合抗日的主张，但是我对贵党提出的民族统一战线不包括蒋介石有不同见解，望李先生赐教。"

李克农回答："很简单，团结一切力量共同抗日，这是全国民意，而蒋介石拼命反对抗日，与民意背道而驰……卖国得荣，爱国有罪，我们怎么能与虎谋皮呢？"

张学良摇了摇头说："我不能赞成贵军的意见。蒋委员长从没说过不抵抗，但他主张先安内后抗日，我认为应当争取他，用'兄弟阋于墙，外御其侮’的口号取代他的‘攘外必先安内’的既定国策。”

尽管在这个问题有所争论，甚至一度争执得还很激烈，但会谈的整体气氛是友好的。张学良说：“贵党关于抗日的设想，我是完全赞同的。但有一事请教，贵军为何挥师东征呢？”

李克农爽快地答道：“东征抗日，是以实际行动向全国人民宣告：红军准备直接对日作战，收复失地，长我中华民族的志气。”

“你们进入山西，一定会遭到阎锡山和蒋介石的有力阻遏，恐难顺利进行；此次蒋介石召我去南京，也是强令我进攻苏区，我假装答应。宁夏地区接近察绥抗日前线，又与外蒙的国际路线毗连，阻力小，进展比较容易，为什么贵军不去宁夏？”张学良疑惑地问。

“红军东征主要是出于政治上考虑，为了推动全国抗日民族统一战线的形成，到山西、河北政治影响大，到宁夏对全国影响小。同时，到山西，还可以适当解决我军军需和兵源问题。”李克农诚恳地说。

张学良表示赞同，想了一会儿，问道：“红军与东北军如何分别派出代表与苏联联系有关援助中国抗日的问题呢？看来，目前国际上只有苏联是支持我们抗日的。”

李克农说：“在国际上只有苏联坚决支持我们抗日，我们应当寻求苏联的援助。陕西地方靠近苏联，也比较方便。听说新疆的盛世才是你的同乡，可以首先联合盛世才，打通陕西—甘肃—新疆到苏联的路线，待时机成熟，再打通陕北—绥远—外蒙—苏联的路线，你看怎么样？”

“盛世才与我关系很好，我负责做通他的工作，贵党也要尽快与苏联联系，以便早日实现西北大联合的局面。”张学良兴奋地说。

会谈在坦率、诚恳的气氛中进行。最后，张学良提议：“为了进一步商谈抗日救国大计，贵党可否派一位全权代表，最好能在毛泽东、周恩来等负责人中推出一位，与我再作一次商谈，会谈地点定在肤施城（延安），时间由贵方决定。”

李克农答应将张学良的请求报告给中共中央。3月5日凌晨5时，谈判结束。李克农一行快马加鞭，直奔山西石楼，向中央汇报谈判情况。此时的李克农，如释重负。他感到轻松，感到兴奋——他为数月来的辛勤工作终于有了初步成果而轻松。

蒋介石做梦也不会想到，他的“剿共”副总司令，居然与共产党的联络局局长成为情投意合的知心朋友；他自认为对苏区固若金汤的封锁线，居然被李克农巧妙地撕破了；他更不会想到，10个月后发生的西安事变的序幕，正是由这位共产党人在洛川悄悄拉开的。

对于两次洛川之行，毛泽东曾不止一次地称赞：“李克农单枪匹马，搞得很好。”

周恩来一行雨夜秘密进延安

3月16日李克农到达山西石楼。这是东征红军司令部，毛泽东、彭德怀、张闻天等中央领导人都在这里，周恩来和博古也刚从瓦窑堡赶到这里不久。

李克农顾不上旅途疲劳，立即向毛泽东和中共中央详细汇报了他在洛川与王以哲、张学良谈判的经过，并向中央转告了张学良的要求：“由毛泽东、周恩来二人中选一位与他会谈，商定大计。”毛泽东幽默地说：“看来，这位少年得志的张学良，是嫌我们克农同志的官小啊！”

“……克农同志的洛川会谈已为这种西北大联合的局面奠定了基础，我主张尽快实现与张学良的再次会谈。”周恩来果断地说。

中央决定由周恩来副主席为全权代表，李克农为副手，即刻奔赴东北军控制的延安城，与张学良继续谈判。28日，李克农与周恩来、博古、邓发、王世英等同志，带着一部电台和一个警卫排，离开石楼起程，当晚渡过黄河向延安进发。

博古是回瓦窑堡负责陕北苏区后方工作事宜的；邓发是到西安，经新疆赴莫斯科向共产国际汇报中共工作情况的；王世英则是转道西安到华北去指导北方局工作的。

在路途中，周恩来、李克农和王世英共同分析了张学良与蒋介石的关系。李克农首先提出：“蒋介石与张学良的关系非同一般，‘反蒋’，张学良坚决不同意，我们此次去再谈，在这个问题上估计还要引起争论，我们能否考虑一个折中的办法？”

长期在白区工作的王世英说：“自去年11月亲日派的首脑汪精卫遇刺

受伤、出国治疗后，蒋介石和亲英美派在南京政府中占了优势。蒋介石对日本的态度逐渐强硬，外交部长张群与日本大使的谈判态度也十分强硬，这是过去所不曾有过的。从目前来看，蒋似乎也确有一些抗日的迹象。”

李克农也说：“在与张学良谈判中，他谈到蒋近几个月来对日本态度强硬，同时对部下讲了许多抵抗日本的训话，并加紧构筑一些国防工事。现在看来，与我们掌握的情报基本吻合。可见蒋也不是不能抗日的，但必须以停止反共为前提。张学良提出应从各方面做蒋介石的工作，我认为，如果多方联络，全国各界都做他的工作，逼蒋抗日，会是什么结果呢？”

“对！逼蒋抗日。这倒是可能的，这样一来，张学良一定会接受。在与他的谈判中，我们可以再与他商议。至于改‘反蒋抗日’为‘逼蒋抗日’，关系到党的整个方针、策略，是一个原则问题。待我们考虑成熟后再向中央正式提出。”周恩来说。

李克农认真地说：“对待蒋介石的态度问题解决了，估计与张学良谈判中的主要问题就是国防政府和抗日联军问题。抗日联军问题容易解决……可是国防政府却是一个较复杂的问题。”关于苏维埃制度，上次中央在给李克农赴洛川谈判的指示中作了明确的规定，原则上不让步，不放弃苏维埃制度。但国防政府与苏维埃政府间毕竟有重大差别。这不仅仅是政府名称上的差异，而且是政府组织基础、机构、人员安排等方面的重大差异。

周恩来也判断：“这个问题可能成为此次与张学良主要讨论的问题，我们可以根据《八一宣言》中提出的有关国防政府的十大政纲来制定具体的方案。我们不妨先针对张学良的态度设计几套方案。”

28日，李克农致电王以哲和正在洛川的张学良，告知中共方面已派周恩来为全权代表，正在赴延安途中，可望30日前到达，请张学良和王以哲确定谈判具体时间。王以哲立即回电李克农和周恩来：张学良因患喉疾，需要调治，谈判推迟到4月上旬。具体日期，要看医治情况而定，但保证3日内复电商定。

李克农收到电报，顿感疑惑。原来商定的要在3月底谈判，现在怎么能推迟？张学良恰逢此时患病，仅仅是巧合？会不会是张学良另有打算？或者……

张学良突患喉疾，实属巧合，并非推诿之辞。张学良虽系北方人，但对干燥的西北气候，也很难适应。春天是黄土高原最干燥的季节，也是各种疾病多发季节。自从与李克农洛川会谈后，张学良心情异常兴奋，他以“剿共督师”为名，频频到前线各军、师训话，四处奔波，患了严重的喉痛，声音嘶哑。

周恩来与李克农商议，决定先回瓦窑堡等候，并将这个情况电告毛泽东和中共中央。

4月2日，张学良通过王以哲复电李克农，确定于4月8日晚在延安会晤。届时，东北军将派人秘密接周恩来、李克农入城。

4月8日下午五六点钟，周恩来、李克农及随行部队按照预定时间，风尘仆仆地到达延安东北的川口村。他们从瓦窑堡出发时，天就开始变阴，等到达川口附近，天已下起大雨。

风雨交加，他们的电台与张学良的电台联系不上。李克农被迫电告毛泽东。毛泽东立即命令中央的电台与张学良联络，直到9日上午才联系上。张学良获知周恩来、李克农到达川口的消息后，一面发急电嘱咐驻守延安的129师师长周福成准备盛情招待，一面自驾飞机，带着王以哲、刘鼎及少数心腹侍卫飞赴延安。9日黄昏时分，张学良派高福源到川口接周恩来和李克农。这时，周恩来和李克农均换上了便衣。周恩来穿黑色中山装，李克农着灰布衣衫。临行时，为了保证安全，李克农命令：戴镜元带着电台人员留守川口，密切关注延安动态，警卫排封锁延安东郊机场，在他们没有回来前，不许任何飞机起飞。

在高福源的引导下，周恩来、李克农在夜幕中走进了延安城，来到了清凉山下的桥儿沟天主教堂。这是当时延安城最好的建筑。就是在这座天主教堂里，周恩来、李克农与张学良等人举行了具有重大历史意义的会谈。

张学良：“为了抗日，我愿捐献出家产”

参加会谈的共有5人，除周恩来、李克农、张学良外，还有王以哲和张学良刚刚结识的中共地下党员刘鼎。

开始，周恩来和张学良谈到了国家的前途问题。周问："张将军，你看中国的前途如何？"

张学良坦率地说："周先生，我看中国的前途有两条，一是走共产党的路，一是走国民党的路。两年前我从意大利回国，曾相信法西斯主义，总以为法西斯独裁可以救中国，所以竭诚拥戴蒋介石做领袖，心想先统一再抗日，中国一定有救，现在看来，好像不对了。如果中国内战不停，什么时候才能把日寇赶出中国呢？经过几年的实际观察和周围朋友对我的谈话劝告，我认为我的那种想法是错误的。"

周恩来也直爽地说："张将军要是真想抗日救国的话，就一定要实现民主，走人民群众的路线……打内战，只能是亲者痛、仇者快，让人民遭殃，让日本帝国主义喜欢……"

听了周恩来这一番析理入微的话，张学良连连点头称许。张接着又问："假如东北军和红军能够联合抗日，究竟应该怎样对待蒋介石呢？"

周恩来已听李克农汇报过这个问题，并且专门商讨过对付张学良提问的办法，就真诚而虚心地说："我们原来是主张反蒋抗日的，那是因为大革命失败以来，特别是'九一八'事变以来铁的事实教育了我们。不过在今天的形势下，我们愿意重新考虑这个问题。关于这一点，我们愿意听一听张将军的意见。"

"关于争取蒋介石参加抗日阵线的问题，我和你们有不同的看法，在洛川已经和李克农先生谈过，争得面红耳赤，意见也未能达到一致。"张学良说着，望了望李克农。李克农笑着点了点头，幽默地说："这次我们还可以再争一争嘛。"

张学良沉思片刻，郑重地说："蒋介石实际上还统治着全国，掌握着南京政府的一切大权，不仅中国的大部分地方和主要军事力量在他手里，而且财政、外交等也都由他一手包揽。我觉得联合抗日不应当反蒋，统一战线也应当把蒋包括在内。我们都是他的部下，如提反蒋抗日，工作起来有困难。据我的接触和观察，蒋还是有抗日的可能和抗日的决心的。我们正想增大抗日的力量，为什么要把他所掌握的这一股力量排除呢？目前应当设法把他'攘外必先安内，抗日必先剿共'的错误政策扭转过来，逼他停止内战，走上抗日的道路。”

周恩来说：“张将军这个意见很有道理，是值得我们重视的。我已与克农专门商议过此事。蒋介石集团，不论是在军事上，还是在政治、经济上，力量确是很大的，抗日战争如果争取不到这个集团参加，是个很大的损失；争取过来，对抗日战争有好处。可是蒋介石目下……对日寇无耻退让，对爱国群众残酷镇压，高叫什么‘攘外必先安内’……只有用群众的力量粉碎他这个反动集团，对抗日救国才有利。”

张学良耐心地听着，没有愠怒的神色，大大出乎李克农的意料。

上次李克农称蒋介石为“卖国贼”，张学良便面有怒色，与自己争辩。此时，周恩来激动骂蒋，张学良却无动于衷。这不能不说是一个重大的变化。

周恩来接着说：“如果能够把这样一个力量争取过来抗日救国，也是我们所十分希望的。可是，他搞独裁，搞法西斯，不要民主，看不到人民群众抗日的雄厚力量。要用什么办法才能争取过来呢？张先生知己知彼，可以多谈谈嘛。”

张学良毫不掩饰地说：“我同蒋介石的接触很多，关系也很密切。据我所知，蒋介石是有抗日的思想和打算的，日本人给他难堪，他也发泄过牢骚，心中仇恨。但他有很错误很固定的看法，就是认为必须先消灭共产党才能抗日，因为共产党的一切口号、一切行动，都是为了打倒他。他要是在前方抗日，他不放心。这就是他的‘攘外必先安内’政策的根据。”

听了张学良的这番话，周恩来站起身来，愤慨地揭露了蒋介石窃取大革命胜利果实、背叛中山先生的三大政策、血腥镇压共产党等累累罪行。张学良也激动起来。周恩来稍稍停了停，说道：“这些旧账，我们不愿意再算了……我同意张将军逼蒋抗日或联蒋抗日的意见，不过这是个重大的方针政策问题，我愿意把张将军这个意见带回去，提请我们党中央郑重考虑后再决定。”

看到周恩来和李克农这样重视自己的意见，张学良非常兴奋：“今后采取内外夹逼的办法，你们在外边逼，我在里边劝，内外夹攻，一定可以把蒋介石扭转过来。”

会谈在坦诚、热烈的气氛中进行。门外，张学良的贴身侍卫孙铭九负责警卫，任何人不准靠近这座教堂。中间休息时，送来了夜宵（面条），也是由孙铭九亲自从门缝中递进，王以哲在门边接进，连孙铭九也不得进入会谈的房间。

双方在会谈中确定，停止内战，不分红白一致抗日。当谈到抗日准备的问题时，周恩来指出了加强部队抗日教育与培训抗日干部的重要性，提出将这一项列入正式协议。张学良深受启发，表示十分赞成。双方决定：红军开办红军大学（后发展为“抗大”），东北军创办军官训练团（即后来的王曲军官训练团）。共产党和红军愿意提供办学办法。

周恩来还提出抗日的物资贮备问题，特别强调：“通讯器材和医药品的贮备，是非常重要的，缺乏这两种物资，会使部队在将来的长期抗战中遇到极大的困难，现在红军特别关注这两个问题，东北军也要注意这个问题。”李克农也补充说：“我们目前十分缺乏通讯器材和医药品，所以曾派大批同志到西安、上海采购。张将军要利用自己的便利条件，提早准备，红军需要的大批这类物资，也请张将军帮助采购。”

张学良笑着说：“没有问题。我已有大批这样的物资，库存西安，可供我们双方共用，不用发愁，由我负责。”接着又说道：“我个人还有一笔私人存款，数目相当可观，必要时我愿意拿出来作抗日公费。”

李克农诙谐地说：“抗日合作尚未实现，便先‘共’了你的产，你不会骂我们吧！”张学良坚定地说：“为了抗日，我愿捐献出我的家产。”

关于红军集中河北问题，张学良答应予以赞助，并表示：“如果红军集中通过他的防地，一概不加阻挠，通行无阻，并命令河北的东北军万福麟部接应；如果通过胡宗南等中央军防区，可由我出面斡旋。”周恩来、李克农表示感谢。

由于红军渡河东征到了山西，蒋介石一再严令东北军出兵进占陕甘苏区，以骚扰红军后方，张学良面有难色地说：“蒋介石已多次命令我进攻苏区，用以牵制你们，我都借口推诿。但这样一来，恐怕会引起他对我的怀疑，暴露我们间的秘密停战关系。”周恩来与李克农对视了一眼，笑着说：“我们理解张将军和东北军的处境。在张将军没有公开表明抗日以前，红军在适当时候退出某些地方，让东北军短时进驻，以打假仗的方式应付蒋介石。”张学良和王以哲当即表示同意。

组织国防政府和抗日联军问题，是原来周恩来和李克农料想的谈判中的棘手问题。然而出人意料，当周恩来提出此问题时，张学良表示同意红军的主张，认为组织抗日联军是中国当前的唯一出路，并说：“我愿意尽力向蒋介石提出来，促成实现。”对于《八一宣言》中所提国防政府的十大政纲，他表示加以研究后再提出意见。这个问题很顺利地达成了共识。

在会谈中，张学良提议：“请红军派重要代表常驻东北军，以便互通情报，及时商议、研究随时出现的重大问题。”周恩来表示回去后便选派代表。

张学良对会谈表示满意，拿出2万银元，说是个人的钱，用以支持红军抗日。接着又送给周恩来、李克农20万法币，以作抗日军费。

临别，张学良拿出早已准备好的一个大盒子，说道：“我还要送给你们一份贵重的礼物。”周恩来打开一看，是一套《申报》馆出版的最新中国地图。李克农高兴地说：“这可真是宝贝，对我军指挥打仗太重要了，非常感谢张将军的盛意。”张学良和周恩来“共誓永不毁约”，两双大手紧紧地握在一起。

延安会谈，张学良的心情豁然开朗。他不仅看到了东北军的前途，而且坚定了联共抗日的信心，对于共产党人也有了深入的了解。张曾感慨地对王以哲等部下说：“周恩来先生眼光远大，虚怀若谷，处处以民族利益为重，共产党真是了不起！”

此次秘密会谈，为红军与东北军、西北军建立“三位一体”的西北反蒋联盟奠定了坚实基础，也为半年后的西安事变埋下了伏笔。

周恩来、李克农和张学良的英名，已深深地铭刻在历史的丰碑上。

（作者系中国社会科学院近代史研究所研究员、博导）

原载于《同舟共进》2011年第8期

“乱世蛇神”：大叛徒、大特务谷正文之谜

散 木

毛人凤说：“你比我还狠！”

笔者是山西人，平时对山西关注较多。说到晚近历史，山西有两大国民党特工——郭同震（又名郭守纪、谷正文）、乔家才。一般而言，特工这个特殊职业带有强烈的神秘色彩，树敌多，牵扯的东西也多，容易招致人们反感，所以，特工出身的人往往选择“shut up”（闭嘴）。可是郭、乔两位就不同了，在他们“软着陆”退休之后，却大爆“秘史”。这也成就了他们的知名度，特别是郭同震（谷正文），他一开口，媒体就要狂热一阵子。

2007年1月25日，曾有“活阎王”之称的国民党前保密局退役少将谷正文病逝于台北荣民总医院，时年97岁。此前，他先后出版了《乱世蛇神：谷正文特务工作档案》、《白色恐怖秘密档案》以及《北平时期的国共情报斗争》、《中共台湾省工委覆灭记——蔡孝乾、吴石系列潜匪案侦破始末》等口述。此前，“台湾狂人”李敖也曾把谷正文请进电视节目（与乔家才也有接触），李敖出狱后致力于反对国民党，将谷视为奇宝，两人进行了深入的交往。李敖说：过去国民党的系统里面，从蒋介石让戴笠主持军事调查统计局（“军统局”，后来又演变为“保密局”，再演变为“情报局”）开始，“在整个的过程里面，谷正文将军知道得极多”，于是，“今天我特别请来戴笠的一个老部下”，他就是“八十八岁的谷正文将军，他过去做过情报局的督察长”。而谷正文其人，“他代表另一个时代的那种典型的狂飙式的人物，他们为了革命，为了爱国，

曾经牺牲别人在所不惜，牺牲自己也在所不惜，这样的人现在已经没有了”。

且不说李敖的判断对不对，“牺牲别人在所不惜”却是千真万确的，否则怎能被称为“活阎王”呢。

无奈，依照“剃头歌”的规律，“且看剃头者，人亦剃其头”。对此，谷、乔两位有着丰富的经验体会。这两位特工，生前对其主子戴笠忠心耿耿，在他们的回忆录中多有辩解，也由此带出许多鲜为人知的故事——如“戴笠之死”的谜案，有人以为是美国中央情报局在飞机上放定时炸弹，谷却认为“这是不确实的”，等等。有些故事，则能够丰富我们对历史的理解，如谷、乔皆曾是“为了革命，为了爱国”而步入历史舞台的，后来种种，却让人大跌眼镜，换言之，皆可入笔者的“中共叛徒列传”（此系列正先后在《同舟共进》刊登）。谷正文还爆出一些其他中共叛徒的“秘料”，如邢仁辅（即邢仁甫，曾任八路军115师工作部长，因腐化堕落受到严厉批评，产生了对立情绪，于1943年先后投靠国民党和日军。1950年被枪决——作者注），谷正文自炫地回忆说：“他是共产党的军队，他是师长，我跟他是好朋友……”说到与中共的关系，谷自己说：“我跟共产党还是结束，只不过共产党我是叛徒了，叛逃的。”

就是这样的“叛徒”，在叛变之后做了许多令人发指的事情，乃至其上司保密局局长毛人凤对他说：“你比我还狠！”

好一个“你比我还狠！”有人看完谷正文的回忆录后感慨：“遍查全书，找不到一丝的忏悔之词，可以说是真正的怙恶不悛，全然是一个把灵魂抵押给魔鬼的浮士德。”这就是“你比我还狠”的“活阎王”了。在他的笔下和口述里，除过去公开披露的历史事件之外，他还一一讲述了许多“秘闻”，如他亲自在北平市市长何思源家中放置炸弹将何的女儿（何鲁丽的姐妹）炸死，与蒋纬国一起密谋绑架傅作义功败垂成，奉蒋介石旨意毒杀白崇禧等。果然“每一桩都是活生生的故事和血淋淋的事实，读来惊心动魄，让人不寒而栗”。

“职业特务是怎样炼成的”

郭同震于1931年考上北大，据说是要立志做学问。不过“九一八”事变后，一如当时的一句名言：“华北之大，已经放不下一张平静的书桌了”，郭同震也无心学习，转而投身爱国运动。据他后来回忆，他一度还成为了“中共北平学生运动委员会书记”。

郭同震于抗战初任八路军115师某大队大队长，在一次执行任务时失手被擒，此后折节成为“军统局”华北区的一名特工。又据谷正文《北平时期的国共情报斗争》所述：其实他早在北大中文系读书时就加入了“军统”，时在1935年，当时戴笠每个月派一个人与之联系。到了1937年七七事变，他与北平20多个流亡学生来到济南，组成“山东政府教育厅演剧队”，受中共北方局领导，队长是荣高棠（当时叫荣千祥）。此后郭奉命赴敌后开展游击工作，结果被日军俘虏。又有人称：郭是于1941年携两只驳壳枪，骑马潜逃投敌的，此后他就成为日军济南宪兵队曹长武山英一手下的特务，直到抗战胜利，他才再返“军统”。

“演剧队”后曾改称“战士剧社”（又称“移动剧团”），那是郭同震最后的“青春靓影”（尽管当时他的身份已十分可疑）。后来有人查访“演剧队”的老人，访者居然飞赴台北见到了谷正文，这大概是谷正文在世时由大陆来人最后一次对他的采访吧。感谢严平先生所著的《1938：青春与战争同在》（人民文学出版社2009年版），这本书记录了2006年末作者在台北采访谷正文的经过。那是在台北永康街75巷谷氏的住宅，“一团团黄色雨痕的墙上，高高地悬挂着蒋介石亲笔签名赠送给郭同震的大照片，还有沈醉所题‘正气傲骨文如其人——正文将军吾兄雅正’的条幅”。主人呢？“他白天多数时间是睡觉，只有晚上才会醒来一段时间，就那么默默地坐着，注视着眼前的一切。他根本不见客，因为我来自北京，和他在一年前又通过电话，更因为我还是受张瑞芳（电影艺术家，已于2012年6月28日逝世——编者注）、张昕委托来访的，所以对我完全是一个例外。当拉住他瘦骨嶙峋的手时，我只能感叹岁月的蹉跎。眼前这个瘦弱的老人，他颧骨高耸两腮塌陷，和书柜里那张威武逼人的军人照片相差甚远；与六十多年前，移动剧团那个高大、充满活力又带着一点诡秘神情的郭同震更是判若两人。当我拿出移动剧团当年的照片时，他却好像融化了似地笑了起来，他用一根长长的手指点着照片说：张瑞芳！小三！他仔细地看着那些照片，并且用手轻轻地抚摸着它们。那神情好像六十年前的青春岁月就在眼前，好像他们彼此从未分道扬镳似的。我问他，是否还记得他们在一起的日子？他回答：'记得。''记得你演过的戏吗？''《放下你的鞭子》！'他立即回答，声音突然变得很响亮。他谈到自己在山西的家，谈到自己的婚姻，几乎有问必答。他说：'我知道当时他们谁是共产党！''谁？'我追问。'荣千祥！'他大声说。他恐怕永远都忘不了那个荣千祥，在有着很多人的照片里，能轻而易举地就把荣高棠指出来。之后，在我问到杨易辰、程光烈、陈荒煤时，他依次点头表示肯定，在问到张瑞芳、张昕、庄璧华时他立刻坚决地否定：她们不是共产党员……奇怪的是，尽管荒煤在移动剧团时没有和组织接上关系，他却肯定地说是。'你当时是怎么知道的……'这是我感兴趣的问题。他抬头望向我，无声地笑了，声音很低但我听得很清楚地说：'这个你不懂。'虽然说不了多少话他就累了，但我还是没有忘记向他提出我所关心的问题——同时更是张昕老师想要知道的事情：六十多年前的那个早晨，当移动剧团收拾行李装车转移时，他的突然失踪，当时他解释说是去修表了……在我讲了这一番话后，他又一次露出了无声的笑，接着，他看着我说：'——那是骗人的！'这其实是意料中的回答，但我还是为他回答的从容冷静，甚至带有一丝残酷的幽默而感到吃惊。那一刻，我想问他，还有什么是骗人的……"

好一个"演剧队"里的特务！（据谷正文自己的说法，在参加"移动剧团"之前，他并没有参加"军统"，"只是拿了人家的钱，为人家做一点事情"，正式参加"军统"是在"移动剧团"之后，而他参加国民党则是到台湾后的事。）可是他也曾演过《放下你的鞭子》，并与荣高棠、张瑞芳他们共同拥有过"青春的岁月"啊！此后他终于炼成职业特工，"几乎每时每刻都处在危险中，如履薄冰，因此养成了从不轻易喝别人的水，吃别人的东西，也不接包裹的习惯，甚至连妻子都要小心防备"。他甚至与亲生儿女断绝了来往，养女谷美信说："他是一个很凶的人，自己的女婿有了外遇，他竟然找上门去往屁股上捅了两刀，这哪里像是一个八十多岁的人干的事情！”她还说：谷正文“曾经总结这一生的经验，永远都不要做老大，那是要掉脑袋的，要做老二，学会低声下气，可实际他根本做不到。不仅如此，人到晚年，他觉得是该结算的时候了，竟一反平生谨慎小心的作风，屡屡在各种敏感场合‘大鸣大放’，抖出不少尘封黑幕，这个一生经历了许多危险的人，似乎并没有考虑到自己的安危”。他的“大鸣大放”居然惹恼了李登辉，因此“常有人跟踪他”。

“演剧队”之后的谷正文，竟是“双料”特工，同时为日寇和国民党服务。“光复”之后，戴笠赋予其北平特别勤务组组长的职务，他在这个职位上度过了17个寒暑。在那个位置上，谷正文干出了许多惊心动魄的事，“我未受过情报工作专业训练，不过，在共军一一五师那段时间的历练，却使我懂得‘渗透’的概念，而我对共产主义理论的认知及共产党员个性的体认，又使我在渗透活动上拥有许多便利……由于通货膨胀，我所提出的条件是，一个月一袋面粉。在当时，对学生而言，这一袋面粉是一项很大的诱惑，所以不到一个月的时间，我便在亲共学生团体内发展出一个为数二十二人的情报组织。这个种子队，对我日后负责的各项反共情报任务，有着不可抹灭的功劳……真正有效的跟踪调查，必须暴露自己，也就是所谓的渗透，和跟踪的对象做朋友。”

历史证明：叛徒出身的特务危险最大，谷正文现身说法。因为是“过来人”，他懂得“渗透”的道理，而当年国民党特务系统中，中共叛徒可谓多矣，有“中统”的顾顺章、卢福坦、李竹荪（李竹声）、周光亚等，“军统”的傅胜兰、胡天秋、黄雍、龚少侠等。

谷正文的“七大得意之作”

1946年戴笠死于空难后，“军统局”主任秘书毛人凤清点其遗物时，注意到戴笠在日记中提到的一句话：“郭同震读书甚多，才堪大用。”据说从此接替戴笠的毛人凤遂对“郭同震”刮目相看，常常委以重任，谷正文也由此成为国民党的高级特务头子。至于由谷正文经手的要案，也是他晚年喋喋不休、时时自炫的“得意之作”，不妨看看如下几桩：

一、王石坚案

谷正文称：在他经手的要案中，有一所谓“小偷助我破获北平共党地下电台”案。这里的所谓“小偷”，即外号“草上飞”的飞贼段云鹏，谷正文用这个人观察发现了中共北平地下党的秘密电台，又顺藤摸瓜，抓住了总台台长王石坚。（王石坚叛变后追随国民党去了台湾，此后又在特务机关中担任少将——作者注）

那是1946年内战爆发之后，戴笠在北平委任谷正文为“特别勤务组”组长，后来谷正文在自述中说：当时在北平的情报斗争，其实就是他与中共北方局城工部部长刘仁之间的一场斗争。他说：1946年冬季，他利用一个飞贼，破获了中共在北平桌子腿四号院的地下电台，这个电台的通讯范围遍及沈阳、察哈尔、张家口、西安，乃至上海，台长李政宣被捕叛变，供出了一份组织名单，其中包括国民党第十二战区孙连仲部的作战处长谢世南、高参室主任余心清，包括两名中将及十七名少将。

谢士炎烈士（湖南人，黄埔军校毕业，陆军中将）正是谷正文提到的“谢世南”。谷正文回忆时说，自己不是一个轻易以貌取人的人，可他在第一眼看到谢士炎时，却被他从容凛然的气势给震慑住了。当谢士炎被带进刑讯室，他炯炯有神又坚毅果敢的眼神竟使得“活阎王”谷正文顿时心慌意乱起来，谷找了一个借口，便匆匆从后门遁走了。次日，谷正文在审问谢士炎时，先假惺惺地为谢亲手冲泡了一杯咖啡，并说：“通常我只是一个人喝咖啡，只有碰上自己欣赏的人物，才会共饮。”谢士炎则说：“如果你在共产党，一定是一个杰出的情报干部。”两人以奇怪的“青梅煮酒（咖啡）”的方式拉开了这场审讯的序幕。谷正文提问：“你是领袖（即蒋介石——笔者注）的得意门生，发生这种事，后果大概很严重，你怕死吗？”岂料谢士炎坚定地回答：“不！拿死亡来威胁我是没用的，对我来说，死亡只有遗憾和不遗憾的区别！我认为你是国民党里少见的具有情报天赋的人，因此我相信你一定明白我们共产党的工作人员已经深入渗透到国府国军各个阶层，这就是我觉得死亡并不遗憾的原因。这样说吧，死了一个谢世南，还会有更多的谢世南，那死去的谢世南无法完成的任务，活着的谢世南会完成……我在国民党部队很多年，经历过很多阶层，所以我有资格批评它没有前途。至于共产党，我至少欣赏它的活力、热情、组织与建设新中国的理想。因此，我选择我欣赏的党。而且，我认为国民党是妨害共产党早日建设新国家的最大阻力，所以，我用国军中将作战处长的身份，帮助共产党消灭国民党！”

好一个漂亮的回答！“活阎王”为之气沮。据说谢士炎就义时大义凛然，还曾遗诗一首赠予谷正文，而谷正文后来说自己忘了。那首诗可谓慷慨、壮烈——“人生自古谁无死，况复男儿失意时。多少头颅多少血，续成民主自由诗”。

谢士炎牺牲时年仅36岁。1946年9月，谢曾参与拟订进攻张家口的作战计划，后通过中共地下党交给叶剑英。叶以此有力地戳穿了国民党当局假谈判、真备战的阴谋。也是从此，谢士炎成为中共地下党的秘密情报员。此后谢士炎被调任国民党保定绥靖公署少将处长，多次利用参与国民党高级军事会议的机会，向地下党提供了许多重要的军事情报。谢士炎被捕后，于1948年9月19日英勇就义。

以谷正文相对谢士炎，正是妍媸立见。

二、绑架傅作义未遂案

1948年冬，淮海战役结束，国民党在华北的军事力量只有傅作义集团尚在困兽犹斗。其时，在解放军强大的军事攻势及和平攻势下，傅作义面临巨大压力，趋于崩溃，而国民党安排在他身边的特务也向南京呈报了守将不稳的情报。蒋介石先是派特务头子郑介民飞赴北平，试图说服傅作义率军突围，由天津乘船南撤；傅作义拒绝之后，南京又派来山西人徐永昌做说客，亦未奏效。

1949年1月，蒋介石宣告下野，他派小儿子蒋纬国到北平做最后的拉拢工作。当时谷正文以为傅投共的心迹已明，建议动用绑架手段。然而蒋纬国胆子没那么大，唯恐这样做对蒋介石国民党的威信不利，但谷正文不死心，在小蒋面前肯切谏言，认为这是北平失陷前所能做又做得最有意义的一件事，如果绑架成功，将傅作义押回南京以通敌罪审理，则对其他持观望态度的国军将领也是一个警示。谷正文还以为绑架一个傅作义虽不能将北平城中的七个中央军带回江南，却有可能因此而挽救其他部队的士气。不过，蒋纬国终究不敢。

1993年，谷正文与蒋纬国会面，旧话重提，问蒋当年何以不听自己的建议。蒋纬国说：当年他到了华北剿匪总司令部，看见傅作义心力交瘁地瘫坐在椅子上，手上拿了火柴，划了五根火柴还点不着一根香烟。傅作义问他："如果二少爷是我，会怎么办？"当时蒋纬国一想，自己也回答不出来，于是动了恻隐之心。多年后，他对谷正文解释说："后来我想了想，父亲并未交代我这样做，所以，我不能擅做主张这么做。"谷正文听罢懊丧不已。

三、刺杀陆军大学校长杨杰案

杨杰，云南人，民国兵学泰斗，曾与蒋百里、白崇禧、刘伯承一道被称为"中国的三个半参谋长"，著有《国防新论》、《战争要诀》等。他出身滇军，先后入读云南陆军速成学堂、保定北洋陆军军官学堂，后又两度留学日本（日本陆军士官学校、日本陆军大学），曾参加北伐，又于国共内战时不满意蒋介石的"剿共"政策，主张"一致对外"。1933年长城之役，时为陆军大学校长的杨杰率军与日军作战，后来还当过国民政府驻苏联大使。

1949年，与国民党离心离德的杨杰已秘密成为"民革"西南地区的领导人。他策动云、贵、川、康地区的实力派举行武装起义，不幸被特务查知，于是他潜入云南，说服卢汉参加起义，再受到国民党特务的追杀，最后遁入香港避难。国民党败退台湾后，蒋介石痛心反省，认为导致自己惨败的原因之一，就是国民党内部的政敌和对手"为虎作伥"，因此必欲诛之而后快，而其首选的目标，就是杨杰。为此蒋介石三番五次催促毛人凤解决此事，毛人凤又转交谷正文办理。谷正文得令后，交由另一个特务头子叶翔之去执行，至于直接承办此案的杀手，则是田九经和韩克昌，他们也是谷正文从国民党国防部技术总队寻来的。10月下旬，叶翔之一行潜入香港，由田九经任外围，韩克昌则手持信函到了杨杰的住宅，谎称是台湾送信来的。杨杰毫无防备，让来人进入室内，韩克昌乘杨杰俯身写收条时，迅速拔出手枪，朝杨杰的要害处连开三枪，杨当场毙命。

杨杰原本是要赴北平出席新政治协商会议的，却从此梦断香港。周恩来知悉此事后，曾为未能保护好杨杰而一再自责。

四、制造伪钞扰乱大陆金融案

国民党败退台湾后，曾挖空心思对大陆进行破坏。其间，“保密局”叶翔之等拟印制一批假的人民币和港币，通过渔船走私到大陆和香港，以扰乱大陆的金融，引发经济恐慌，此事也交由谷正文承办。仿制可以乱真的钞票可谓一门“专业技术”，谷正文突发灵感，以为在监狱里必定有能印制伪钞的“天才”。一番查找，果然发现了一个名叫凌旦复的“犯罪专家”，谷正文派人将其“调服劳役”，予以礼遇，凌旦复也投桃报李，终于印制出了仿真人民币。这些假币运到大陆后，虽说给大陆经济带来了困扰，毕竟也有漏洞，同时也给一些在两岸做生意的外国人带来了损失，遭到美国人的干涉，要求台湾特务机关停止印刷假币。蒋经国为此面斥了谷正文，此事才逐渐收场。

五、侦破国防部参谋次长吴石“共谍案”

在台湾最使谷正文名声大噪的，就是他曾口述的“中共台湾省工委覆灭记”了。他说：“情报局的系统，我做（了）两件事情，一件就是肃清大陆、北京、中共中央情报部的匪谍，整个的案子这样子办下来，到台湾我做的也是，肃清所有中国共产党台湾省工作委员会。从许远东起，到他的领袖蔡孝乾，他们都是投降的。”还有另一件事情，就是所谓“突击大陆”的建议和实施，即投派特务到大陆进行破坏，前后“有两千人，现在还剩下四百人”，而“突击大陆”，谷正文说：“大家知道明朝是亡于两寇，一个是倭寇，一个是流寇，那么我就是要学这个倭寇，我们不能到大陆当流寇，所以学这个倭寇。”于是他向“老先生”（即蒋介石）报告，“我们可以学当年明末清初郑芝龙、郑成功父子，以袭扰大陆东南沿海的方式，不断地派人上去，今天福建，明天山东，后天广东，大后天江苏……搞得中共天天魂不守舍，穷于应付。”蒋介石十分欣赏他的建议，“反攻大陆”无所不用其极，然而最终不过是徒劳而已。

在岛内，国民党特务却获得了意外的成功，这是因为台湾当局建立了国防部总政治部，由蒋经国出任主任，开始对军队和保安机构实施严密的特务监控。在这个机构的策划下，国民党军警对中共地下党组织展开了有效的破坏，其中就有所谓侦破国民党中将、国防部参谋次长吴石的“共谍案”。

原来，为了配合解放台湾，中共秘密交通员、中共华东局特派员朱谌之由香港潜入台湾，与潜伏在国民党国防部担任参谋次长的吴石（代号为“密使一号”）接触。吴向其提供了一批绝密的台湾军事情报，其中有“台湾战区战略防御图”等，以及舟山群岛和大小金门的“海防前线阵地兵力、火器配备图”、台湾岛各战略登陆点的地理资料分析、国民党海军空军的部署及兵力情况等，这批情报很快由香港送到华东局和北京。据说毛泽东得知此事后，当即嘱咐说：“一定要给他们记上一功哟！”然而不久之后，国民党“保密局”特务抓获了中共台湾工委委员陈泽民，又最终抓获了工委书记蔡孝乾。蔡经受不住考验，折节叛变，遂导致岛内四百多名地下党员被捕，吴石、朱谌之也在其中，并且后来都被执行了死刑。

吴石案是谷正文一手经办破获的。在谷正文带领特务逮捕了吴石后，吴石坚不吐实，为此，谷正文心生一计，使诈派人把吴石的妻子王碧奎带到自己的家里，让自己的妻子陪同她拉家常，谈话中谎称自己于吴石在南京担任国防部史政局局长时，还只是一个科员，多亏吴石的提拔才升为上校，现在吴石既然出了事，自己很想帮他等。王碧奎不知有诈，受骗说出吴石与朱谌之曾多次见面等。于是谷正文报告毛人凤，坐实了吴石案。事后毛人凤好奇地问谷正文是如何破案的，谷正文如此这般说了一番，毛人凤笑着说：“好厉害！以后可得小心防着你咯！”据说毛人凤从不开玩笑，而这个玩笑，正说明谷正文的“厉害”。

对这桩重案，蒋介石无比震惊，全程亲自督办。据说吴石在临刑前还写有一首绝笔诗：“天意茫茫未可窥，遥遥世事更难知。平生殚力唯忠善，如此收场亦太悲！”吴石被害后，谷正文派人搜查其住宅，却发现这位中将的家产仅有一根金条（四两），在场的特务连连感慨：“这么大的官，太不值得了！”

经谷正文侦办的“匪谍案”，一共牵连2000多人。

六、“克什米尔公主”号飞机空难案

这曾是国民党特务一手造成的令人发指的大案，其中也有谷正文的身影。那是1955年4月，以周恩来总理为团长的中国代表团拟飞赴印尼万隆参加亚非会议，按计划代表团是在香港乘坐印度航空公司的包机“克什米尔公主”号，后周总理临时改变计划，从昆明取道仰光抵达雅加达，而代表团其他成员所乘的“克什米尔公主”号在飞离香港4个多小时后发生空难，即因定时炸弹爆炸而失事，死难者有8名中方人员和3名外籍人士。

该事件，一说是谷正文在毛人凤的批准下指示“保密局”香港负责人赵斌承干的，也是谷正文一生最得意的一次特务行动。不过，事实或与其口述自传有所出入，即其主谋应是赵斌承，谷正文是参与者，细节是国民党特务用50万港币收买了香港启德机场一名邝姓清洁工，乘打扫之机将一枚牙膏形的塑胶炸弹放到飞机机翼的起落架缝隙中，而谷正文的任务则是将清洁工带去台湾领赏。

“克什米尔公主”号事件发生后，舆论大哗，国民党特务的毒辣和残暴成为众矢之的，毛人凤却因此升为中将，成为“保密局”有史以来第一个活着的中将局长。谷正文面对指责竟不知羞耻，居然发问说：“我是个坏人吗？”

七、谋杀白崇禧案

晚年谷正文自述曾参与谋杀白崇禧，而白崇禧系“桂系”首领，历史上曾与蒋介石有隙，特别在李宗仁回归大陆后，为蒋所深恶痛绝。白崇禧追随国民党至台湾后，一直处于居闲状态，据说蒋介石曾密令毛人凤对其采取制裁行动，而接获任务的则是谷正文。谷正文筹划暗杀，必须保证不留下半点痕迹，于是有多次惊险的暗杀行动——有未遂的“轨道谋杀”，即在白崇禧出行时，让其所乘山间轨道车脱轨坠入深谷，所幸千钧一发之际，白崇禧被副官推出车外；有“毒杀计划”，即白崇禧因丧偶寻有一情妇，谷正文企图收买之，并嘱其将白毒死，但对方不予配合，计划也就无疾而终；此后，谷正文听说白崇禧又与一女护士相处，谷正文遂在白崇禧喝的补酒中下毒，致其毙命，其状是白崇禧死在卧室的地板上，尸体周身发紫，睡衣和床单也被撕得稀烂，床头还有半杯没有喝完的酒云云。

最近白崇禧儿子白先勇编著的《白崇禧将军身影集》（广西师大出版社2012年版）内称：白崇禧的死亡不可能是蒋介石下毒。他说：“关于父亲去世的谣言传得已经好像‘间谍片’。这些说法源于台湾的一个退休特务谷正文的文章。此人自称是监控白崇禧小组的成员，接受了蒋介石下达的命令。这完全是他自己的幻想。理由是，首先，蒋介石绝对不可能授命给他，他的级别差很远。其次，用酒来下毒也太笨了，万一毒不死怎么办？”白先勇还说：其实，“父亲在台湾没有任何实权，跟外界也没有联系，对蒋介石不构成威胁，所以没有必要谋害。而且父亲在国际上有一定地位，随便弄这种事，会闹成国际事件。再有，父亲的葬礼蒋介石也去了。如果他令人下毒再去参加，也未免太过分了。”关于白崇禧的死因，白先勇认为是心脏病突发。

关于谷正文的所为，大大小小还有许多，其中曾被热传的，还有歌手邓丽君台湾间谍案、制裁李登辉未遂案等。

前者，谷正文回忆说：“邓丽君是台湾国民党国家安全局的秘密情报工作人员，隶属于‘台湾国家安全局’第三处，配合协同工作的是我所在的台湾国民党国防部军事情报统计局。”此事真伪，后来日本记者宇畸真和日本作家渡边也寸予以追踪采访调查，出版有《邓丽君的真实》一书，内称：“关于邓丽君是间谍一事，我们的结论是肯定的”，即“在她所生活的那个时代（即上世纪60年代的后半期），她所能选择的道路也只有这一条，即当时的社会现实迫使邓丽君走上了‘间谍’这条道路”，当时“冷酷的国际政治硬将邓丽君推上了政治舞台”。对此，谷正文还回忆说，1968年夏天，邓丽君收到来自新加坡的邀请书，邀请她参加1969年在新加坡国立大剧院举行的“慈善音乐会”的演出，其时，年仅15岁的邓丽君向台湾有关部门提出了出境申请，与之一同提出出境申请的，还有她的母亲赵素桂。当时台湾仍处于军事管制的戒严令期间，进出台湾的任何人都毫无例外地受到台湾安全局的严格审查，而出入境申请的审查有一个十分重要的项目，即申请人是否能够利用现有条件为台湾政府进行情报工作，为了获得出境的许可，许多人也不得已地接受这一交换条件，从而被收编为台湾国家安全局的情报人员，邓丽君正是如此，是被动接受而已。对此，谷正文解释说："像邓丽君这样的情报人员，原则上与专业间谍有着根本的区别，他（她）们不承担那些需要特别间谍技能的谍报工作，而只是利用他（她）们现存的条件，在适当的情况下为台湾国民党政府效劳，充其量也只能算是个信息传递媒介而已。"

前台湾"总统"李登辉有过早年加入台湾共产党以及脱离台湾共产党的经历，那是李登辉于1946年从日本返回台湾之后入读台湾大学农学院农业经济系之时，正值"二二八事变"发生之前，后来他还加入了中国共产党，但他自视太高，与党组织和"新民主同志会"的其他人不合，最后脱离而出。李登辉后来解释自己"脱党"的原因，是因为自觉并不适合党组织的活动，而此前他因为自己是学经济学的，喜欢从学术的角度研究马克思主义著作，并不是真正喜欢参加共产党。"脱党"后的李登辉遂与中共党组织完全脱离了关系。

却说到了1990年前后，有人曾欲"制裁"李登辉，当时谷正文表示：要揭发李登辉过去是共产党一事，他是愿意做的；不过他反对以武力"干掉"李登辉，因为"要杀掉李登辉太容易了"，但如何善后呢？"尤其是面对美国的不满，如何去解决呢？"

此刻的谷正文，倒是在凶狠之外多了一点"大局观"。

（作者系文史学者）

原载于《同舟共进》2012年第8期

1950，叛徒蔡孝乾与台湾地下党

何立波

在台湾共产党的历史上，蔡孝乾是一个重要人物。他是土生土长的台湾人，早年参加台共，当选中央常委。曾参加过中央红军的长征，抗战时期曾任八路军总政治部敌工部长等职。抗战胜利后，他奉命潜返台湾，担任中共台湾省工委书记。新中国成立初期，蔡孝乾被捕叛变，出卖了台共组织，最终导致整个台共组织被侦破。蔡孝乾变节后长期在国民党保密局从事“匪情研究”，被授少将军衔。他的一生可谓跌宕起伏，其经历至今令人感叹。

走完长征路的唯一一个“台共”

蔡孝乾1908年出生于台湾彰化县花坛乡，6岁进入彰化公学校（台湾人子弟小学）。当时日本统治者强行在台湾学生中推行日语教育，蔡孝乾在公学校学的是所谓的“国语”，即日语。1922年毕业后，留校任代教员一年。1924年春，蔡孝乾考入上海大学社会学系读书。上海大学社会学系由著名共产党人邓中夏创办。瞿秋白、施存统、彭述之等著名共产党人曾担任系主任，蔡和森、恽代英、张太雷、萧楚女、任弼时、董亦湘、李汉俊等人担任教员。上海大学学生在瞿秋白等教师的影响下，特别重视社团活动。在这种气氛的熏陶下，蔡孝乾对马克思主义理论和革命活动产生浓厚兴趣，迅速成为台湾左翼学生中的活跃分子。他积极参与组建各类学生团体，参加各种反对帝国主义和日本殖民统治的活动。

1927年7月，共产国际通过布哈林起草的“有关日本共产主义运动的方针”，被日本共产党当即采用为党之纲领。其中第十三项“殖民地的完全独立”中，将朝鲜、台湾的共产主义运动的指导，列为日本共产党的重要使命。1928年4月15日，在中共中央的帮助下，林木顺、谢雪红、翁泽生等7人在上海法租界举行了台籍共产党人第一次代表大会，正式建立台共（当时称“日本共产党台湾民族支部”）。彭荣代表中共中央出席并领导这一重要会议，有研究者认为，这个“彭荣”就是当时的中共领导人瞿秋白的化名。4月18日，林木顺、林日高和蔡孝乾三人当选为台湾共产党中央常委，蔡孝乾负责宣传工作。

台共成立后，加强了对工人和农民的组织与领导。童养媳出身的谢雪红在冲破封建罗网之后，也加入了这个团体。由于台共的艰苦努力，各方面工作都有了很大成就。但是台共内部矛盾重重。1928年4月25日，谢雪红在上海法租界被驻沪日本总领事馆警察逮捕，押回台湾，6月初被释放。为躲避日本警察的逮捕，1928年8月下旬的一个夜晚，蔡孝乾与其他几名台共干部秘密乘船离台，来到福建漳州，在石码中学、龙溪女中任教。为了生活，蔡孝乾还当过短时期的公路工程处临时职员。他与中共组织只有横的联系，在工作上直接受设在上海的台共总部领导。

1932年4月20日，红一军团东征进入漳州城。4月24日，两年前曾以“巡视员”身份和蔡孝乾联系过的“中华全国总工会中央苏区执行委员”李文堂找到蔡孝乾。李文堂是海南岛人，海员出身，曾参加过1924年省港大罢工。他来找蔡孝乾，邀蔡到中央苏区工作。军团政治部主任罗荣桓接见了蔡孝乾，对他说：“欢迎你到红军中来工作。我们红军和苏维埃政府非常需要文化工作者。苏区物质条件差，生活苦，只要能吃点苦，工作是愉快的。”罗荣桓接着告诉蔡，军团政治部编印的一种刊物《红色战士报》，原来由他自己主编，现在要交给蔡负责主编。在罗荣桓的安排下，蔡孝乾进入红一军团政治部工作，化名“蔡乾”。因工作上的关系，蔡孝乾开始和萧华、舒同有所接触。蔡孝乾还对“龙潭三杰”之一的胡底有很好的印象，他后来回忆说：“胡底可称是一个多才多艺的文化人，以前在上海从事‘左联’戏剧活动。进入苏区后，红军中的戏剧活动都由他领导。”多年后，蔡孝乾在回忆录中写道：“红军占领漳州，带给我的是一种根本性的变化。这不仅是属于实际生活方面的，而且也是属于意识观念方面的。从那天起，我就成为所谓‘红色战士’的一员了。”

1932年6月中旬，蔡孝乾等人抵达长汀。当时长汀是闽西苏维埃政府所在地，离瑞金仅60华里。时任中共苏区中央局组织部长的任弼时曾任上海大学俄文教授，给蔡孝乾上过课，有师生之情。到长汀后第三天的清晨，周恩来拿出两本日文书给蔡孝乾看：一本是列宁的《马克思主义的三个来源和三个组成部分》；另一本是当时日共领导人佐野学的著作《国家论》，这是一本佐野学对列宁著作进行通俗阐释的书。周恩来请蔡孝乾先把列宁著作译出，蔡孝乾感到为难，因为身边没有日文辞典。周恩来说，到了瑞金叶坪中央教育部可借，那边正筹建中央图书馆，有大批日文书刚从漳州运来。蔡孝乾愉快地接受了这个任务。

在前往江西瑞金的路上，蔡孝乾等人遇见了中华苏维埃国家银行行长毛泽民。毛泽民见蔡孝乾等人走得汗流浃背，气喘吁吁，便叫蔡孝乾等人轮流骑他的马。1932年6月23日，中央苏区召开“反帝总同盟”第一次代表大会，蔡孝乾被选为总同盟主任，张华为总同盟组织部部长，张爱萍为总同盟宣传部部长，邓颖超等35人为执行委员。毛泽东的二弟毛泽覃这时也在“反帝总同盟”工作，蔡孝乾和毛泽覃经常聊到深夜。

蔡孝乾在中央苏区工作两年多，接触过不少党政军领导人，如周恩来、项英、毛泽东、刘伯承等。在回忆录中，蔡孝乾对当时中央苏区的土地斗争、查田运动、扩红运动、财经运动、劳动政策、文教工作、肃反工作、合作化运动，以亲身经历与历史相结合，写出了珍贵的第一手资料。

1934年10月，蔡孝乾参加了中央红军的长征。穿越草地是长征最为艰苦的阶段之一，党和红军干部在途中大量死亡。凭着毅力，蔡孝乾追随大部队，完成长征壮举，到达陕北。蔡孝乾由此成为唯一一位参加过长征的台共干部——这是他最大的政治资本。长征途中，他与老一代无产阶级革命家培养出革命感情，为其后来成为台湾地下党最高领导埋下伏笔。

蔡孝乾后来曾回忆他随叶剑英指挥的中央纵队长征的情况。他亲眼目睹了红军惨烈的渡湘江战役："伤员一抬一抬的被送到后面去……到这个时候为止，红五师已经有一个师参谋长、两个团长、一个团政委相继阵亡了，另有两个团长和一个团政委受伤了，连、营级干部的伤亡更多……"

1937年抗战爆发后，蔡孝乾随八路军总部赴山西抗日前线。1938年任八路军总部野战政治部敌工部部长（至1939年），负责管理日俘和对敌宣传，战斗在太行山前线，对日军和汪伪军队进行心战工作。后因前线形势严重，在党中央"保存干部"的政策下，蔡孝乾被调回延安。

中共台湾省工委的盲目乐观

1933年，日共被日本政府查禁消灭。原本作为日共一个支部的台共，在中共的协助掩护下，总算得以存活。二战结束后，台湾重归中国版图，台共纳入中共党组织，成为直接受中共领导的省级党组织。中共中央在延安成立了"台湾省工作委员会"，指定台籍干部蔡孝乾为负责人。蔡孝乾向组织请调林英杰、洪幼樵和张志忠（台湾嘉义人，时在新四军工作）等人潜返台湾。

1946年5月，中共台湾省工委在台湾正式成立，蔡孝乾任书记，陈泽生任副书记兼组织部部长，洪幼樵任宣传部部长。陈泽生和洪幼樵成了蔡的两个最重要助手。（抗战前陈泽生在左翼作家联盟时就加入了中共，奉命随蔡来台时，已是有十多年党龄的老党员了；洪幼樵抗战时在福建打过游击，具有武装斗争的经验。）7月，蔡孝乾回到台湾，开始全面主持中共台湾省工委的工作，地下党正式在台运作。

由于蔡孝乾离台已有十八载，家乡人事全非。他对战后初期台湾的政治和社会情况颇为生疏，因此只好侧重于联络老台共党员以发展组织，但成效并不显著。据国民党情报治安部门公开出版的资料显示，迟至1947年台湾"二二八"起义爆发前夕，台湾省工委所招收的党员不过70余人，在起义中起不了多大作用。但此后组织发展迅速。截至1949年底，所属党员已达1300多人。1949年时，以蔡孝乾为领导的中共台湾省工委一面采用合法的统一战线的路线，将组织渗透到国民党政府各机关里面去，发动工潮和学潮，引起台湾社会秩序的动荡，以孤立国民党的统治；一面想采取游击战术，利用台湾人民的反蒋情绪，在各地建立武装组织，即成立“武装工作队”发动起义，夺取政权，来达到推翻国民党统治的目的；同时在党的建设方面，积极发展组织，借以壮大队伍。

随着1949年4月解放军横渡长江，解放台湾的工作提上了议事日程。1949年春，中共台湾省工委向各级地下党同志下达了工作方针：“各级党的组织，必须将每个党员、积极分子动员起来，在一切为了配合解放军作战的总口号下，立即转入战时体制，建立必要的战时机构。”中共台湾省工委曾向中共中央提出《攻台建议书》：“如果我们的攻台计划，需要考虑季节风势的话，则攻台日期应以明年（1950）4月最为适当。”1949年12月，中共台湾省工委又发出了题为“怎样配合解放军作战”的指示，指出：“台湾的解放更接近了，台湾的解放是肯定的，而且为期是不远的。台湾的解放主要依靠人民解放军从外面打进来……台湾组织的任务是很迅速很切实地来准备力量配合解放军作战。”

“老郑”第一次被捕，记事本暴露“吴次长”

但是局势很快急转直下。1949年12月，台湾当局建立“国防部总政治部”，由蒋经国出任主任，国民党军警对中共地下党组织展开有效破坏。从1950年1月起，军警相继逮捕杀害多名台共地下党员。

1949年7月，有人捡到一份台共刊物《光明报》，转交国民党台湾省主席陈诚。蒋介石大为震怒，限期破案。高雄警察局很快抓到4名持有《光明报》的台大学生，保密局侦防组组长谷正文约谈4名学生。学生戴传李承认，报纸是从妹妹戴芷芳处所得，而戴芷芳的上线是基隆中学校长、台共基隆工委书记钟浩东。《光明报》就是基隆市工委的宣传刊物。谷正文马上逮捕了钟浩东，并搜出《光明报》的印刷器材及宣传资料。钟浩东被捕后自知一死，慷慨地说：“这次我们失败了，我们难逃一死，但是，我们能为伟大的祖国、伟大的党在台湾流第一滴血，我们将光荣的死去！”夜以继日的讯问，让钟浩东濒临崩溃，恍惚间，他反问审问他的保密局侦防组组长谷正文:“老郑怎么样?”这句话犹如导火索，引发了另外44名地下党员的被捕。钟浩东及其夫人蒋碧玉，以及部属罗卓才、张奕明等7人在台北被枪决。

“老郑”就是蔡孝乾，但钟浩东并未透露谁是“老郑”。这引起了谷正文的警觉，意识到“老郑”是个大人物。很快，台共高雄市工委负责工运的党员李汾被保密局特务抓捕。谷正文为了“钓大鱼”，故意释放了李汾。1949年10月中旬，为求自保的李汾悄悄回到保密局高雄站送情报。李汾告诉谷正文，他的上级和他约好，10月31日在高雄市农会前碰面。这样，中共台湾省工委副书记陈泽民被捕。特务在陈泽民身上搜出记事本，里面又出现了“老郑”的名字。陈泽民不愿意供出老郑是何许人，只说他见过老郑几面。特务刑讯逼供，陈泽民熬不住，被迫说出了老郑落脚处的地址：台北市泉州街26号。保密局立刻派出一组人员在屋内外隐秘处轮班守候，埋伏了整整一个多月没有任何结果。

在高雄逮获陈泽民以后，保密局又把矛头指向中共台湾省工委武装工作部部长张志忠。1949年12月29日，张志忠在台北万华区老松公园被捕。1950年1月29日，化名“老郑”的蔡孝乾被捕。“老郑”只报了假名字和假身份，却要求提供美餐。被称为军统“活阎王”的谷正文晚年曾撰写《蔡孝乾吴石系列潜匪案侦破始末》一文，在文中他回忆第一次审讯:“当时，蔡孝乾是一个相当自负的中年男子，在他心里，总认为共产党很快就会将奄奄一息的国民党赶入海中。而在解放台湾的任务上，居功最大的，无疑地便将是蔡孝乾本人。他一直无法相信自己竟会落入国民党手中这件事。”谷正文承认:“我并不期望这种友谊攻势很快就能收买蔡孝乾，因为我了解，他和台大四名学生不同，他的党龄很深，党性很强，在我找出他的真正弱点之前，友谊攻势的效果是有限的。不过，我并不心急，只要他——我直觉他若不是台共的头号领导人，至少也是领导人的左右副手——在我手中，肃谍的工作很快就会结束了。”

谷正文认为，“老郑”有追求享受的弱点，便天天给他买饺子。一周后，“老郑”终于说出“想着牛排的味道都快想疯了”的话，并指定要到台北最高档的波丽露餐厅买。吃完后，“老郑”又说：为表示感谢，可带他们找共产党的一个据点。立功心切的三个小特务便让“老郑”带路，结果走进一个黑暗厂房时，“老郑”突然跑掉。

蔡孝乾被捕时，公文包里记事本上的一串名单中有“吴次长”三字，“国防部”中将参谋次长吴石直接暴露。由于吴石身居高位，又与保定军校同学陈诚及时任参谋总长的周至柔是莫逆之交，保密局并未轻举妄动。蔡孝乾叛变后，保密局还在他身上一张拾元的新台币钞票上发现了两个电话号码，其中一个便是他直接联系的华东局特派员朱枫。1950年2月底，保密局特务闯进吴石寓所，称有人指控他是共产党，请他去队部问话。吴石当面驳斥，特务搜查后带走其夫人王碧奎。经讯问，王碧奎承认“老郑”曾多次到吴家，吴石的地下党身份暴露。1950年3月1日，保密局正式逮捕吴石。

吴石是如何潜伏进国民党高层的呢？1947年至1948年间，国防部史政局局长吴石中将因不满蒋介石的独裁统治，倾向革命。同乡好友、地下党员吴仲禧介绍吴石参加进步组织“民联”，直接受中共地下党员何遂（建国后任华东军政委员会司法部长）领导，单线联系。1948年6月淮海战役前夕，吴仲禧改任国防部中将部员，被派往“徐州剿匪总指挥部”。吴石亲笔写信给他的学生、“剿总”参谋长李树正，请李多加关照，给予方便。吴仲禧到任时，出来接待的李树正见信格外客气，亲自带他到总部的机要室看作战地图。吴仲禧暗中把部队驻地、番号、兵种及主要部署记录下来，托病回后方就医，赶到上海把情报向潘汉年汇报。

1948年秋，白崇禧、陈诚指示将国民党国防部史政局保存的500箱重要军事机要档案运送台湾，吴石对此表示反对，建议暂移福州，理由是福州有“进则返京容易，退则转台便捷”之利。吴石当时已知自己将出任福州绥靖公署副主任，打算一旦时机成熟就发动起义，将这批绝密资料悉数献给新中国。于是吴石派随从参谋王强等人押送，于1948年12月下旬将机要档案运抵福州，保存在于山戚公祠大殿内。1949年5月吴石正式到任后，国民党高层又电促速将福州存放的军事机要档案运台。吴石以“军运紧，调船难”为借口，仅以百余箱参考资料、军事图书充数运台交差。同时，他又下达紧急命令，将绝密档案全部转移到位于仓前山的福建省研究院书库藏匿。

1949年6月，蒋介石亲自在福州召开军事会议，提出固守福州、协防台湾。吴石成功阻止了蒋介石提出的在福州修筑半永久性城防工事的方案，使市民免遭劳役之苦。他通过谢筱廼送出许多重要情报。1949年7月，吴石经广州辗转香港，找到吴仲禧，告知：他已被调任台湾“国防部”参谋次长。吴仲禧曾请他考虑，如果不去，可就此留下转赴解放区。吴石坚决表示：自己的决心已经下得太晚了，为人民做的事太少了，现在既然还有机会，个人风险算不了什么。为了避免嫌疑，他将携夫人王碧奎和两个小儿女一同去台，留下大儿子韶成、大女儿兰成在大陆。1949年8月17日福州解放，保存无损的298箱军事绝密档案呈献给解放军第十兵团司令部。

在笔记中用真姓实职记录重要联络人，这是隐蔽战线的大忌。作为老资格台共领导人的蔡孝乾，是不应该犯如此低级的错误的——他的这一低级错误让壮志未酬的吴石付出了血的代价。

不久，谷正文得知逃跑的蔡孝乾躲在嘉义农村，便派看押过他的特务去查找。特务们换上农民服装，到当地后便在乡间路上看到一个穿西装的人。特务一看，正是“老郑”。原来蔡孝乾在乡下躲藏两月清苦难耐，想到镇上西餐馆解馋。1950年3月中旬，蔡孝乾第二次被捕，马上叛变，愿交代所有地下组织。他只提出一个条件，即让已同他姘居两年的16岁的妻妹马雯娟来监狱同住。谷正文满口答应。

第二次被捕，供出特派员朱枫

蔡孝乾第二次被捕后，供出了分布岛内各地的地下党员名单，其中包括华东局特派员朱枫。那么，朱枫是如何来台的呢?

1949年10月24日，解放军三野十兵团攻击金门古宁头，由于情报失准，战斗连连失利。11月5日，三野七兵团进攻舟山群岛中的登布岛，也因情报失准而严重受挫。连续两次失利，使中共高层领导决定，尽快派人赴台搜集重要军事情报，为解放台湾做好准备。华东局社会部对于派谁去台湾执行这一任务颇费心思。女情报员朱枫成了第一号理想人选。朱枫忠诚、机警、成熟，她的继女陈莲芳和女婿王昌诚住在台湾，而且王昌诚又是保密局电讯处处长，他们一直不知道朱枫的真实身份。但华东局社会部有关领导却对此犹豫了好一会儿。因为他们深深了解朱枫十余年来在敌人心脏出生入死的经历——在她即将从香港调回上海，实现一家人团聚的时候，又让她担此风险，于心不忍。但也确实没有别的合适人选。组织经过慎重考虑，终于找她谈话，并征求她的意见。朱枫毫不犹豫地表示服从组织决定。1949年10月，朱枫给丈夫朱晓光写信："我常想念你们，只要脑子一有空，无论在船上、车里，或在夜深人静时，都念念不已……我彻底体验到'人非木石'这句话的真义。"去台湾执行潜伏任务前，她以"兄"的口吻写信向朱晓光告别："兄尚须去菊处小住，须两月方与妹聚首……个人的事暂勿放在心上。"

朱枫到台湾后，住在女儿女婿的基隆家中。第二天，蔡孝乾到基隆与朱枫见面。几天后，朱枫又见到了吴石。在台期间，朱枫与吴石前后7次秘密会面，吴石将《台湾战区战略防御图》，舟山群岛、大小金门《海防前线阵地兵力、火器配置图》，各防区的《敌我态势图》，台湾海峡、台湾海区的海流资料，台湾岛各战略登陆点的地理资料分析，现有海军基地并舰只部署、分布情况，空军机场并机群种类、飞机架数等绝密情报拍成微缩胶卷交给朱枫。朱枫又按约定把这些情报交到中共华东局社会部特别交通员——定期往返香港基隆间的"安福号"海轮上一位大副手中，顺利转到了华东局社会部和总参作战部。40多天后，任务完成了。此时，朱枫接到上级指示，命她速回。她买好了回香港的船票，还托好友给上海的家人带去一封即将返回的信。不料，这封信竟成了朱枫的绝笔。

蔡孝乾被捕后，供出朱枫特派员的身份。这时，朱枫已凭借吴石签署的特别通行证，潜回舟山。毛人凤立刻致电保密局驻舟山苏浙情报站站长沈之岳，立即逮捕朱枫，押解回台湾。保密局对朱枫实行"生活上优待、谈话上安慰、接触上温和，用感情去征服"的劝降方针，但朱枫始终不曾屈服。保密局的报告在提及朱枫时这样写道："……共匪运用党性坚强、学能优良之女匪干，担任交通联络工作，极易减少外界注意与达成所负任务；朱匪于被捕瞬间吞金企图自杀，证明其应付事变，早做准备。匪干此种维护重要工作，不惜个人生命的纪律与精神，诚有可效法之处……”

据不完全统计，蔡孝乾投靠国民党后，共有400多人以“匪谍”罪名被抓捕，造成中共台湾省工委成立以来的毁灭性打击，组织几乎全部瓦解。1950年春夏，中共台湾省工委重要干部几乎被一网打尽。蔡孝乾、张志忠、林英杰、计梅真等，全部被关押在保密局台北延平南路看守所里。此后，中共台湾省工委下属组织全部破坏，共抓捕1800余人，不肯屈服者都遭处决。

1952年4月25日，重整后的台湾共产党在苗栗山遭到破坏，400余人被捕。从此，中共在台湾的活动转入低潮。同时，中共台湾省工委在台湾建立的武装基地也遭到破坏。最后一个“鹿窟武装基地”隐蔽坚持到1952年，在保密局特务会同军警的进攻下也被摧毁。

监狱里对蔡孝乾展开“批判”，为时已晚

中共台湾省工委之所以遭受如此大破坏，有对解放军渡海时间估计过于乐观和岛上回旋余地小等客观因素，但主观指导失当及领导者个人品质是主要原因。保密局档案在“蔡孝乾案”中的“对本案综合检讨”说：“……共匪各级组织与忠实程度均不够，一经破坏追捕，即全面动摇，终至瓦解……台共与匪中央缺乏直接联系，与匪华东局联系时，亦时断时续，迄‘台湾省工委会’破获时止，其电台尚未建立，即可概见。而军事干部缺乏，部队又未经政治教育，工农群众毫无斗争经验，均属失败之主要因素。”

蔡孝乾从艰苦的延安返台后，因台湾当地的经济水平远高于大陆，他开始痴迷于生活享乐，热衷于联络台湾当地上层工商人士。妻子去世后，蔡孝乾便同14岁的妻妹马雯娟同居，钱不够花时便挪用组织经费。1949年，蔡孝乾竟向台湾一些富人透露自己的真实身份，声称赞助经费的话台湾解放后必予关照。谷正文在回忆中还提到了蔡孝乾被捕后的情况。他说，陈泽民、张志忠、洪幼樵等几名地下党干部被捕之后，曾在牢房中集体批斗蔡孝乾。张志忠指着蔡孝乾破口大骂，指责他生活

腐败，引诱14岁的小姨子；侵吞一万元美金工作经费，天天上波丽露西餐厅吃早点，中午和晚上在山水亭餐厅吃山珍海味，吃过晚饭上永乐町看戏……完全是一副资产阶级的嘴脸，竟然还敢到处张扬他是共产党在台湾的领导人。

谷正文在评论蔡孝乾时说："一个人说话是不是诚恳，从他的双眼大致上可以看得出来。而蔡孝乾被捕后的最初几天，应讯虽然大方，但是眼神却闪烁不定，所说的内容大抵不着边际，这点，我暂时不与他计较。从第一眼印象，我便假定他很注重物质生活，这种人，如果能充分满足他的物质欲求，慢慢地，就可以主宰他，到那个时候，他什么话都会说。"谷正文在评价台共失败原因时说："我认为，共产党在台湾的地下工作之所以失败，除了组织成员过于乐观，以致行迹过于暴露之外，它的领导人蔡孝乾的浮奢个性更是一个严重的致命伤。假如当初共产党派来台湾领导地下活动的人有几分周恩来或罗荣桓的才气，那么，历史的演变恐怕就大不相同了。"

以隐蔽战线最基本的常识判断，蔡孝乾的作为确实存在多项致命的缺点。按照陈泽民、张志忠等人对蔡孝乾的指控，蔡孝乾不仅没有资格领导地下党隐蔽战线的工作，他甚至连当一个共产党员都不够格。1950年6月1日，蔡孝乾在报纸发表了一份公开自首声明，并在电台广播。蔡孝乾叛变后，任职于"国防部"保密局、"国防部"情报局等情报单位，授予少将衔，上级交付其任务为专事写作及研究分析工作。1982年10月，蔡孝乾因病在台北病逝，终年74岁。

除了蔡孝乾的个人品质，中共台湾省工委对形势估计错误造成指导方针偏差也是招致大破坏的原因。毛泽东在抗战期间曾提出过党的地下工作的十六字方针，即"隐蔽精干，长期埋伏，积蓄力量，等待时机"。周恩来在总结中共南方工委1942年遭破坏的教训时也强调，地下党不能同时兼搞武装斗争，因为二者的指导方针是矛盾的。众多实践都证明，搞武装斗争需要广泛发动群众，势必不能隐蔽组织和领导者，而中共台湾省工委违背隐蔽方针，急于建立武装训练基地，在工人学生中不经严格审查大力发展党员，恰恰为敌特提供了机会。

张志忠：谷正文眼中“唯一的硬汉”

中共台湾省工委武装工作部部长张志忠被捕后，坚贞不屈。一次，蒋经国亲自到监狱里劝降张志忠：“张先生，你有什么困难需要我帮助的吗？”张志忠干脆地回答：“你如果想帮助我，就让我快死！”原台湾地下党台北学委会书记吴克泰，在“二二八”事变后前往大陆，担任台湾民主自治同盟中央常务委员，他在回忆文章中也认定张志忠是台湾地下党的铁汉。1954年3月16日，张志忠在台北市川端町刑场英勇就义。中共中央组织部经过长期调查核实，于1999年1月将张志忠和夫人季云定为烈士。谷正文对张志忠的评价甚高，他在回忆文章中说：“在我与这些人的交手经验里，蔡孝乾的人品最令我不满；而张志忠后来虽然被判死刑，但是我对他的评价却最高；至于洪幼樵则是一个温和的书生；而原籍厦门的陈泽民，则给我深刻的好印象。”

谷正文认为，在台共党员两千余人中，张志忠可称唯一硬汉：“蔡孝乾久经中共长征及对日抗战，吃尽苦头，故返台后即生活腐化，思想动摇，失去领导能力。张则坚持其武装斗争作风，搜罗前‘二二八’逃亡人士，成立多处武装基地。此作法为中共中央所否决，认为台省山林不深广，交通又方便，不宜游击战。张与蔡不和，四人先后被捕后，蔡、陈、洪皆投降，唯张一人不降，虽多方诱导，但坚持一死。后蔡、陈、洪全为保密局聘为‘匪情研究室’研究员，张则未供一人，未供一事……在台共党员二千余人中，可称唯一硬汉。”

1950年6月10日，吴石、朱枫以及“联勤总部第四兵站总监”陈宝仓中将、亲信随员聂曦上校四人在台北近郊马场町英勇就义。吴石遥望大陆，深情地说：“台湾大陆都是一家人，这是血脉民心。几十年后，我会回到故里的。”临刑前，吴石写下了一首绝笔诗，后半部分为：“五十七年一梦中，声名志业总成空。凭将一掬丹心在，泉下嗟堪对我翁。”1973年，根据周恩来的建议，民政部追认吴石为革命烈士。朱枫就义时，身上穿的是一件淡绿色碎花双绉旗袍，外罩深蓝色毛线上衣。她的颈上和肩头，是一道道勒紧的绳索。临刑前，朱枫高呼：“中国共产党万岁！”“新中国万岁！”身中7弹，英勇就义，时年45岁。这一案件是国民党退守台湾后的第一大案，震动了整个台湾岛。

1951年7月，上海市人民政府向朱枫家属颁发了《革命烈士光荣证书》。由于多种原因，朱枫烈士的骨灰长期流落台湾。2010年12月，在国家有关部门的协助和台湾有关方面的配合下，朱枫烈士的骨灰终被迎回大陆，寄放于北京八宝山革命公墓，2011年7月12日被送回宁波镇海革命烈士陵园内的朱枫烈士灵堂。

（作者系文史学者）

原载于《同舟共进》2013年第2期

何畏变节之后

散　木

在漫长的中国革命历程中，不乏中途退出革命者，其中最让人痛恨的就是叛徒。而叛徒也是千奇百怪，这除了他们叛变的原因和方式，还有他们此后的命运之谜。

本文要讲述的，是十年内战时期曾赫赫有名的原红四方面军第九军军长、红军大学政委何畏。此人出身华侨贫苦之家，阅历十分丰富，既毕业于黄埔军校，又参加过著名的省港大罢工、广州起义、百色起义，后在根据地担任中国工农红军第九军军长、中国工农红军大学（后称中国工农红军第四方面军红军大学）政治委员等，并曾一度当选中共中央候补委员，在延安时又担任过抗日军政大学副校长（林彪任校长——笔者注）。然而，这个在戎马生涯中先后负伤十余次的红军将领（一说是独臂将军），最终因不满党内批判张国焘的错误、整肃红四方面军而脱离了革命队伍，投奔反革命阵营，又继续追随已叛变革命的张国焘，成为国民党特务的一员。

变节之后的何畏，其下场和命运至今传说纷纭。有人说他“告别革命”之后又离开了张国焘，所谓“从良”——通过自学的方式，成为金陵大学农经系的讲师；也有人说他脱离革命后回到家乡，隐姓埋名。

关于何畏，他曲折的一生究竟是怎样的？

红七军的“拼命三郎”、“小诸葛”

何畏（1900—1960年），海南人（今海南琼海博鳌人）。

博鳌这个当年荒僻的地方，现在已名闻天下。不过，知道博鳌（原属广东省乐会县）曾出过一个叫何畏的人，想来不会很多。何畏的家庭背景十分复杂，恐怕与此地的地理位置大有关系。

何畏的祖母是越南人。他原名何世富，又名何敬贤，童年随父亲何良炳远赴马来西亚，就读于一所中华学校，成年后接受了马克思主义，并加入了马来西亚共产党。据说他还担任过“马共”的领导人（是当地英、荷两族中区委员），其间被英属政府逮捕，驱逐出境，回到中国。

何畏回国后，先后考入厦门大学、黄埔军校。前者，他是以华侨的身份考入的，在校期间曾与郭沫若等发起创办同人杂志，又发起成立了中国新文学史上著名的“创造社”。何畏在《创造季刊》、《创造月报》发表过一些小说、戏剧等（见丁森《评中共文艺代表作》）。不过，由于显而易见的原因，在新文学史的众多史书上，不见何畏的名字。其时，正是中国革命方兴未艾之际，自1924年国民党召开改组后的“一大”以及国共合作之后，大革命运动风起云涌。不久，何畏就成为其中的一位弄潮儿。广东和香港的工人运动，他扮演了重要角色。随后，受党组织派遣，他被送往黄埔军校，是该校第五期步科第一学生队的学员——那是1926年3月。

在黄埔军校期间，何畏与该校的共产党人保持了密切关系。1927年5月，何畏毕业，12月参加了广州起义，并在此前后加入中共。随后，他奉命潜入越南，参加了在广西、越南边境由“越共”开展的游击战争，与法国殖民军作战。

1929年3月，以李宗仁、白崇禧为首的桂系军阀在蒋桂战争中败北。5月，重新上台的蒋介石为了稳住广西局势，任命俞作柏为广西省政府主席，李明瑞为广西绥靖司令。而俞、李皆非国民党嫡系，作为地方势力，两人上任后即通过有关人士向周边的中共传出信息，表示愿意同共产党合作，并要求共产党派干部到他们的部队工作。这样，中共中央遂派遣邓小平为代表，到广西全权处理中共与广西俞、李的合作事宜，并具体领导当地党的工作。与此同时，中共中央和中共广东省委相继派出张云逸、陈豪人、龚楚等赴广西工作，何畏也被派往广西，并被安排到广西警备大队。

广西是十年内战初期夺人眼球的地方，在那里爆发了百色起义、龙州起义，在此基础上又成立了红七军、红八军，最终形成了左右江革命根据地，成为红色区域（“割据”）重要的一部分。然而，在其领导人中，先后出现过两个叛徒，那就是龚楚和何畏。

却说何畏于1929年被中共广东省委派赴广西从事兵运活动，又于同年12月参加了由邓小平、张云逸等领导的百色起义，此后在红七军担任连长、营长，指挥消灭地方豪强及地主武装，抗击国民党部队进攻等。在战斗中，他作战英勇，身先士卒（其间曾因作战负伤潜赴上海疗伤），又因善于领会上级意图，及时判断敌情，经常提出克敌制胜的建议，成为红七军有名的“拼命三郎”、“小诸葛”。需要指出的是，在红军早期将领中，拥有何畏那样的出身和阅历，并先后参加过广州起义和百色起义这两次著名起义的，可谓稀缺之至。

名扬“懋功会师”

1932年10月，何畏被派到红四方面军工作，此后他随张国焘、陈昌浩、徐向前等开入四川，参与创建川陕、鄂豫皖革命根据地。

何畏曾先后担任红四方面军第12师副师长、师长，而红四方面军是当时中国工农红军非常重要的一支部队，下辖4个师，约1.5万人，何畏本人也与王宏坤、倪志亮、王树声各师长（以及师政治委员李先念等）成为红四方面军的军事骨干。应该说，在根据地血与火的锤炼中，何畏表现出众。他足智多谋，善于用兵，曾指挥过不少硬仗、恶仗，为根据地的壮大立下了汗马功劳，并曾荣获中华苏维埃共和国中央革命军事委员会颁发的一等红星奖章。

1933年6月，红四方面军扩编，下辖的第12师与巴中地方武装合编为中国工农红军第9军，由何畏任军长，政委詹才芳，副军长许世友。此后，这支部队参加了鄂豫皖革命根据地的反“围剿”战争，又实行西征，转战千里，随即在川陕革命根据地开展反三路围攻、反六路围攻的战斗。这期间何畏参与指挥了许多重大战役，在他的指挥下，这支部队最后进入川西理县并建立了根据地。

1935年5月，红一方面军渡过金沙江，进入四川，准备与红四方面军会师。这是长征中重要的转折性事件。当时红四方面军首长即党代表张国焘、总指挥徐向前命令红三十军政委李先念、红九军军长何畏为迎接的先头部队，并任命何畏为懋功支队司令兼政委，率第25师、第27师各一部，西进懋功地区，横扫盘踞在这一带的敌人，使中央红军有一个安全通道。接到命令后，何畏率部沿岷江星夜兼程，一举攻占懋功，其前锋也推进到懋功东南的达维镇。是年6月12日，这支迎接部队和中央红军在夹金山下的一座小桥上（见题图）胜利会师，史称“懋功会师”。然而迄今有关“懋功会师”的历史材料中，大多只提李先念，不提何畏。而在当年国民党“追剿”中央红军的前敌总指挥薛岳的电文中，则明言何畏的红九军与中央红军会师于懋功。

枪指毛、周，怒吼张闻天

正所谓“成也萧何，败也萧何”。在何畏扬名的长征途中，由于张国焘与中央的矛盾，造成了红四方面军与红一方面军（随后又与红二方面军）的矛盾，双方将领产生了许多历史恩怨，何畏由此走上了他的人生歧路。

作为红四方面军的将领，何畏也被视为张国焘的心腹大将。1935年6月26日，中共中央政治局在懋功北部的两河口召开会议，否定了张国焘的西进政策，当时张也不得不在口头上表示同意中央的北上方针。回到红四方面军的驻地理县后，张国焘却马上召集总政委陈昌浩、红九军军长何畏、红三十一军军长余天云等开会，之后又立即致电中央，表示反对中央的决定，试图阻挠红军北上发展，并大搞分裂活动，在部队中散布不信任中央的言论，且扬言要“审查中央路线”，企图由他自己担任中革军委主席和中央总书记。29日，在两河口中央政治局常委会议上，咄咄逼人的张国焘成为中革军委副主席，红四方面军的徐向前和陈昌浩成为军委委员。随后，为了执行松潘战役计划，红军开始北进，而张国焘执意延宕行动，还在芦花的政治局常委会议上要求提拔新干部以充实军委。当时周恩来为顾全大局，辞去红军总政委一职，由张国焘接任，陈昌浩则进入军委常委之列。不久，因形势发生变化，松潘战役撤销，红军拟经草地北上，长征中已会师的两军重新组队分头行动，这就是左路军、右路军。其中，朱德、张国焘率领左路军行动，徐向前、陈昌浩率领右路军行动，中共中央和中革军委随右路军行动。不久后在沙窝召开的政治局会议上，红四方面军领导人陈昌浩、周纯全当选为中央政治局委员，徐向前为中央委员，何畏、李先念、傅钟为候补中央委员，中国工农红军总政治部主任由陈昌浩担任，副主任为周纯全。

在随后的变局中，何畏扮演了十分恶劣的角色——长征途中，与余天云一起，用枪威逼朱德总司令“让贤”给张国焘。

原来，何畏由于特殊的经历和身份，更由于深得张国焘器重，逐渐变得专横跋扈。在部队中，何畏工作方式简单粗暴，引起不少人的意见，但因为张国焘很赏识他，众人拿他没办法，这就形成了他的不可一世之势。何畏性格非常强悍，后来到达陕北采访的美国记者斯诺曾描述：(何畏)性格倔强，脾气古怪，“夏天常见他身穿皮袍，冬天则穿短衣短裤，赤脚在冰天雪地里跑来跑去”。他在部队中常用棍棒打人，如此前红九军一次战斗失利，他迁怒于作战科长周希汉，周不服气，同他顶撞起来，何畏大怒，立即嚷道：“老子毙了你！”随即拔出手枪，胡乱连发了5枪……从这件小事，可以看出当时在红四方面军盛行的“军阀主义”习气，从张国焘到何畏、余天云，莫不如此。

何畏、余天云威逼朱德总司令的事件，具体情形不详，据说事后毛泽东、张闻天等中央领导极为重视，并对何、余进行了严厉批评。也许是为了在最大程度上团结张国焘和红四方面军，当时没给什么处分；相反，中央甚至作出了极大让步，将一些重要职务任命给红四方面军领导人。何畏除当选中央候补委员外，还调任中国工农红军大学政委。

关于何畏的性格，还有这样一段传闻。1935年8月，中央政治局在沙窝召开会议(史称“毛儿盖会议”)，围绕着北上或南下的问题，中央领导人与张国焘等争吵不休，随后在红一方面军和红四方面军的联席会议上，双方发生了激烈争执。何畏怒不可遏，竟突然掏出手枪，指向毛泽东和周恩来，当时坐在他右边的徐向前见势不妙，一把握住何畏的手臂，并奋力向上举起，于是，一串“哒哒哒”的枪声鸣起，震落了天花板上的积尘，也使整个屋子弥漫在浓厚的火药味中。

何畏这一次开枪，好在如同那次对周希汉一样，是发泄似的胡乱打枪，没有瞄准目标。散会后，几个警卫员匆忙跑进会议室，只见从墙上到天花板，不规则地散布着十余个黑洞洞的弹孔。当时，神色严肃的徐向前缴了何畏的手枪，送到毛泽东面前。毛泽东只是淡淡地笑了笑，说："君子动口不动手，这是一次例外，有意见可以争论，但中央的决定还是要坚决执行。"何畏的这一番莽撞举动，可谓红军长征途中相当危险也相当惊心动魄的枪声。

两军打乱重新组队分头行动后，张国焘与中央的矛盾白热化，特别是9月的"密电"事件，使得毛泽东和中央迅速脱离右路军，率原红一方面军部队北上，而左路军仍裹挟着朱德等原红一方面军人员。至四川俄界政治局扩大会议之时，双方已形同破裂：毛泽东等已另组中国工农红军陕甘支队，直至胜利抵达陕北，张国焘则在四川卓木碉悍然另立三大机构——中共中央、中央政府、中央军委。此时，红军及中国革命可谓危机重重，而何畏所起的作用至为恶劣。1935年8月7日，陈昌浩派人请来总书记张闻天，试图说服他接受张国焘的主张，即希望由张闻天出面，以其中共中央总书记的权威命令毛泽东、周恩来等挥师南下，张闻天理所当然地表示了拒绝。在场的何畏大怒，拍着桌子对张闻天大吼："你像个什么总书记，我看你简直像个汉献帝，曹操手中的傀儡！"——除了惊心动魄的枪声，何畏再次"贡献"了长征途中最惊心动魄的吼声。设想此后种种变故，譬如何畏，又譬如张闻天，回首这一幕时，将作何感想？

毛泽东和中央突然决断离队北上之际，正是9月10日凌晨3时许，毛、周亲笔署名命令红军大学立即向北出发。随即，红军大学师生全部出发，唯独校长何畏接到命令，迅速跑到陈昌浩那里汇报："是不是有命令叫走？"陈昌浩回答："我们没下命令，赶紧叫他们回来！"在随后的红四方面军的红四军、红三十军部分领导干部参加的会议上，陈昌浩又问道："他们走了，我们怎么办？"当时何畏和红军大学教育长李特力主派部队尾追，只有徐向前坚决反对。他说，哪有红军打红军的道理？一些与会的将领也同意了徐向前的意见。陈昌浩见状，说："既然这样，就分道扬镳吧。他们走他们的，我们走我们的。”就这样，避免了红军的一场自相残杀。

踏入歧途

何畏后来的命运，应该说是没有什么悬念了。

红军长征抵达陕北后，何畏的主要职务是“红大”政委。1935年12月，张国焘发出《为抗日反蒋运动中策略问题给何畏、伯承两同志的一封信》。当时红军大学有人称中共抗日反蒋宣言过于笼统，张的此信是在做一些解释。由于全国政治形势发生变化、红军长征接近尾声和三军会师在即，以及张国焘所部因错误决断而损失惨重等原因，张国焘已明显有所收敛，开始附和中央的许多决策。

1936年末，山城堡战役之后，朱德、张国焘率领红军总部和红四方面军“红大”学员抵达陕北保安（今志丹县）。陕北“红大”（即随后的“抗大”）校长林彪等列队迎接，毛泽东、张闻天等也与之一一握手，表示热烈欢迎。当然，这对张国焘、何畏等人，可谓苦涩不堪了。

不久，西安事变爆发。翌年初，以原红四方面军为主力的西路军宣告失败。显然，清算张国焘错误的时机已经成熟。进驻延安之后，中央内部开始了对张的批判，其中涉及的问题，就有红一、四方面军的团结问题和军阀主义、土匪主义等，而这些又无一不与何畏有关联。

1937年3月，中共中央政治局召开扩大会议，议程之一是讨论张国焘的问题。与会者在充分肯定红四方面军对中国革命所作的重大贡献的基础上，批判了张国焘的错误。最后通过了《决议》，指出张国焘“在四方面军的领导工作中犯了许多重大的、政治的、原则的错误……整个政治路线的错误……右倾机会主义的退却路线与军阀主义的登峰造极……反党反中央的路线”，而其军阀主义的实质，即是“用全力在红军中创造个人的系统”、“把军权看作高于党权”、“对于创造红军模范纪律的忽视”、“军阀军队中的打骂制度与不良传统在红军中依然存在着”等。《决议》同时表示要把张国焘的错误与红四方面军严格区别，即主要责任由张国焘承担。

不过，清算和追究长征途中的一幕幕，势必会牵涉许多具体当事人。贺龙在发言时就对何畏喊道："你是乱弹琴的人，你要老实承认错误！"会议临近结束时，在博古的提议下，原红四方面军的张国焘、何畏、周纯全等不得不有所表态。何畏是这样表示的："中央宣布国焘路线的破产，凡是革命者没有不同意的。我在国焘路线上犯了军阀主义、土匪主义、反党反中央的严重错误。我诚恳地承认这一错误。我坚决改正我的错误，希望同志们帮助我。"毛泽东在最后的发言中则说：这次会议，"国焘承认了自己的错误，但是没有完全彻底地深刻地承认自己的错误。纯全和何畏也相同。今天的进步，国焘、何畏、纯全的进步，是值得欢迎的。这以后，可以转变到完全彻底深刻地承认错误的道路上去，也可以深刻地影响到国焘及其他人。四方面军还留有两个军在这里，还有大批干部在这里，进步的力量在这里，那在将来中国革命是很大的基础。"

按照中央的部署，延安随即在党内和红军中广泛、深入地开展了揭发、批判张国焘路线的斗争，并迅速召开了声势浩大的反张国焘路线的大会。原红四方面军的干部（连以上）全部要求与会，有的还在大会上进行揭发和批判。此后，延安对张国焘及红四方面军部分高级将领开展了批评斗争，"抗大"就是一个斗争中心。结果，虽说大多数参加者表示拥护中央，并在不同程度上开展了批评与自我批评，但由于在批评斗争中有过火的现象，伤及了原红四方面军的一些高级将领，终于激起事端，致使许世友、王建安等十余名将领欲率原红四方面军的数百名学员举行暴动，脱离"抗大"。由于许多参与者的反省和举报，事态很快得以平息，不过仍有数十人受到拘禁审查。那么，何畏呢？

在《我的回忆》一书里，张国焘写道："原任四方面军第九军军长、当时任红军学校副校长的何畏也被捕了。何畏自始即站在反抗这种斗争的立场，为四方面军的领导辩护。何畏出身工人阶级，在红军中战功显赫，负伤十一次之多，毛泽东等也轻易奈何他不得。他并未参加这次抗大学生的反抗风潮，但为了许世友、王建安等人的被捕，表示抗议。他愤慨申言，中共中央和抗大都变质了，变成了类似北洋军阀的统治。他要向共产国际控诉，否则他就要脱离共产党，因此何畏被秘密逮捕。之后，张闻天曾向我解释，何畏身体残废，且有战功，本应曲予优容，但他心情恶劣，可能自杀，故暂行看管，并不交法院审讯。我因不愿加深党内危机，对张闻天只有怒目而视，忍耐着一言不发。”如此说来，何畏还是被捕了。

11月，在延安召开了党的活动分子大会。当时西路军失败已成定局，与此同时，反张国焘路线的斗争又趋于高涨，对此，不仅张国焘与中央的对立情绪越来越大，曾受张器重和赏识的何畏也愤愤不平。最终，何畏脱离革命，离开了延安。此后，何畏的名字就在我们的红色历史上永远消失了。

翌年4月的清明节，利用祭陵之机，张国焘叛逃。而此前不久，在新疆迪化（今乌鲁木齐），原红四方面军将领李特、黄超，被王明、康生等以“托派分子”的罪名处决。

谜一般的结局

何畏是什么时间、又是如何逃离延安的？目前相应的细节我们还不了解。至于何畏的最终结局，至今不甚了了，大致有如下三种说法。

一、叛徒、特务。

经历过长征的成仿吾在《记叛徒张国焘》（北京出版社1985年版）一书中说：张国焘出走后，成为国民党中将和国民参政会参政员，而其实际身份则是“军统”少将特务、“特种问题研究室”主任，及国民党中组部“反共设计委员会”委员兼主任秘书。当时蒋介石和戴笠等对他寄望很高，并曾“先后把郭潜（抗战时期，任南方工委组织部副部长时被捕叛变）、何畏（原红九军军长，抗战时期叛逃）、徐梦秋（在八路军驻新疆办事处时被捕叛变）召集来和张国焘一起搞‘策反’”，不过，效果极差，甚至毫无成果，“就以原红四方面军来说，在抗战初期剩下的还有一万多人，而在整个抗战期间叛变投降国民党的不过何畏、朱德崇（原红三十三军参谋长，抗战中在冀鲁豫区因腐化被发现叛逃）几个。”

成仿吾没有说明何畏是如何变成叛徒和特务的，相仿的还有“中共一大代表丛书”中的《张国焘》一书（作者张树军），称：“张国焘叛逃后，何畏步他的后尘，投奔国民党，被国民党特务机关扣押。在被扣押期间，何畏致函张国焘求救。张国焘拿着何畏的求救函去找戴笠，乞求戴笠将何畏接到重庆来共商反共大计。戴笠虽表示同意，但仍拖了半年之久才将何畏释放。何畏见到张国焘后，也做起了国民党的特务。”这段描述更加详细了一些，不过，仍存有许多疑点。

由中共中央组织部、中共中央党史研究室编纂的《中国共产党历届中央委员大辞典（1921—2003）》（中共党史出版社2004年版）一书收录有何畏的条目，称：何畏于1937年到西安治病时叛逃，投靠国民党特务机关，任中统专员，又于1949年解放前夕被抓获处决。

以上的材料，大致可以说明何畏是早于或晚于张国焘叛变的（1937、1939年），至于他参加了国民党的特务机构，到底是“军统”还是“中统”，也有疑问。另传言何畏以治疗和养病为由，带着腿伤离开延安，号称到晋东南去打游击，却忽然没了踪影，原来是溜到西安去了。1939年4月8日，在“抗大”检讨工作的总结晚会上，毛泽东有一句话，他说：“抗大也有一个叫何畏的，溜了。”何畏曾任“抗大”副校长。

二、脱离革命，以研究农业和教学度日。

这种版本说何畏叛变后成为国民党“中统”特务，但郁郁不得志，有人看到他当时每日携带白水一壶、馒头几个，一头扎进图书馆，苦读与中国农业有关的书籍。日后，他居然成为南京金陵大学农经系的讲师。1949年解放军渡江前夕，何畏投江自尽。

三、潜回故乡，隐姓埋名。

第三个版本，据说是其后人讲述的。

何畏离开陕北后，潜回广州，当时他想找一个文职工作隐居下来。也是在这个时期，他与一个叫罗明新的女子结婚，生了一男一女。解放后，何畏失业，苦撑一段时日后，1956年回到家乡，即海南博鳌玉堂村，又与原配夫人曾国才（据说她与连长冯增敏一样，是第一批参加红色娘子军的战士，参加过多次战斗，并负过伤——笔者注）及两个孩子共同生活。彼时，何畏除了种地，还义务担任乡村的夜校扫盲教师。

传说三年大饥荒期间，何畏饿死在家乡。一说是因病而死，死时60岁。如此，则关于何畏去世的时间，有1949年和1960年两说。

由于资讯的发达，特别是网络的威力，现在要捕捉一些历史信息已不是难事。关于何畏的下落，笔者就“得来全不费工夫”。以下材料便出于何畏后人在网络上发表的信息，当然，还未经笔者逐一核实——

却说何畏早年参加革命而被马来西亚英属政府驱逐出境，其原配夫人曾国才（一作曾国彩）失去生活依靠，只好带着长子何达梧回到博鳌老家。此后何畏音信全无，直到1946年她才接到何畏发自广州的信，说自己在广东省救济院安老所（广州市珠光路），并已娶罗明新女士为妾，生有一男一女（儿子何达桐后居加拿大，女儿何汤月明后居香港）。大概是1955年，何畏因与罗明新发生纠纷，回到了阔别几十年的老家，与原配夫人和儿子何达梧一起生活。那时村里的大多数人已不认识他，他也一直保持缄默，从不透露在外几十年的丝毫情况。

另据采访者称，当地老人眼中的何畏，中等身体，五官端正，体格健壮，脚有伤疾，走路一拐一拐的。他知书识礼、知识面宽，又精通医术、能说善道，毛笔书法流利，是一个颇有文化的人。他还精通音乐，会唱歌，于是村里请他做义务教师，协助开展扫盲工作，并教授普通话。也许是自己特殊的经历，他还曾教自己的孙子及村民唱《东方红》、《国际歌》之类的歌曲。何畏曾跟村里的人做过木工、泥水工。大凡社里安排什么重活，他从不推卸，唯命是听，老老实实地干，从无怨言。

何畏在部队时是个粗人，后来变了，久而久之他有了一个嗜好——与书籍结下不解之缘。他身不离书，甚至连上厕所都看书，对《水浒传》、《三国演义》等非常娴熟，讲得头头是道。

三年大饥荒时期，由于何畏身体壮实，食量颇大，生活十分辛苦。他的儿媳钟家蓉回忆说：在粮食紧张时，何畏曾教村里人摘“革命菜”充饥。1960年，何畏因病饿交加，又缺医少药，遂长眠不起。据说在他出殡那天，村里的人都来参加送葬，许多老人至今记忆犹新。又传说何畏临终之际对妻子说：他的同事都在北京，而且都是当大官的，说罢拿出一把用铜片压印有“校长蒋中正赠”的宝剑，以及一枚纪念勋章，交给了儿子何达梧。无疑，这是何畏在黄埔军校和根据地时的遗物。“文革”中，何达梧怕抄家受到牵连，把它丢弃在万泉河里。

何畏的原配夫人曾国彩，曾任广东乐会县博鳌乡第一届妇联主任，后因何畏的历史问题受到牵连，被免职回家务农。她于2003年病逝，享年100周岁。何畏的另一夫人罗明新，于1950年代初携子女移居香港，2002年病逝，其子女与海南何畏的后人保持着来往。

如此推测，何畏乃沧桑鼎革之际，叛变曾经的事业，彻底“告别革命”，回到故土，从此隐姓埋名直至终老。但以何畏的过往，他是如何得以全身而退的呢？希望知情者赐教。

（作者系文史学者）

原载于《同舟共进》2013年第7期

英雄抑或叛徒？
——“满族第一抗日将领”赵侗死亡之谜

王　龙

抗日战争爆发后，在民族存亡的历史关头，东北地区的白山黑水间，多少不甘屈服的血性儿女挺身国难，誓死抵抗。杨靖宇及东北抗联等英雄事迹已耳熟能详，百代流芳，然而，另一位功败垂成、死于非命的抗日领袖赵侗，至今面目模糊，毁誉难分。在国民党看来他是“当代岳飞”、“民族英雄”，死后被追赠陆军中将；在共产党眼里他则是卖身投靠的叛徒，抢地盘、搞摩擦的“马前卒”，其事功荣辱，有着天壤之别。

多年来，关于“满族第一抗日将领”赵侗之死的真相一直扑朔迷离，许多文章遮遮掩掩，甚至以讹传讹。笔者愿以搜集到的相关资料对此事作进一步考证，以就教于方家。

声名远播

赵侗（1912—1939年），满族，生于奉天岫岩河乡三道虎岭。他自小天资聪颖，学习优异。成年后的赵侗高大帅气，人也很聪明，19岁考入沈阳第二工科学校，后考入东北大学预科物理系。“九一八”事变后，赵侗进入牡丹江警察分署当了警察。

当时的警察分署署长邓铁梅，是一位血性十足的东北汉子。他不满政府无能，不甘心做亡国奴，决心组织群众与日本侵略者血战到底。

"九一八"事变后，邓铁梅以本溪警察为基础，成立"东北民众自卫军"，自任司令。因在战斗中英勇过人，赵侗很受邓铁梅器重。随后邓铁梅担任义勇军第二十八路军军长，赵侗亦成为他的骨干成员。

1932年到1936年，在东北家乡的土地上，赵侗全家包括他的母亲赵洪文国毁家纾难，坚决抗战，成为誉满一方的抗日之家，在白色恐怖中打响了华北民众抗日第一枪。

北平沦陷后，广大市民陷入绝望灰心之中。为了鼓舞民众的抗日信心，赵侗的部队决定干一件大事，让北平人民知道它的存在。不久，这支以学生为主的抗日武装，竟然夜袭德胜门外的"北平第二模范监狱"，轰动全国。

1937年8月22日夜，他们先打发一个小孩，叫他装作好奇跑到监狱跟前喊："日本军官来了！日本军官来了！"接着就来了一伙冒充的日本军官和翻译，他们在门外故意高声地讲着日语，声称是日本司令部派来押解中国政治犯的。管狱士兵赶忙开门，赵侗等一拥而入，立即破坏警报器，割断电话线，缴获全部枪支。面对黑洞洞的枪口顶上脑袋，看守人乖乖交出了钥匙。赵侗宣布："我们是抗日队伍，凡是愿意抗日的可以跟我们走！"在狱的587名囚犯全部释放，其中约300人自愿参加他们的队伍。这之后，一批批要求加入游击队抗日的东北流亡学生纷纷涌来，队伍迅速壮大到1000多人。

9月8日的黑山扈战役，是国民抗日军第一次与日军正面交锋。战斗使日军连续受挫，死伤累累，并且首次击落一架敌人的飞机，大大鼓舞了军民斗志。10月初，不甘失败的日寇动用一个旅团的兵力，出动12架飞机围攻游击队，日军伤亡惨重，国民抗日军安全突围，队伍一下发展到1500余人。

至此，国民抗日军声威大震，国内外报纸争相报道。连巴黎出版的《救国时报》也两次以大量篇幅报道国民抗日军的成立，奇袭德胜门外第二监狱以及黑山扈大捷的消息，指出国民抗日军"义声所播，民气大振"，是"北平近郊抗日的中心力量"。赵侗一时威名远播，被称为"中国抗日学生军领袖"、"满族第一抗日将领"、"当代岳飞"。

1937年底，八路军挺进晋察冀开辟敌后抗日根据地。晋察冀军区一分区司令员杨成武、政委邓华听说北平西山一带活跃着一支游击队，且战果还不小，就把这个情况报告八路军总部。总部当天即回电，让杨成武以朱德总司令、彭德怀副总司令、任弼时主任的名义写一封信，邀请这支队伍合作抗日。

能得到八路军最高统帅的热情邀请，赵侗和他的部队自然欢天喜地，因为从此就有了可靠的根据地。12月11日，国民抗日军开至晋察冀抗日根据地军区司令部所在地阜平。聂荣臻司令员热情接见了国民抗日军的主要领导。12月25日，八路军总部正式批准，国民抗日军编为八路军晋察冀军区第五支队，赵侗任司令员，高鹏任副司令员，汪之力任政治部主任。

八路军在打游击战和组织群众方面有着丰富的实际经验，并经受过多次战役的检验。赵侗的部队正式改编后，进行了一个多月的军事、政治训练，提高了部队的素质，全军上下士气高昂。这之后，五支队一面协助地方抗日政权工作，扩充兵员；一面执行军事任务，不断袭击日伪军占据的车站、县城，打了许多扬眉吐气的胜仗。

死亡真相

然而，人们难以想象的是，赵侗这位在东北首举义旗、闻名遐迩的青年抗日领袖，正当抗日事业如火如荼之时，却为何会突然之间180度急转弯。他与自己的八路军战友渐行渐远，翻脸成仇，最后直接投靠重庆国民党中央政府，被授予少将军衔。而正当他衣锦还乡带领一支人马重返晋察冀根据地，准备大干一场时，却遭遇一场神秘的意外袭击。这位曾经大名鼎鼎的抗日英雄，最终不是战死于抗日的沙场，而是悲凉地丧命于神秘之手。

赵侗之死还引起重大的后续效应。他的母亲赵洪文国，即当时著名的抗日模范，时人誉之为“双枪老太婆”的传奇人物，原本同华北共产党组织的关系一直很好，但自从赵侗被消灭后，赵洪文国就与共产党彻底断绝了往来，从此铁了心坚定地站在国民党蒋介石一边。解放后，她公然叛乱，成为“川西第一巨匪”而被中共逮捕枪决，成为历史夹缝中的一个悲剧人物。毫无疑问，爱子赵侗之死，是促使其母倒向国民党一边的重大转折点。

1941年，重庆出版一本署名李君的《赵侗之死》，其中讲到赵侗是为八路军所杀，但当时八路军方面并未承认，此事疑云重重。很明显，赵老太太坚定地相信赵侗是被八路军"陷害"致死的。她因此恨意难消，才与共产党誓不两立。一个令人尊敬的抗日家庭，不顾大时代的潮流，集体走上与共产党对抗的绝路。

由于赵侗名声颇大，赵侗之死广受关注，各种流言猜测甚至延续至今。而赵侗究竟死于谁人之手，由于当时确切的公开资料非常少，一直迷雾重重。

今天，这个争论终于可以终结了。已有多位当事人的回忆录证实：赵侗确实死于八路军之手。

目前关于赵侗之死最权威的记载，是《聂荣臻回忆录》（战士出版社1983年版）。聂荣臻在此书中讲道：

赵侗这个人很狂妄，一直想脱离我们，要"独树一帜"。他同国民党拉上了关系，他的妈妈在重庆，在那里替他吹牛……赵侗本人后来也带了十来个人逃跑，后来跑到重庆。国民党政府好不容易在敌后找到这样一个一心投靠他们的人物，于是大肆吹嘘他，又是给他下"委任状"，又是给他配电台、密码和各种新式武器，派他回华北来，同我们争地盘，搞摩擦，破坏我党建立的敌后根据地。1940年初，他回来的时候，走到石家庄以北的一个地方，正好碰上从冀中回晋西北的一二师部队，在那里打了一仗，把他带的队伍消灭了。我对贺老总说，你们做了件好事，不然的话，任他发展起来，还会出现许多麻烦。连同他带的队伍全部消灭了。

聂荣臻是关于此事身份级别最高的回忆者，他的回忆自然是目前中共官方盖棺论定的结论。但对于为何要消灭赵侗的原因及其具体过程，仍需进一步考证。

2005年，中央文献出版社根据大型文献纪录片《八路军》整理出版的《八路军老战士口述实录》中，有一篇老战士史进前的回忆文章。史进前是早在七七事变后就在北平参加了赵侗部队的老战士，赵侗逃走后，他出任改编后的晋察冀军区第五支队总队主任。他的这篇文章可信度较高，对聂荣臻等的回忆作了更多补充印证，其中关键的几句原话是：

他们这次回来，到晋察冀的村庄附近一下子碰到120师，贺老总的部队正在那里。贺老总跟聂老总一联系，聂老总说彻底消灭，120师派了部队，晋察冀也派了部队，就把他彻底消灭了。当时的命令是活的一个也不要，打完后一个人一个人地检查，把这个部队歼灭了……但以后发现还是跑了一个人，跑回东北去了。

而开国少将叶长庚的回忆录《从脚夫到将军》（解放军出版社1986年版），则提供了最重要的佐证。叶长庚时任晋察冀军区四分区代理司令员，此书专门用一章“假挺进窜犯解放区，行正义排患除祸根”，详细地披露了此战经过，有兴趣者可找来参阅。

关于剿灭赵侗的原因，亲自参与伏击赵侗的八路军老干部萧锋在其《肖锋征战记》中有重要的透露。

他回忆，平时一有作战任务，都是晋察冀军区直接电话通知，而这次作战却非比寻常地把他和团长亲自召到军区当面布置任务。当时聂荣臻、彭真、唐延杰等领导气愤地告诉他们，根据八路军总部和延安来电，蒋介石委任赵侗为司令，要到晋察冀抗日根据地来接管军政大权，取代聂荣臻的位置。军区命令萧锋所在的团“全歼这股死心塌地的汉奸、卖国贼”！

这段回忆时间、地点、人物都生动可感，文中写到聂荣臻当时非常气愤而坚定地说：

我这个司令并不是你蒋介石能任命的，而是中国共产党的中央任命的，是3000万人民的委托，是钢铁位置！赵侗伪司令，打着国民党抗日的旗号，有欺骗性，他硬要来边区夺权，那八路军只有用刺刀回敬他！（《肖锋征战记》）

可见，八路军方面据可靠情报，认定赵侗此次来者不善，是直接来抢夺军政大权的。事情性质很严重，赵侗注定走上了一条不归路。

至于赵侗本人是如何死的，川西军区司令部情报参谋都爱国老先生，在其回忆文集《雪山草地阿坝州》一书中也有确切记载。1950年，

“双枪老太婆”赵洪文国在四川组织的叛乱失败后，一同被俘的还有其二儿子赵连仲。赵连仲追随其母，出任“人民反共救国军总司令”一职。都爱国先生讲，他在审讯赵连仲时，赵亲口告诉他，其中赵侗当年实际上是在战斗中被潜伏在其身边的共产党员击毙的，国民党方面后来说赵侗没有带武器就去八路军那里谈判，结果本人被捉后活埋，完全是造谣。由此可见，赵侗身边其实一直都有共产党员的身影，这也难怪中共对他“挺进华北”的真实意图了如指掌了。

反目成仇

从八路军领导下的抗日部队司令员，到国民党的“少将”，赵侗何以最终与中共反目成仇？赵侗逃离八路军另起炉灶的原因到底是什么？

一种说法是政治信仰说。《杨成武回忆录》中，与赵侗相处多年的战友，对他深为了解的高鹏先生指出，赵侗是一名“国社党”党员。而最有代表性的文章则是杨世元的文章《也谈赵洪文国与川西匪患》，杨先生认为“赵侗是因为同时接受国民党与青年党两方面的毒剂注射而狂悖致死的”。而许多中共人士的回忆录都称赵侗“接受了法西斯主义思想”，这一帽子的由来，正是其“国社党党员”身份。

这里需要介绍一下，抗日战争时期，中国青年党是国共两党之外的第三大政党，其政治立场是既反对共产党，也反对国民党。在国家存亡之秋，其政治主张和活动表现出了复杂多变的两面性。但在“九一八”事变后该党仍把中共视为主要政敌，顽固坚持反共立场，诬蔑共产党“效忠苏俄，为害中国，不亚于日祸”，认为“铲共与抗日同样重要，必须同时兼顾”。

据谭译《东北抗日义勇军人物志》（辽宁人民出版社1987年版）记载，中国青年党在东北有较为雄厚的组织基础。“九一八”事变后，中国青年党派出不少政工人员出关到东北义勇军中工作，如苗可秀、赵侗、高鹏、纪亭榭等人。苗可秀是因抗日牺牲的青年党历史上最著名的英雄之一，赵侗正是接过他的大旗继续战斗的。从这个层面说，说赵侗是青年党分支国社党成员之一，虽只是高鹏投向共产党阵营的事后指认，但似乎这个事实也能基本成立。不过，若据此认定赵侗是因“政治信仰”与共产党不合才分道扬镳，却有先入为主之嫌。

最关键的证据，是《杨成武回忆录》中的一段话：

“聂司令员对赵侗可真是仁至义尽了”，王远音同志感叹道，“那天，赵侗一把鼻涕一把泪地诉说委屈，说‘日久见人心’呢，还假惺惺地说他赵侗‘生是共产党的人，死是共产党的鬼’呢，话全让他说绝了，可是不久，赵侗听到高鹏、纪亭榭入了党，就觉得自己被冷淡了。便几次向我提出入党的要求，还向聂司令提出申请。鉴于赵侗政治思想和品德方面的许多问题，聂司令和我们都坚持原则，一方面婉言拒绝了他，一方面又勉励他加强思想改造，努力争取。赵侗却大为不满，言语中流露出隐隐恨意，后来渐渐地在行动上也暴露出来了。”

王远音是负责支队党务工作的队委书记，他的这段话透露出一个重要信息：一是赵侗本人是渴望加入中国共产党的，二是他身边几员骨干如高鹏、纪亭榭都加入了中共，而他则被拒之门外。

赵侗如此渴求加入中共，说明他如果真是“国社党”成员，信仰上也不如有的学者说的那么纯洁坚定，要不然也不会说什么“生是共产党的人，死是共产党的鬼”这种话，更不可能因为信仰的分歧而出走了。

至于高鹏、纪亭榭之入党，用杨成武的话说：

“抗日军”的这两位主要领导人，一直是中心队委的可靠战友，每当我们共产党同赵侗发生分歧的时候，常常是他俩去做赵侗的工作，劝其放弃错误决定。因为他俩和赵侗一块在东北干过义勇军，在部属中有威信，所以赵侗不敢不把他们放在眼里。

设身处地地想一下，作为共产党领导下的一支部队，自己的两员骨干都赢得了信任，入了党，赵侗这个司令员主动靠上去却未有结果，其沮丧抑郁的心情可以想见。更何况这是发生在一件令赵侗难堪的“罢官”事件之后。

那是国民抗日军在阜平整训的时候，有一次召开军人代表大会。会上，赵侗突然起身表示：请准予他辞去总司令职务，去八路军总部学习，另选别人任司令……实际上，他是以退为进，想试探一下自己在队伍中还能不能站得住脚。

哪知，他刚讲完，纪亭榭和高鹏马上就坡下驴，表示欢迎赵侗同志入学深造，学成后再回来领导我们，请大会另选司令。随后，请代表们举手表决，立即一致通过了赵侗的要求，当场解除了他的司令员职务。这一下，赵侗彻底傻眼了，泥塑般坐着，一动不动。

其实，赵侗与自己的队伍离心离德，渐行渐远，有一个发展过程。据其早年战友王建中回忆：

部队到阜平之后，学老红军的一切制度、政治工作、经济民主，党已半公开了。赵侗仍以总司令自居，得他一人说了算，实行军阀统治，引起干部不满。党和他进行了斗争。在一次营以上干部会上，汪之力同志作了系统的发言，举出部队进步的实例，指出赵侗老摆个总司令架子，处处想着自己是总司令，一个人发号施令，处理问题缺乏商量，举了一些军阀主义的例子，指明其思想上就是顾虑总司令的面子，不利当前部队的进步……会后，赵侗没有好转，反而消极对待，情绪不高。

原来，纪亭榭他们早就想罢赵侗的官了。这次他们预先作了布置，给营连干部提前打了招呼，商量决定赵侗一旦提出辞去司令职务时，大家都得举手，结果赵侗弄巧成拙，一下被罢了官。

聂荣臻司令知道这事后，立即表示：不能让赵侗辞职。他两次召集中心队委开会，反复强调统一战线的战略意义，要大家注意贯彻相应的方针、政策，共产党是言行一致的，要考虑对外影响。因此，一定要赵侗继续留任司令，不要把他推出去。即使他执迷不悟，将来发生了问题再做计较。现在，只要他还愿意抗日，还肯跟共产党走，就不能让他辞职。会后，队委委员们马上动员所有党员和干部，对赵侗进行挽留工作。同时，聂自己又单独找了高鹏和纪亭榭谈心。他俩虽然思想上不怎么通，但还是接受了聂的意见。聂又和赵进行了一次长时间的谈话，给了他许多勉励，终于使他得以留任。

但是，从此赵侗不但心灰意冷，而且与共产党人由互相警惕防范，一步步发展到磨刀霍霍，必欲除之而后快。

一天，赵侗首先提出，要他的一名亲信吴新民从三总队调回来当警卫连长。此事引起了共产党方面的警惕，自然不能同意。赵侗自己又搞了个私人卫队，大半都是他过去的亲信。他们武器好，枪法准，平日和他寸步不离。为了防止这帮人作乱，共产党中心党委决定由史进前负责，专门挑选了一位坚定可靠的共产党员刘伯松做支队政治部警卫连长，一旦有事，警卫连就对付赵侗的那个私人卫队。

由于赵侗此前收拾别的游杂武装时就爱摆“鸿门宴”，搞突然袭击，所以中心党委就在党内作出一个决定：无论何时何地，到司令部来开会，总队、大队领导干部不能同时都来，必须留一个人看家。

试想矛盾发展到这个地步，其实已经无可挽回。

7月间，从大后方来了个人找赵侗，说是从赵侗的母亲那里来看望他的亲戚。他和赵侗形影不离地厮磨了几日。在那人走后不久，1938年8月，赵侗终于带着几个随从，以下基层视察为由，秘密逃离了游击队。据王建中回忆：

赵侗逃走，出意料之外。到平西后没有谁和他斗争，看来一是有更大野心，不屑当此小支队司令；二是有内线消息，赵母在大后方、南洋到处作报告，被誉为游击队之母，赵如到重庆一定被重用，所以只带几个人走了。

赵侗后来在给五支队领导人的“辞职信”中，历数了一番他创建“抗日军”的千辛万苦，同时也毫不隐讳地说了他有过消灭支队各级领导人的计划，只是碍于“多年交情”才算了。他还发誓要“干出个样儿来”，让共产党瞧瞧。而八路军方面则警告赵侗：“你不回来就算了，但你别与八路军作对，否则，绝没有好下场！”想不到后来一语成谶。

1938年冬，赵侗突然出现在重庆。翌年1月，蒋介石邀请赵老太太和赵侗到战时首府重庆，一时间万人空巷，重庆各界人士举行盛大欢迎会，场面空前热烈。“抗日英雄”、“民族英雄”、“当代岳飞”的称颂声不绝于耳。海内外华文、外文报纸也连续跟踪报道赵侗、赵洪文国母子的抗日业绩和战斗经验。著名剧作家吴祖光创作了处女作《凤凰城》在重庆上演，即以赵侗和战友苗可秀举义抗日为题材。该剧轰动大后方，赵侗也成为抗日偶像级人物。

自感在八路军那里受了天大委屈的赵侗，一下子却成为国民党炙手可热的座上宾。

蒋介石为何要大力拉拢赵侗母子？原因很简单，国民党当时想改变热衷反共、消极抗日的形象，就要表明自己也一贯支持敌后抗日游击武装。同时，蒋介石也想把与共产党联合抗日的民众武装拉到自己一边来，此时正好有赵侗这样一位“弃暗投明”的“义士”来投，可谓求之不得。赵侗不仅熟悉八路军的内部情况，还曾长期与共产党互生龃龉，趁此“借力打力”，岂不一箭三雕？

随后，蒋介石亲自召见赵侗，大加勉励。接见后，赵侗参加国民党中央训练团党政班第一期受训，并以优异成绩毕业。国民政府的军事委员会委任赵侗为晋察冀游击第一总队少将司令，并命军、政部拨发武器弹药服装等军需用品。1939年6月29日，赵侗与吴桂良等由经培训的大中专知识青年中挑选100名学生，亲自率领北上，第一站到达西安。同年7月2日，由王琦等再率第二批百名官兵奔赴西安与赵侗会师，赵侗集中人员武器开向晋察冀根据地。

在国民党方面看来，赵侗带领“北上抗日先遣队”回老根据地打游击，天经地义；而共产党方面则认为，赵侗是挂羊头卖狗肉，明摆着是来抢地盘、搞摩擦的。随后，就发生了赵侗所部被八路军全歼的事件。

事出有因

赵侗之死，究竟是大敌当前自相残杀的悲剧，还是八路军方面疑心太重、情报有误的错判？

任何看似偶然的历史事件，其实都不是孤立的。一旦结合具体的历史环境，许多事情也就水落石出了。赵侗之死，如果不了解当时晋察冀抗日根据地的复杂形势，就无法得出一个全面正确的结论。

笔者手中有一本解放军出版社1994年出版的《八路军文献》，原件刊印了620件八路军师级以上单位与中共中央、中央军委、八路军总部等往来的电报和文件，忠实反映了八路军当时的战略部署和重大作战行动。从这些原始电文中可以清晰看到，从1938年下半年开始，国共双方在抗日根据地的摩擦冲突明显增多。粗略统计，从1938年8月到1940年5月，中共内部及向国民党方面发出的与反摩擦有关的电文达25份之多。

在这些电文中，反复出现一个重要的名字：鹿钟麟。此书搜集的有关此人与八路军争政权、搞摩擦的电文达8份之多，其中1939年3月17日，朱德直接致电蒋介石、程潜、阎锡山、卫立煌四人，愤怒控诉鹿钟麟部袭击八路军制造摩擦，其中一段原文令人发指：

鹿钟麟、赵永祥部在一、二两月份内，共活埋我军通讯员、地方工作人员达二十余名，到处吊打地方行政及医院人员……近日赵部更活埋我第五支队副官、侦察员数名，业已会同石副总司令（石友三）派员验尸，并查明确为赵部所害。

这仅系鹿钟麟制造的反共摩擦中的一件，其他突袭杀害八路军人员的事件，在电文中屡见不鲜。而据亲自提审过赵洪文国及其子赵连仲的都爱国先生后来回忆，赵侗当时正是奉鹿钟麟这个老牌“反共专家”之命，南下邢台向其靠拢之际被八路军歼灭的。国民党顽固派除了针对八路军以外，对新四军也发动了多次“摩擦”，制造了多起惨案，其中“确山惨案”和“平江惨案”广为人知。共产党的原则是“人不犯我，我不犯人；人若犯我，我必犯人”。1940年2月1日，毛泽东在延安民众讨汪大会上严正指出：“对于那些敢于闹平江惨案、确山惨案的人，对于那些敢于破坏边区的人，对于那些敢于打击进步军队、进步团体、进步人员的人，我们是决不能容忍的，是必定要还击的。”

赵侗在重庆接受了蒋介石的训练和任命，其部队在西安又接受了胡宗南补充的手榴弹、子弹；离开西安之后，始终是由石友三的兄弟石友信所带教导队护送，直到河南林县才分开，石友信还向赵侗部赠送了二十余支自制的捷克式步枪。这些消息，深谙情报工作的共产党怎能不知道，何况赵侗身边一直未曾断过潜伏的共产党员。

共产党方面对国民党抢地盘、搞摩擦保持了较高的警惕。这方面血的教训早让八路军戒备防范，严阵以待，赵侗所部覆亡的命运可想而知。

赵侗之死毕竟是一个时代悲剧，证明“人是历史的人质”这句话的悲凉无奈。不管怎么说他也曾是一位热血抗日的青年，最终却死于兄弟阋墙的战场。从中既可以看到抗日民族统一战线既有合作也有斗争的复杂性，更能看到急剧变幻的历史关口，波涛汹涌的时代洪流如何一不小心就将渺小的个人彻底吞没，只剩下一段千秋功罪伴随历史的风尘起伏升腾，留下一段湮没无闻的幕后秘史，令人深思浩叹，怅然无语。

（作者系军旅作家）

原载于《同舟共进》2013年第5期

“两个”蒋经国

胡　平

台湾1950年代白色恐怖那种令人寒栗、逼人窒息的社会氛围，一直延续到什么时候呢？不妨看看岛上的那段历史——

经济起飞与“反攻”搁浅

1956年5月，不是由“行政院长”、“经济部长”，或是别的什么人，而是由在政战、情治等方面的实际掌门人蒋经国，主持中部横贯东西公路的兴建。他心目中——“台湾什么都好，只是一条中央山脉从南到北盘踞在那里，使东部和西部的人没有直接交通，形成天然屏障。我们决心要征服它，修筑公路，打通中央山脉”。

在海拔两三千米的丛山峻岭之间，蒋经国芒鞋竹杖，上穿布夹克，下身军裤，脖子挂条擦汗的白毛巾，率领公路局长、工程师等十余人组成的一个探险小队，以台中东势区为徒步入山的起站，破荆斩棘，餐风饮露。无数次，在榛莽丛生的原始森林里割去丈多高的茅草，搭建帐篷，挖洞烧饭；又在晨光曦微里，坐在溪边的巨石上刮胡子，一边听着禽鸣兽啼……

1960年通车的东西横贯公路，显示出自台湾纳入西方反共阵营，并进行和平土改后，蒋氏父子已清楚认识到，当下台湾的兴衰安危，已不重在政治清洗、军事攻防，而重在经济发展。经过几年的作为，蒋氏父子已无任何挑战者足以构成政治障碍，在其眼里，只剩下孙立人等几个有美国政府暗中撑腰的高层党政军人士。国民党已有足够的政治支持和强大的专制机器，创造稳定的社会秩序，并在市场经济的基础上让台湾埋头苦干，休养生息。

随着横跨中央山脉的打通，大大畅通了全岛的物流、人流、信息流，台湾进入了外销经济崛起的年代，高雄加工出口区、台中潭子加工出口区、楠梓加工出口区……先后成立。从万峦至高雄港40分钟的车程，是世界上生产线最为绵密的聚落，客厅即工厂，几乎家家户户都是代工者，创造出了纺织、成衣、鞋子、雨伞等产业的“台湾制造，世界第一”。百姓的生活也日渐改善。

1960年代，包括南北高速公路、铁路电气化、桃园机场、北回铁路、台中港、苏澳港在内的十大建设蓬勃地展开。因规模过大，向外贷款过巨，一度遭到朝野上下质疑，认为将会拖垮财政。蒋经国回答以“今天不做，明天就会后悔”，力排众议。

与此同时，“人民求知若渴，知识性的杂志、书籍和在职进修，皆风行于一时”。有学者去成衣加工厂参观，看到缝衣的小姑娘利用钉纽扣的间隙，看摆在缝纫机上的书本，他接过来一看，竟是钱穆的《国史大纲》。（秦风《历史照片的历史问题》，文汇出版社2003年版）

1950年代，台湾文化人心里有一段自我捆绑的铁律：“你心里想的，最好别说出来，你口里说的，最好别写出来，如果你写出来，最好别发表，如果发表了，你要立即否认。”进入1960年代，好像文坛上的飞镖荆棘比较稀疏了，文人们得以从“圈禁地”里站起来，活动下筋骨，伸个懒腰，他们聚集最多的地方就是民营报纸、同人刊物。一个个署名不署名的“小方块”，针砭时弊，监督官员，如雨后野草般漫开。此时在中国广播公司摇笔杆子的王鼎钧先生感叹：特务们由昔日的“老鹰扑小鸡”，改成现在的“鸭子划水”了……（《文学江湖——在台湾三十年的人性锻炼》）

渐渐遁入岁月烟云的，还有“反攻大陆”……

在两岸关系态势有所变化，尤其是岛上不可遏止的民智开启、文化提升和经济变革潮流下，1950年代初期实行的全面性社会控制方式，已不能应付成长的需求，政治发展亦面临社会多元化的压力。戒严统治，有了一定程度的松动。1972年，蒋经国组阁当“行政院院长”，大量选拔台籍菁英进入内阁队伍。同年12月，开始实施“增加中央民意代表名额选举”，被党外异议人士诟病的长期不加改选的“万年国会”从此注入本土新鲜血液。威权体现出某种程度的温情倾向，即是说，只要不触及体制的敏感引信，人人可以过着正常的日子：作田，做工，写作，读书，留学，恋爱，生儿育女……倘若拥戴蒋领袖，你还能充分感受，在这个满是槟榔小姐的岛屿上，做官的机会、发财的机会、成名的机会、成才的机会，可能比槟榔还要多。

在身体渐渐老化、恶化的日子里，蒋介石也无日不关注着儿子的动静。1972年1月24日至2月13日，在蒋经国出掌“行政院长”的前夕，蒋介石审阅了他1971年的日记，同时在自己的日记里写下了大量感想：“日间看经儿去年日记，精神为之一振。此儿可继我事业，完成革命也。”2月13日，又说：“经国日记今日全部阅毕，悲喜交集。悲者，悲其多忧多愁，有损其身体；喜者，喜其智能充裕，志气坚强，足以继承我事业也。”

“太平景象”与一连串“匪谍案”的总推手

岛上，此时俨然一幅太平景象，但一不小心，专制就像头野牛，从中窜了出来。

1955年5月25日，迁台后历任陆军总司令、台湾防卫总司令，时任参军长、挂个虚名的陆军上将孙立人，其旧部、陆军少校郭廷亮、江云锦等，因被检举企图发动兵谏、涉嫌“叛变”遭逮捕，牵连300多人。9月7日，“国防部军法局”依《惩治叛乱条例》等罪，判处郭廷亮、江云锦等35人死刑、有期徒刑不等。借此案子，与孙立人关系较密切的中上级军官，关的关，退的退，陆军恍若鸡舍，几乎全被打扫了一遍。

10月12日，郭廷亮判决死刑的同一日，蒋介石发布赦免令，将郭廷亮减为无期徒刑。孙立人得知后，以长官监督不周，自请处分，蒋介石批示：“该上将不知郭廷亮为匪谍，尚属事实，但对本案有其应负之重大咎责，兹特准予自新，毋庸另行议处，由国防部随时察考，以观后效。”“随时察考”，其实是幽禁。在台中的一处院子里，孙立人养养花，种种菜，自家吃不完了，便由夫人拎去街上卖，以补贴家用，堪称“花草将军”。他种的玫瑰，市场上称“玫瑰将军”。这一变相关押就是33年，社会上，他的名字，连同他为“党国”立下的功勋，全部流星般消失了，“远征军”也成了敏感词汇。待至1988年3月20日恢复自由之身，可惜步履踽踽，英雄已是白头。

岛上《联合报》对孙案有评论说：“孙立人极度受到部下爱戴与拥护。即使数十年后，许多旧部仍言必称‘我们总司令’，对老长官的忠诚可见一斑。他训练出来的干部，在军中形成旗帜鲜明的‘孙系’。但在强人总统的时代，怎能容忍另一个个人崇拜出现？更糟的是，1950年代初的美国，一直考虑应该‘倒蒋抗共’或‘挺蒋抗共’。对讨厌蒋中正的美方人士看来，作风洋派的孙立人，俨然是最佳替代人选。种种因素的累积，不管当初蒋如何欣赏孙，孙如何效忠蒋，这对君臣最后注定走上悲剧结局。”由此看来，孙案的发生，几乎可说“怀璧其罪”，不可避免。

1960年9月4日，《自由中国》创办人之一雷震先生被捕。

1949年11月20日，《自由中国》半月刊在台北创刊，在美国的胡适挂名发行人，以雷震为实际负责人。起初，在蒋介石为昭示其政治改革决心以取得美援背景之下，蒋介石、陈诚均同意创办此刊，并提供了实质支持。但《自由中国》的言论逐渐转变为“民主反共”立场，言人所不敢言者，屡让思想、文化“警察”们有抓到了大鱼的兴奋……

大约雷震开始并不持有“斗士”立场，只是以“国士”自居，“千人之诺诺，不如一士之谔谔”。凭自己随国民党风里浪里一路走来的历程，他相信此心可鉴日月，蒋公理应垂听。然而这个“国士”在蒋介石眼里，却日愈有了“斗士”的意味，1958年起，雷震参与本省人士李万居、吴三连、高玉树等78人发起组织“中国地方自治研究会”；1960年，与台港在野人士共同连署反对蒋介石三连任“总统”……

蒋介石终于在情治单位的捕人报告上签字了！毕生反对共产党理念与价值的雷震，终于与共产党挂上了钩。1962年10月8日，军事法庭以“知匪不报”、“为匪宣传”等罪名，判处雷震有期徒刑10年，褫夺公权7年。

崔小萍“匪谍”案。崔小萍1923年出生，山东济南人。出身书香世家，自幼喜爱戏剧，曾在家乡组晔晔戏剧社演出《钦差大臣》等剧。抗战时到重庆国立艺专就读，其后到处参演舞台剧。1966年曾导演琼瑶第一部黑白片《窗外》。

1964年一架民航机在台中坠机。有人密报，当时作为欢送飞机上参加第十一届亚洲影展贵宾的崔小萍所送的鲜花及蛋糕中藏有炸弹，造成该机爆炸。1968年，警备总司令部逮捕崔小萍，调查很久没有证据，但仍以她曾在1947年与共党分子一起演戏，以“匪谍”罪名判刑，一审判无期徒刑，二审判14年。1975年获减刑，后因蒋介石过世大赦，于1977年出狱。崔小萍事后了解，早年她在四川的中学读书，爱演戏，老上戏，几位国民党的“职业学生”因嫉生恨，在一份小报告里她的名字旁边写了“奸党”二字。只因为这历经几十年、如今不知压在哪所大庙里的一纸小报告，竟然成了她是“匪谍”且有胆量去炸民航机的唯一证据……

1968年1月13日，柏杨前妻倪明华主编的《中华日报》家庭版上，由柏杨负责的《大力水手漫画》专栏刊出一张漫画，内容是父子两人购买一个小岛，岛上只有他们父子两人，却宣布建立一个王国，并由父子两人竞选总统。这幅漫画即遭情治单位直指为暗讽蒋氏父子，3月4日，柏杨被逮捕，并以“侮辱元首”、“通匪”等罪名，判处12年徒刑。这便是震惊当时台湾的“大力水手事件”。

1969年，柏杨被囚禁于台北县景美镇军人监狱，1972年，被移送绿岛监狱。1975年，柏杨因蒋介石逝世减刑1/3，为8年徒刑。1976年刑满后，仍被留置于绿岛，后获释放，共被囚禁9年又26天……

原来，岛上的国民党当局努力为之的“太平景象”，是供思想已经凋敝、记忆似乎湮散的顺民们，过过二两金门高粱酒加一盘猪头肉的日子的；也是供不少砍倒心中文明价值大树的知识者，为了某些利益的糖块而去公共场合充作锣下猕猴的。

但不能不承认的是，这一“太平景象”的总推手蒋经国，又确实有令人感佩的另一面。

清廉清苦，铁腕治腐

《美国新闻和世界报道》周刊特派员马汀，认识蒋经国多年了，他称许蒋经国“没有国民党大官身上常见的谄媚逢迎，具有追根究底的精神，全然藐视我们所称的民主权利，可又展现出在此间罕见的忠勤任事；有一股发自内心的精神力量，驱策他每天上午六点半就起床，一直工作到半夜……”。

与蒋经国接触过的美国新闻界人士，对他几乎都有正面的描述。

从1950年起，直到1978年年近古稀方接过“总统”大位后，他走遍全岛320个乡镇。他总穿夹克衫、军裤，总爱下乡，路面淹水，他就卷起裤脚涉水而过，让一边西装革履的其他官员进退两难。即便终生与蒋氏父子为敌的李敖亦作过统计，1978年到1981年，蒋经国下乡197次，“与民同乐”155天。为视察一条建设中的公路，他竟进山21次。晚年因经常下乡探访民情，回台北后，他对侍从人员说，“腿疾日趋严重，脚像针刺一样”，侍从人员婉劝他减少下乡行程，他说：“算了，待在办公室还是一样痛，以后不要再讲了！”

在一次访问了屏东荣家的瘫痪荣民（荣民，即退役、负伤的国军官兵）以后，他在随身带的小日记簿上写道：“如何为他们建筑病房？如何为他们增加一点设备？如何为他们做一种适用的椅子？如何为他们建一种适用的厕所和卫生设备？如何为他们洗衣服、缝补衣服？这些是小事吗？绝不！假如连这些应做、能够做的事，尚且无动于衷，那么，什么‘救同胞、救人类’的愿望，实在都是空话。”

他注重倾听百姓的呼声。1980年左右，在走访农村时和农民谈到他们的收入。有农民说“高官巨贾们吃一桌好的酒席，等于我们农民半年的劳动收入”。他听了非常痛心，上任“行政院长”，第一次主持院会，就通过公务员十项革新，制定《贪污治罪条例》，规范公务员的行为。十项革新实施后的第一年，由警察机关查获涉足夜总会、舞厅、酒吧、酒家等非正当娱乐场所的公务人员，属于“行政院”所属各机构者共936人，而违反规定宴客，应邀剪彩、铺张浪费、滥发喜帖或讣告，受处罚的有388人。其中最突出者，前台北县县长苏清波被省府下令记大过一次，另令调职。真是“苍蝇”与“老虎”一起打——情治部门首长周中峰、叶翔之等人，原均为蒋经国看重的高级干部，一次他出其不意登门周、叶家中，发现居家摆设奢华，门前车水马龙，二话不说，旋即将周、叶二人调职；他还严惩了亲表弟、时任“人事行政局”局长的王正谊；并不畏立委、监委庞大的政治影响力，将十多位监委、立委移送法办。由此，蒋经国统治时期的台湾政风全面刷新，他全面执掌政权后的整个执政团队，“部长”以上官员没发现有人贪腐。

他满脸阳光，慈眉善目，朴素如老农、邻家大叔。不经安排就到工厂、农场和一般人家访问，渴了，与工人一样嘴对着水龙头喝生水，或直接用炊具打水喝；饿了，随手抓个馒头就啃。即使晚年身遭糖尿病的苦痛折磨，外出视察时，依然会饿了直接去路边小饭馆买个盒饭，或随便吃碗面。他带着家人到电影院赶场，与一般人一样排队买票。甚至不带侍卫，自己开车到处走动。有一天开着吉普车回台北，有个人要搭便车，他特别绕路将其送到。此人眼大无珠，赏给他10元钱小费，他收下来，回家后交给老婆方良：你瞧，我今天可赚了一点钱咧！

诚如台湾知名政论家南方朔所言：“蒋经国身体力行，把亲切、平凡、不做作、以民为本的朴素政治风格完全体现。他和蒋介石完全不同，老蒋多少都还有一些宫廷封建的身段，而左翼出身的他，却完全不同……平民化的这种特性，乃是异数，李登辉、陈水扁、马英九等没有一个人学得会，因而那是人格的一部分，它是自然流露，不可能仿效。”

他内举不避亲，知人方能善任。案上床头常放着的一本书是《贞观政要》，而“贞观之治”的最大特色便是纳谏任贤。李焕、王升、徐庆钟、谢东闵、连震东、李登辉、连战、宋楚瑜等，无不是经他长期考量、多岗位培养而得到拔擢的。虽然也有个别看走眼的人，如从“总统”大位下来后公开亲日、支持“台独”的李登辉。但总体上，他的这个干部团队实现了台湾的经济起飞，也较为平顺地完成了台湾的社会转型。我们从各种回忆录和资料中发现，蒋经国又可以说是没有干部的。他和部属之间始终保持着某种距离。他时时警惕着勿为部属所利用、勿为部属众星拱月一样所包围。他经常让手下人处于紧张、揣摩他的状态，甚至可能有“伴君如伴虎”的感觉。他有气魄，功罪皆能替部下担当；有肩胛，愿意承担一切毁誉，但这并不能减轻其部下临渊履冰的心情。

“台湾人为什么要杀我？”

他的自我反省意识，不亚于走出早年上海滩投机岁月后大半生修身养性的父亲。

一个岛上众所周知的例子是，蒋经国一直对“台湾人”这个称呼深具戒心。除了“二二八”事件的枪声犹在耳边，败退台湾后华盛顿政客们暗中一度“台湾托管”、“台湾独立”的盘算，还在于岛上本省人一直难以磨灭的旧时记忆：日本战败后，岛上的日本人自1945年底开始遣返，大部分在翌年3月以前遣送回国。日本人撤离前，把家里庭院清扫干净后才离开。依照规定，日本人被遣返时每人只能带1000元现金，许多被遣返的人家把家庭用具赠送给台湾四邻……

在此同时，以陈仪为首的国民党接收当局，除了总督府留下的约110亿元资产外，还接收了庞大的日本人私有财产。据说陈仪不贪，但其部属挥霍腐化，一有机会就中饱私囊，当初接收时有1295件的日本人私有企业资产，到了5年后的1950年，只剩下登记在册的860件，1/3的部分，落入了贪官污吏或其家属名下。这引起台湾人普遍的反感与轻蔑，也是“二二八”事件迟早要爆发的一个必然原因。

很多年里，蒋经国一面肃清岛内的“匪谍”，一面也对“台独”势力保持高压态势。从1960年代起，他多次公开抨击“我是台湾人”的说法。他告诫台湾人，“有一个人去国外旅行，海关问他是不是中国人？他说：不是，我是台湾人。这算什么？……今天我们1600万中国人，明明是黄帝的子孙，而自己竟然否定自己是中国人，天下还有比这个更可羞耻的事情吗？”“中国人就是中国人，中国人就是黄帝的子孙……我们必须确定这一原则。”

1970年4月24日，当地时间中午12时10分，“行政院副院长”任上访美的蒋经国，在严密护送下抵达纽约广场大酒店，等着他的是远东工商协会的一场午宴。当他走近酒店正门时，突然一人从侧边的大理石柱后闪出，朝蒋经国一行大扔传单。此人刚被制止，人群中又冲出一穿风衣男子，在蒋经国身后拔出手枪，大叫“为台湾人报血债冤仇！”人高马大的美国警察闪电般托起其手腕，子弹偏高射入墙壁，刺客未及开第二枪，就与同伙被一起制服。刺客是台湾来美留学的康奈尔大学社会学博士生黄文雄。黄文雄憎恨蒋氏政权，源于他老实巴交做公务员的父亲，在台湾早年白色恐怖中入狱。留美后，黄迅速成为“台独联盟”成员。

美国遇刺的那一刻，深深地刺痛了蒋经国。他外表波澜不惊，继续出席午宴，事后也未见任何恼怒，并要求与刺客见面，理由是想问问刺客为何有此大恨，但为美方劝阻。他建议美方放了刺客，后者也真以20万元的保释金放了；但“台湾人为什么要杀我？”在这一生中最危险的遭遇之后，蒋经国经常自言自语，或默默冥想。那北美大陆上掠过他头顶的一枪，还有穿风衣的年轻人被塞进警车前的呼喊声，让他逐渐听懂了台湾本省人的声音。1973年新加坡总理李光耀访台，李能用闽南语与台湾乡民交谈，更让陪同在侧、素来只通江浙国语的蒋经国感慨万千……1987年，蒋经国与12位“台籍耆老”谈话时，在岛上住了40多年的他，首次公开承认自己“是中国人，也是台湾人”。

“特务政治”走到尽头

蒋经国的清廉，乃至贫僧般清苦的生活，在其身后得以一一曝光，也令人叹为观止。他在世时，不许家人包括夫人与孩子从事任何经商活动；他的夫人从不干政，更不帮助任何人说情，以从中收取好处。他的官邸，先是在长安东路18号，这是一幢木造平房，在日据时代仅被殖民当局划为“第五等”房舍，后来住的大直七海寓所，也不过是栋粗糙的小洋房，摆设普通，和一般的中产阶级家庭没什么两样，远比不上何应钦、白崇禧、张群等人的官邸。不管住在哪里，规定室温不到28摄氏度不许开空调，蒋方良不得不到阳台乘凉。蒋经国一家仅靠他的薪资生活，没有一点积蓄。1992年，俄罗斯一名官员以私人身份抵台访问，自1937年离开祖国后再未回到那片土地、年事已高的蒋方良，从媒体上得知后，问其司机胡献堂："我想见见他，你看找谁安排？"胡献堂打电话给当时国民党秘书长宋楚瑜，此事办妥了。见过面后，胡献堂问她："夫人要不要回去看看？"她不无幽婉地说："我没有钱，怎么回去……"

一边是绝对的杀伐决断、冷酷无情，连毛人凤见了也胆寒的"太子"。几乎所有研究台湾史的学者都一致认为，蒋经国是台湾1950年代白色恐怖的主要运作者，所有重要的政治案件里都有他的影子，他应为那个时代许许多多菁英人士和普通民众家破人亡的悲剧负最大责任；另一边，是发动机一般的努力、勤勉，银针一样的警醒，作为在大陆江山丢弃最后时刻曾试图挽狂澜于既倒的"太子"，失去民心的教训，他的体悟来得比旁人更为深刻。为了这块最后立足的台湾岛，在太平洋澎湃的风涛里有个太平的现实与未来，诸葛先生的一句话"鞠躬尽瘁，死而后已"，放在他身上，似乎并不过分……

问题在于，有血腥味的弦歌，飞不出揣有良知的胸膛。

倘若思想仍在勃勃生长，记忆仍如流水般清澈，人们再怎么天真，再怎么感佩，也不会不注意到外部世界的虚假与荒唐：一边经济在起飞，物质生活在繁荣，岛上各项建设日新月异；一边是漫天无形的蜘蛛网，肆无忌惮的构陷之机。历史真相，连同原本鲜活、富有创造力的生命，仍在黑暗中逐渐腐烂。

当时在绿岛关了不少有这般感觉的年轻人。他们在狱中有人自杀，有人发疯，也有人出狱后遭到歧视，无法在社会生活里找到适当位置，一生郁郁寡欢，一辈子就这样完了。相当多有思想的年轻人，为了逃脱这有温情的岛上威权，大学毕业不得不服完兵役后，马上申请留学。1950年代的台湾青年中，流行着这样一句顺口溜："来来来，来台大；去去去，去美国"，期待赴美留学，成了当时的一股社会风气。

虽然有人在机场吐口水，扬言永远不再回来；但离开台湾，自称是"番薯仔"的这些年轻人，念兹在兹的，还是这块仍然笼罩在恐惧阴影下的番薯状土地的命运，他们很快就投入反对运动之中，誓死打破台湾的戒严体制。

台湾民主意识早期的觉醒，便来自于海外的台湾留学生。国民党当局对这群留学生采取监控的方式，在各学校收买、建立“细胞”，“细胞”即是岛内的“职业学生”，他们广泛参与留学生的活动，专门打探留学生的思想，定期撰写报告……

在1980年代初，有一桩命案，仍让无数的台湾父母有理由告诉在海外的孩子：永远，永远不要返回台湾——

1981年5月，去家6年之后，美国卡内基梅隆大学统计系助理教授陈文成，偕妻子和刚满一岁的儿子返台探亲，兼做学术演讲。6月底，返美日期已近，出境证却下不来。7月2日上午，三名“警总”人员持约谈传票，从其父母家带走了陈文成。约谈的理由是：有人检举陈文成旅美期间的一些违法行为，如在财力上支持岛内倡导组党运动的《美丽岛》杂志等，有必要请他说明、澄清。

7月3日清晨，陈文成被一位长跑的老太太发现横尸于台湾大学校园，是年31岁。陈文成之死，在岛内引起轩然大波。“警总”每天发布不实言论，忽而说早就送陈文成回家，忽而说陈文成系跳楼畏罪自杀，甚至诡称“陈文成是情杀”……无论何种说法，均无法厘清案件真相，反倒使“政治谋杀”的玄机，连同台湾学子争取民主的艰苦面貌，鲜明地呈现于世人眼前。

8月，卡内基梅隆大学校长特派该校统计系系主任狄格鲁和法医魏契来台验尸，返美后举行记者会。公布验尸结果为：判断为高处坠落引发多处的挫伤骨折所导致的严重内出血，证实“陈文成死于他杀”。一时间，陈文成命案上了《纽约时报》、《华盛顿邮报》等美国大报的头条新闻。美国国会就国民党特务渗透校园监视台湾留学生的问题，举行听证会。在美国许多大学，台湾留学生纷纷举行游行集会，要求“国民党特务滚回去！”

陈文成的惨死，是台湾白色恐怖行将结束的一个血腥记号。

最不容易的一种选择

此时的台湾，民意指数、国际形象及历史评价，不妨暂置一边——

一个最现实的担忧是，当时羽翼已丰、日渐坐大的民进党，早已将“二二八事件”解读为欺压台湾人的悲情符号。虽然，根据台大社会系的估计，在白色恐怖的14万—15万受难人当中，约有40%是外省人。当时外省人数占台湾总人口还不到15%，外省人受害比率如此之高，可见白色恐怖不仅是本省人的悲情，更是外省人的悲情。但在泛绿阵营里一张张陈水扁式的具有核电站般能量的大嘴，大有可能借此翻江倒海，进一步挑唆族群撕裂，为其夺取最高权力鸣锣开道。

如此下去，台湾安有宁日？长此以往，国民党何来立锥之地？！

倘若说，发掘血色记忆可能并非蒋经国的本意，但“解严”及随后的解除党禁、报禁等，正是蒋经国主动选择的一条对他个人、对他的党、对他的政权，都属于最困难的新路，某种程度上堪称天崩地拆，天雷地火。

蒋经国对这一选择将导致的未来十分清醒。

1986年9月28日，台湾民主进步党成立，情治部门向他递交了一份捕人名单，蒋经国权衡再三，不予批准。他对幕僚们说，“使用权力容易，难就难在晓得什么时候不去用它”。随后，他决定开放党禁。时任国民党中央常委、“外交部长”沈昌焕提醒他：“这样做，国民党将来可能失去政权的！”蒋经国回答：“世上没有永远的执政党！”

从1949年的百万大迁徙算起，到1986年，国民党政权在岛上已维持了37年。已是风烛残年的蒋经国，苦于糖尿病引起的末梢神经炎，腿部疼痛，“走着不如站着，站着不如坐着，坐着又不如躺着”，在大直官邸经常是躺在一张小型病床上，将床背摇高后坚持办公；实在坚持不下了，就去荣民总医院5号“总统病房”住几天。他本可以让侍卫们关紧病房的窗子，对外面的世界充耳不闻，再维持两年，让他的继任者们去应对岛内外波涌浪迭的民主潮流——这是最容易的一种选择。

1987年7月1日，奉命出任国民党中央党部秘书长后的第四天，李焕去看病床上的蒋经国。蒋对他说：“我要你来，因为我心里有三个心愿要实现，希望你能担负一部分的工作。”这三个心愿是：第一，国民党要改革，目前很多民众和党员对国民党不满。执政党如果不求进步，将产生很大的危机。第二，政治要民主，台湾戒严已经有40年了，逐渐造成人民的反感，因此“民主”这条道路一定要走。第三，国家要统一。两岸分隔40多年，现在台湾已有条件与力量促进国家统一。（林荫庭《追随半世纪——李焕与经国先生》）

蒋经国在生命的最后两年里，作出了对他、对蒋氏家族、对国民党最不容易的一种选择，即与过去的37年决裂，与一个独裁者的自己决裂。

如同昔日惊恐于一家一党的图腾巨兽岌岌可危，他擅权的强悍、事权的致密、人性的阴晦与暴戾，一般人是无法想象的；而当下，人民未来的福报，台湾的长治久安，紧紧地揪住了他的老病残躯时，他宽阔与悠远的时代眼光，他对脚下走遍了的这块土地终于火山喷发般的柔情，所表现出来的百分之二百的决绝，百分之三百的焦灼，也是常人很难体会的。

一位接近蒋经国的人士有这样的感觉，其晚年最大的变化，似有一种“赎罪”的心态。躺在病床上或坐在轮椅上的他，却几乎是以追赶自己即将西下的生命夕阳那样的急迫感，要把国民党推进拆骨断腕之旅。

我们还可以将视线投向蒋家的第四代人，即蒋孝勇之子、蒋经国之孙、蒋介石之曾孙——蒋友柏先生。他当算“既得利益集团”的受惠者了。然而就是这个受惠者，有过这样朴素、真诚的表达——

……当我看过这些事实的报导，逐渐地在自己心中做出“两蒋也有做错事”这个结论时，这已经狠狠地推翻了我从小被教导的根深蒂固的价值；从自己在心中做出这样的结论，到能够坦然地与他人谈论这样的话题，这中间，我花了很长的一段“内心挣扎与困扰的岁月”。事实就是在那里，一味地否认，并不会就使这些事件从历史记录里消失。我认为最好的方式，只有以健康的心态，正面地面对这些历史事实，并尽量做出补偿；即使我个人因为无能为力而只能以口头方式表达来自隔代的歉意。（蒋友柏《我的曾祖父是蒋介石》，2008年9月3日《南方人物周刊》）

1988年1月13日，一代强人蒋经国在落寞中病逝于台北。

是日，全台鲜花售罄，一枝难求。

1月30日举行公祭，台北百万人送殡。台湾官方盖棺定论：“其任劳恕也，能忍人之所不能忍；其赴事功也，敢行人之所不敢行。呕心沥血者垂四十载，其所树立，实来者之典型。”

据说，此岸的邓小平，闻讯后一声叹息：“经国死得太早了……”

（作者系文史学者）

原载于《同舟共进》2013年第4期

“平型关战斗”与“平型关战役”

王彬彬

“平型关战役”与党史、军史上所说的“平型关战斗”不是一回事。中共党史、军史上所说的“平型关战斗”，由林彪指挥八路军115师完成，是整个“平型关战役”中的一个插曲。

抗日的“国军”终于成了“我军”

1937年7月，日本开始全面侵华，中国方面则在蒋介石领导下开始全面抗战。战争初期，日军攻势凌厉，集中优势兵力占领中国重要城市和交通要道。1937年9月，平绥线上的日军攻占了大同，随即剑指太原。以阎锡山为司令长官的第二战区，奉命在平型关阻击日军。阎锡山派出了8个军近10万人拦截日寇。阻击战打得十分惨烈，国军成连成营成团地牺牲，伤亡重大。在整个战役中，国军多有可歌可泣、感天动地之表现。但终因武器装备差得太远，血战近20天后，平型关失守——这才是“平型关战役”。

文化艺术出版社2010年10月出版了阎明所著的《往事不忍成历史》一书，其中有记述平型关战役的《平型关往事》一文。阎明采访了杨得志、杨勇、徐海东等多名乔沟伏击战指挥员的后代，有些地方还是很可信的。文中这样叙述阎锡山第二战区的平型关阻击战：“面对日军对山西的大举进攻，国民党军队进行了层层阻击……9月12日广灵前哨战揭开了平型关战役的序幕。当天上午，日军向山西门户、河北蔚县暖泉镇进攻。晋绥军担任警戒的一个连拼死抵抗，全部阵亡。第33军军长孙楚令第73师师长刘奉滨星夜驰援。9月13日在蔚县东石门一线，近千名日军借炮火掩护向我军发起猛攻。营长张见勇率部猛烈还击，并奋不顾身冲出战壕与敌拼杀，阵地失而复得4次，张营长和一名连长阵亡。在紧急关头，团长吕超然亲率预备队1个连进行反击，不幸头部中弹牺牲。阵地上官兵见团长阵亡，怒不可遏，勇猛拼杀，毙敌百余名。由于敌人火力过猛，该团有千余名官兵阵亡。此时师长刘奉滨正在前线督战，为夺回阵地，他亲率4个步兵连组成的奋勇队，抡着大刀片冲向敌人。他们前赴后继，纵横砍杀，刘师长受伤4处仍不下火线。奋勇队死伤过半，4名连长有3名阵亡，有的士兵被敌人扑倒后，拉响了身上的手榴弹……在火烧岭阵地，中国守军歼敌200余人后转入团城口防御……在灵丘北山防御中，我守军以阵亡营长一名、连长2名、伤亡500余人的代价毙敌400余人。”“9月21日，日军向平型关晋绥军独8旅发起进攻，我守军居高临下给予迎头痛击。敌人用成排大炮向我轰击，又出动飞机百架，每30架一组轮番轰炸，并用坦克掩护步兵冲击，守军用一个营兵力组成刺杀队出击迎敌，在山坡上展开了白刃战。阵地经反复争夺，敌遗尸累累。守军伤亡巨大，三个团损失了一个团。623团1营500多人，只剩下148人，其中第1连、第2连全部阵亡。”“平型关战役……在敌强我弱的情况下，中央军、晋绥军为阻击日军南下太原，在平型关、团城口、茹越口等长城线上顽强抗敌，付出惨重代价。先后有上万名将士捐躯尘土沙场（其中旅长1名、团长2名、代理团长2名，营长数十名），他们和八路军一样，都是中华民族的英雄！这次战役虽然未能阻止日军进攻太原，但也给其以沉重打击，消灭了敌人的有生力量，迫使日军调整新部署，延缓了西犯进度。”

阎明的父亲也曾是林彪的部属。有趣的是，阎明称呼阎锡山第二战区部队时，时而用“国民党部队”，时而用“中国守军”，时而又用“中央军”、“晋绥军”，但也常常用“我军”。大陆的出版物，用“我军”称呼抗战时期与日军拼杀的国民党部队，是一种“突破”，更是一种回归。这是“常识”的回归，也是“良知”的回归。对于中华民族的后代来说，当年与日军浴血奋战的“国军”，不是“我军”是什么呢？难道是“敌军”不成？

1937年2月至8月，国共两党经过5轮谈判，终于达成协议：将中共的“中国工农红军”改编为“国民革命军第八路军”。“八路军”与国民党的军队并肩抗战。红军从赣、闽、鄂、豫、皖等地“长征”到西北，旗帜上写的是“北上抗日”。翻阅人民出版社1987年4月出版的《中共党史大事年表》，可知在改编后，毛泽东立即为八路军确立“抗日原则”。9月17日，毛泽东致电朱德、彭德怀以及八路军各师首长，强调“红军此时是支队性质，不起决战的决定作用”。9月21日，毛泽东又致电彭德怀，再次强调：“今日红军在决战问题上，不起任何作用，而有一种自己的拿手好戏，在这种拿手好戏中一定起决定作用，这就是真正独立自主的山地游击战（不是运动战）。要实行这样的方针，就要战略上使有力部队处于敌之翼侧，就要以创造根据地发动群众为主，就要分散兵力，而不是以集中打仗为主。”毛泽东反复强调的是，在整个抗日大局中，八路军并不起决定作用，因而决不能与日军正面作战，决不能与日军硬拼，这是其一。其二，八路军虽然名义上已是“国民革命军”之一部分，但在实际上应坚持“独立自主”，决不能真的听命于国民政府军事委员会、听命于委员长蒋介石。换言之，对日军何时“抗”、何处“抗”、如何“抗”，都要完全由自己做主。毛泽东发出这些电报时，“红军”已成为“八路军”，“红军”这名目已不存在。但毛仍用“红军”称呼自己的部队，这也颇耐人寻味。

林彪“惨胜”的两重意义

从1927年8月1日在南昌打响第一枪，到被改编为“八路军”，中共的部队未与日军正面接触过。红军成为八路军后，很快就遇上了平型关战役。国民政府军委会命令八路军配合阎锡山作战。但是，在整个战役中，选择什么时机、什么地点介入，以及以怎样的方式介入，则完全“独立自主”。林彪的115师奉八路军总部之命，从侧翼接近日军，寻找战机。阎明所著的《往事不忍成历史》中《平型关往事》一文，对“乔沟伏击战”有较详细叙述。林彪率115师越过五台山，穿过国军和日军的中间地带，悄悄到达平型关附近。据阎明书中说，林彪在这一带看地形时，“发现灵丘通往平型关的公路有一条向北延伸的峡谷，这个叫乔沟的峡谷中段长约5公里，沟深20至30米。两壁十分陡峭，谷底狭窄，只能通过一辆汽车。乔沟北侧200多米的山腰上有个关圣帝庙，庙后山梁叫老爷庙梁，是附近的制高点。乔沟是日军进攻平型关的必经之地，是我军理想的伏击地点”。林彪于是决定在这十分适合打伏击的地方与日军一战。他将指挥所设在一个山头上，安排部队埋伏，等候日军到来。林彪命三个团在两侧埋伏，又命一个团在外围游弋，牵制日军。这次伏击，115师算是全师出动。9月25日凌晨，日军板垣师团第21旅团之一部分，进入乔沟伏击圈，115师居高临下发动攻击。战斗持续了一整天，进入沟中的日军被全部歼灭。

这场乔沟伏击战，有几个问题现在已很清楚。一是进入乔沟的日军，是一支后勤部队，担负为作战日军补给物资的任务。这一点，从大陆各种有关出版物中对于此次战果的介绍亦可看出。上海人民出版社出版的《中华民国史事件人物录》中说此次“大捷”，“缴获大量武器和军用物品”。人民出版社出版的《中共党史大事年表》说歼灭日军“一千余人”，“击毁日军汽车一百余辆”。上海人民出版社出版的《中共党史事件人物录》，说“缴获了大批枪弹、大炮、车辆和军用物品”。阎明的《往事不忍成历史》则说“缴获辎重无数”。平型关战役是山地战，日军作战部队长途远征，当然应该尽可能轻装上阵，不可能带着大量物品。汽车更不是作战武器。而这一队日军，有一百余辆汽车，有大量军用物品，有“无数辎重”，无疑基本上是一支后勤部队。第二个问题，是这队日军到底有多少人。大陆较严肃的出版物都说一千余人，台湾的出版物则或说七百余人。我想应在700至1000之间。第三个问题，是八路军方面出动了多少人，伤亡有多大。林彪以三个团伏击，以一个团牵制。我不清楚当时115师每团实际人数是多少，最保守的估计，也应该有1000人左右吧。这也就意味着，林彪以至少四倍于敌的兵力，打了这次伏击战。大陆的“事件人物录”、“大事年表”这类严肃的出版物，也只介绍这次伏击战的辉煌战果，不介绍115师的伤亡情况。在诸种此类出版物中，上海人民出版社出版的《中共党史事件人物录》在介绍了115师此次伏击战的辉煌战果和巨大意义后，以这样的话结束：“但是，在抗战期间，我八路军在很弱小的情况之下，不宜于过多地开展平型关战役这样的战斗。”既取得了辉煌战果，又有着重大意义，却“不宜过多地开展”，原因何在呢？

原因就在于115师付出的代价也是惨重的。阎明的《平型关往事》一文，对于115师的伤亡也有说明：“板垣的21旅团还是很有战斗力的部队……三个营的战士们前赴后继向敌人猛冲，自己也付出重大牺牲，仅5连原有140人，战斗结束时只剩下30人了。”“当时部队伤亡很大，特别是三营九连，冲上公路全连只剩下10多人了。”仅这两个连，就牺牲了两百多人。总伤亡是多少呢？是“千余人”。林彪是赫赫有名的战将。115师是富于战斗经验的中共精锐。所以，在八路军方面，可谓是精兵良将。在人数上又数倍于日军，且占据着绝对优势的地形，发动的又是突然袭击。日军在人数上远少于伏击者，只是一支担负后勤补给的非战斗部队，在地形上则处于绝对劣势，遭遇的是猝不及防的打击。这样的一场伏击战，林彪居然打了一整天，说明日军在峡谷里抵抗了一整天。如果以伤亡论胜负，双方实际上几乎打了个平手。如果说林彪最终胜利了，也只能说是惨胜。

但以少胜多是“胜”，惨胜也是“胜”。而“胜”在抗战初期，对中国方面来说，是多么难得的事啊！抗战初期，中国军队节节败退，日军似乎真的不可战胜。而八路军居然首战告捷，居然将近千人一队的日军全部歼灭，确乎有鼓舞人心之作用。经过宣传，115师的这次伏击战，增强了全国军民的抗战决心和信心——它至少让国人知道，“皇军”是可以战胜的。这是乔沟伏击战对全国抗战的意义。

但这场伏击战对中共方面，却另有意义。这是中共军队首次与日军交锋。而“惨胜”的结果，让毛泽东等人充分了解了日军的战斗力。如果说在与日军正式交锋前，毛泽东进行“山地游击战”的决心就很坚定，那么，经过这次伏击后，不与日军正面交战的决心就更是不可动摇了。在这个意义上，也可以说，林彪指挥的这场伏击战对于奠定中共此后八年的抗战方针，起了现身说法的作用。毛泽东也可以此为例，说服那些不同意他抗战方略的同志。据《中共党史大事年表》，9月25日这一天，毛泽东致电中共中央北方局，强调“整个华北工作，应该以游击战争为唯一方向”——9月25日正是115师与日军血战的一天。对于这场与日军的首次交战，毛泽东毫无疑问是高度关注的，战斗的进展随时会通过电报而知悉。他在林彪正与日军拼杀时就给北方局发这样的电报，很可能战斗开始未久，他就意识到了问题的严重。可以说，毛泽东也好，林彪也好，如果事先知道伤亡千余人，是不会打这场伏击战的。要打，也是另一种打法。毛泽东在战斗还在进行时就致电北方局，是迫不及待地告知北方局：这样的打法，以后不可再有。

关于“百团大战”

阎明所写的《平型关往事》，最后写了“胜利与反思”。所谓反思，就是中共高层意识到，这样的硬仗，以后不能再打：“平型关战斗后，我军前线指挥员与中央军委、毛泽东，对抗日战争的战略方针的认识趋于统一。即：进行独立自主的山地游击战。”在与日军交锋前，对于毛泽东“山地游击战”的战略方针，中共高层或有不同意见。首次交锋后，那些原本不同意毛泽东观点者，终于同意了。是日军一支非战斗部队的战斗力，让他们信服了毛泽东。

中共所领导的军队对日作战，还有1940年下半年主要由彭德怀策划指挥的“百团大战”。“百团大战”受到毛泽东的否定，甚至成为彭德怀反对毛泽东军事路线的一大罪状，这是大家都知道的事实。其实“百团大战”并非一般意义上的“战役”。彭德怀的目的是毁坏公路和铁路，以此阻碍日军的扫荡。参加者除正规军外，还有大量非正规军和普通农民，铁锹、锄头等也是重要武器。毛泽东对此次行动不满，也并非因为这是一场“硬仗”，而是因为此次行动暴露了中共的军事实力。后来，当人们说彭德怀“一贯反对毛主席”时，“百团大战”总是一个证据。

而在1971年林彪出事后，“平型关战斗”也曾成为林彪“一贯反对毛主席”的罪证。阎明在《往事不忍成历史》中，披露了一些令人感叹不已的事情。据阎明说，林彪出事后，平型关纪念馆关闭，从各处弄来的“文物”被撤走，纪念馆玻璃被砸，门窗被卸，“纪念馆内供暖设施也被搬进县委招待所”。而“追查建馆责任，谁也不认账”。“偌大的纪念馆一片狼藉。最后只剩下门厅里一尊巨大的毛主席半身塑像无法搬走，任凭他老人家孤独无奈地坐在那里，迎着塞外吹来的凄风苦雨，望长城内外惟余莽莽”。阎明书中还披露了一件有趣的事。1974年5月，山西某报社写了一篇题为《功罪千秋的平型关大战》的批林文章。文章基本观点是否定“平型关战斗”，将“平型关战斗”与“百团大战”相提并论，认为都是“违背毛主席教导”的。文章准备在《红旗》杂志上发表，发表前，清样送到了当年与林彪一起指挥乔沟伏击的聂荣臻元帅办公室征求意见。聂荣臻致信姚文元，不同意发表此文。这篇文章，将一场抗击日寇的军事行动作为林彪的罪状，当然荒谬。但说林彪此次行动“违背毛主席教导”，却并非完全是无稽之谈。毛泽东的确在此之前就“教导”过自己的部队：必须坚持“山地游击战”，不要与日军正面硬拼。

林彪指挥的这场伏击战是规模很大的平型关战役的一部分，但又是“独立自主”的一部分。长期以来，大陆的出版物都称这场伏击战为“平型关战斗”，甚至称之为“平型关战役”。人们普遍只知林彪指挥的“平型关战斗”，而不知阎锡山指挥的“平型关战役”。现在是让真相大白于天下的时候了。窃以为，为避免与阎锡山指挥的“平型关战役”相混淆，也为了叙述历史时的方便，应将林彪指挥的这场战斗称为“乔沟伏击战”。

（作者系文史学者、南京大学教授）

原载于《同舟共进》2011年第3期

“伍豪之剑”：周恩来率领的中央特科

王铁群

英籍华裔女作家韩素音在《周恩来和他的世纪》一书中写道：“周组建的精干的袭击队把他们的行动命名为‘伍豪之剑’。而伍豪的剑是十分锋利的。”“伍豪”是周恩来的化名，“伍豪之剑”是指周恩来创建与领导的中央特科的“红色行动”。中央特科是10年内战前期中共中央的情报和政治保卫机构。

1927年11月，周恩来在与南昌起义部队离散后绕道香港辗转至沪，自此至1931年离沪去中央苏区，除两去苏联历时一年外，在隐蔽战线的主战场上海共战斗生活了3年左右。在险恶的秘密斗争环境中，周恩来率领中央特科与敌斗智斗勇，为保卫中共中央安全和发展中共事业作出了重要贡献。

特科“内情”

中共“八七”会议后，中共中央机关陆续迁到上海。当时，在上海，租界里的巡捕和侦探，往往同华界的国民党军警宪特合伙镇压共产党；遍布社会各个角落的三教九流的黑社会势力则无恶不作；而来自中共内部的叛卖逆流，更成为中共中央及其领导人的暗敌。为了确保中共中央机关和领导成员的安全，1927年11月，周恩来受命组建了中共中央专职的情报和保卫机构——中共中央特务科（简称“中央特科”）。

中央特科成立后，周恩来陆续为其设了四个科，即总务科、情报科、行动科和通讯科。

总务科也称特一科，主要职责是替中央机关租房子，为负责人安排住处，以及租家具、找铺保、做生意、购买和储存武器、布置会场、组织营救、料理牺牲者后事及家属生活等。

情报科也称特二科，主要职责是搜集情报，掌握敌情，通过“打进去”或“拉出来”等多种办法，建立秘密情报网。

行动科也称特三科，习称“红队”，主要职责是镇压内奸敌特，营救被捕人员。

通讯科也称特四科，设立于1928年11月，主要负责制造、设置和保卫电台，保障中共中央与各苏区、白区中共组织及与共产国际的无线电通讯联络工作。

以上四科各有专职，又相互联系、通力合作。各科紧密配合，构成有机统一的战斗堡垒。

为了防止中央特科走上单纯恐怖活动的歧路，周恩来规定了三项基本原则：不许乱打叛徒，危害大的才打；不准打公开的特务；不准搞绑票。周恩来曾多次严厉批评主持中央特科日常工作的顾顺章忽视秘密工作原则，热衷单纯恐怖活动的倾向，并坚决制止了他试图炸毁“包打听”开会的场所一品香饭店等恐怖计划。周恩来为中央特科制定了严格的保密纪律，如规定各自所有活动的内容绝对保密，不能向包括自己亲属在内的任何人泄露。

机关“社会化”、“家庭化”

周恩来要求党中央各机关，要“利用合法掩护非法，合法与非法巧妙结合”，“秘密工作和公开工作绝对分开”，实现“机关社会化”、“机关家庭化”。

周恩来领导中央特科总务科，通过各种社会关系，在上海开设了多种店铺，诸如电器行、照相馆、布店、古玩店、诊所、木器店等，以此作为党中央的秘密机关。他还指导总务科租赁花园洋房，暂充中共中央机关的活动场所和联络地点。如中共六届二中全会、三中全会，均是在租赁的公馆或洋房召开的。

在“机关社会化”的同时，周恩来要求一些机关“家庭化”。1928年夏天，周恩来把曾是熊瑾玎学生的朱端绶从汉口互济会调到上海，与党中央会计熊瑾玎假扮夫妻，住守位于四马路天蟾舞台隔壁“生黎医院”楼上的“福兴字庄”（实为中共中央政治局机关）。随着爱神的降临，1928年中秋时节两人结为夫妻，这样，经过一段时间的努力，党中央许多机关都以“家庭”面目出现在社会上。

中央机关的“社会化”和“家庭化”，有效地掩护了中共中央的活动。周恩来把这一成功经验推介到白区各地党组织，要求它们“改变以前的方式，很迅速地重新建设党的各种机关，并以绝对秘密为原则”。

周恩来、邓小平“经营”古玩店、香烟店

周恩来强调，在隐蔽战线上，中共党员不能脱离群众，“隔绝社会”。他指出：“党的工作主要的是在群众中，而不是在党部”，如果“不去找社会的职业，则党成了和群众没有联系的党，怎样能组织群众领导群众呢”？他要求“失业同志应当设法找到职业。党部应当帮助同志去谋职业，无职业技能的还要学习，特别注意到工厂中去做工，同志间也应互相介绍职业”。党的干部也不能整日围绕在机关中：“党只需要少数的职业革命家担负日常的党务”，“决不能人人都派作党部工作”。他要求白区各级党组织，“凡是下层组织没有工作，或是破坏之后，主要的路线应是领导同志走入工厂农村社会中，寻找职业，深入群众，以恢复和建立党的组织”。

随着白区斗争形势的不断恶化，周恩来提出党中央领导人也要职业化。1931年4月9日，他在中央政治局常委会讨论中央的组织和工作方式时指出：中央常委和政治局委员不要在家中办公，家中不放文件。

为了实现干部职业化，周恩来领导总务科为一些领导干部开设了店铺。如曾为以古玩商为公开身份的周恩来在黄浦江边开设过“松柏斋古玩号”；为曾以商店经理为公开身份的邓小平在浙江路清河坊开设过一家纸烟店（其楼上即为中共中央某机关）；为曾以古董商为公开身份的总书记向忠发在爱文义路开设过一家古玩店；为顾顺章在斜桥路22号

开设过“奇星魔术社”等。

党员和干部的职业化，既有助于联系群众，也有效地保护了自己。

“每住一处，改用一个名字”

周恩来在领导实现机关“社会化”、“家庭化”，党员和干部职业化的同时，规定了一套秘密活动的准则——

都用化名。邓颖超在接见《周恩来传》的主编金冲及时回忆说，在上海从事秘密工作时，“同志间谁也不叫谁的名字，都用别名。别名多啦，一个时期换一个”，“每住一处，改用一个名字。名字随我们起，二房东只要给钱就行”。

经常搬家。在一地居住时间太久容易暴露真实身份，所以机关工作人员尤其是领导干部要经常迁居。邓颖超回忆说：我们“经常搬家，有的地方住半个月，有的地方住一个月，有的长一点，但住一年就了不起了”。

行踪保密。周恩来规定，对领导干部的住址不要知道得太多。邓颖超回忆说：“在上海，我们一个人最多只能知道五个地方，这样的人很少，我是其中之一。为什么我可以知道五个地方？因为我是中央机关党总支书记，要参加小组会。其他人最多知道有工作关系的两三个地方。恩来同志可能知道得比我多。”

会外留人。在白色恐怖下召开党的会议是非常危险的。周恩来提出开会时要在会外余留一部分人。1928年10月，他在为中共中央起草的《关于湖北组织问题决议案》中，规定了秘密党工作的六条原则，其中第三条规定，“开会人数要少，时间减短，开会时尽量地余留一部分人在外”。1929年9月10日，他在中央政治局会上建议改变政治局工作方式，每周开一次会，变更开会时间，专门讨论政治问题，开会时政治局委员不必全到，常委五人也要有一人保留在外。

刺探敌情，打入敌营，策反敌方人员

在白色恐怖笼罩下，如不采取进攻策略，积极了解敌人情况，就难以有效保护自己。

周恩来对情报工作非常重视，中央特科成立不久，他便为其设立了情报科，并亲自为情报科选调精干人员，任命陈赓为科长。在周恩来的领导下，情报科成员机智勇敢，屡次成功完成任务。主要策略有——

变换身份刺探敌情。为接触各种关系，从中获取情报，情报科成员经常改变身份和职业。陈赓化名“王庸”，“时而西装革履，像似租界里惯见的西崽；时而全副武装，又成了国民党的高级将领。有时身穿短装，头戴鸭舌帽，充当敌特捕房的‘蟹脚’；有时长袍马褂，礼帽缎鞋，又是巨商大贾的模样”。陈赓以其多重身份，掌握了租界巡捕房和国民党某些特务头目，可随时出入国民党特务机关或租界巡捕房。情报科副科长刘鼎也以各种身份，出入于国民党军警宪特、租界捕房及流氓帮会之中，“利用关系办了许多很难办的事”。董健吾以牧师身份搜集情报，陈养山和刘大汉以记者身份刺探消息。吴先清或盛装艳服进出上层社会，或粗衣布鞋活跃在工人居住地区，或扮成朴素农妇出现在乡间村落。她通过与国民党上海市党部委员、国民党社会调查处专员陈宝骅的“密切”交往，“设法从其周围的重要人物中，获得国民党内部的一些秘密和大量重要情报，特别是对一些被捕人员在押期间的表现，了解得一清二楚”。

“拉出来”。即利用多种方式，将国民党警特机关的某些人以及租界巡捕房包探，甚至流氓帮派人员，设法拉出来，与其建立联系，交换情报。周恩来强调，对这些特情关系，要大胆使用，各尽其才，在工作中考验。按照这一指示精神，情报科把国民党在上海的警特机关和外国租界的侦探机关基本控制在自己手中。如国民党中央组织部党务调查科驻沪特派员鲍君甫（杨登瀛），即是情报科“拉出来”的第一个反间谍关系。1928年到1931年的3年中，鲍君甫为中共提供了大量重要情报，帮助中共中央特科惩处了出卖罗亦农、彭湃等同志的叛徒，也营救保护了任弼时、关向应等中共要员。在公共租界，陈赓也拉出来一个特情关系，此人系某巡捕房帮办，身处巡捕房政治部的要害部门，经常给情报科提供一些很有价值的情报。这个关系是通过金钱维持的，每月送他500元生活费，数目由陈赓决定。

"打进去"。即利用各种关系，向中外侦探机关，直至南京国民党最高特务机构——国民党中央组织部党务调查科——打入情报人员，直接了解敌人动向。钱壮飞、李克农、胡底，即是情报科"打进"国民党调查科的优秀情报人员，三人机智勇敢，出色完成了把国民党调查科"拿过来"的任务。周恩来在1949年7月说过：在我们党的情报工作中，钱壮飞、李克农、胡底可以说是"前三杰"，你们三人（熊向晖、陈忠经、申健），可以说是"后三杰"。

情报科还向国民党淞沪警备司令部和公共租界、法租界巡捕房打入了情报人员，在三教九流的帮派势力中也建立了情报网点。

中共中央之所以能在白色恐怖中信息灵通，全靠情报科在诸多关键时刻为苏区提供的准确情报。蒋介石对中央苏区发动第一次和第二次"围剿"时，钱壮飞均事先截获了有关情报，派地下交通员赴沪将情报送交李克农，再由周恩来设法转中央根据地。这些情报，对红军反"围剿"起了重要作用。1930年李克农代表中共中央特科同莫雄建立了统战关系。1934年9月下旬蒋介石在庐山召开军事会议，部署进攻中央苏区的"铁桶围剿"计划。时任江西德安区专员兼保安剿共司令的莫雄出席了会议，会后他把"铁桶围剿"计划交给中央特科成员。尽管撤离苏区是中共中央久已考虑的战略转移计划，但中央特科的这一重大情报，无疑催生了立即转移的决策。1934年10月下旬，中央红军主力赶在蒋介石"铁桶围剿"之前，渡过于都河，跳出"铁桶"，踏上了长征之路。

救难锄奸，保卫中央安全

党内叛变，使中共损失巨大："八七会议以来，机关被破获极多，负责同志牺牲极重。"如中共江苏省委宣传部长韩步先的叛变出卖，导致了中共江苏省委书记陈延年和代理书记赵世炎先后惨死在敌人乱刀之下。半年之后，又是由于叛徒唐瑞林的出卖，中共江苏省委和上海总工会领导人陈乔年、郑复他、许白昊等多人被捕被杀。"四一二"政变后，因叛徒出卖而牺牲的中共人士不计其数。

在周恩来领导下，中央特科行动科在情报科等密切配合下，开展了有效的保卫工作。

营救同志。行动科营救被捕人员的办法大致有四种：

一是律师辩护。该办法只适用于租界范围，在的华界行不通。行动科同许多律师建立了密切联系，对押在公共租界未暴露真实身份者，主要聘请潘振亚和费国禧律师辩护营救。对押在法租界的被捕者，则往往聘请与租界巡捕房和法院有特殊关系的陈志皋律师（曾与在特科工作的妻子黄慕兰一起奔走营救关向应。两人还曾于第一时间将向忠发叛变的消息传给中央，使周恩来等人免遭逮捕——编者注）出庭辩护。

二是“行贿买通”。如1930年恽代英被捕后，周恩来亲自组织营救。他回忆说：党曾想尽办法营救之，花过很多钱打通了上下关节。只因顾顺章叛变指认，营救工作才毁于一旦。

三是利用“内线”。即利用在各种反动机关、组织中建立的特情关系，根据情况相机解救。

四是武装劫持。即利用敌人将被捕者引渡或转解的机会，途中劫持。如1929年彭湃等人被捕，当得知国民党上海市公安局将把彭等转解淞沪警备司令部的情报后，周恩来果断决定劫车救人。他亲率中央特科所有会打枪的人员，装扮成枪战片演员，埋伏在囚车必经的枫林桥。但因准备不周，未获成功。

镇压叛徒。鉴于叛徒的严重危害，中共采取坚决镇压的措施，要求各地党组织：“对自首而反攻的叛徒，号召党内外群众共起处以死刑。”周恩来在1929年8月23日为党中央起草的致山东临委的信中也指出：消灭叛徒，原是我党最后最不得已的办法。

周恩来领导行动科对叛徒的严厉镇压，极大地震慑了叛卖行为，消除了众多隐患。与此同时，周恩来强调肉体消灭不能根除叛变现象，指出：党员叛变的主要原因，是我们“党内还存在许多非无产阶级的意识”。

剪除特大灾难。1931年4月，周恩来领导中央特科一举粉碎了顾顺章出卖中共中央的罪恶阴谋，终于抢在敌人之前完成了转移任务，避免了一场特大灾难。

创设电台，实现电信联络。中共“六大”以后，随着根据地的发展和红军的壮大以及白区中共组织的恢复，中共中央迫切需要建立无线电台，以通过电波及时迅速地传达指示精神，加强对各地党组织的联系与领导。适应这一需要，周恩来亲自筹划，担负起领导创建中共电信事业的重任。

一是组织第一支专业队伍。周恩来是中共最先认识到无线电技术重要性的领导人，他从莫斯科和上海两地为中共组织起第一支电信队伍。1928年初夏，周恩来利用出席中共六大的机会，同中共驻共产国际代表团一起，向共产国际提出由“国际无线电训练班”代培无线电技术人员的要求，得到积极回应，遂从莫斯科共产主义劳动大学推荐10名学员，经考试录取了涂作潮、毛齐华、方廷桢（方仲如）、沈侃夫（陈宝礼）、李元杰和程祖怡6位。

1928年11月周恩来从莫斯科返回上海后，当月便为中央特科设立了通讯科，由李强任科长（后为陈寿昌）。周恩来要求李强和中共法租界党支部书记张沈川设法掌握电信技术。此后，他又不断物色政治上可靠并有一定文化水平的人充实电信队伍。在莫斯科的学员掌握了无线电通讯技术的本领后，也先后回国，参加了中央特科通讯科的工作。毛齐华回忆，他是1930年初冬回国至沪，在三马路（今汉口路）与顾顺章和李强接上关系。通信科成员是周恩来为中共造就的第一批电讯人才。

二是领导建立第一部电台。1929年10月，通信科成员终于试制成功首部收发报机。这套收发报机主要是李强和张沈川制造的。周恩来深为这第一部电台的诞生而兴奋，他同张沈川反复推敲，编制了两套简易密码。一套是汉字明码颠倒更换系统；一套是英文字母变换阿拉伯字母再变成汉字密码系统。这是中共无线电通讯史上最早的密码系统，被当时中共中央领导人称为“豪密”（“伍豪密码”）。从此，由白区发出的红色电波飞传各地。

三是指挥实现党内电信沟通。在首部电台诞生后，周恩来立即指示通信科成员奔赴各地设立分台，以尽快实现党内电信沟通。到1932年，全国各中共根据地都设立了无线电台，各地电台同上海的中央台组成了一个完整的通讯体系，实现了无线电沟通。

国民党特务首领的扼腕之叹

10年内战时期周恩来开辟和领导的隐蔽战线工作，是中共历史的重要组成部分。在这条隐蔽战线上，周恩来领导中央特科与敌特内奸顽强周旋，为保卫中共中央和领导人的安全、为推进中共事业作出了杰出贡献。

当年拘捕顾顺章的国民党特务首领蔡孟坚，晚年曾叹息道："顾顺章案关系中共命运甚大，设非共谍钱壮飞截留电报，则周恩来及潜伏上海之共党分子必一网成擒，而予中共以致命之打击。"

国民党特务的扼腕之叹，也恰从反面反映了周恩来领导的隐蔽战线工作的功绩与威力。

（作者系文史学者、河北大学教授）

原载于《同舟共进》2013年第5期

1930:“富田事变”的前前后后

罗平汉

江西吉安市青原区的东固乡和富田镇，如今在江西是两个极普通的乡镇，然而，对中国革命史有所了解的人，对这两个地名一定不会陌生。前者是第二次国内革命战争时期中共创建的较早的农村革命根据地之一，毛泽东在著名的《星星之火，可以燎原》一文中所说“朱德毛泽东式、方志敏式、李文林式”红色割据中的“李文林式”，指的就是李文林等创建的东固根据地；后者则曾是江西省苏维埃政府所在地，1930年12月这里发生了由肃反所谓“AB团”而诱发的富田事变，而富田事变又引发了中央苏区的大规模肃反。

逼供之下，“肃”出大批AB团分子

富田事变发生已80多年了。从已有的研究文章可知，事变是由苏区肃AB团乱捕乱杀引发的。AB团的名字来自英文“反布尔什维克”(Anti-Bolshevik)的缩写，全称为“AB反赤团”，是1926年12月段锡朋、程天放等人在蒋介石、陈果夫的支持下，于江西南昌建立的国民党右派组织。1927年初，AB团将共产党人和国民党左派排挤出了国民党江西省党部，控制了省党部的大权，并成立了江西省政府。1927年4月2日，中共与国民党左派联合发动“四二暴动”，组织群众围攻AB团分子控制的国民党省党部，AB团骨干分子除少数逃脱外大部被抓，AB团作为一个组织亦不复存在。

赣西南苏区肃AB团起始于1930年5月。据有关学者研究，其实在赣西南乃至整个中央苏区，根本没有什么AB团存在，在苏区肃AB团当然也就是全盘皆错。可当时赣西南苏区的中共组织已产生一种印象：AB团不只是在国民党统治区与改组派争权夺利，而且已渗入根据地内部，渗入共产党的组织之中，在内部肃清AB团分子势在必行。

反AB团很快反出了“效果”。1930年7月22日，刘作抚在给中共中央的报告中说：“吉安西区AB团有二千余人，自首的有七八百人。”至于其中有多少人被当作AB团领袖而杀掉，报告中没有提及，但在那个白色恐怖之后继之以赤色恐慌的年代，被杀者估计不少。

吉安等地大量的所谓AB团被破获，非但未使人们产生反AB团斗争已经取得胜利的喜悦，反而使赣西南中共组织感觉到问题的严重性。1930年9月24日，中共赣西南特委发出《紧急通告第二十号——动员党员群众彻底肃清AB团》，将赣西南肃AB团的运动推向高潮。这个《紧急通告》介绍了AB团的产生经过和内部的组织情形，说它的组织严密，全国有总团部，以下是各省团部……加入AB团时要填志愿书，吃血酒，宣读誓词，颇有点江湖黑社会发展会众的味道。

《紧急通告》中讲到这样一件事情：“团特委发行科朱家诰，因工作消极，言论行动表现不好，时常与AB团通书信，引起许多同志发生怀疑，同时因万安县委破获，AB团供告朱是团员，写信告知特委，特委即把他拿起审讯，在初坚决不肯承认，我们采用软硬兼施的办法严审他，才供出来……”由此可见，当时根据地的肃反之所以犯扩大化的错误，一个重要的原因，是预设了一个组织严密、危害严重、人数庞大而深藏内部的假想敌，为了肃清这个假想敌不惜对怀疑对象严刑逼供，随后又依据口供抓人捕人，于是内部肃反越肃越多。事后才发现所谓潜伏之敌，竟是子虚乌有，而错杀之同志已无法死而复生。

由于使用逼供信，赣西南果然又肃出了一大批的所谓AB团分子。这年10月，赣西南特委在关于政权问题的报告中说：“此次破获AB团，赣西南政府副科长……杀了六人。嫌疑犯六七人。全部人员占了四分之一……”据同月召开的中共赣西南特委会议的记录所载：“党过去杀一千多AB团”。赣西南特委同时也承认，这些被杀的AB团分子，“内中一定含有许多可以教育过来。这也是工作中值得注意的”。

可是，这个本“值得注意的”问题，中共赣西南特委并没有真正注意。10月上旬，中共赣西南特委、青年团赣西南特委和工会组织在吉安城合并，成立江西省行动委员会，以李文林为行委书记，常委有李文林、曾山、陈正人、段良弼、丛允中等人。11月30日，江西省行委印发第九号《通告》，“指示各地一面积极地进行肃清AB团、改组派、第三党等反革命，一面把动摇有反水可能的富农分子通通捉起作抵，以免将来有反水带白军骚扰的事情发生”。

出乎意料的是，在随后不久发生的富田事变中，肃AB团甚是积极的李文林、段良弼等人，也被当作AB团分子而遭整肃。

李文林指责毛泽东，前委与特委产生分歧

1930年12月发生的富田事变，是在江西省行委书记李文林被当作AB团疑犯扣押后，红一方面军总前委肃反委员会主席李韶九前往富田，将省行委常委段良弼、秘书长李白芳等作为AB团分子加以抓捕而引发的。而李文林、段良弼等人之所以被认定是AB团分子，又与红一方面军总前委（包括此前的红四军前委）与中共赣西南特委在一些重大问题上产生意见分歧有直接关联。

1930年2月6日至9日，红四军前委和红五、六军军委及赣西特委在吉安县陂头村召开联席会议，史称二七会议。会议的中心议题是扩大赣西南革命根据地和地方武装，深入开展土地革命。会议批评了赣西南地区迟迟不分配土地、不废除债务和按劳动力与耕作能力分配土地的错误，肯定了按人口分配土地的办法。会上通过的《土地法》明确规定，“分田以抽多补少为原则”，“男女老幼平均分配”。为了实行统一领导，会议组成了红四、红五、红六军和中共赣西、赣南、闽西、东江地区组织的共同前委，以毛泽东为书记，朱德、曾山等为常委，彭德怀、黄公略为候补常委。会议还决定将赣西特委、赣南特委合并为赣西南特委，以刘士奇为临时负责人。

二七会议对于推动赣西南土地革命的深入发展及巩固根据地起了重要作用，但这次会议对于后来中央苏区的肃反扩大化也产生了某些消极

影响。在这次会议上，红四军前委作出越权决定，开除中共江西省委巡视员江汉波（即张怀万）的党籍，请求中共中央和中共江西省委批准。前委认为，江汉波“犯了严重取消主义的错误”，其主要理由，一是“在土地问题上反对群众热望的没收一切土地平分，不知道争取群众是当前任务。二是他反对取消为攻打吉安而设的红军总司令部，反对成立红六军……”会议还作出决定，将原赣西地方武装的主要领导人郭士俊、罗万、刘秀启、郭象贤四人，作为“四大党官”予以枪毙。赣西南党内斗争乱打乱杀的先例由此开启。

1930年5月，李文林作为赣西南苏区的代表，赴上海参加全国苏代会。此时中共中央的工作实际由李立三主持。李文林接受了李立三左倾冒险思想和城市中心论的主张。8月上旬，中共赣西南特委在吉安县的富田召开第二次全体会议（简称二全会议），李文林在会上对毛泽东的主张提出批评，指责毛主张波浪式发展根据地是“保守割据观念”和“农民意识”，说他发展地方武装的政策是“武装不集中”，而将重点放在建立和巩固农村根据地是“取消城市工作”。不但如此，这次会议还将受毛泽东支持的刘士奇作为重点打击对象，指责刘有“农民意识”、“保守割据观念”，有人甚至辱骂刘士奇是毛泽东的“走狗”。为了避免矛盾激化，刘士奇中途退出会场，但李文林、段良弼等人认为他是有意对抗，竟撤销了他的赣西南特委书记之职，并且开除其党籍，交中共中央批准。

实际上，二全会议一方面积极贯彻李立三的冒险主义方针，另一方面又在贯彻中央精神的名义下否定毛的主张，并打击了受毛泽东支持的刘士奇，因而在一定程度上加剧了红一方面军总前委（1930年6月，红四军、红六军、红十二军整编为红军第一路军，不久改称红一军团，毛泽东任政治委员兼前委书记，8月下旬，红一军团与红三军团合编为红军第一方面军，毛泽东任总政治委员兼总前委书记——作者注）及毛泽东与李文林之间的矛盾。

1930年10月4日，红一方面军在赣西南十万群众和地方武装的配合下，一举攻占吉安。这时，红一方面军总前委对二全会议后赣西南党的组织已不信任。10月14日，毛泽东在吉安给中共中央写信，汇报攻占吉安的有关情况，在谈到现状时说："近来赣西南党全般的呈一非常严重的危机，全党完全是富农路线领导……党团两特委机关，赣西南苏维埃政府，红军学校，发现大批AB团分子，各级指导机关，无论内外多数为AB团富农所充塞领导机关。故平分土地也只是'抽多补少'没有'抽肥补瘦'……肃清富农领导，肃清AB团，赣西南党非来一番根本改造，决不能挽救这一危机，目前总前委正计划这一工作，但恐为行动所阻，不能很好地完成，中央须大加注意和帮助。"（毛泽东《给中央的信》1930年10月14日，《江西党史资料》第六辑）

红一方面军总前委对赣西南党组织作出这种判断者，并不只是毛泽东一人。10月19日，总前委委员、总政治部主任周以栗在一封信中说："关于土地问题，我此行所见及感觉许多地方，发生严重的富农路线机会主义，使革命工作发生严重的危机。"

毛泽东对李文林等人的不满，还与李坚持打大城市，又不赞成以东固、富田作为打破国民党军第一次"围剿"的预设战场有关。在罗坊会议上，毛泽东根据敌情变化，强调在强大的敌人进攻面前，红军决不能去冒险攻打南昌，必须采取"诱敌深入"的作战方针。李文林等人认为，"不打南昌、会师武汉，就是违背中央精神，就会断送中国革命"，并说毛泽东的"诱敌深入"是保守主义，把敌人引入根据地，人民要遭到很大的损失……

在富田事变前，由于在若干问题上总前委与赣西南地方党组织产生了严重的意见分歧，使总前委对李文林等赣西南党的负责人产生不信任，认为他们执行的是一条"富农路线"，而这条"富农路线"之所以存在，就在于内部不纯，混入了AB团分子。1931年4月29日邓小平在《七军工作报告》中曾这样说："过去总前委与省行委向来有冲突，如对军阀混战的分析，引敌深入的战术，开除刘士奇等问题，省行委常骂总前委是右倾，总前委常指省行委中有AB团的作用，故有富田事件之爆发。"（邓小平《七军工作报告》1931年4月29日，《党的文献》1989年第3期）

乱抓滥捕AB团，引爆富田事变

1930年5月起赣西南地方肃AB团之时，作为根据地和军队最高领导机关的红一军团前委和随后成立的红一方面军总前委，对此并没有过问。但地方大张旗鼓地肃AB团，势必对红军产生影响，既然地方打出了那么多的AB团，人们自然联想到活动在这个地方的红军队伍中，也一定会渗入AB团分子。因此，红一方面军集中到黄陂、小布后，总前委一面进行反"围剿"动员，一面动员肃反、反AB团，史称黄陂肃反。

对于黄陂肃反的情况迄今为止未见有专题著述，只有在一些老干部的回忆中有零星记载。由于反"围剿"军情紧急，这次红一方面军中的反AB团时间并不长，但"敌人在我们军队里安的AB团暴动，都被我们打的精光。杀了几十个总团，总共打了四千个AB团"。(《八大胜利的条件》1930年12月2日，《江西党史资料》第十七辑)

在红一方面军黄陂肃反之时，"红军中AB团要犯刘天岳、曾昭汗(汉)以及龙超清、梁鼎元、汪克宽、周赤等的口供，多方证明省行委内安了江西AB团省总团部，段良弼、李伯(白)芳、谢汗(汉)昌等为其首要"。其中段良弼曾任青年团赣西南特委书记，时为江西省行委常委。12月3日，红一方面军总前委致信江西省行委说："特派李韶九同志率兵一连代表总前委及工农革命委员会帮助省委省苏捕捉李白芳等，并严搜赣西南的反革命线索给以全部扑灭。""凡那些不捉不杀的区域，那区域的党与政府必是AB团，就可以把那地方的负责人捉了讯办。"(《总前委致省行委信》1930年12月3日，转引自余伯流、凌步机《中央苏区史》，江西人民出版社2001年版)

红一方面军总政治部秘书长兼肃反委员会主席李韶九携带这封信，并带着红十二军一个连出发了。12月7日下午，李韶九来到富田，立即将段良弼、李白芳、谢汉昌、金万邦等8人全部捆绑关押，随即严刑审讯。在李韶九的酷刑之下，段良弼和李白芳被迫承认自己是AB团，"并招出他们所认识的一些重要人物"。李韶九又根据段良弼和李白芳的口供，于第二天又从省苏维埃政府等组织内抓了10个人，并施以同样的酷刑逼其承认是AB团。李白芳、马铭和周冕的妻子也同时被捕，而且还被剥光衣服毒打。

从12月7日至12日，严刑逼供之下，共“破获”AB团120多名。12月9日，李韶九动身前往东固，去抓捕驻扎在那里的红二十军中的AB团。动身前，枪杀了25人，有的是临时抓来未加审问即被枪杀。

李韶九在富田刑审谢汉昌时，谢胡乱招出红二十军第一七四团政治委员刘敌是AB团首领。李到东固后立即在红二十军抓AB团，并让红二十军军长刘铁超通知时在兴国泰和边境侦察地形的刘敌迅速返回东固。11日，刘回到东固。李韶九见到刘敌后，有了以下的对话：

李韶九对刘敌说：“刘敌！你很危险嘚？”

刘问：“我什么危险？”

李说：“哼，很多人供了你咧！”

刘问：“供什么？”

李答：“AB团哪。”

刘笑着说：“你看咧，我像不像一个AB团？”

李说：“是呀！我也不信哪，但是现在有人供你呀！”

刘问李：“你相信不相信AB团有乱咬共产党员的阴谋？”

李说：“那也不会，为什么单报你呢？”

刘敌觉得，如果不承认是AB就会受酷刑，于是便说：“AB团要乱咬也是没有办法，只要求党放理智点去详细考查，死是不要紧，刑法是受不得的。”

李假意地说：“绝对不会，这绝不是简单的AB团的问题，完全是政治问题，只要承认错误接受教育，绝不是杀和打的问题。”

李韶九与刘敌都是湖南人，而且都在江西红二团工作过。于是，刘用湖南话对李说：“我是你的旧部，我的政治水平很低。我一定遵循你的政治指示，承认错误。我确信毛泽东不是AB团的人，你和军长也不是。走遍天涯海角，我都要跟随你们三位。我自己算得了什么！”听刘这么一说，李韶九的态度也就发生了变化，叫刘不要惊慌，还对刘说，我原本相信你不会走到这条路上去，定是他们陷害你的……

谈话结束后，李韶九派人将刘敌送回第一七四团一营营部。回来之后，刘敌与营长张兴、政委梁学贻召开秘密会议，认为李韶九来肃AB团是一个大阴谋，决定写信让他来开会，趁机将其扣留，逼其讲出阴谋。张兴听说李文林、红二十军政委曾炳春（曾当时在家中养病）和王怀都被怀疑为AB团，乃前往军部质问李韶九，结果一去即被扣押。刘敌闻之，即率第一营将军部包围，将军长刘铁超捆起，释放了被李韶九带来东固的谢汉昌等所谓AB团分子，李韶九闻风而逃。

当天晚上，刘敌与谢汉昌又率部赶到富田，包围江西省行委，收缴了看守人员的枪械，释放了被关押的近百名所谓AB团犯人。古柏、曾碧漪（古柏夫人）、彭儒（陈正人夫人）闻讯连夜从富田逃往兴国，江西省苏维埃政府主席曾山也从机关逃出，躲在附近沙村的一个农民家里，随后前往宁都的黄陂。这就是史上著名的富田事变。

事变发生的当晚，刘敌、谢汉昌及被释放出来的段良弼、李白芳等人召开紧急会议，认定这次李韶九等人抓AB团有阴谋，并提出了“打倒毛泽东，拥护朱彭黄”（即朱德、彭德怀、黄公略）的口号，决定成立新的省行委，暂由段良弼负责，通缉曾山、陈正人、古柏、李韶九等人。

13日，事变领导人率红二十军从富田前往河西的永阳镇，脱离红一方面军总前委的领导。15日，事变领导人召开自行成立的江西省行委第一次扩大会议，作出了“知情估量与军事行动”、“彻底肃清AB团”、“处置毛泽东、曾山、陈正人、李韶九、刘铁超等人问题”、“派人去中央汇报”、“派人去总前委”等决议。会后，派丛允中（原江西省行委员常委兼组织部长）同被误抓（随后释放）的中央提款委员易尔士先到红一方面军总前委汇报，然后前往上海与段良弼一起向中共中央汇报。

12月20日，事变领导人以“中共江西省行委”的名义，致信朱德、彭德怀、黄公略、滕代远，“主要内容和动机是攻击毛泽东，蓄意挑拨离间朱德、彭德怀、黄公略、滕代远与毛泽东的关系，煽动朱、彭、黄、滕反对毛泽东”。（余伯流、凌步机《中央苏区史》）这封信中还附有一封由丛允中假造的毛泽东写给古柏的信。丛平时学毛体字，学得还比较像。假信中说：“据各方形势的转变，及某方来信，我们的计划要赶快的实现，我们决定捕杀军队CP与地方CP，同时并行，并于捕杀后，即从我们的布置出击，你限三日内将赣西及省行委任务完成。可拷问段、李、王等中坚干部时，须特别勒令招出朱、黄、滕、彭系红军中AB团主犯，并已与某方白军接洽等罪状，送来我处，以便早日捕杀，迅速完成我们的计划。此信要十分秘密，除曾、李、陈三人，任何人不得告知。”信上说的段、李、王分别是指段良弼、李文林和王怀，曾、李、陈则指曾山、李韶九和陈正人。

事变领导人原本让丛允中将信送到宁都黄陂，但丛中途把信给了一个叫谢鹏飞的人，谢到了红三军团驻地宁都东山坝后，怕被人发觉，将信交给了红三军团前委秘书长周高潮后便匆匆走了。彭德怀很快就识破了信是伪造的，因为假信署日期用的是阿拉伯数字，而毛泽东写信年月日用的都是汉字。彭立即意识这封信“目的在分裂一、三军团，拉三军团拥护省行动委员会”，“这是分裂红军、分裂党的险恶阴谋”。(《彭德怀自述》，人民出版社1981年版）在同滕代远、袁国平等人商量后，彭德怀立即写了一篇《红三军团宣言》，大意是“打倒毛泽东，拥护朱彭黄”的口号，是敌人分裂红军的阴谋。红一、三军团要团结一致，拥护毛泽东，拥护总前委的领导。随后，彭德怀派一个班将宣言和假信送到黄陂总前委处。第二天，彭德怀又亲自请毛泽东来红三军团并在干部会议上讲话。

正如萧克后来所说的：“为什么发生富田事变，主要原因就是乱打乱杀AB团，引起矛盾激化……甚至人人自危，在这种情况下，矛盾一触即发。”而之所以发生乱打乱杀，与身为红一方面军肃反委员会负责人的李韶九刑讯逼供直接关联。不少著述都讲到李的个人品质不好的问题，这固然对富田事变的发生起了一定的催化起用，但李韶九去富田抓捕段良弼等人，并非个人行为，而是红一方面军总前委的授权，是由于总前委依据所谓已破获的AB团分子的口供，认定江西省行委和省苏维埃政府中存在一批AB团要犯。

在富田事变中，刘敌等人采取武力解救被关押人员，是不得已而为之的非常之举；事后事变领导人将红二十军带往河西，也是情有可原；随后派人向总前委和中共中央汇报情况，说明他们不是叛离党的领导，事实上到了河西红二十军仍在坚持斗争。然而，事变领导人在事变发生后采取离间朱德、彭德怀与毛泽东关系之策，尤其是伪造相关信件，虽然意在取得朱、彭等人的同情，但客观上却是分裂党和红军的行为，如果彭德怀轻信其言，必将产生比富田事变更严重的后果。事实上，事变领导人采取这一策略，产生了适得其反的效果，不但使自己失去了同情，而且对后来中共中央关于富田事变的定性也产生了直接影响。

富田事变的悲剧在于，当时不论红一方面军总前委还是中共赣西南特委，都对AB团问题作了脱离实际的估计，又使用逼供信的手段抓AB团，抓到AB团再用逼供信。如此一来，不但证明AB团确实存在，而且必须加紧肃清，于是继续抓AB团，结果形成了肃反扩大化——再肃反——再扩大化的恶性循环。

如何定性：项英的努力失败了

富田事变发生后，毛泽东以中国工农革命委员会的名义，起草了一份六言体的讨伐富田事变的布告：

段谢刘李等逆，叛变起于富田。带了红军反水，不顾大敌当前。分裂革命势力，真正罪恶滔天。破坏阶级决战，还要乱造谣言。进攻省苏政府，推翻工农政权。赶走曾山主席，捉起中央委员。实行拥蒋反共，反对彻底分田。妄想阴谋暴动，破坏红军万千。要把红色区域，变成黑暗牢监。AB取消两派，乌龟王八相联。口里喊的革命，骨子是个内奸。扯起红旗造反，教人不易看穿。这是蒋逆毒计，大家要做宣传。这是斗争紧迫，阶级反叛必然。不要恐慌奇怪，只有团结更坚。打倒反革命派，胜利就在明天。

此前的1930年10月3日，中共中央政治局决定由周恩来、项英、毛泽东、余飞、朱德等人组织中共苏区中央局，并让项英先去中央苏区。10月17日，中共中央政治局又决定中共苏区中央局由项英、毛泽东、周恩来、任弼时、朱德、吴振鹏、余飞和当地两人组成，周恩来为书记，在周恩来未去之前由项英代理。

中共苏区中央局成立时，中央苏区的第一次反“围剿”已经胜利结束，摆在项英和中央局面前的头等大事，就是如何处理富田事变。1月

16日，中共苏区中央局作出《对富田事变的决议》，将富田事变定性为"完全是反党的反革命的行动"，决定将事变领导人段良弼、李伯芳、谢汉昌、刘敌、金万邦等开除党籍，"至于在他们影响之下，和其欺骗的党员党是号召他们醒悟过来，回到党的领导之下……"。还强调"今后肃清AB团取消派等具体方法，必须根据一定事实和情形，绝对不能随便乱打乱杀……"，"也不能随便听人乱供乱咬"。

项英及刚刚成立的苏区中央局对于富田事变的处理，已为研究者所充分肯定。实际上，这个决议对富田事变本身的定性，与此前总前委的看法并无本质的区别。项英在这个问题上真正值得肯定的，是将富田事变的领导人与一般干部战士加以区别，在对事变领导人处以严厉的组织处分的同时，希望受"其欺骗的党员"醒悟过来，回到党的领导之下，并没有将参加事变者全部看作AB团分子；同时强调以往在肃AB团"执行中发生许多错误"。

随着对富田事变前因后果的了解，特别是事变领导人和红二十军到河西之后，不但没有投降敌人，而且还将误捕的易尔士释放回总前委，又派人去上海向中共中央汇报情况，继续从事对敌斗争，打土豪分田地，还准备再次攻打吉安。在这种情况下，项英倾向于以内部矛盾问题来处理富田事变。2月4日，项英以中共苏区中央局名义指出：党内领导的互相摧残是国民党才有的，在共产党内绝没有这种事情，是不容许的。2月19日，中共苏区中央局发布第十一号《通告》，对富田事变的态度进一步缓和，认为"不能有事实去证明领导富田事变的全部人纯粹是AB团取消派"。

然而，项英用内部问题的方式解决富田事变的计划还未来得及实现，共产国际和中共中央作出了富田事变是"反革命事件"的最终定性，结果使已经扩大化的苏区肃反，非但未能停止下来，反而进一步加剧……

1931年4月后，以反AB团为主要内容的肃反扩大化进一步严重，而所谓AB团分子几乎都是刑讯逼供的产物。1932年5月江西苏区中共省委工作总结报告在谈到肃反工作时说："所谓硬的方法，通常捆着双手吊起，人身悬空，用牛尾竹扫子去打，如仍坚持不供的，则用香火或洋油烧身，甚至有用洋钉将手钉在桌上，用篾片插入手指甲内，在各县的刑法种类，无奇不有……每一犯人，至少要用刑一次……总之，犯人不招供，审判的方法，就是用刑来对付。不招供，不停刑。”

用这样的方式去打AB团，自然使许多人屈打成招，而一旦承认自己是AB团分子，又必须把他所在同一级单位的“反革命组织完全招出……等机关内AB团组织完全供出，如供不出，则续刑追”。如此一来，“犯人不（就）在各机关捉熟人诬供，没有熟人的，则看见过某机关袖章上人名的，即据以招供”，以至于人们不得不或把袖章上的名字涂去，或者将袖章放在袋子里面。在让所谓AB团犯人招供时，一定要提供一定数量的AB团同犯名单，如果招得太少，即认为不忠实，“甚至有开一名单向犯人提问的，有用暗示的方法，要犯人招供的”，凡被两个人供出为AB团，“不论事实是否符合，更不耐心去另找旁证证明招出的口供忠实与否，即将被供人拘来”。特别是在第三次反“围剿”战争（此次反“围剿”从1931年7月至9月历时3个月）最激烈的时候，肃AB团“天天在行动中，而拘捕之人犯，又多无时间来审讯，于是把拘捕的人犯或被AB团供有组织的机关内工作人员站队点名，询问，如承认加入AB团的，即允许自首自新，不承认的即认为是AB团坚决分子处以死刑”。处决所谓AB团分子多在夜间进行，“如省保卫处曾于一夜处决六十个保卫队，兴国一夜处决三四十个”，“间有残酷办法，剖腹剜心（各县都有此现象）”。

这一段时间，打杀AB团极其草率，“对消极怠工分子，不采取教育的方式，提高他的积极性，不考察他消极的来源，一律认为这些分子都是AB团，有计划地来捣鬼，如夜间说梦话，不挑禾草，不去开会（胜利县），因家中有困难，不愿意出席全苏会（兴国）等认为是AB团”而被扣，以至于一时间出现了人人自危的局面。由于许多机关团体的干部被当作AB团分子被肃掉，需要相应补充人员，但对于提拔干部，调动工作，大部分人都是啼啼哭哭，不愿意去，原因是到了一个新单位，便有被供为AB团分子的可能。“在打AB团最激烈的时候，两人谈话，都可被疑为AB团，所以彼时的党团员如果没有上级来人参加，都不敢开会”。“凡打AB团不毒辣的，都认为与AB团有关系”。（《江西苏区中共

省委工作总结报告》1932年5月,《中央革命根据地史料选编》上册)

谁是我们自己人?

1931年1月7日，周恩来主持中共苏区中央局会议，检讨中央苏区的肃反工作。会议通过了《苏区中央局关于苏区肃反工作决议案》。这个文件虽然也肯定“过去反AB团斗争是正确的，是绝对必要的，的确给AB团一个致命的打击，破获了AB团的重要组织，巩固了苏维埃的政权”，但整个决议案的核心内容，是指出反AB团斗争的简单化和扩大化错误。

1932年1月25日，中共苏区中央局作出《关于处罚李韶九同志过去错误的决议》，认为李韶九“在肃反工作中所做的严重错误，一般的是在党当时错误的领导之下造成的，而他加以扩大，甚至违背上级的决定去独断独行，以致形成极错误的肃反中心论”。在这之后，中央苏区肃AB团的工作逐渐进入“停顿状态”。一部分所谓AB团分子被允许自首，属于工农出身者自新自首后可以不杀，区乡政府不能像以前那样随意捕人杀人。“此后，虽然还打AB团，也杀了一些著名人物，但没有1930年到1931年那样大规模地乱打乱杀了。因为，当时各级领导知道中央及周恩来同志对中央苏区肃反‘简单化’、‘扩大化’作了严厉批评，同时建立了司法机关，对于犯人，逮捕、审讯和处决，都要经过一定的手续了”。(《萧克同志谈中央苏区初期的肃反运动》，中国革命博物馆党史研究室《党史研究资料》之四,四川人民出版社1983年版)

土地革命时期各个革命根据地肃反出现严重的扩大化错误，原因自然是多方面的。1980年，邓小平在指导起草《关于建国以来党的若干历史问题的决议》时，曾说过这样的话:“开始打AB团的时候，毛泽东同志也参加了，只是他比别人觉悟早，很快发现问题，总结经验教训，到延安时候就提出‘一个不杀，大部不抓’。在那种紧张的战争环境中，内部发现坏人，提高警惕是必要的。但是，脑子发热，分析不清，听到这一个口供就相信了。这样就难于避免犯错误。从客观上说，环境的确紧张。从主观上说，当然也有个没有经验的问题。”(《邓小平文选》第二卷，人民出版社1994年版）依笔者的理解，这里所说的“没有经验”，除了没有肃反的经验外，恐怕亦包括对于如何搞革命、如何分清敌我友没有经验。

苏区肃反扩大化，还与当时盛行越“左”越革命的潮流有关。大革命失败后，因全党对于右倾错误给革命和党自身造成的危害有切肤之痛，对于国民党右派利用共产党的退让对革命者大开杀戒产生了强烈的阶级复仇情绪，因此，全党在克服右倾错误之后未能预防左倾错误的产生，而是认为“左”才是真正的革命，并且越“左”革命越坚决彻底。在许多地方，革命暴动之时，均曾提出“杀尽一切土豪劣绅”的口号，而对土豪劣绅又没有具体的评价标准，误杀甚至乱杀也就难免发生了。对于AB团，不论中共中央、红一方面军总前委，还是赣西南特委，无一不认为它是江西最反动的势力，自然要彻底肃清。所以，当时在要不要肃AB以及在AB团遍及于赣西南各地的认识上，各方并没有不同之处。

毛泽东曾在《中国社会各阶级的分析》一文中说过，谁是我们的敌人，谁是我们的朋友，这个问题是革命的首要问题。这无疑是正确的，但这个“革命的首要问题”中，似乎还有一点：谁是我们自己人。肃反扩大化就是没有搞清楚敌我，把大量自己的同志误当作敌人处置。为什么连谁是自己人都没有分辨清楚，一方面如邓小平所指出的：“环境的确紧张”。另一方面，也是更主要的，是在指导思想上将革命的敌人设想得过于强大和过于无孔不入，并且将本不应当作主要敌人看待的可争取力量，也视为敌对力量，进而认为中间阶级是最危险的敌人，如此一来，肃反岂有不扩大化之理？

（作者系文史学者，中共中央党校教授、博导）

原载于《同舟共进》2012年第3期

1949，“中国第一舰”起义揭秘

毛剑杰

1949年2月25日凌晨，停泊于吴淞口的国民党军“重庆”号巡洋舰上，眭世达等20名水兵趁着黝黑的夜色，秘密聚集于281号雷达室中。

1时30分，水兵陈洪源、武定国、刘忠等人起身，隐入铁门外的黑暗中。水兵王洛则摸进配电房切断了无线电、电话电源。

不一会儿，当晚舰上的轮值哨兵，先后在被引来吃夜宵时缴械。而后，举事者领头进入武器库，用看管的钥匙打开了全部手枪、冲锋枪和子弹的储藏柜——令蒋介石出离愤怒的“重庆舰叛逃”事件，也即中共方面所称的“重庆舰起义”开始了……

重庆舰：“中国第一舰”

3年前的1946年2月，19岁的眭世达为谋生考入了国民党海军教导总队学兵大队。8个月的预备训练后，眭世达等400余人被送往英国海军学校学习。

在英国接触真正的海军后，眭世达由衷地希望中国“有一支能抵御外患的强大海军”，然而国家内战频仍、民众流离失所的消息不断传来，令他感到烦恼，他和许多同学都不想参加内战，有人甚至利用所学的海军技术，逃亡到外国商船当了海员。眭世达也打算这么做，甚至积累了逃亡的路费，直至遇到同在英国军舰上实习的同学毕重远。毕重远利用兼职舰上图书管理员的便利，向眭世达推荐了大批苏联小说如《母亲》、《静静的顿河》、《钢铁是怎样炼成的》等。

眭世达后来回忆说，这些小说令他想到了自己幼年失去母亲、童年随失业的父亲沿街乞讨的悲惨生活。从那时起，他内心已经“向往革命”了。

眭世达又结识了同样“倾向革命”的于家欣、陈斌等，他们正是后来主导“重庆”号倒戈的核心群体。1948年4月，眭世达等人结束在英国的学习，并正式接收了“曙光”号（为抵偿在香港代为保管中丢失了的中国6艘港湾巡逻艇，英国政府将该舰移交国民党政府）——这是一艘1936年下水的7500吨级轻巡洋舰、“二战”中英国海军地中海“K”舰队旗舰，曾摧毁过德军工事和火药库，击沉过德国“勃力世”号巡洋舰，后来又在地中海击沉过两艘意大利驱逐舰、10艘运输舰。

它的辉煌历史还不止于此。1944年，欧洲盟军总司令、美国艾森豪威尔将军曾乘该舰指挥战斗；它还参加过西西里岛登陆战及争夺希腊海岸的战役。1948年4月，它改名为“重庆”号，成了国民党海军吨位最大、火力最强、舰速最高的舰只。

舰上人心混乱，地下党秘密策反

重庆舰回国途中，几乎在每个港口停泊时都有士兵逃亡，留在国外当了海员。在彷徨不安中，在越来越浓烈的内战火药味中，1948年8月14日，重庆舰终于来到了南京。

仅仅1个半月后，刚完成检修的重庆舰便被投入了内战战场，第一个任务是在国民党海军司令桂永清亲自督战下，先后于烟台、秦皇岛、葫芦岛、营口等地，向岸上开炮支援国民党陆军。在锦州战役中，还曾炮击塔山解放军阻击部队，有解放军老兵后来回忆，“一炮就打掉我们一个排的兵力”。

1948年，重庆舰返回上海。此时的上海，因为国民党货币政策失误，流通才不过数月的“金圆券”，正以“过条马路物价就翻一番”的速度贬值，重庆舰士兵也深受其苦，一个月薪饷竟吃不上两碗阳春面。还有一些士兵，在葫芦岛卖掉了用国外积蓄购置的手表、金戒指，换回金圆券，指望回上海后再重新购进一批更便宜的物品，赚点小差价，结果却因金圆券贬值而血本无归。于是怨声四起，一股憎恨情绪开始在舰上蔓延，“开小差一时成风，每日必有数人”。国统区民生凋敝的种种乱象，也令眭世达对国民党更为失望和愤懑。这期间，他开始阅读《大众哲学》、《共产党宣言》等共产主义书籍，一度被其他士兵发现，但对方并没有去报告军官。眭世达觉得，这是因为“大家都已经心存不满”。

眭世达决定趁探亲假时逃亡到解放区去，结果却因为没找到门路而失败，无奈返回重庆舰。副舰长牟秉钊对士兵异动早有觉察，于是剥夺了眭世达“一切上岸放假”的权利。无法逃亡的眭世达焦虑得整天在甲板上走来走去，以致被人怀疑“得了精神病”。但他不知道，在他试图逃亡期间，毕重远已经开始谋划策反舰上士兵驾驶军舰投向中共。而他的种种焦虑，也被毕重远看在眼里。当眭世达苦恼地说自己“走不了了”，并劝毕重远“赶快开小差”时，毕重远却平静地说：“一个人走太便宜他们了，要走连军舰一起带走！”

和毕重远一番推心置腹后，眭世达终于加入了那个已在舰上存在多时的秘密策反团队。

起义过程出奇地顺利

眭世达又介绍了投奔解放区不成被捕、被保释出来的于家欣。此后，毕重远、陈洪源、眭世达等人每天聚在位置偏僻、少有人走动的“281”雷达室中秘密商谈，不久后，一个名为“士兵解放委员会”的组织成立了。

1949年初，重庆舰接到命令开赴青岛港。据此，“解委会”设想在航行中发起武装暴动夺取枪支，以武力控制驾驶台，迫使军舰绕过“成山角”，驶向已在解放军控制下的烟台港。

这个设想很冒险：以20人控制570人，一着不慎可能就会全军覆没。

然而，1949年2月17日，重庆舰突然驶向吴淞口，并备足了在塔山战斗中消耗殆尽的弹药，以及燃料、淡水等给养物资。而后，两名长江引航员上舰住下，航海部门还准备了江阴一带的海图。显然，重庆舰将会参加阻止解放军渡江的战斗，而在长江航行中武装暴动更加困难，狭窄的江面上军舰掉头不方便，并要面对江阴、吴淞口两地炮台威胁。

“解委会”紧急磋商后，觉得还不如在吴淞口停泊状态下举事，最初设想在2月21日晚动手。但眭世达回忆，有位核心成员明知要行动，却在那天下午擅自上岸度假，另一位核心成员则离舰去会女朋友了，行动只好告吹。

2月23日，副舰长牟秉钊忽然离舰去南京。在作战当口忽然离岗，令“解委会”嗅到了一些不寻常的气味：他极有可能觉察了舰上士兵的异动，去向海军总司令部请示措施。而在士兵中，也已经在密传“有人要开船”。看来，核心成员中有人“嘴皮漏风了”。

形势危急，留给眭世达们的时间已经少之又少。“解委会”决定趁2月25日晚毕重远值更、负责保管武器库钥匙时行动——24日晚饭后，眭世达和陈洪源便轮流在“281”雷达室外守门，只许进不许出。

举事进程出乎意料地顺利，几乎完全按照设想进行，于是就出现了本文开头的那一幕。

暴动第一阶段完全成功，但剩下的问题并未让眭世达们感到轻松：即便能安全驶出长江口，在去烟台的漫长航路上，必定会遭国民党海空军拦截。凌晨3时许，“解委会”决定开船，按计划开始劝说舰长邓兆祥协助航行。在眭世达印象中，邓兆祥是一位忠于职守、航海经验丰富的老船长，回国时曾抵制英国人的监督，维护了国家体面。但回国后依然未得海军司令桂永清的好感，桂反而派亲信、督战处处长卢东阁来舰上监视他，并打算取而代之。

但直到此刻，邓兆祥依然坚称负不了责任，于是被起义士兵警告一旦暴动失败，军舰将被炸沉。此时陈洪源等确实做好了万一失败引爆主弹药库的准备，邓兆祥被迫同意协助航行。凌晨5时，重庆舰仍然打着国民党旗号驶离吴淞口，事先拟好的“告士兵同志书”同时开始散发。按照正常的起床时间，“解委会”向全舰广播，号召全舰士兵支持。愤恨国民政府腐败的士兵们，有四五十人相继表示响应，其中部分水兵被“解委会”吸收，参与舰上警戒；部分军官则被允许帮助舰长航行值更。

然而也有人极度绝望。准尉书记官曾道明冲出休息室，抢夺卫兵的枪，被值勤水兵制服后，单独关进一个舱室。结果他却打开舷窗，投海自杀了。

这让毕重远、眭世达们感到，并非所有的人都拥护起义，因此丝毫不敢怠慢警戒工作。他们组织了十余名士兵在炮位值勤，随时准备与遭遇之敌作战。

军舰驶出长江口后，便以每小时20海里的速度北上，舰上对空炮火首先转入了战斗状态。另一方面，“解委会”又收缴了许多私人手枪以确保内部安全，眭世达们自己则两天两夜枪不离手，也不敢睡觉，熬得眼睛通红，仍要来回巡视。

但此时国民党军方面的反应之慢，出乎所有人的意料。军舰在2月25日夜经过青岛海面时，全舰已进入一级战备。当时设想，如遇美国舰队阻拦，就边打边走，以32海里的最高舰速闯过阻击区。然而预想中的战斗并未出现，于是重庆舰绕过成山角，在2月26日早上7时许顺利到达了烟台港外。

也是在这个时候，毕重远终于向眭世达透露了地下党员身份。其实，中共起码有四路人员在暗中运作重庆舰策反，但分属不同地方、不同系统的中共地下组织，又均是采取单线联系，所以互不相知，处于各自为战状态。如轮机技工张兴昌，就是受中共地下党的委派，于1948年夏季打入“重庆”号的。而舰上军官王淇的弟弟王毅刚也是中共地下党，他密切注意着舰上士兵的动向，当听到雷达少尉莫传香等人闲聊中流露出投奔中共、夺取军舰的想法时，便立即向中共南京市委进行汇报。中共地下党甚至秘密试探过邓兆祥有无脱离蒋介石集团的可能。

蒋介石震怒之余下达“死命令”

当毕重远在烟台向警备区政治部汇报南京地下党的指示及“重庆”号起义的详细经过时，国民党军才刚刚确定军舰失踪。海军司令桂永清闻讯，吓得面无人色，星驰吴淞口，但只见“滚滚长江东逝水”，“轻舟已过万重山”。而在一个多月前，桂永清面对国民党陆军的一败再败，刚刚放出大话称“陆军不打，海军打”；上海市长吴国桢也虚张声势：

“有重庆舰在，上海即可无忧。”

又过了两天，国民党军侦察机才在烟台港湾发现“重庆”号，该舰已落入解放军之手确定无疑。由于事态太过严重，以致于桂永清最初不敢向蒋介石汇报，一边急得涕泪涟涟，不断用无线电发出信息，苦苦哀求邓兆祥：“只要你们回来，不管什么条件我都答应。”但重庆舰始终保持沉默。

从2月26日到3月1日，海军方面连续四天呼叫邓兆祥无效，这才决定向下野退居奉化溪口的蒋介石报告。

蒋介石闻讯大为震怒：“此乃我海军之奇耻大辱。唯有将其炸沉，以免为匪利用。”重庆舰倒戈，不仅大损国民党政府的国际威信，也严重打击了军队特别是海军的士气。并且，作为海军王牌，重庆舰恰好在解放军陈兵江北之际趁隙逃跑，使得蒋介石力抗解放军渡江的计划雪上添霜。舰上还有原存于南京国防部的海军与军方重要档案文件，这些都是蒋介石视为不可见夺于中共的“命根子”。于是蒋密令国民党空军不惜代价炸沉“重庆”号，但国民党空军已经把原本驻扎在华北、华中的作战主力飞机，全部往南撤退到台湾，而烟台在台湾机场的作战半径之外。因此，国民党方面必须把驻扎在台湾的飞机，至少调动到华中或者华北地区，才能攻击重庆舰。一连串盘桓，最终使得重庆舰未遭轰炸就一路平安到达烟台。

与中共烟台地方政府接洽后，重庆舰上大部分国民党军官被押上岸，这令眭世达们松了口气。但这个时候，国民党军也开始行动了。眭世达记得，当天上午，一架飞机从军舰上空飞过。

当晚，国民党方面在广播中宣布将派大批飞机轰炸重庆舰，一些始终持抵触情绪的士兵也开始到处乱喊。舰上气氛再度紧张。

3月1日上午，又飞来了一架“黑寡妇”侦察机，这令士兵们情绪更加混乱。然而解放军既无空军，也无海军，此时的重庆舰处在孤立无援的境地。于是，害怕国民党飞机轰炸的士兵们，要求开航立即离开烟台。

3月2日晚上蒋介石向空军下达炸毁“重庆”号的死命令，第二天清晨国民党便从台湾派遣B-24M型轰炸机4架，先飞到上海加满油，然后一路直飞目标区上空，但因为重庆舰早有准备，沿岸、舰上炮火朝空齐发，B-24M不敢下降，胡乱投下几枚炸弹后，就匆匆脱离战场。

但舰上的惊慌气氛却被国军的轰炸机引爆到了极点。当天，中共胶东军分区政委任克加和邓兆祥一起登舰安抚，得到了士兵们的热烈鼓掌致意。而后，军舰立即起锚离港。

国民党那头，当B-24M回上海补充油弹后重新飞抵烟台时，惊觉重庆舰已杳无踪影。而后，国民党空军又连续在海上搜索三天，竟然毫无头绪，“重庆”号居然在国民党空军眼皮底下消失了！

溪口那头，蒋介石每天电话催问，无奈之下，空军副总司令王叔铭只得飞奔溪口负荆请罪，被心情郁闷的蒋介石不分青红皂白一顿痛骂，称“此为我空军之莫大耻辱”。

回台湾后，周至柔、王叔铭等决定另起炉灶。负责此行动全盘参谋计划的，是后来任台湾空军副总司令的陈锺琇，当时是国民党空军第二军区司令陈嘉尚的少校参谋。一番推演后，国民党空军高层推断，重庆舰很可能躲进了山东半岛附近的某个港湾内，于是在山东唯一还掌握于国民党军手中的青岛“沧口机场”组织了一个临时指挥部。

短短几天间，原本已经空空如也的沧口机场，先是进驻了4架P-38侦察机，紧接着是12架C-47运输机，最后是整整18架B-24M重型轰炸机。陈锺琇在一张山东半岛沿岸的大海图上，顺着最后一次发现“重庆”号踪迹的坐标点，划了一个扇形图，以“重庆”号的平均速率推算目前船的位置。然而从3月15日开始，国民党空军侦察机接连搜寻三天，还是一无所获。直到3月18日，这天早上，飞行员王金笃在葫芦岛空域发觉港口防波堤长了一截，熟悉地形的王金笃觉得纳闷，便拉低飞机打算看个究竟，不曾想地面一阵炮火劈头盖脸袭来，王金笃无法细看，决定先返程。接到王金笃的报告，陈锺琇马上摊开一张葫芦岛港口图，再对照“重庆”号的正上方鸟瞰图，推论那座“新岛”应该就是经过伪装处理的重庆舰。随即，陈锺琇又赶紧派出一架P-38侦察机，到葫芦岛上空拍照确认。

中共指示："留人不留船"

国民党方面的判断是正确的。在葫芦岛，眭世达们用大量渔网伪装了军舰，还用树枝插遍了军舰外表，然而从山上往下一看，军舰轮廓清晰可辨，伪装不但不起掩蔽作用，反而会影响对空作战，于是又将树枝拆掉。

从王金笃的飞机意外撞进葫芦岛港遭炮击那时起，所有人都知道，一场对空战斗已不可避免。疏散大部分士兵后，舰上留下"比较可靠"的100多人，准备迎战。此外，解放军又调来了一个高炮团，部署在码头周围。

3月17日，陈锺琇和司令陈嘉尚亲自坐上王金笃的那架C–47，指引9架重型轰炸机，在一万公尺高空对重庆舰水平投弹。

3月19日一早，国民党方面又出动9架轰炸机，继续向已经处于瘫痪状态的"重庆"号投弹，这一次，有"三枚重磅炸弹直接命中"，直到附近海岸陷入一片火海，B–24M轰炸机队才结束任务，全部飞返沧口基地。随后，陈锺琇又派人去空中拍照，供蒋介石验收成果。

中共方面，根据中央"留人不留船"的指示，重庆舰在拆下仪器和物资后，打开了海底门。望着刚刚夺到手的军舰徐徐沉入海底，部分起义骨干不禁号啕大哭。三个小时后，重庆舰开始向三号码头东侧倾倒，直到3月20日下午才完全沉没。

蒋介石虽然如愿炸沉了重庆舰，然而损失已经无可挽回。继重庆舰后，1949年4月23日，国民党第二舰队司令林遵率领25艘舰艇、1271名官兵在南京江面倒戈。1949年9月19日，"长治"号军舰又在长江口外大戢山海面倒戈……

"重庆"号重见天日

重庆舰重见天日，是在3年后。

1951年4月起，海军青岛基地工兵营和潜水员，在苏联专家的指导下开始打捞重庆舰，于第二年春天成功将其打捞出水。此时中国军工还不具备独立修复重庆舰的能力，无奈之下，只好按苏联专家的意见拆解了“重庆”号。此后，中国海军半个多世纪都未再次拥有新的巡洋舰。

重庆舰拆解后，火炮、仪器、雷达等，一部分作为海军学校的教具，一部分则交给苏联作为打捞费用；汽轮主机给了发电厂，剩下的空船壳最初作为培训干部和技术人员的教育基地，眭世达也在那里当了教员。1959年11月，它又被交给上海打捞局作为水上仓库；1964年又转拨给了天津渤海石油公司，作为海上钻油平台宿舍船。

至于它的空船壳，直到1990年代初期才被彻底解体，然后在炼钢炉里化作了钢水。如今后人凭吊这艘一代名舰的最后纪念，是1982年7月捐赠给了中国军事博物馆的“重庆”二字舰牌。

然而，“重庆”号上还有至今尚未完全解开的秘密。

1949年，蒋介石将国库巨额黄金从大陆运往台湾，其中一笔运到鼓浪屿的100万两黄金，再转拨到经手人名下时，却只剩了70万两。辗转追寻“黄金密档”多年的台湾资深媒体人丁雯静称，除了厦门绝密战时金库外，“重庆”号上存有的28万两黄金，或许正是那批失踪的黄金。

丁雯静还从上海一位不愿透露姓名的“重庆”号老兵口中获悉，1951年4月，解放军曾打捞“重庆”号遗骸，共捞起银元三十余万元、黄金十余万两。

台湾方面称，在上海时，国民党中央银行因为觉得重庆舰安全、保险，于是在船上寄存了大量银元和金条，这是计划中运台黄金的一部分，装了整整一仓库。眭世达也说，重庆舰起事后，为稳定人心，全舰500多名士兵军官，每人分了400多枚银元，而这不过是仓库的一小角。但他们当时并没有见过船上的黄金。也没有人知道，“重庆”号上的黄金当时要运到哪里，后来又流落到了哪里……

（作者系文史学者）

原载于《同舟共进》2012年第10期

历史岂能变“戏法”

叶永烈

从“全部牺牲”说起

我在2010年第2期《名人传记》上读到《汤恩伯与蒋介石的恩恩怨怨》一文，内称1949年10月24日（应为25日凌晨）中国人民解放军九千余人登陆金门之后，“全军官兵全部牺牲。国民党方面指挥金门战役的主管正是汤恩伯。”

恰巧当时我刚从台湾金门归来，我趁在台湾度假一个月，去金门住了四天。我在金门详细参观了古宁头战史馆，并骑自行车访问了当年的古宁头战场。1949年10月的金门战役，台湾方面称之为古宁头战役。战役前期国民党军队指挥官是汤恩伯，后期是胡琏。据国民党方面统计，中国人民解放军分三批登陆金门，总人数为9086人（其中船工约350人），并没有“全部牺牲”。在古宁头战役中，解放军被俘总数为5175人，阵亡3873人，还有50多人失踪。我在金门的古宁头战史馆看到成批的解放军俘虏高举双手投降的照片及巨幅油画。最后一个被俘的是解放军253团团长徐博，他躲在金门主峰太武山北侧山洞中，直到1950年1月因在夜晚偷吃附近田地中的红薯而被捕。

这些俘虏被押往台中干城营房和东海岸绿岛的“新生营”实施“新生训练”，其中包括244团团长邢永生、参谋长朱斐然，251团团长刘天祥、政委田志春、参谋长王剑秋，244团政治处主任孙树亮、251团副团长马绍堂等。经过“教育改造”之后，有900多人（年龄较大、受过伤以及表示坚决不肯留台湾的）于1950年5、7、9、12月分四批被载上渔船遣返大陆。这些人在南京、杭州和福州接受审查之后，大都被开除党籍、团籍和军籍，回乡务农，也有的被判刑。1983年中共中央发出文件，要求对金门被俘人员进行复查处理。绝大多数人恢复了党籍、团籍和军籍，改为复员军人，补发了复员费。

大部分战俘留在了台湾，其中年轻的被补入国民党军队，也有的安置到台湾各地工作。如原244团的医务人员赵宝厚，被俘后编入国民党部队，在台湾上了军校，成了军医，退伍后在台湾开牙科诊所，1988年带着台湾的妻女回山东泰安探亲。他们西装革履出现在那些在大陆回乡务农的昔日战友面前，双方都不胜感叹！

金门战役大败，是中国人民解放军在连获辽沈、淮海、平津三大战役的巨大胜利之后，产生轻敌与急躁情绪所致。从此蒋介石残部在台、澎、金、马站稳脚跟，海峡两岸的对峙之势开始形成。

历史毕竟不是任人打扮的小女孩。当战场的硝烟渐渐散去，历史的本来面目就会慢慢显现。

我查阅文献，发现所谓中国人民解放军九千余人登陆金门之后“全部牺牲”，源于1949年10月28日第三野战军粟裕、袁仲贤、周骏鸣致第十兵团叶飞、陈庆先的电报。毛泽东在1949年10月29日的《军委关于攻击金门岛失利的教训的通报》中，引述了粟裕等电报内容，称“全部壮烈牺牲，甚为痛惜”，并指出“此次损失，为解放战争以来之最大者”。

当时，由于战场情况不明，同时也为了稳定军心，称登岛部队“全部壮烈牺牲”，情有可原。但是在1987年把《军委关于攻击金门岛失利的教训的通报》收入《建国以来毛泽东文稿》第一册时，对登岛部队“全部壮烈牺牲”不加注释说明事实真相，已属不应该。至于到了2010年仍在鼓吹“全军官兵全部牺牲”，则是在撒谎——因为作者也知道并没有“全部牺牲”，而是为了与官方1949年10月29日的通报保持“口径一致”。

至于国民党军队的伤亡人数，大陆方面称国民党军队死伤9000多人，国民党方面则称阵亡1267人，伤1982人，共3249人。不过，金门在1953年建立的金门地区国民党军队阵亡将士公墓，安葬了4500具遗体。这些战死者还包括在大担、二担以及南日岛战死的国民党军队将士，而大担、二担以及南日岛的战斗规模远比金门之战小，可见国民党方面公布的在古宁头战役中“阵亡1267人”，这数字是明显缩小了的，正确的数字应是“阵亡3500人”。

护送陈云出川，一人还是两人？

历史不仅不容任意打扮，而且不能变“戏法”。

1995年4月10日，陈云以九十高龄去世。陈云病逝不到一个月，香港明报出版社出版了我的《陈云全传》一书。又过了一个月，《陈云全传》台湾版由台湾周知文化事业有限公司出版。

最近，我对《陈云全传》一书进行全面修订，其中涉及的席懋昭问题，发人深省。

我第一次听说席懋昭的名字，是1991年7月9日在北京采访陈云秘书朱佳木。他告诉我，陈云在长征途中奉命离开红军，前往上海，是由一位名叫席懋昭的中共地下党员护送的。朱佳木说，在中共十一届三中全会之后，他在整理陈云的文件时，发现一份席懋昭写的自传。席懋昭在自传中写及护送陈云出川。席懋昭在四川天全县当过灵关小学校长。

那是1935年1月15日至17日，中共在遵义召开政治局扩大会议，史称遵义会议。遵义会议改变了中共最高领导，也改变了中共的政治路线。当时中共是共产国际的中国支部，按照组织纪律，必须向总部设在莫斯科的共产国际汇报。原本中共中央是通过电台与中共上海局联系再通过上海局与共产国际电报联系，由于中央红军长征时唯一的一部100瓦大功率电台在湘江之战中被毁，而中共上海局又迭遭破坏，中共上海局负责人卢福坦、李竹声先后被捕、叛变，所以中共中央决定派出陈云、潘汉年秘密前往上海，恢复上海党组织并从上海转赴莫斯科。

席懋昭于1933年春在成都加入中国共产党。1935年6月12日，红军先遣部队胜利翻越了夹金山。就在红军的中央纵队即将从天全县灵关启程赶往夹金山时，席懋昭接到中央纵队红军两名指挥员交给的重要任务，护送陈云从灵关前往重庆，让陈云能够从重庆乘船前往上海。席懋昭历尽艰辛，冒着极大的风险，完成了这一重要任务。

后来，席懋昭于1937年9月从四川到延安中央党校学习，而陈云在苏联工作之后来到新疆，于1937年11月29日乘飞机从迪化（即乌鲁木齐）回到延安，与席懋昭在延安相聚。席懋昭把一份自传交给担任中共中央组织部部长的陈云。席懋昭离开延安时向陈云告别，陈云拿出一双呢子拉链棉鞋和一听罐头送给席懋昭，这在物资匮乏的延安是很珍贵的礼品了。

席懋昭从延安返回四川，继续从事地下工作。1948年3月18日席在雅安被特务逮捕，并被送往重庆“渣滓洞”。重庆解放前夕，国民党特务于1949年11月27日对“渣滓洞”进行大屠杀，37岁的席懋昭与众多战友当场牺牲。

然而在重庆解放之后，1950年1月重庆“烈士资格审查委员会”在审查时，听信脱险难友所说的“席懋昭在狱中所说的参加过长征及西康组织，是假的”、“表现不好”之类，就认为席懋昭不够烈士资格，对他“不列名”。就这样，席懋昭差一点被埋没。

1983年，由于席懋昭的家乡四川省仪陇县发现一份席懋昭写的自传，内中提及曾经护送陈云出川，便找陈云核实。当时，陈云已记不得席懋昭这名字，但记得护送他的人是灵关小学校长，而且那人的妻子是灵关小学教导主任（也是中共地下党员）。看了席懋昭的照片以及自传中提及担任灵关小学校长，妻子也在该校，确定席懋昭就是当年护送他的人。陈云亲笔为席懋昭写了证明。由于安全护送陈云出川，1984年5月席懋昭被四川省人民政府追记大功一次，终于从“不列名”成为革命烈士。

倘无中共中央副主席陈云的关注和亲笔书写证明，席懋昭也许永远“不列名”！

在仔细考证席懋昭护送陈云出川的事迹的过程中，又发现另一个被历史埋没的人——陈梁。原来，护送陈云出川并非席懋昭一人，还有陈梁。陈梁是四川冕宁县的中共地下党员，随红军长征而来到天全县。其实陈梁与席懋昭一样尽力为陈云“保驾护航”，但由于后来他成了叛徒，在历史上就被抹去了。护送陈云出川，也就像变戏法似的从两人“变”成一人。

陈梁被重新提起，是因为当时的中共冕宁县工委书记陈野苹。陈野苹后来成为中共中央组织部部长。说起陈云出川，陈野苹提到了陈梁。

陈野苹说，“送陈云去成都的两个人中有一人是冕宁沙坝人，叫陈梁，这个人我认识。他当时是冕宁沙坝党支部负责人”。经中共中央组织部部长陈野苹这么一说，于是护送陈云出川又从一人“变”成两人。

其实，陈梁叛变是在后来。我在写《红色的起点——中国共产党诞生纪实》时就强调，不能“以后来论当初”。中共一大代表陈公博、周佛海后来沦为汉奸，但在1921年时是共产主义者。人毕竟是在不断变化的，不能以他们的后来就认定他们作为中共一大代表时“动机不纯”，就要把他们对中国共产党的创立所作的贡献抹杀。倘若陈梁在护送陈云出川时就是叛徒，陈云怎么可能从天全县长途跋涉安全抵达重庆朝天门码头，踏上驶往上海的轮船？

另一例把两人“变”成一人的事，是我在写作关于遵义会议的长篇《历史选择了毛泽东》一书时发现的。

在长征之初，红军选定湘粤边界作为突围之处，是因为事先曾派出密使与驻守那一带的粤军陈济棠谈判。陈济棠与蒋介石有矛盾，他答应给红军“借道”。

红军密使是周恩来派出的何长工。我查阅何长工所写的回忆录《同陈济棠部队谈判前后》，内中写及：“我遵照周副主席的指示，穿着西装，戴上草帽和墨镜，坐着四人抬的大轿，带了一个骑兵连，前往谈判……”何长工的回忆录，只写他自己如何与陈济棠谈判。

然而，笔者查阅1934年10月5日朱德签署的给陈济棠所属第三军第七师师长黄延桢的信，却写及特派潘健行、何长工为代表前来协商一切。潘健行何人？潘汉年也！明明是两台大轿前往陈济棠部队，何长工回忆往事时，为什么避而不提“潘健行”？这倒不是何长工欲抹杀“潘健行”的功绩，而是因为当时（1981年）潘汉年尚未平反，不便提及罢了。直至翌年8月23日，中共中央发出文件，正式宣布潘汉年“内奸”案乃是一重大错案，潘汉年才得以平反。

何长工在1982年之后出版的回忆录中，补提了潘汉年——一人“变”成两人！这表明他当初的回忆录不提潘汉年，确实由于“避嫌”之故，并非记忆失误……

像这样因“避嫌”而不提某某人、某某事的回忆录，并不鲜见。这些回忆录造成了历史的误区。在研读回忆录时，不能不注意内中的“避嫌”之处。当然，作为回忆录的作者，也应把尊重史实放在第一位。

不必为尊者编织美丽的谎言

我在读一本题为《贺氏三姐妹》（东方出版社2003年版）的书时，注意到其中关于毛泽东与贺子珍婚姻的描写。该书写及，毛泽东与贺子珍在井冈山谈恋爱时，“事隔不久，从家乡传来杨开慧英勇就义，被军阀何键杀害的消息。这一消息着实震惊了毛泽东”。

然后，该书又描写：

子珍与泽东的相恋，在没有公开之前，已有人隐隐约约地感受到了。她不是别人，正是袁文才的夫人谢梅香。是她站出来为子珍做媒，成全了他们的世纪姻缘。

井冈山的天黑得早。

在一个花好月圆的傍晚，大家围坐在一起，清茶一杯，袁文才夫妇又烧了几个素菜，以水当酒，敬天敬地，共祝革命的成功。简单的婚礼，孕育着革命必胜的哲理。

按照这位作者的描写，杨开慧英勇就义在先，毛泽东与贺子珍的结婚在后。谭政是井冈山时期毛泽东的秘书。据谭政的回忆文章《难忘的井冈山斗争》中说：

毛泽东同志与贺子珍结婚就是在夏幽，是一九二八年四月至五月，热起来了，穿件单衣，结婚很简单，没有仪式，没有证婚人。从夏幽退出以后，两人就是夫妻关系了。

然而，杨开慧是在1930年10月在板仓被军阀何键抓捕。曾任中共湖南省委书记的叛徒任卓宣向何键献策：“杨开慧如能自首，胜过千万人自首。”于是，审讯官提出，杨开慧只要宣布同毛泽东脱离关系即可自由。杨开慧坚决拒绝。同年11月14日，杨开慧在长沙被杀害，年仅29岁。牺牲前她只说了一句话："死不足惜，但愿润之革命早日成功。"

也就是说，35岁的毛泽东与19岁的贺子珍在井冈山上结婚时，杨开慧并没有被何键抓捕。杨开慧是在毛、贺结婚后两年半才被何键抓捕、杀害的。

历史就是历史，事实就是事实，大可不必为尊者讳而编织美丽的谎言欺骗读者。像《贺氏三姐妹》这样明知史实却故意编造"假故事"，是不足取的。

我在中南海陈云家中采访陈云夫人于若木的时候（1995年6月27日），她的坦诚令我感动。她告诉我，她是在陈云1937年11月29日从迪化（乌鲁木齐）乘飞机到达延安的当天，在欢迎仪式上第一次见到陈云的。她原是北平女一中的学生，当时刚从北平来到延安不久，在延安陕北公学五队学习，18岁。

陈云从小就体弱，有着流鼻血的老毛病。回到延安之后，工作忙碌，旧疾复发，鼻血不止，只得在窑洞里卧床休息，需要有人照料，组织上调于若木去照料，日久生情，陷入热恋。当时，陈云32岁，比于若木大了14岁。

采访于若木之前，我查阅过种种关于陈云的资料，只提到陈云和于若木1938年3月在延安结婚，从未写及陈云有过别的婚姻。我没有想到，于若木主动告诉我，在她之前，陈云有过一次婚姻，由于双方意见不合而离异——这也是陈云在与于若木结婚之前告诉于若木的。

于若木说，当时她愿意嫁给比她大14岁的陈云，是因为陈云是老实人。陈云也曾对于若木说："我是个老实人，做事情从来老老实实。你也是一个老实人。老实人跟老实人在一起，能够合得来。"

后来，我把陈云在与于若木结婚之前有过一次婚姻，写进了陈云的传记，第一次披露了陈云的感情历程。其实，于若木在接受我的采访时，完全可以不提这件事。于若木的坦荡，很使我感动。

（作者系文史学者、作家）

原载于《同舟共进》2011年第1期

蒋氏父子在溪口的最后日子

王　凡

历史行进至1948年末，蒋介石赖以支撑其内战独裁政策的几百万军队遭到人民解放军摧枯拉朽般的打击；经济改革失败，通货膨胀，国民经济濒于全面崩溃，民怨鼎沸；国民党政权内部的派系争斗骤然加剧，李宗仁、白崇禧等人频向蒋氏发出下野出国的“劝告”；美国白宫亦感觉蒋不可救药，催促换马，让李宗仁取而代之。在走投无路的情况下，蒋介石不得不“慎密考虑引退问题，盖以在内外交迫的形势之下，必须放得下，提得起”。

1949年元月19日上午，蒋约见李宗仁“商谈时局，表示隐退之意”。21日，蒋介石被迫以“因故不能视事”的名义宣告引退，由副总统李宗仁代理总统。

就在同一天，蒋介石于儿子蒋经国的陪侍之下，踏上归返故里的旅程。从元月22日到4月25日，蒋介石度过了他在家乡溪口的最后岁月。那是蒋氏父子既感受到乡情、亲情温馨，又不堪落寞愤懑烦恼，因而发出前所未有的良多感叹的日子。

笔者近日得暇，在溪口盘桓经日。眼观蒋氏家族相关遗迹，耳闻蒋氏父子尘封故事，让人感觉意味悠长，特别是蒋氏父子留在溪口的最后言语行止。

蒋介石：“武山庙菩萨是灵的！”

东出武岭门外，行约百步，右手边有一庙宇，此即武山庙。历史上，它是溪口镇任、宋、单、张、蒋五姓宗族共祀之庙。自蒋姓繁衍为镇上大姓后，蒋姓便做了社首，蒋家重大庆典多在此举行。

蒋家与武山庙有特殊的因缘。清朝末年，蒋介石的父亲曾被推选为庙首，执掌庙产的日常管理。他曾召集五姓族长，对武山庙进行大规模扩建，由此奠定武山庙至今的规模。

民国初年，这里兴办武山小学，蒋介石之子蒋经国于1916年在此启蒙。这之后，蒋介石也曾出资修庙，并多次入庙许愿、求签，把武山庙菩萨当作自己精神的依托。西安事变后，蒋介石回溪口疗伤息养，下车后做的第一件事，就是到武山庙菩萨面前烧香叩拜。

1949年1月，蒋介石第三次下野。这次还乡，与以往历次相比，无论从哪个方面讲，都大有不同。蒋家王朝正在坍塌，“人间正道是沧桑”，这一点似乎连深居溪口镇武山庙的菩萨也“洞若观火”。

在回到溪口时，蒋介石又一次来到武山庙拜菩萨，抽到一个“下下签”。随行在侧的侍卫长安慰说：“先生不必难过，签文未必可信。”面对颓败的现实，蒋介石有了几许豁然，坦言道：“不要乱讲，武山庙菩萨是灵的！”

蒋经国：“李（宗仁）之态度，转眼判若两人”

妙高台之“妙”，在于置身山麓仰望，只见其峰不见有台；身临峰顶之后，则只见平台不知是峰巅。妙高台之“高”，在于峰顶海拔虽只有396米，但在平台边缘处，可见三面直临深渊，群山拜服，骤然给人格外高峻的感觉。

妙高台之内，古松高挺，怪石遍地，经年云遮雾绕，入夏气候凉爽，如世外仙境，自古为雪窦登高览胜之地和避暑胜地。相传宋代高僧知和禅师，在妙高台结茅庐而居20年，与台下伏虎洞两虎为邻。知和年复一年诵经于晏坐石，日久竟将两虎感化，跃上台来听经。后知和圆寂，两只老虎竟长守不离。

1927年，蒋介石第一次下野归里，即选中雪窦山这处胜绝之地，拆去栖云庵，修筑了一幢中西合璧的两层别墅，为之题堂额“妙高台”。

原栖云庵中石奇禅师舍利塔，被原封不动地留在了别墅天井中，以往蒋介石偕宋美龄来此避暑，总要在舍利塔前鞠躬行礼。

1949年蒋介石最后一次还乡，妙高台别墅是他的栖息地之一。其时，云缭雾罩的妙高台，成为他为飘摇民国最后一搏的处所，别墅中架设了电台，铺摆了沙盘。与蒋氏从繁华金陵转居苍莽妙高台恰成鲜明对比的是，中共中央从乡野西柏坡开进了千年古都北平城，影响中国命运的两个军机中枢在前后脚之间完成了耐人寻味的移位。

蒋介石从南京国民政府总统任上“引退”那一天，内心的不愉快不平静是不消说的，从其子蒋经国当天已经写得非常平和的长长日记中，谁都能体察得到，这里节选部分片段：“今天是父亲‘引退’的一天，也就是中华民族数千年历史又遭逢了一次厄运，几乎断送国脉的一天；而在我个人亦铸下永世不能磨灭的深刻记忆的一天……时在座同志莫不感情激动，甚至有声泪俱下者。其中坚贞同志，对‘引退’事力持异议，终为父亲婉言劝止。最后，对宣言略加修正，即宣告散会。亦有不少高级军事干部，闻讯痛哭失声……张岳军先生由南京来电话，说李宗仁认为宣言中以中常会改正之点，未明出处，须加修正。并将父亲手拟之‘既不能贯彻战乱政策，以奠定永久和平’数说，亦一并删去。李宗仁等并谓：如不照此改正，则将不签名联合宣言，以此相胁。李之态度，转眼判若两人，其盛气凌人，与缺乏政治风度，殊属可笑……”

“青山遮不住，毕竟东流去”

1月22日，蒋介石在儿子经国的随侍下回到奉化溪口。

此次下野与前两次情形迥异。前两次下野都是在党阀军阀的倾轧中短暂受挫，未几即东山再起。第一次下野他三喜临门，得到美人、权力和外援；第二次下野以退为进，收服了汪精卫，逼走胡汉民、李宗仁，玩弄了孙科，最终将全国军权握在手中。而这一次，“青山遮不住，毕竟东流去”，蒋介石以至有了“到五台山静修”的道白。

虽然蒋介石仍是国民党总裁，明里引退，暗施遥控，更为频繁地干预党政筹谋军机，但回馈到这里的消息，是折冲谈判频接通牒、鏖战沙场兵败如山。江山即将易手，故地不能久留，返乡归期难料……

于是，一旦撇开烦心的军机政务，蒋介石就心无旁骛地去踏看家乡的水色山光，吊祭蒋家的祖墓宗祠，揖拜四明界内的古刹名寺。这一次，他要看个够、祭个够、拜个够。在政治畛域之外，许多从懂事就向往的、从离开故乡再不曾体验过的，在溪口的这3个月，他都力争去了却和经历了。

蒋介石的日程排得满满的，每天八点就寝，六点即起，但在外人眼里，他忙忙碌碌不出三项事：接见政要、求神拜祖、观水游山。只有在做后两项事情的时候，这位曾集民国党政军最高权力于一身的铁腕领袖，才显露出他还有另一面。

到溪口的当晚，蒋介石就下榻在母亲墓地所在的慈庵。蒋经国在这天的日记中写道："回到家乡的奉化溪口，突然又体味到十分温暖的乡情；而且尽量享受了天伦的乐趣。"

从1月22日到溪口，至4月25日，仅从蒋氏父子日记中提及的记录看，除蒋外出与国民党军政要员会见外，来溪口与蒋介石晤面的军政要员就不下40人次，像阎锡山、张治中、吴忠信、张群等都留宿数日，甚至在妙高台与蒋彻夜长谈。

此外，蒋介石到大寺小庵宗祠祖墓求神拜祖的记载有十余次，到溪口的山水间游览的记载多达近30次。仿佛只有家乡的山间清风水上凌波，才能涤洗去现实带给蒋氏父子的烦恼凄怆。蒋经国在1月31日的日记中写道："随父游览涵斋，后登江口塔山寺和小灵峰，僧人殷勤接待。丁兹乱世，人心溃决，而方外人犹存古道，真所谓'礼失而求诸野'也。"

蒋经国笔下的2月21日，更呈一幅太平盛世画面：

山翠潭光，互相辉映，其乐何极？回至岩下，适附近有单姓乡人举行婚礼，父亲带我们顺便参加，单氏举族热烈欢迎。乃送彼山羊一只、老酒一担、花烛一对，并略用茶点而回。

然而就在同一天，由于京沪杭警备总司令汤恩伯的出卖，准备仿效傅作义起义的浙江省主席陈仪，在蒋介石的授意下遭特务逮捕。1950年6月18日，在台湾，陈仪以"勾结共匪"罪名被枪杀。

在大陆的最后一次年夜饭

蒋氏父子到溪口的第七天，恰是农历除夕。当天晚上，蒋介石全家在丰镐房报本堂吃年夜饭。

在主桌用餐的，除了蒋氏父子，史称蒋介石终身幕僚的张群、时任立法院副院长陈立夫、国民党中央党部秘书长郑彦棻，还有奉化县长周灵钧，溪口当地父老毛颖甫、王良鹤。

蒋经国亲自把盏，给宾客敬酒。为毛颖甫敬酒时，毛站起身来连说："不敢当，不敢当，经国兄。"蒋介石觉得不合适："就叫他小名建丰吧！论辈分，他还是你的孙儿辈呢！"毛颖甫之所以如此谦恭，是因为他那任蒋介石侍从室机要室主任的儿子，在蒋介石困顿之际，带着妻儿到国外去了，他觉得儿子有负蒋家栽培。

接着，蒋介石问在座的王良鹤："老鹤头，世和如今在哪里？"王良鹤回答："在宁波治病，现已回家。"蒋说："世和跟我多年，尽管有些毛病，流落在外总不好，还是回到我身边吧！"王良鹤遂离席而去，不一会儿便领儿子王世和前来。王世和见蒋就立正敬礼，大声说："世和愿追随先生到底，至死不移！"蒋介石听了很高兴，招呼王家父子入席。

丰镐房聚餐过半，蒋经国抽身去武岭学校礼堂，给安排在那里吃年夜饭的军官们敬酒。他端起酒杯，用沙哑的声音说："诸位，家贫出孝子，国难出忠良，当我们走上坡路时，有人跟着我们，这不稀奇。现在我们走下坡路了，各位从各地费了不少周折，来到这里，这才是最难得的呀！"说完一饮而尽，宴席上充满了悲凉的气氛。

1月29日是农历新年。一大早，蒋经国就率妻儿上山，给驻跸慈庵的蒋介石拜年。蒋介石给孙辈们分了压岁钱。早饭后，蒋介石乘车往宁波白水巷，拜谒北宋先祖蒋浚明神位。汽车开到宁波仓头桥街口，他就下车步行到先祖神位牌前脱帽鞠躬。返回溪口后，蒋介石又到溪口蒋氏总祠堂及一、二、三、四各房祖堂参拜祖先神位。

虽逢中国人最喜庆的佳节，但蒋家人却快乐不起来："念一年又过，来年如何，实难想象。更不知有多少人在痛苦和忧愁中，度此年节。目前整个社会，充满了血和泪，我纵欲新年言吉语，但事实如此，又如之何！”但为什么会“充满了血和泪”，蒋经国没做进一步的深思和检讨。

蒋介石冷淡地说：“他来不来无所谓”

3月3日，总统府资政吴忠信来到了溪口。吴氏与蒋介石关系非同一般，可以追溯到很早。北伐初始他就被蒋特邀去当军机顾问，后来虽职位不高不显，却始终是蒋特别信任的人。

1948年4月，蒋介石通过“行宪国大”当上总统后，吴忠信即任总统府秘书长。而当蒋介石宣布“引退”，李宗仁代理总统后，吴氏便辞去秘书长职，只担资政之职。但真正说明两人关系密切的，是一些更私人的故事。

1927年，蒋介石为与宋美龄结婚，要与原配夫人毛福梅离婚，遭到拒绝。蒋费尽心思请来当时的高僧太虚法师，给毛氏灌输虚空之念，以诱使毛同意离婚。那年中秋，太虚在圆月之下给毛福梅讲解《心经》，说得毛福梅心生摆脱烦恼的念头。当时一起听太虚讲经的，除了蒋介石夫妇外，吴忠信也在一旁。

同样出于和宋美龄成婚之目的，蒋介石亦与1912年纳的妾姚冶诚谈判脱离关系。最后姚同意离异，蒋承担其此后生活费用。谈妥后，姚即搬到吴忠信在苏州的宅第寄居。由于蒋介石次子蒋纬国幼年一直由姚抚养，此后的吴忠信除了帮蒋介石照料姚氏之外，还肩负起蒋纬国教养的重任，故而蒋纬国拜他为干爸爸。

吴忠信此次到溪口，逗留了4天，日日与蒋介石长谈，所谈话题涉及政治、经济、外交。他们还相携游览了“山水美丽清奇”的溪口名胜徐凫岩。

吴氏走后不久，蒋经国便得到消息，说：“李宗仁指使南京《救国日报》以‘蒋不出国则救国无望’等标题，对父亲连日攻击，同时特告美国合众社记者，谓礼卿先生之来溪口，系劝父出国，且暗示礼卿先生为劝父下野最有力之人，以歪曲父亲之引退，为被劝而非主动，其用心之险可知矣。”

还是在1949年初逼蒋隐退之际，李宗仁等反蒋派及亲蒋派一些人物，就从不同立场出发劝蒋介石暂时出国。但蒋介石视出国为亡命，坚决拒绝。因为他还要主导与中共的对抗，同时根深蒂固的蒋桂矛盾也让他不能释怀。立足国内，易于操纵周旋。出于此想，蒋氏父子对持“劝出”态度的人自然心存腹诽。

曾经深得蒋介石信任的张治中，恰在那个时候一再托人向蒋建议早日“出洋”。他罗列的理由看似为蒋着想：一可避免攻讦目标，二卸去和战失败的责任，三使一般将领减少依赖心，四可以增广见闻。但蒋氏父子对此很不买账，当张治中提出要来溪口时，蒋介石神情冷淡地对儿子说：“他来不来无所谓。”

蒋经国的四十生辰过得冷冷清清

这一年的4月15日，是蒋经国的40岁生辰。“天色微茫中起床，至祖堂拜祖，六时上慈庵，八时侍父做祷告，并向父礼拜报恩”。

蒋介石对儿子的生辰似乎早有准备，他展纸挥毫，为蒋经国题了“寓理帅气”四个大字。这四字题词随后被制成匾，悬挂在丰镐房的报本堂内。

在“寓理帅气”四字后，蒋介石还书写了跋文，作为题词的解释，并说明对经国的期望，跋文写道：“每日晚课，默诵孟子‘养气’章。十五年来，未尝或间，自觉于此略有领悟。又常玩索存心养性之‘性’字，自得四句曰：‘无声无臭，惟虚惟微，至善至中，寓理帅气。’为之自箴；而以寓理之‘寓’字，体认深切，引为自快；但未敢示人。今以经儿四十生辰，特书此‘寓理帅气’以代私祝；并期其能切己体察，卓然自强，而不负所望耳。”

对父亲的题字和跋文，蒋经国心生感慨：“凡此所言，希望于我愈深，亦鞭策于我愈力，此后修养治事，定以此为准绳。孔子说：‘四十而不惑。’我已至不惑之年，一事无成，且常感情用事，不能‘持志养气’，细想起来，真是惭愧万分！”

当晚，蒋家举办了生日聚餐，蒋家的至亲好友，蒋经国的朋友学生，都赶来参加。蒋经国在日记中说：“许多旧朋友和老同学，从沪杭各地，远道赶来欢聚；乡居得此，亦一乐也。”但从其他参与者的追忆看，夜宴上并不见有蒋经国所谓“乐”的气氛。

三青团中央干校学生王治平曾对此作过描述，他是专门从上海赶去祝寿的：“教育长四十寿辰过得简简单单，冷冷清清，丰镐房没有寿堂，更没有吹吹打打的热闹景象，我们上海来的同学直到夜宴时才见到他，简直省略了拜寿的仪式。夜宴并不丰盛，被邀的客人均是蒋氏父子的嫡系僚属及近亲门生。蒋经国敬酒一如往日，但今非昔比，他神情黯淡，喉咙更加沙哑。我们陪酒、敬酒的客人也感到窒息般的沉闷，杯杯是冷酒，苦酒浇心头。蒋经国强打精神讲了话，客人们似乎不是在听他讲什么，而只是眼睁睁地观察他沮丧的神情。”

那天夜宴后，蒋家还在武岭学校礼堂演祝寿戏，招待前来祝寿的客人。

忽然动身，蒋介石要去哪里？

1949年4月21日，国共和谈破裂，次日人民解放军分三路强渡长江，兵锋直逼南京。这天，蒋介石急邀李宗仁、何应钦、张群、白崇禧等到杭州会谈，商议对策。然而，对策刚商议完，南京城内的总统府也完了。蒋介石于23日匆匆回溪口，准备离开。

蒋经国4月24日日记写道：“内外形势已临绝望边缘，前途充满暗影，精神之抑郁与内心之沉痛，不可言状，正‘山雨欲来风满楼’之情景也。窃念家园虽好，未可久居。乃决计将妻儿送往台湾暂住，以免后顾之忧，得以尽瘁国事。”

中午，蒋介石吩咐蒋经国：“把船只准备好，明天我们要走了。”蒋经国当即问，去哪里？目的地是哪？但蒋介石却没有应答。其时，在象山码头停泊待命的军舰只有一艘太康号，舰长为中校黎玉玺。

蒋经国将黎玉玺召来布置开航准备诸事，黎玉玺遂问蒋经国：“你知道不知道领袖明天准备到什么地方去？”蒋经国说：“我也不知道，不过以这次取道水路看来，目的不外两个地方：一是基隆，一是厦门。”

黎玉玺觉得蒋经国的分析八九不离十，便赴港口准备。

当日下午，蒋经国的妻子方良，儿子孝文、孝武、孝勇，女儿孝章离开溪口，先行去台。蒋经国因忙于撤离溪口的种种事务，“遍地烽烟，未往送行”。傍晚，他回到妻儿走后的丰镐房家中，感到“冷落非常，触景伤怀”。

太原城破之后

蒋经国4月24日的日记里，记述了这样一件事：“梁敦厚等五百余同志壮烈殉职……梁敦厚同志服毒自焚，使我有无限之感想，我与他虽相识不久，但数度长谈，意见甚为投契，且深觉其为人豪爽正直。今如此壮烈殉国，是最光荣的归宿，真不愧为一条好汉。”

梁敦厚是阎锡山的姨表侄，大学毕业不久就任阎锡山机要秘书。阎锡山逃离太原前，任命其代理山西省政府主席。在梁任特警处处长期间，逮捕共产党员、进步人士3300多人，杀死370多人，双手沾满鲜血。

4月20日太原被中共拿下，梁与长期照顾阎锡山生活的阎锡山堂妹阎慧卿，在太原绥靖公署的地下室服毒自尽。还有一些特警人员，也在城破时服毒自杀或互相射杀。

太原城破多人自杀，与阎锡山蛊惑有关。傅作义起义时，阎锡山闻讯集合山西军政人员大骂傅作义，表示自己要死守太原，城破就自杀。阎多次公开宣示：“昔日田横五百壮士，壮烈牺牲，我们有五百基干，要誓死保卫太原。不成功，便成仁。”更绝的是他询问得知德国纳粹军官在苏军攻克柏林时服氰化钾毒丸自杀后，立即让川至制药厂配制五百瓶毒药，并摆在自己面前，让美国记者拍照刊登在美国的《时代》杂志和山西《复兴日报》上，还把照片特意送给美国大使司徒雷登等人。

阎锡山堂妹阎慧卿自尽前夕，让梁敦厚代写《阎慧卿致阎锡山的绝命电》，电文中有：“同仁五百，成仁火中。妹虽女流，死志已决。目睹玉碎，岂敢瓦全……”蒋经国日记所说“五百余同志壮烈殉职”，大概就是根据这份绝命电。但据攻城部队的清点，只有46人是自杀身亡。

据说，阎锡山在上海读到这份绝命电泪流满面。

国民党当局到台湾后套用了古代“田横五百士”的典故，附会编造了“太原五百完人”的故事。阎锡山还撰写了《太原五百完人歌》，其中有：“民族有正气，太原出完人；海天万里招忠魂，歌声悲壮动三晋……谁能为完人？男学梁敦厚，女学阎慧卿……”“太原五百完人”甚至在台湾编入小学课本，影响极大。但由于长时间两岸阻隔，大陆的文史研究人员直到1983年才听说有这么一回事。

许多年后，台湾“狂人”李敖挖苦阎锡山：把照顾自己多年的堂妹留在太原，把那么多人蛊惑得自杀了，自己却弃城逃走，称阎锡山是“没有完的‘完人’”。

父亲的决定让蒋经国大出意外

1949年的4月25日，是蒋介石父子在故乡的最后一天。

清晨，蒋介石、蒋经国父子乘剡溪渡船，到达溪水之南，在南岸新砌的石塴上缓缓徘徊，遥望对岸三里长街，以及与他们身世相关的一处处居所，作了最后一瞥。

上午，蒋介石携经国登白岩山鱼鳞岙，向长眠地下的生母（经国祖母）告别，然后走上镇西的飞凤山顶。“极目四望，溪山无语，虽未流泪，但悲痛之情，难以言宣”。

本来，蒋氏父子想再到丰镐房探视一次，“而心又有所不忍，又想向乡间父老辞行，心更有所不忍，盖看了他们，又无法携其同走，徒增依依之恋耳。终于不告而别”。

那一天，天气阴沉，让蒋家父子更感凄怆。“大好河山，几至无立锥之地！且溪口为祖宗庐墓所在，今一旦抛别，其沉痛之心情，更非笔墨所能形容于万一。谁为为之，孰令至之？一息尚存，誓必重回故土。”

下午三时，蒋氏父子拜别祖堂，坐进了离乡的轿车。车队经奉化县城，南行二十余公里，到了宁海县的西店镇。蒋介石在这里下车，换乘轿子代步，侍卫们步行相随。又行了约二三公里，来到象山港畔的团堧村。

蒋介石一行从这里登上了竹排。为蒋介石坐排撑篙的团埂村村民戴扬土回忆说："为了安稳，排上放了门板，板上再放座椅，共乘5个人。蒋介石坐在排尾，他的椅子是从太康号兵舰上搬过来的，是把太师椅。其他4个人，一个是蒋经国，一个是俞济时，还有两个便衣卫士，都穿黑色中山装呢制服。俞济时那天脚上不适，走路不太方便。蒋介石坐定后，摊开地图，不时查问地名。竹排约行半公里，靠近事先准备好的汽艇。蒋介石等弃筏登艇，再由汽艇驳运到吃水较深的太康号兵舰……"

登上太康号军舰后，蒋介石终于说出了他要去的地方："到上海去！"

"这真是出人意料之外。盖共军已经渡过长江，上海情势非常危急，此时到上海去，简直是重大冒险。但是父亲对于这些，毫不介意，因为放不下自己沉重的革命责任，就顾不得自身的安全，而定要在最危险的时机，到最危险的地方去了！父亲一生冒险犯难，又岂独此而已哉！"这是蒋经国在日记里的感叹。

尽管在长达三个月的时间里，蒋介石似乎已感觉到历史的拐点不可逆转地出现，他对失败的现实已能逐渐面对；尽管家乡的山水、乡情的环抱，让他更多地释放出内心原有的柔性一面，但蒋介石还是选择了用流血的政治方式来解决问题——这，就是政治家们让常人想不透也难以理解之处。而这样的选择使得蒋和他的孩子们最后不得不蛰居在一个海岛之上，再也没能踏上故乡的土地，从此只能于隔海遥望中，平添一缕乡思和乡愁。

（作者系文史学者）

原载于《同舟共进》2011年第2期

四次血案幕后：蒋介石的智与不智

杨奎松

从1945年12月到1946年7月，前后不过半年左右，国民党当局在昆明、重庆和南京三地，接连四次用暴力打杀异议人士，制造了一连串血案。这些血案不仅没有压制住异议者的声音，反而严重地损毁了国民党自身的政治形象。面对接连发生的这类“政府暴力”事件，身为最高领导人且坚持独裁体制的蒋介石，也毫不犹豫地处罚了几位当事的地方军政要员，包括批准枪毙了两批行凶的人犯。

但奇怪的是，蒋的督责、斥骂和惩戒，却从未能阻止类似事件的发生。是蒋真的约束不了手下，还是其中另有原因？

“一二·一惨案”：从“不重视”到“沉不住气”

1945年11月25日晚，昆明党政军针对学生集会采取了威慑和破坏行动。次日，学生罢课还未形成气候时，云南省警备总司令关麟征就向蒋提交了一份情况报告，并要求指示进一步应对方法，却未获批复。

蒋对昆明事件不重视，有一个重要背景。就在昆明学潮发生一周前，蒋刚刚对苏采取了一个重大外交行动，撤回了准备负责接收东北的东北行营，以抗议苏军秘密援助中共夺占东北。一周来，蒋为应对这一事件和采取各种后续行动，正处在高度紧张之中。而11月26日昆明学生罢课开始后，蒋又赶上了另一件他完全没有意料到的事情——蒋对苏采取对抗行动，最需要美国出面干预，不想，他最为倚赖的美国驻华大使赫尔利却在这个关键时候突然宣布辞职。美国总统杜鲁门对赫亦不挽留，反而宣布要派五星将军、前美国陆军参谋长马歇尔，作为总统特使来华调处国共关系。而这个马歇尔，一年前在蒋介石因为中国军队指挥权问题与史迪威将军尖锐冲突时，曾坚定地站在史迪威一边。如果不是罗斯福总统最后作了妥协，中美军事关系势必会因此而走向严重危机。马歇尔的任命，明显地让蒋深感头疼。由此可知，这个时候发生的昆明高校学生罢课问题，自然很难被提上蒋介石的议事日程。

等到蒋开始考虑“对联大学潮之方针”时，已到了12月1日，即惨案爆发当晚了。因为不知道惨案的发生，故在下周“预定工作课目”中，也只是公式性地把它排在第三位，还是和“政治协商会议方针与宣传”放在一起，提醒自己需要抽时间注意这一问题。

12月2日，蒋介石得到了昆明惨案的消息。从时任中央监察委员会秘书长王子壮的日记可知，事情一发生，国民党相关党政情报机关即认定有共党幕后唆使，并且说已捕到“凶手”，说是“共党所使之落伍军官”“向学生投手榴弹二枚，死四人伤六人”。值得注意的是，和后来的情况不同，蒋介石这时虽然意外获知发生了如此严重的暴力事件，却丝毫没有暴怒发火。在2日的日记中，他只是简单且平静地记下了一行文字：“昆明学潮，昨日共党又利用青年威胁群众罢课，致死伤数人。”（蒋介石日记手稿，1945年12月2日）

蒋介石开始花时间来研究昆明学潮问题，已经是6日的晚上了。他在当天下午从唐纵那里得知，即使已决定枪毙两名投弹凶犯，昆明的大学生们依旧不依不饶，不仅不信两犯是真凶，而且坚决要求惩办云南军政负责人关麟征和李宗黄。这一情况大大出乎蒋的预料。

眼看美国特使马歇尔即将来华，蒋介石开始沉不住气了。他当晚着手研究解决办法，决定自己出面，起草一份《告昆明教育界书》，要求昆明各校教师负起责任，同时写信给卢汉，要求各方通力合作，尽速劝导学生复课，确保地方秩序不受煽动而紊乱。如限期之内仍不能令西南联大学生复课，则“应作不得已时解散西南联大之一切准备”。他在日记中恨恨地写道：“该校思想复杂，秩序紊乱，已为共匪反动派把持，不可救药矣，自由主义误国害学之罪甚于共匪，为不可宥也。”（蒋介石日记手稿，1945年12月7日）

此后，由于无法满足学生的要求，蒋介石几乎天天都催问和督促属下，并限定要在马歇尔来华前的12月17日解决问题。因此，他的日记也每天都在记述、谈论这方面的问题。直到12月15日他按计划飞去北平，这件事情才在他的日记中消失了两天。

21日，即在马歇尔到达中国的次日，蒋介石明显地心情不错。他在日记中写道："西南联大已复课，学潮当可平息"了。

较场口事件：为何一开始只字不提？

较场口事件发生在1946年2月10日上午，重庆民盟和中共等政协代表发起组织的庆祝会受到国民党方面有组织的冲击，部分与会代表被殴伤。

这一天，蒋正在重庆，上午在办公室撰写《三十五年共党叛乱经过概要》。一直到12日日记，蒋全未提到较场口冲突之事。作为负责情报及特务工作的第六组组长，唐纵日记中对昆明惨案调查、处理的记述接连不断，但对较场口事件，他也干脆一字未记。

蒋正式在日记中提到重庆较场口事件，是16日到南京之后。他在下星期"预定工作课目"的第八项注明了"重庆较场口殴斗问题"几个字，这说明他注意到两方面各执一词持续争吵不停的情况。而他的处置方针是：本党同志应停止扩大宣传，不再与彼辈计较，息事宁人。但一波未平，一波又起。这回的麻烦则毫无疑问是来自于国民党内的那些强硬派了。

由于2月中旬美英报纸披露了雅尔塔密约的内容，不少东北人士对美苏密谋损害中国东北权益极感愤慨，因而在重庆游行，散发传单宣言以示抗议。中共方面却在这时公开要求政府承认它在东北的军事存在，及限制政府军进入东北的数量，这进一步引起蒋介石与众多国民党人的强烈反感。以CC系重要骨干方治为主任委员的国民党重庆市党部，马上行动起来，推动学生上街，向苏联示威，并声讨中共。蒋19日即已得到报告，却对出现这种情况颇感庆幸和兴奋。他在20日的日记中明白写道：共党在东北问题上的态度，引起"群情愤激"，中立各报无不

“对共党鸣鼓围攻”，“多数青年亦皆觉共党之所为在出卖民族利益，而决非真正之国民革命也”。在他看来，这说明：“孙行者魔力虽大，最后终必为上帝所制服。”

由于蒋心态如此，党内如外交部部长王世杰等虽极力上书反对发动学生游行，蒋却并未出面阻止，而是任由方治等发动了2月22日的重庆反苏大游行，其影响一时波及全国许多大中城市。但蒋并不担心，反而像是出了一口恶气，认为这实是对“俄国在华廿五年来未有之教训”。当然，蒋懂得适可而止。24日，他在日记中决定：“各地学生对东北问题游行示威……自此应即阻止，不可扩大。”

对于2月22日大游行，蒋介石虽然颇感痛快，却也对中统局组织特务在游行时乘机捣毁中共的新华日报社和民盟的民主报社营业部，打伤两报工作人员的做法表示了不满。由于中共、民盟接连向政府当局和马歇尔告状，蒋亦不得不把吴铁城等找去痛斥，指责此种做法不仅“为国际诟病，为俄共口实，实为本党最拙劣行动之污点”，要吴“彻底查办”。

不过，蒋介石到底不相信这件事做错了。27日，得知苏联大使提出强烈抗议，“诬指我政府机关所指使”；马歇尔亦站在苏联人一边批评国民党不该挑起此种争端，危害和平局面，蒋明显地情绪失控了。下午见周恩来时，竟“致不能自制……怒发冲冠，声色太厉”，事后连他自己都感觉到当时的反应可能有点过度。但他毫无认错之想，是肯定的。

南京下关事件：中统局局长被蒋“一顿臭骂”

下关事件发生在1946年6月23日晚。事情刚一发生，唐纵就得到了消息。他在日记中写道：“又是一件惊人的事情。有所谓人民代表马叙伦、蒉延芳、盛沛华、雷洁琼、包达三、张炯伯、胡厥文、阎宝航及学生陈震中、陈立复等十人，下午七时由上海车抵下关车站，当有苏北难民群向马等陈诉共军暴行，请求共同向国府及中共办事处请愿，护送还乡，历时甚久，未获圆满答复，发生殴打情事。来京之马叙伦及南京党部徐士年、市府钱江潮，与《大公报》记者高集、《新民报》记者浦熙修等受伤，在场宪兵亦被打伤。至一时半马社长犹有电话来。”

这个时候，国人企盼的和平局面正逐渐被各地频发的军事冲突蚕食，负责在国共之间进行调停的马歇尔正处于高度紧张之中。下关事件此时出现，其影响之恶劣，不难想见。故24日，刚一得到报告，蒋尽管听信了下面的说法，一时以为是苏北难民与上海来的代表发生冲突，却还是十分恼火。他当天日记的开篇就记称：昨晚下关车站江北避共之民与由沪来京为共匪张目之所谓学生代表互殴，“又造乱案，可痛”。

但第三天一早，蒋介石在听取联络秘书会报后，就了解到了事情真相。原来，这一事件是南京市党部主委马元放组织，中统局局长叶秀峰亲自参与指挥，派特务、党员假扮难民，协同“苏北难民”一同做下的。而且，听说上海又有30余学生代表准备赶来南京声援，市党政宪特各部门负责人还密谋进一步组织“苏北难民”，再度围攻新到来的上海学生代表。蒋本来就非常恼火了，得到这一消息，当晚就叫唐纵召叶秀峰和马元放来官邸晋见。叶早到一步，被怒气冲天的蒋一顿臭骂，吓得紧随其后的马元放干脆没敢进去见蒋。

蒋介石在当天的日记中也特别记述了这件事情，称自己痛斥了“党部人员之无知，作事徒增政府困难”，同时哀叹：“痛心极矣”。26日，蒋介石也询问过下关事件的善后情况及其社会反响。但这一事件发生得突然，平息得也迅速，故蒋此后已不再关注这件事了。

李、闻惨案：蒋“逐日监督、跟进”案件

李公朴遇害是在1946年7月11日晚，但李案发生后接连4天均未见蒋日记中有任何反应。（目前发表的唐纵日记因缺7月10至13日及15日日记，也不见有李公朴被害内容的记载。）甚至闻一多15日遇害当日，卢汉、陶镕、梅贻琦等昆明党政团和学校领导人都有急电呈蒋，蒋因携宋美龄、蒋经国14日上庐山游山消暑，除15、16两日个别发了几封重要电函外，多在山里观景散心，“欣慰无已”。

直到17日的日记中，蒋介石才开始高度关注这起连续谋杀案。当日，蒋介石得到唐纵等人的报告，马上致电在南京的唐纵，要他即赴昆

明主持破案工作；并电报给云南新任警备总司令霍揆彰，称："李公朴与闻一多案关系重大，希于三日内负责缉获正凶，勿稍贻误，以后应严防此种暗杀案之续出。警备司令部应负全责也。"

蒋当天下午进一步得知，美国驻昆明领事馆已介入李闻惨案，将十余左倾教授接入领馆避祸。这一情况使蒋对此案的重视程度明显提高了。在已经派出唐纵等情报官员后，他当晚又电示正在沈阳的陆军总司令顾祝同和云南省省长卢汉，要他们立即返来南京商谈此事，以便尽快回昆负责调查处置。但是，蒋介石突然高度重视此案的首要原因，显然不是两位知名教授意外惨死，而是因为美国人的公开介入。

蒋介石每天记日记通常仅为一页纸篇幅，字数至多不过四五百字，因每日事务头绪繁杂，故每件事仅寥寥数语。在这一天的日记中，蒋用了近200字来记述昆明这一事件，可见重视程度。但他记述李、闻被杀事，仅用了50余字，一多半的内容都是在骂那些被美国驻昆明总领事接去美国领事馆避难的教授没有骨气。蒋在日记中写道："昆明连出暗杀案二起，先李公朴，次及闻一多，皆为共党外围之民主同盟中党酋，应特加注意，彻究其凶手，以免共匪作污陷之宣传。最可耻者，以此案出后，在昆之民盟酋首八人皆逃至美国领事馆，求其保护，此等智识分子而且皆为大学有名之教授，其求生辱国，寡廉鲜耻。平时自夸所谓不畏死者，而其畏死至此，书生学者毫无骨格乃如此也，可痛！"

从7月20日开始，面对国际和国内舆论的强烈批评和质疑，蒋介石不得不开始把调查解决"昆明暗杀案"列为首项工作任务，并每日花费相当时间来研究处理。21日，蒋介石已得到消息，李、闻案与霍揆彰的警备司令部有关。因而决定"即令霍来报告，再定处置"。22日，蒋致电唐纵和霍揆彰，要求二人务必在25日前取得调查结果，并在25日密来庐山面报。在当日日记中，蒋已在哀叹："云南军事干部幼稚无知，不胜痛苦。"24日，蒋上午参加庐山夏令营开学典礼即回寓所与卢汉"谈滇事约一小时四十分钟"。由卢汉谈话中，蒋进一步得知霍揆彰在李、闻案中的所作所为，故在日记中再斥曰："幼稚如此，可叹！"

25日，霍揆彰上庐山见蒋，路过南京时公开对记声者称："李公朴闻一多被狙案已获重要线索，有关重要人犯前某部军官杨立德中将已被捂住，并供认不讳。”暗示暗杀主使者为龙云之子龙纯曾。（天津《大公报》，1946年7月26日）晚见到蒋介石时，霍仍将这套说辞和所谓证据呈报于蒋，当即遭到蒋的痛斥。当然，蒋也并不是就要惩处霍。骂归骂，霍退出后，蒋即“再令张镇宪兵司令来谈，指示其与霍研究手续与要点”。

8月6日，蒋下午考虑昆明案件处理方针，总算想到一个与前不同的更能平息众怒的办法，其日记称，此乃“上帝指示”之所得也。他当晚即将空军司令周至柔召来，要其飞昆明，并“面授处理方针”。次日一早，蒋再召周来，令其马上动身，除指示同意先将闻一多案查明审结外，并告：“处理暗杀案方针，必须撤究严惩霍揆彰方得其平也。”至此，蒋自感“心神幽静，思虑渐消，与夫人并肩散步，采花移树，甚觉自得也”。

15日，昆明军事合议法审判法庭第一次开庭。18日晚，冷欣由昆明携来顾祝同等对处置闻一多案人犯供词及报告材料，蒋连夜批阅。次日早，蒋指示冷欣案件公布方式等。然而，蒋未能马上摆脱此案的困扰。22日，蒋在日记中记道：“下午总览美国舆论，以论坛报对我文告社评为最坏，咸以昆明暗杀案件指明为余部下所为一事，更加深刻，心神顿受刺激。”

越是不满美国人的批评，蒋就越是不放心案件的处理，生怕案件公布后会有明显破绽，引起内外舆论群起而攻。因此，一向不相信手下人办事能力的蒋介石，仍旧不能不逐日监督、跟进案件的审讯情况。待闻一多案审结，蒋介石算是长舒了一口气。他在26日的日记中写道：“昆明闻一多被刺案，凶手已判决处死。昨日正式宣布，同时将霍揆章（彰）革职看管，以平公愤。对其特务营，以及所有关系人员一律监禁与解散，如此处理或可告一段落。然而困难、痛苦与受辱未有如此案之甚者也。”

蒋介石并非“幕后黑手”

有关蒋介石可能为幕后指使者的猜疑，久已有之。1970年代末，曾任军统特务骨干的程一鸣曾强调说："暗杀一个重要人物，必须得到蒋的事先批准……才敢动手。"言外之意，蒋对暗杀李、闻不仅知情，而且应该是批准了的。据此，1980年代大陆史学界基本相信，蒋介石就是刺杀李、闻的幕后黑手。有学者甚至从南京中国第二历史档案馆中找出了相关的证据，称霍揆彰当年曾得到南京方面的密令，说密令称："中共蓄意叛乱，民盟甘心从乱，际此紧急时期，对于该等奸党分子，于必要时得便宜处置。"（参见张宪文《中华民国史纲》，河南人民出版社1985年版）

但是，上项所谓"密令"，因没有说明所发单位及发出时间，故并不能确定就是蒋令，或确实得到蒋的认可。据当年曾任"党政军联席会报秘书处"指导组长的万亚刚1990年初回忆，类似诸多密令当年都是通过这个"联秘处"拟发的，许多未必经蒋过目或同意。他就明确地讲过这个"联秘处"下令处理李、闻问题的情况，他认为，正是由于他当时自拟一复电，指示霍揆彰等可予"打击"，才造成了李、闻被杀的意外后果。（万亚刚《国共斗争的见闻》，李敖出版社1995年版）结合1991年大陆出版的唐纵日记内容，也可以看出万亚刚回忆的情况不是完全没有可能。唐日记写道，闻一多案发生次日，无论国民党中央，还是蒋的侍从室情报部门，均一头雾水，弄不清楚："昆明近日接一连二的凶案……究为何方所为？"国民党中央各部门负责人几度开会商议，均不清楚状况。霍揆彰的顶头上司陈诚拍着胸脯保证："此事绝非霍揆彰所为，绝与军方无关。"由此可知，蒋介石对此事应该更不知情。也正因此，越来越多的学者开始相信同为军统特务骨干人员沈醉的说法，即杀害李、闻的主谋是霍揆彰，而霍"原来是想讨好蒋介石，希望改派他当云南省主席。"（沈醉《军统内幕》，中国文史出版社2001年版）就连身受其害的闻一多长孙闻黎明显然也倾向于相信：杀害闻一多先生的黑手不是蒋介石，而是一介武夫霍揆彰。(汪荣祖、李敖《蒋介石评传》(下册），中国友谊出版公司2000年版)

说蒋事先不清楚云南当局刺杀李、闻内情，还可以通过蒋日记作一比较。蒋日记不是有闻必录，日记中不记之事，有时蒋未必不知情，这是事实。但是，蒋记什么，不记什么，还是有些规律可循的。对此，我们只要比较一下蒋日记中对“一二·一惨案”、“较场口事件”和“下关事件”的不同记述情况，就可以有一大致了解。

比较这三起事件，可以发现，凡是蒋毫无思想准备的事情发生，他的第一反应，通常都是马上怀疑共产党，即相信一定有共产党在煽惑和组织，如“一二·一惨案”。

而蒋一旦发现上述判断有误，事情实际上是国民党人自己做的，马上就会谴责其属下的做法愚蠢、无知。他除了斥骂、惩罚外，还常常会找机会，比如在内部演讲中解释，为何不能凭借政府暴力来解决问题。

“较场口事件”就不一样了。蒋日记中对此事一无记述，专门负责情报工作的唐纵在日记中也全无记载，显非偶然。这一方面说明两人对此事的了解程度和态度是一致的，另一方面说明，两人应该都不是不知情，而只是认为不重要，或知道是秘密行动，故未列入工作项目，自然在日记中也就未做记述。

由此或可推知，凡蒋介石知情且认可的事情，因为不处置，不理睬，不重视，因此日记中亦多不记录。像对“较场口事件”，直到一周后看到双方公开争吵太久，闹得范围太大，蒋虽出面劝告了重庆市党部，要他们“停止扩大宣传，不必再与彼辈计较”，他也没有将此事写入日记。但是，正是因为蒋感情上这种倾向太过明显和强烈，他到底还是会有发泄出来的时候。2月27日，事件过去17天后，蒋在日记中提到当天见周恩来时的谈话情况，他记述道：听到周提及较场口事件，顿时怒不可遏，当场呵斥称：那种庆祝会不流血，我革命党实该挨打。你们如刺激国民党员太过，就别怪我管不住他们。他在日记中对自己发火还颇为得意，称：“非如此决不能促此辈之反省，以为无赖可无止境也。”（蒋介石日记手稿，1946年2月27日）

由蒋日记对上述三大事件的不同反应即可看出，蒋介石在“李闻惨案”问题上，其反应更近似于对“一二·一惨案”和“下关事件”的反应，与对“较场口事件”的反应情况明显有别。对“李闻惨案”，蒋刚一得到消息，和陈诚一样，也是马上认定与昆明军方无关。当着手下的面，他甚至连“疯子”两个字都骂出来了。由此不难看出，蒋介石对霍揆彰的所作所为，确实极其痛恶，事先毫无思想准备。

说蒋介石不是上述事件直接的幕后黑手，除了其日记中反映出来的这些情况外，还应注意到蒋这时对政府暴力负作用的批评性看法和一些政策性指示。他在多个场合都明确告诫手下“不应打人”，在日记中也曾特别强调问题的所在，即“党部人员之无知，作事徒增政府困难”。（蒋介石日记手稿，1946年6月25日）基于下级干部暴力蛮干屡禁不止，蒋还专门对特务情报部门作出了政策性的“指示”，明确强调要禁止随意使用暴力和运用所谓“难民”。既然强调技术、强调方法，主张被动还手，反对全靠暴力蛮干，可知霍揆彰不顾一切直接杀戮的做法，不会是蒋介石授意的。

下属为何敢于屡用暴力?

蒋介石虽然不是战后政府诸种暴力行为直接的幕后黑手，却未必与这些“政府暴力”事件毫无关系。

还在“一二·一惨案”爆发前半年，即1945年4月下旬，蒋介石就针对当时何应钦所报昆明西南联大学生有响应中共联合政府号召，爆发学潮危险的情报，下过可以“予以断然处置，决不稍有姑息”的密令。

1946年3月23日，蒋介石下午约见西南联大三青团干部，因听到汇报并联想起联大学潮不断的情况，一时间怒火中烧，语言愤激，当场要求他们:“对不法教师污辱党国，甘为共匪奴属之张奚若、闻一多等，应加以还击。”（蒋介石日记手稿，1946年3月23日）

6月5日上午，蒋介石在中央情报指导委员会上再度明确指示:“对民盟不必姑息，罗隆基、沈钧儒、章伯钧，应施打击。”

按照蒋上述旨意，尤其是蒋6月5日指示，由会报形成的指导意见随即被“转知西南各地会报及党政军机关”，刚刚接替关麟征站到昆明反民盟斗争最前线的霍揆彰，自然倍感压力。霍不得不本着“守土有责”的精神，破釜沉舟也要把民盟的气焰打下去。

霍揆彰7月13日给蒋发了一封表决心的电报:“职惟本钧座意旨，有利国家者，任何牺牲在所不计……若再滋扰甚而暴动时，职拟断然处置。”职“决依法戒严，大举肃清奸党，一网打尽，斩草除根，以绝后患”。(《霍揆彰致国民政府军务局转呈蒋主席电》，1946年7月13日，原件藏台北国史馆蒋中正档案，转见《闻一多研究动态》第85期，近代中国研究网）这时李公朴刚刚被杀，霍依旧向蒋信誓旦旦，表示要将“奸党”“一网打尽，斩草除根，以绝后患”，足以看出霍为什么李案刚出，马上又会再做闻案。如无领袖意旨和“任何牺牲在所不计”的“忠党”精神支撑，霍又何以会如此狂热?

而对部下的这种态度，蒋介石又何尝真的反感过？他骂归骂，罚归罚，内心爱憎分明，在日记中显而易见。听说李、闻被害，蒋第一反应就是：二人“皆为共党外围之民主同盟中党酋”，为“将礼义廉耻之民族德性扫地殆尽”的五六位民盟教授中“最劣”者。因此，他对二人之死，不仅毫无怜悯之心，反有幸灾乐祸之意。要处罚手下时，他自不免长吁短叹，难下狠心，因为他明知霍忠心为党，故再错，他亦“不能不为之恕谅”也。

如此在思想上、情感上煽惑仇恨，在责任上、职守上督导严责，属下滥施暴力后却多方恕谅、宽宥，后来者基于“忠党”之心、守土之责，会前赴后继，大胆效尤，可想而知。

“徒然苦了自己，苦了国家民族！”

作为国民党党政军警特组织的最高独裁者，不管蒋介石如何痛恨民盟等中间亲共的势力，至少在战后这一阶段，他并不希望发生此种未经批准，且持续爆发的极大损害国民党形象的政府暴力事件。但为什么蒋不希望发生的事情，却接二连三地发生了呢？比较蒋介石及其亲信的日记，可以看出蒋在处置上述事件时存在着颇多值得探讨的具体问题——

一、情绪不稳，造成指示混乱。如3月23日和6月5日关于对民盟骨干张奚若、闻一多、罗隆基等，“不必姑息”，“应施打击”的指示，就明显地存在着旨意不明，极易引起下级误读的情况。

而值得注意的是，这类含有激烈用语的训话或指示，有时又是在蒋心情不好、愤激操切、未经深思熟虑的情况下发出的，与其本意未必完全一致。除对自己的脾气常常难以控制，不时会讲出过头话外，蒋有时还会发出自相矛盾的方针和指示。如前述6月5日蒋在中央情报会议上明确指示应“打击”民盟骨干人员，7月3日在同一会议上又指示，对中共及民盟等应“采取被动还手政策，我不先放枪，若彼放一枪，我即放二枪，若彼动拳，我即动脚”。（唐纵《在蒋介石身边八年》）

二、疑忌过深，导致决策偏颇。国共两党相互疑忌仇恨，在当时条件下很难避免将对手妖魔化，遇事容易马上联想到对方，并且一定会把对方往恶处想，也属常态。但问题是，同为国民党人，不少国民党干部对事情的判断，却往往会比蒋介石要来得准确和客观一些。

如下关事件，刚一发生，还没有开始调查，国民党众高层领导人实际上就和王世杰、唐纵一样，马上猜到是党人所为了。对这样一种国民党高层干部凭直觉即可感知的情况，蒋介石却要看到调查结果才恍然而知，因而惊，进而怒，其指导督责自然起不到防微杜渐的作用。

三、不谙下情，难免被下属欺瞒。蒋介石不仅对党内政治文化明显隔膜，对下情亦不甚了解。这自然会方便部属执行命令时巧予应付，欺瞒折扣。在以上两起昆明惨案的调查处理过程中，蒋介石就屡被下属欺瞒。

在头一起昆明惨案中，蒋完全不重视调查工作。得知消息后，他的第一反应就是惩凶。在他看来，云南当局对此事并无责任，因此，只要下令枪毙投弹凶手，事情即可顺利解决。而云南当局也乐得如此。于是就出现了1日发生惨案，蒋3日上午下令枪毙凶犯，4日下午云南警备司令部就举行了军法会审，宣判凶手死刑。实际上，两名被枪决的“凶犯”，即陈奇达、刘友治，并非当日闯进学校用手榴弹行凶的军官总队的军官，而是两名盗卖军事物资的死刑犯，被昆明驻军拿来欺骗蒋介石和社会舆论的。（吴思珩《昆明学潮退思录》,《吴思珩先生访问纪录》,《口述历史》第8期，台北中研院1996年）如此处置，不仅使蒋的指令打了折扣，而且也难以服众。

四、独裁作风引发事态恶化。在两次昆明惨案发生前后7个月左右的时间里，从蒋介石日记和唐纵日记中看到蒋对干部发火训斥，乃至痛骂的记录，就不下二三十次。由此不难想见蒋与众多下属之间存在的那种猫鼠关系。因为怕报告了不好的消息刺激了蒋的神经，就连蒋最重要幕僚陈布雷都要注意筛选下面报上来的报告和信息：哪些报，哪些不报，既要照顾到事情的重要程度，也要照顾到党内各种人事关系，同时还要看蒋的心情。因此，一些批评蒋和抨击政府的舆论与活动，地方党政军警特部门报归报，却习惯于不等批复，打了再说。这也是上述多次政府暴力在蒋不知情的情况下发生的一个重要背景。像“一二·一惨案”前的11月26日，关麟征就有过电报向蒋请示如何应对，但他并没有等到蒋的回应，就动了手。同样，霍揆彰在暗杀李公朴后，也有电报给蒋介石表明心迹和决心，蒋也没有亲自看过和回复，霍即当作蒋已认可，放手让部下再去杀人。

从上述关、霍两人都在未得蒋直接批复的情况下自行采取进一步行动的情况，可以很清楚地发现，独裁的蒋介石对类似事情其实常常是因反应迟缓而误事。1945年11月26日昆明学潮发生后，蒋如果能够早些介入和解决，就不至于再发生“一二·一惨案”；1946年7月11日李公朴被害后，蒋如果马上重视并着手调查，闻一多也不会被杀。

其实，蒋介石虽一向兢兢业业，日理万机，却总有忙不过来的时候和看不过来的文件。但蒋又习惯大权独揽，事无巨细都要亲自过问或研究，下面干部请示或呈文得不到及时的答复和指示，又不能不处理，自然也就有了越权和做错的可能。尤其是1944年以后，蒋因主要致力于军事外交事务，加之精力体力均不如前，与夫人休息游玩的时间较前为多，“以致许多公文均无暇批阅”，由此引发的问题自然也就愈其多了。（万亚刚回忆，党政军联席会报秘书处，就曾代蒋回复地方一般性函电——作者注）

在一党独裁和领袖专权的情况下，地方官员瞒上欺下，本来就是司空见惯的顽症。蒋介石及党的决策或情报机关再有权威与权力，也不可能监督和了解一切。何况国民党高层派系林立，蒋又习惯于任人唯亲，为此甚至不得不受到夫人宋美龄及孔家的极大牵制。上行下效，战后国民党内派系问题发展到尾大不掉乃至登峰造极的地步，就没什么可奇怪的了。

反映在上述政府暴力事件上，出了事情找几个低级官兵出来“挺身做烈士”，相关派系高官出面把犯错误的干部及其追随者保下来，也就成了一种惯例。如霍揆彰是陈诚“土木系”的重要骨干，事情刚一发生，陈诚马上就站出来表态，进而亲派总长办公室高参、陈诚系负责情报特工的张振国等前往协助霍揆彰处理善后，应对调查。因为有陈诚在幕后，负责调查的陆军总司令顾祝同以及唐纵等人，亦只有设法配合。霍虽因蒋坚持，最后仍遭处分，但有关系网相罩，所谓处分亦仅形式而已。不过半年时间，霍就堂而皇之地又以中央委员身份出现在国民党六届三中全会上。虽经龙云电蒋抗议，霍被要求再回籍养病，几个月后，却又被推为国大代表，并获得了第十六绥靖区司令官的任用，重又回到权力地位上来了。这样一种恶性循环，只能使国民党内部的问题愈趋恶化，难有解决的出路。

严格地说，近代中国政治始终是在暴力的阴影中发展而来的，当政者无不靠强力压制异议或反抗者；造反者无不靠武装暴力革命夺权。革命一方即使登上统治宝座，也还是以暴易暴。如蒋介石南京国民党人早年就是革命党，不仅用武力对付北京政府，就是对党内政争亦一样诉诸武力。变成执政党后，对这种经验和路径的依赖，明显地带到了战后。习惯于军人当政的国民党，一旦政权受到威胁，即会动用武力。尽管战后国际国内和平民主呼声高涨，国民党自身亦不能不做出宪政姿态，这些都对它直接诉诸武力有所制约，但是，它对持异议者的抗议活动仍旧找不到适当的解决办法，只会通过经过伪装的政府暴力来解决问题。也因此，越是在军人直接当政的地区，就越容易弄出严重的流血事件来。

蒋介石身为国民党领袖，固然比关麟征、霍揆彰等更具政治头脑，但他性格上仍具军人气质。可以很清楚地看出，蒋介石虽从政治策略的角度一直出来做灭火的工作，其内心里却总也压不住对异己分子的强烈怒火。正是他的激愤言论，时时都在起着纵火的作用。

蒋无法真正灭火，也与国民党自身体制密切相关。读蒋这一时期的日记，很容易发现其家长式的统治方式，不仅无助于解决他所面临的复杂问题，而且常常会使本来容易解决的问题复杂化和严重化。这其实也反映出所有专制体制的一个共同的弊病。对此，唐纵近距离观察所得的看法，也有几分道理。他写道：

“委座之权力在形式上事务上日见集中，而在实质上（如对大员顾虑多而不能加以法律）日见降低。”其事必亲临，人必亲选，唯可用之才有限，可用之策亦少；其任人唯亲，而愈用亲信、亲戚，愈容易受到牵制，束缚手脚，结果是每每“励精图治，要求改变现状，但同时顾虑太多，处处维持现状，一进一退，无补于时艰，徒然苦了自己，苦了国家民族！”

（作者系文史学者、华东师范大学教授）

原载于《同舟共进》2012年第4期

反贪：蒋介石的严刑与空言

杨天石

抗战期间严刑反贪，处死多人

1942年，抗战处于艰难时期，蒋介石为整顿吏治，曾以严刑峻法和军法审判两手，从重、从严惩办贪官污吏。他不顾姻亲、行政院副院长孔祥熙的说情和反对，毅然判处孔的两个亲信一死刑，一五年徒刑，且不许缓刑，企图由此祛除贪污，修明政治。此后，蒋介石也曾多次、多方设法，甚至企图开展“肃清贪污运动”，借以解决弥漫于国民党官场的严重贪污现象。但是，由于种种原因，他虽曾命令自己的儿子蒋纬国退回非法取得的“敌产”，却无力改变国民党官场的普遍现实。在他主持的六届四中全会上虽曾制订《当前组织纲领》，规定党员应登记财产，凡拒绝登记者不得成为国民党员，但从未付诸实行。贪腐现象日益发展、泛滥、强化，终于迫使人民对这一政权完全丧失信心和希望，蒋介石不得不败走台湾。

关于孔祥熙的亲信林世良，因贪污150万元而被蒋介石下令枪毙的情况，笔者已另外著文论述。其实，抗战期间，蒋介石和重庆国民政府从严从重惩处贪污犯的案例尚有多起，仅以1942年为例：

1月，四川云阳南溪乡粮食征收员毕巨卿等大斗浮收、倒卖公谷案，主犯处死刑，其余处无期徒刑。

2月，万县粮食征收员雷仲纯征粮舞弊案，判处死刑，追缴赃款。

7月，长沙警备司令部特务组长孔松涛等6人贪污案，均予枪决。

8月，贵州师管区司令胡启儒浮报名额，扣饷不发，擅权杀人，行使贿赂案，死刑。判决后，有重要军官二十余人联名上书蒋介石，要求改判无期，贷其一死。蒋介石批称："此何等事，妄加干涉，置国家法纪于何地。其列名者，均记过一次示儆。"何成浚在日记中写道："委座之整饬法纪，毫不假借，作奸犯科者，应知所戒惧也。"（《何成浚战时日记》）

9月，成都航空站站长马祯祥代商人运货，有舞弊嫌疑，蒋介石命军法执行总监部讯究，何成浚因不能查得犯罪证据，以"行为不检"签请予以行政处分，蒋介石不准，再签请监禁一年，蒋介石批示，改为监禁十年。何成浚感叹道："现一般公务员作奸犯科者，日益加多，委座采刑乱世用重典之主张，亦子产所谓'火烈民望而畏之，故鲜死焉'之至意焉也。寓宽仁于严峻，用心良苦矣。"（《何成浚战时日记》）

10月，桂林办公厅科长黄勋、荣誉军人管理处副处长秦开明假借职权、营私舞弊案，蒋介石批交讯办，判秦无期徒刑，黄有期徒刑十年。蒋介石亲批，一律枪决。

10月，运输统制局昆明检查站站长朱孝仪倒卖查扣鸦片及货物，潜逃被捕，处死。

军法执行总监部办公厅特检股股长俞浩兴假借职务便利，取得中国工业服务社顾问名义，月支顾问费300元；钟元昭夫妇受贿900元，均令处死。

以上各例，或见于《大公报》报道，或见于何成浚日记，应均属实。其中8、9、10月（桂林）三案，均经蒋介石批示，从重从严惩处。当年4月18日，蒋介石日记云："贪污案必须将其上官与保要连坐处分。"6月29日日记云："所见所闻皆多被侮受凌、阴险谋叛与贪污腐劣之事……思之危岌，言之痛愤。"9月30日日记云："与康兆铭（泽）谈澄清贪污计划。"这些日记与蒋在实际政治生活中的表现、作为是一致的。但是，贪污、腐败是一种痼疾，蒋介石仅靠个人所知所见，靠严刑峻法，或仅靠军统、军法部门，何能阻止那日益泛滥成灾的贪污现象！

作为军法执行总监的何成浚理解蒋介石的用意，但是，他也担心贪官太多，办不胜办。12月22日，何成浚日记云："现在高级官吏贪污舞弊者颇多，委座主严惩，实具有万不得已之苦衷。盖不如此，彼辈将毫无所顾忌也。但吞舟之鱼，仍不但漏网，而且不知有网。林世良之骨未寒，继承其遗志者，或已另有一巧妙作法，将林世良未到手之赃款，如数收取朋分矣。此等事委座安得一一尽闻之？”

战后欲继续反贪，“禁令”写到手臂酸疼

抗战胜利，国民党派员到各地接收，贪污、腐败现象更见恶性发展。1945年11月20日，中国战区美军司令魏德迈中将向蒋介石建议，“迅速执行在政治和官吏方面的改革，准备扫除官吏的腐败行为及取消过分的重税”。他警告蒋介石说：“国民政府的胡作非为已经引起接管区当地人民的不满，此点甚至在对日战事一结束后，国民政府即严重地失去大部分的同情。”（《白皮书》，《中美关系资料汇编》第1辑）11月28日，魏德迈会见蒋介石，报告他所知中央派往华北地区官员的贪污情况，使蒋感到极端惭愧。11月29日，蒋介石日记云：

昨魏德迈来见，告我以中央派往华北人员之如何贪污不法，失却民心，闻之惭惶无地，不知所止。

次日，蒋介石决定，在宪兵中增编“特侦贪污队”。12月2日，决定告诫党政军各界官吏：“廉洁自爱，奉公守法，不为攻讦自馁。”12月5日，审核《肃清贪污运动纲领》及《改革党务方案》，声称这两个文件“极为重要”。8日日记称：“《整理党务方案》《肃清贪污运动大纲》均已核定，中央党政小组会议亦已成立，惟秘书组织尚未着手。”同时计划成立“肃清贪污运动之组织”。12月28日，又将此事列入预定要做的项目中。

当时国民党的情况是严重缺乏执行力。许多计划、想法、做法都停留在口头上、纸上或决议中，议而不行，行而不果。《整理党务方案》《肃清贪污运动大纲》核定了，中央党政小组会议成立了，但是，也就没有下文了。各地接收大员贪污情形日益严重，纷纷抢夺“房子、票子、条子、车子、女子”，一时有“五子登科”之称。1946年3月，国

民党召开六届二中全会，认为这是“本党从根本上整理刷新的大好时光”，要求每一个党员都“为民前锋，为民服务”，决议加强对从政党员的管理。会议特别在《政治决议》案中增设“检讨部分”，认为“多年以来，官僚主义早已构成政治上最大弊害”，“假公济私为尤甚”，“一部分接收人员败坏法纪，丧失民心”。（《中国国民党历次代表大会及中央全会资料》下）8月26日，蒋介石制订《收复区人民约言》，向刚从日伪统治下回归祖国的人民许诺：1.停止没收粮食。在收复区内凡有粮食的人民要向政府如实报告其存粮数额。其余粮由政府定价收购（但不许隐藏）。2.恢复人民自由，在收复区内的人民只要不违犯法令和公共秩序，均有集会言论之自由。3.严惩贪污人员，不论党政军人员，凡贪污舞弊达1万元以上者枪毙，并准民众告密（设密告箱）。4.处理土地，凡已分配之土地，只要其为自耕者，准予如旧耕种，但必须照二五减租规章缴纳租税。（《杂录》，《蒋介石日记》1946年年末附录）从《约言》第3条可以看出，贪污1万元以上者即枪毙，蒋介石准备实行比抗战时期更加严厉的惩处贪污办法，并且设立密告箱，准许百姓检举、告发。9月8日，蒋介石日记云：“党政军各级干部多幼稚无能，其间且真有贪污自私为中外人士所侧目，尤其是京沪一带，强占民房，擅捕汉奸，藉此拷作报复，直至受降年余之今日，关于此种非法行动犹在发展，以致怨声载道，外邦讥刺，诚使此心愧怍无地。”他当即执笔起草杜绝各种恶劣现象的“禁令”，一直到手臂酸疼，自感“疲惫”为止。

蒋介石的这页日记反映出，国民党的贪腐情况较之魏德迈1945年会见蒋介石时所言，又有更严重的发展，其六届二中全会决议、《约言》也未见什么效果。

美国调查团严抨贪腐，戴季陶痛哭四小时

1947年3月，国民党召开六届三中全会，承认“党的病状已陷于积重难返之势”，提出“反对个人利己主义，抨击升官发财观念”，要求“随时淘汰投机分子、动摇分子、腐化分子及恶化分子，以保持党员成分之纯一”，同时提出“加紧监察工作”。同月23日，黄宇人等100名中

委提出临时动议，要求彻查“官办商行”账目，没收贪官污吏财产，以肃官方而平民愤，会议决议交中央常务委员会迅速切实办理。（《中国国民党历次代表大会及中央全会资料》下）4月，蒋介石对国民政府进行改组，青年党、民社党和少数“社会贤达”进入国民政府委员会，长期的“一党专政”局面似乎得到改变，国民政府成为“多党政府”，但贪腐依旧。6月3日，蒋介石得知山东高级将领贪污巨款，不胜痛愤，决心彻查。（《蒋介石日记》，1947年6月3日）22日，蒋介石研究改革内政方案，决心“肃清贪污”，措施之一是允准官员部下报告、检举其上级。24日，蒋经国从东北经华北回南京，向蒋介石报告，高级将领已全失信心，对前途绝望，“贪污自保之念日甚一日”。蒋经国的报告引起蒋介石的自责，日记云：“此皆余平时大意疏略，监教无方之过，能不自戒乎哉！”

同年7月，魏德迈受美国总统杜鲁门指令，率领调查团再次访华，其任务是对中国的政治、经济、心理及军事情况作出评估，以便确立美国下一阶段的对华政策。7月22日，魏等一行到达南京。29日，魏德迈致电马歇尔报告说：

> 我觉得国民党统治下的中国人在精神上已经破产，他们不明白为何而死或做任何牺牲，他们对军政领导阶层已失去信心，预期全面崩溃。那些居上层的贪腐之辈则企图在崩溃之前竞相捞取。（《美国对外关系文件集》）

此后，魏德迈等人访问北平、天津、汉口、沈阳、旅顺、青岛、济南、台湾、广州等地，所得情况使调查团极为震惊。8月10日，魏德迈向蒋介石递交详细提纲，列举国民党应该改革的各个方面，其中特别提到“清除贪污无能官员”。17日，蒋介石在日记中写下“扫除贪污，提高监察权与民意检举权”等字。18日，写下“贪污富豪应除党籍”等字。19日，魏德迈在南京与蒋介石长谈，从上午10点一直谈到下午4点。蒋向魏德迈保证，“他是真心要帮助他的人民，消除腐败”，魏德迈则告诉蒋，“改革已刻不容缓”。21日，蒋介石在日记中自责：“亲属贪污、中外诟病，其不知自耻，更增痛苦。每念少年罪孽深重，所以上帝予我以如此惩罚乎？不然，何以使我耻辱至于此极？否则，天父加我以特别锻炼，而望我完成其所予我之重大使命，以增强我信心乎？”22日，魏德迈应蒋介石之邀，向国民政府委员及部会首长报告访华观感，严厉抨击国民政府的军事措施和党政官员的腐败无能。戴季陶当场泣下，回家后又痛哭4小时之久。(《蒋介石日记》，1947年8月25日)

蒋介石也觉得难以忍受，日记云：“本日魏德迈对我首脑部之谈话，无异严厉之训词，类于斥责裁判，实为我国最大之耻辱”，“若不痛自反省，发奋雪耻，何以立国？何以成人？”(《蒋介石日记》，1947年8月22日)这一天，蒋介石决定筹组侦察贪污与军纪的机构，设立军法总监与各路军法机构。这就恢复抗战时期将贪污罪移归军法处理的老办法了。

蒋承认国民党“干部无人，贪污怯弱”

8月24日，魏德迈即将离开中国，临行前发表声明，认为“只要撤除目前在政府中占据许多负责地位的不称职和贪污的人”，“现中央政府就能够赢得和保持大部分中国人民专一热情的支持”。他提醒国民党，必须立即实行彻底的深远的政治经济改革，“空言已是不够，实行乃是绝对需要的”。9月19日，魏德迈在致杜鲁门总统的备忘录中再次强调，苛政与贪污正在促使人民失去对政府的信任。(《白皮书》，《中美关系资料汇编》第1辑)

魏德迈使团的调查和严厉、直率的批评促动了蒋介石。8月30日，蒋介石决定开展“自力更生运动”，其具体办法有“社会革新”、“为民服务与解除其压迫”、“勤俭报国”、“平均地权、耕者有其地”等，其第5项则为“扫除贪污”。31日，蒋介石进一步思考“自力更生运动”，认为这并非“局部之技术问题，乃为全般大原则之确立与重新问题”，如果仅停留于“技术补救”，则“利未收而害先见”，“反疑一切改革为不可能之事”。他决定先“确立大原则”，“立定前提”。其内容有：“甲、忍痛断臂与除毒，祛除情感，惩治贪污。乙、提倡民主法则，加强群众监督力量，涤荡官僚恶习与铲除豪门资本。丙、建立组织与制度之基础。丁、建立干部政策，慎选核心干部与新陈代谢法令之树立。”

“豪门资本”亦称“官僚资本”，自抗战中、后期起，就成为国人指责、唾骂的对象。1940年12月，经济学家马寅初因此遭到蒋介石的软禁。现在，蒋介石将“铲除豪门资本”，列为“自力更生运动”的大前提，反映出历史的变迁和蒋介石所受魏德迈刺激之深。

当年9月13日，国民党召开六届四中全会，决定国民党与三民主义青年团合并。蒋介石在会上演说，提出，第一，要澄清吏治，根绝贪污。他沉痛地说：

现在我们中国政治最为外人所诟病的，就是我们政府的贪污和无能。这当然是部分的现象，然而我们政府里面如有一个贪污的官吏，就是我们全体的耻辱。而本党是中国的执政党，当然要负责任。所以今后本党从政的同志，一定要互相约束，互相挟持，更要严行纠举，务使贪官污吏在政府中无法立足。必须禁绝贪污，而吏治乃能澄清，行政效率乃能提高。

国民党的六届四中全会是公开的会议，所以蒋介石在报告官场的贪腐情况时有所保留，强调“这当然是部分的情况”，不像他在日记中表现得那样愤激。他又说：

本党今天所受的耻辱，是五十年来所未有。外国人诋毁我们贪污无能，腐败堕落，一切罪恶的名词都加到本党的身上。我们必须认清这种耻辱，奋发图强。(《四中全会之成就与本党今后应有之努力》,《中国国民党历次代表大会及中央全会资料》下，光明日报出版社1985年版)

蒋介石这里所说的“外人”，“外国人”，指的就是魏德迈。“五十年来所未有”的“耻辱”，这一句话说得很严重，可见魏德迈的批评对蒋刺激之深。

为了反对贪污，国民党六届四中全会通过《当前组织纲领》，规定党员、团员一律重新登记，党员财产必须依规定申报，凡有贪污行为者，拒绝登记财产者，均不得成为党员。贪污有据者，开除党籍。《纲领》特别规定，党的各级干部、从政党员，在公营事业及金融机关的党员，其财产登记办法另定。（《中国国民党历次代表大会及中央全会资料》下）不过，这个规定始终未见问世。

美国人感觉到了蒋介石加强反贪的企图。9月29日，美国驻华大使司徒雷登向国务院报告说："蒋主席至少是在设法解决这个问题。监察院已获得大为增加的权力。"但是，司徒雷登也承认："贪污愈加盛行，对于此事处理究竟有何成功，迄今尚无很多的证明。"（《白皮书》，《中美关系资料汇编》第1辑）仅能一提的是，这一年10月，蒋介石发现自己的儿子蒋纬国也以"接收"为名在上海搞到一座房子，很生气，认为蒋纬国"招摇不规，不知自爱，为人轻视，为家蒙羞"，命蒋经国代为"教诫"。24日，蒋介石命蒋纬国将房产退还敌产管理处。（《蒋介石日记》，1947年10月23、24日）

1948年，蒋介石进一步感受到贪污问题的严重和对于国民党政权威胁的加大。其日记记载云：

1月7日："听取保密局贪污案报告，其诚骇人听闻，可痛。"

1月16日："重庆高级机关与主管官之贪污索榨，不道德无廉耻之腐败情形，闻之色变，不知革命前途究将如何结果，不胜悲痛之至。"

3月3日："桂系之贪污投机可认为今日之首也。"

6月8日："每念中央军队高级将领之贪污富有、淫佚无度以致忠勇之气荡然，廉耻之心扫地，是以不能剿匪，不能整军。"

这一时期，国民党军在和中共部队的战斗中屡屡失败。8月18日，蒋介石总结、检讨原因四条，其中两条涉及贪污腐败。一条云："将领精神丧失，军队腐败"；一条云："经理制度不良，军费无从核实，因之将领吃空贪污"。（《杂录》，《蒋介石日记》，1948年年末）

蒋介石计划的"肃清贪污运动"、"自力更生运动"都未能发挥作用。8月27日，蒋介石企图从扭转社会和官场的奢侈风气入手，决定改换名目，发起成立勤俭报国会，其宗旨为：1.遵奉国家法规；2.贯彻经济改革命令；3.实行自力更生；4.提倡节约储蓄；5.协助农工生产；6.宣布贪污实据；7.打破黑暗不平恶风；8.厉行新生活信条。

这一时期，国民党在军事上连连失败。蒋介石追根溯源，发现乃系军队特别是高级军官腐败的结果。9月24日，中共华东野战军攻克济南，歼灭国民党军10万余人，山东省主席、第二绥靖区司令王耀武等高级将领23人被俘。10月15日，蒋介石日记云："痛心王耀武之准备不确，决心不坚，此乃贪污无勇之结果，实皆余用心不当之罪也。"同日，东北野战军攻克锦州，国民党东北"剿总"副总司令范汉杰等高级军官36人被俘。18日，蒋介石日记再云："高级将领凡军长以上者，几乎多是贪污怕匪，以致军队枉然牺牲，而反加余之耻辱，思之无以自解，几乎无地自容。"

1949年8月13日，蒋介石翻读旧日记，对国民党"干部无人，贪污怯弱"的情况感到"悲愤之至"。同年6月，阎锡山在广州出任行政院长兼国防部长。10月11日，蒋介石已经退到台北，与阎谈财政。阎要求蒋拨存金四十万两以及两月支出经费，蒋当即同意，只说了一句话："勿浪用或将此现金为贪污投机者所得耳！"（《蒋介石日记》，1949年10月11日）这说明，面对贪腐，蒋介石已经束手无策了。

空言不能反贪

贪污、腐败是一种痼疾、顽疾，一旦发生、发展，若不能下狠心，用大力气，充分动员，群策群力，积极改革，多方采取措施，就很难治理，更难于根除。检视蒋介石枪毙孔祥熙亲信林世良及其以后的反贪史，应该承认，蒋介石确有反贪之愿。抗战时期，严刑峻法，不稍宽假；抗战以后，屡立名义，更换方案和方法，但大都陷于空言，而空言是不能奏效的，最后丢失大陆，败走台湾。

贪腐可以亡政，信然。

（作者系中国社会科学院近代史所研究员）

原载于《同舟共进》2013年第12期

张灵甫死因之谜及其他

何仁勇

以往，在大陆出版、上映的《红日》、《南征北战》等影视文学作品里，他是刚愎自用、作恶多端的国军将领；而在近年问世的一些历史传记作品中，他又是英勇善战、为国尽忠的抗日名将。要了解民国传奇人物张灵甫的一生，还得从头一一道来。

关中书生

1903年张灵甫出生于陕西省长安县（今西安市长安区）东大乡东大村一个家境殷实的农家。八百里秦川奔来眼底，三千尺黄沙漫卷西风。在此种自然环境中成长的许多关中人性格豪爽。张灵甫也是如此，小小年纪就成了“孩子王”，并在求学方面表现出很高的灵性。一路从小学读到陕西省立第一师范学校（当时西北五省的最高学府），成绩都是“杠杠地”。在省立一师读书期间，张灵甫遇见了足以影响他一生的人物——曾与孙中山齐名的国民党元老于右任。这是怎么回事？

张灵甫除了学习成绩好之外，还非常喜欢书法，自读私塾之后即练笔不辍，习得一手颇有功力的碑体字，渐渐在学校乃至西安城有了名声——校方甚至为他举办个人书法展览。（几十年后，张灵甫的同窗、毛泽东的俄文翻译师哲还在回忆录里提到这件事，“张灵甫与我同窗四年，写得一手好字”。）

就在这时，于右任到省立一师视察来了。

于右任是革命先驱，也是书法大家。当他得知省立一师有位学生把何绍基（晚清书法家）的字临摹得惟妙惟肖时，就想认识一下。初生牛犊不怕虎。在于右任面前张灵甫并不露怯，当场挥毫写下几幅大字。一个十几岁的少年就能写出如此雄劲的书法，令于右任惊叹不已："好字，好字。后生可畏！"

在这之后，于右任与张灵甫成了忘年交。多年以后，当张灵甫面临人生的重大抉择时，于右任做了他的指路人……

1923年，张灵甫毕业后回到老家，在学校谋了一份教职。金鳞岂是池中物，他一边教书，一边认真考虑起自己的前途。后来报考北京大学历史系，居然一考即中。那一年，张灵甫刚刚20岁。

当时的北京大学是中国思想最活跃、文化最多元、运动最频繁的地方。走在未名湖畔，到处都有人在慷慨激昂地演讲、辩论，热闹得跟过年一样。不久，北京发生了一件大事。

1924年9月，第二次直奉大战爆发。当吴佩孚正在前方指挥酣战时，作为讨奉第三路军司令的冯玉祥却悄悄率领军队班师回京，实行兵谏，一举扣押了总统曹锟。这就是历史上著名的"北京政变"。政变发生后，冯玉祥通电邀请孙中山来京共商国是，又把总统曹锟拉下马来，还将早被废黜的末代皇帝溥仪赶出故宫。几套"组合拳"一打，北京政局为之一变。

这一切对张灵甫影响太大了。此前，学生们经常上街游行示威，口号喊得山响，要"打倒帝国主义"、"打倒军阀"。可几年过去，贿选总统曹锟还是稳坐钓鱼台，一点皮毛都没伤到。倒是冯玉祥一声令下，北京城就一夜"变天"。现实给张灵甫上了活生生的一课，他发出这样的感慨："大丈夫当拨乱反正，旋乾转坤，措国家于磐石之安，登斯民于衽席之上，而吁衡大局，非武力不足以除强暴，非破坏不足以言建设……"

恰在这时，张灵甫发生了"经济危机"。他依父亲之言离开了北京大学，当然他并不是真要回家种田，而是开始了"投笔从戎"的第一步。

投笔从戎

在经过短暂的“驻豫军官训练团”生涯之后，张灵甫于1925年秋天来到了广州。由于于右任的介绍信，他成功报考了黄埔军校四期。

不过，他在黄埔军校的日子没有想象中顺利。黄埔军校是军事院校，理科很重要，偏偏张灵甫重文轻理，在甄别考试中成绩较差，被编在预备军官团二团二连（成绩好的学生则进入军官团）。凑巧的是，另一位日后赫赫有名的学生，也被编入预备军官团二团，但在三连。他就是林彪。

1926年3月8日，黄埔军校举行了第四期的开学典礼。张灵甫与林彪、刘志丹、胡琏、袁国平、李弥、唐生明等人站在一起，聆听校长蒋介石的训话。以这一刻为起点，张灵甫开始了他长达21年的戎马生涯。

张灵甫生性好静，学习期间表现得并不活跃，也很少参与政治活动。但他在这里潜心学习军事课程。黄埔前几期的学生所接触的大人物、教官在当时都是一流的，如孙中山、蒋介石、廖仲恺、汪精卫、胡汉民、邵力子、周恩来、张申府、萧楚女、恽代英等，都曾给他们讲课或演讲。另一方面，张灵甫在政治上完成了转型，成了蒋介石的忠诚拥护者。

杀妻悬案

1926年10月，张灵甫从黄埔军校毕业，被分配到蒋介石的嫡系部队第一军第一师。在北伐和对红军作战中，张灵甫因英勇善战，从基层军官开始，历任排长、连长、营长、团长等职。1933年，经人介绍，他与来自四川广元的女学生吴海兰结婚。不久，女儿出生了。一家人过着其乐融融的小日子。

事业爱情双丰收，张灵甫的前途看起来那么美好。可就在这时，发生了一件谁也没有预料到的事：张灵甫举枪杀害了结发妻子吴海兰。这背后到底发生了什么？至今仍有疑点。

一种说法是：张灵甫所在的胡宗南部队，一直在川陕一带与红军打仗。战事紧张，张很少回家。时间一长，难免冷落了寓居西安的妻子。一次，在前线作战的张灵甫突然得知妻子有了外遇，怀着百般滋味于1935年春节请假来到西安，并带着妻儿回老家省亲。在老家，张向妻子询问此事，妻子缄口不言。张灵甫气急败坏，战场上刀口舔血的生活，已经改变了昔日认真、沉着的书生性格。狂怒之下，他对枕边人举起了手枪……

坊间另有一种说法：张灵甫不是怀疑妻子有外遇，而是怀疑她可能是“共党间谍”，直接导火线则是妻子拿走了自己的军事文件。究竟哪种说法才是真相？不得而知。但当时陕西一带确有共产党的地下组织在活动。而且据张家后人回忆，张灵甫1935年冬回家休假时，头几天与妻子吴海兰在西安形影不离，很是快乐甜蜜。回乡下老家后，才发生悲剧……

杀妻后，张灵甫若无其事地回到部队继续当他的团长。可是，吴海兰的家人把状子告到了宋美龄那里。正在与宋美龄一起鼓吹“新生活运动”的蒋介石一听，勃然大怒。自己的学生无故杀妻，那还了得？于是，立刻吩咐将张灵甫送南京军事法庭查办。

张灵甫本应被判处死刑，由于当时身患重病，侥幸逃过，后被拘押于老虎桥模范监狱。

万家岭大捷：“与平型关、台儿庄鼎足三立”

人生的黄金时代，却突然身陷囹圄，那段日子张灵甫连死的心都有了。正在这紧要关头，抗日战争爆发了。

1937年七七事变发生，日本集结最精锐的部队，叫嚣要在三个月内灭亡中国。日本人的进攻，打破了蒋介石的“绥靖”梦，让他不得不考虑抵抗问题。

这时，黄埔三期生、非常欣赏张灵甫军事才能的王耀武向蒋介石进言，请求释放张灵甫。蒋介石应允了。张灵甫方得以返回部队戴罪立功。出狱后，张灵甫进入王耀武的51师，担任153旅305团团长，奔赴上海，参加著名的“八一三”淞沪会战。会战中，张灵甫身先士卒，获得了士兵的尊敬。战后，张灵甫又率305团参加南京保卫战，驻扎在雨花台附近的华严村，与日军18师团血战数日，直到接王耀武命令才率部突围。因作战有功，张灵甫被提升为153旅副旅长兼305团团长。

张灵甫的“成名作”，是武汉会战中的万家岭战役。万家岭位于江西省德安城西北20余公里，是一些高低不平的山脉的统称，其峰不险，其貌不扬，但在74年前却是中国军人抗击日军的主战场。

1938年8月，日军第11军106师团从九江沿南浔铁路（南昌—九江）南犯。中国守军奋勇抗击，日军受挫。9月底，日军106师团第123团、第145团、第147团和前来增援的101师团第149旅团深入万家岭地区——这就为中国军队集中优势兵力啃下106师团创造了难得的机遇。

10月7日，万家岭战役正式打响。中国军队第4军、第66军、第74军向敌军发起了总攻。日军虽然身陷险境，仍具备相当强的战斗力。为了歼灭106师团，就必须拿下已被敌军先行占领的高地——张古山。张古山山势险峻，易守难攻。王耀武率51师久攻不下，无计可施。74军军长俞济时告诉王耀武：“张古山我不管了，反正两天后，我要上张古山向薛岳报告战况！”讨论作战方案时，众人都觉得张古山不好打。就在这时，张灵甫突然发言了：“师长，张古山就交给我吧！”“你有什么绝招？”王耀武很吃惊。张灵甫侃侃而谈：“大家都知道《三国演义》吧？魏国大将邓艾率领精兵从阴平出发，经过七百里杳无人烟的地区，逢山开路，遇水搭桥，出其不意地直捣蜀国心脏成都。我们也可以依葫芦画瓢，大军继续正面进攻的同时，挑选精兵强将，从人迹罕至的张古山背面爬上去进行偷袭，一定能够起到两面夹攻的作用。”王耀武批准了这个作战方案。

张灵甫亲率一支突击队，轻装出发，穿过艰险的深山峡谷，攀岩爬树，悄然突入敌军后背，全歼山上日寇，一举拿下张古山。疯狂的日军在飞机配合下又夺回了张古山。张灵甫当夜趁天黑再次夺回阵地……如此反复拉锯，双方鏖战五日五夜。其间，日军第十一军司令官冈村宁次一边下令101师团不惜一切代价支援106师团，一边打破飞机不夜航的惯例，不分白天黑夜对张古山狂轰滥炸，妄图炸出一条血路。张灵甫部伤亡惨重，他本人也多次负伤。但张灵甫挺到了最后。

由于张古山的胜利，终使日寇106师团在万家岭几乎被全歼（只有师团长淞浦中将带几百残兵逃脱），这在整个抗战史上是唯一的一次——万家岭大捷也因此成为著名的抗战三大捷之一。新四军军长叶挺称赞道："挽洪都于垂危，作江汉之保障，并与平型关、台儿庄鼎足三立，盛名当垂不朽。"

遗憾的是，尽管取得了万家岭战役的胜利，但在整个武汉会战中，中国军队过分强调"寸土必争"，与敌人打阵地战、拼消耗，节节败退。到10月下旬，武汉三镇全部沦于敌手。或许正是因为这个原因，万家岭战役虽然成果巨大，可现在的知名度远远不如平型关大捷和台儿庄大捷。

当时郭沫若担任国民党军事委员会政治部第三厅厅长，他委派剧作家田汉前来采访张灵甫等人，以他们的事迹为蓝本编写了话剧《德安大捷》。张灵甫以真名真姓在剧中出现，从此名震天下。

除此之外，田汉还挥笔作词，与著名作曲家任光一起创作了74军军歌：

起来，弟兄们，是时候了，我们向日本强盗反攻……

南浔线，显精忠；张古山，血染红。

我们是人民的武力，抗日的先锋……

这首激昂如战鼓般的军歌，如今早已消散在历史的烟雾中，但当年，它曾鼓舞了无数热血青年奔赴前线奋勇杀敌。

"中国第一恐怖军"的瘸腿将军

抗战期间，张灵甫历任153旅旅长，58师副师长、师长，一直做到74军副军长。74军被日本人称为"中国第一恐怖军"，几乎参加了对日作战的所有重大战役，其顽强、勇敢的作风令日本人很是头疼。

74军之所以拥有强大的作战能力，与张灵甫息息相关。张灵甫被盟军观察团称为"中国最能打的将领"，绝不是靠耍嘴皮子吹出来的，而是在战场上真枪实弹打出来的。在日常生活中，张灵甫沉默寡言、气定神闲，可一旦上了战场，就成了“拼命三郎”。淞沪会战时，面对日军的疯狂进攻，他光着膀子从战壕里跳出来，抓起机枪就朝敌人冲去。在他的率领下，中国军队打退了日军的七次冲锋。

张灵甫在74军有个外号，“张瘸子”。这不是嘲讽，而是部下私下里对领导的昵称。1939年南昌会战爆发，3月底日军占领南昌。张灵甫率队到南昌西边的高安作战冲杀时，意外出现了：右腿膝盖被日军机枪扫中，摔倒在地。开始张灵甫并没有意识腿伤的严重，想简单包扎之后继续指挥战斗，部下只好强行把他送下火线，到后方医院治疗。

子弹打中右膝，造成严重骨折，加之战场上包扎匆忙，没有注意消毒，导致伤口感染，高烧不退。医生决定截肢。张灵甫急了：没了腿以后还怎么打仗？他掏出手枪，拍在桌子上跟医生说：“锯腿还不如先一枪打死我！”医生也没办法。就这样拖拖拉拉治了半年，才在蒋介石的特批下，送到香港治疗。

张灵甫在香港玛丽医院接受了英国专家的诊治，手术相当成功。医生向他保证，只要静心接受治疗，完全能够痊愈。可张灵甫却在休养的关键时刻决定提前出院回到战场。医生以为张灵甫担心付不起昂贵的医疗费。其实，张灵甫是在报上看到战时军人不宜出国养病的新规定，才不顾医生的劝阻执意出院。“军人死且不惧，何爱一肢。军令不可违”，张灵甫对医生说。因为提前出院，拆掉石膏之后，张灵甫右腿膝盖关节变得僵直，再也不能弯曲。坐着的时候，只能一条腿弯一条腿直；走路时，也只能直着右腿走路，成了令日军闻风丧胆的“瘸腿将军”。

抗战结束后，张灵甫被任命为整编74师（即原74军）中将师长。

孟良崮何以成为张灵甫的“滑铁卢”？

1946年，国共谈判破裂。第二年3月，蒋介石集结重兵对山东和陕北解放区实施重点进攻。张灵甫的整编74师从南京开拔苏北，两次涟水之战后，74师连连获胜进入山东。5月，张灵甫部接令由孟良崮渡汶河，攻取坦埠。

但这一次，张灵甫遇到的是华东野战军的陈毅和粟裕。面对24个整编师的咄咄逼人，陈毅和粟裕决定要以“百万军中取上将首级”的气概，猛虎掏心，从敌人阵线中割歼其主力重兵集团——他们的目光盯住了有蒋介石“御林军”之称的张灵甫74师。

5月13日黄昏，华东野战军第1、第8纵队利用地形掩护，穿插入74师纵深，割断了74师与其他国军的联系。到15日拂晓，第1、第6、第8纵队分别攻占了垛庄和万泉山，完全截断了74师的退路。至此，华野9个纵队共20万人将张灵甫部围困于孟良崮及其以北的狭小地区内。总攻开始了，经过一天一夜的激战，全部美式装备的整编74师在5月16日全军覆没，张灵甫阵亡。

为什么孟良崮会成为一代抗日名将张灵甫的“滑铁卢”呢？

首先来看一下当时的棋局。当张灵甫得知遭遇华野主力后，迅速作出反应，把74师带上孟良崮。张灵甫犯傻了？当然不是。这位身经百战的名将走了一步险棋：以自己为诱饵，吸引华野主力部队围攻，为国军主力对华野进行反包围创造有利条件。应该说，张灵甫这种“中心开花”的战术没有问题。事实上，当74师退到孟良崮后，蒋介石曾调集10个整编师增援74师，对华野形成了战略反包围。因此，陈毅和粟裕下令要尽快解决74师，否则战局难料。只不过，张灵甫一方面低估了华野的进攻能力，一方面高估了自身的固守能力。结果，“中心开花”成了“四面楚歌”。

具体分析一下，张灵甫的失败几乎是一种必然。首先是孟良崮本身的客观条件所限。孟良崮其实就是一个石头山，顶上寸草不生。张灵甫的机械化部队在上面无法构筑工事。遇到对方炮火攻击，连隐藏遮挡的地方都没有，只能四处逃窜，白白挨打。有人提到孟良崮易守难攻，这话不假。不过，20万人攻打4万人，如此悬殊的兵力，孟良崮在防守上还能称得上优势吗？

其次，友军支援乏力。74师被歼时，离张灵甫最近的是黄百韬整编25师，距离3公里，李天霞的整编83师距离5公里。这么近的距离为什么没有援救张灵甫呢？不是友军不出力，盖因山区地方直线距离近，但要翻山越岭就不是三五公里的事情了。

第三，众所周知，孟良崮战役包括淮海战役，很多山东民工自带干粮为解放军运炮弹、子弹，国民党部队则只能靠自己解决。在经历巨大的战场消耗之后，张灵甫的74师几乎到了弹尽粮绝的地步。

第四，情报信息失灵。情报是战场的灵魂，国民党在这方面严重处于下风。在山东战场，包括全国战场，共产党对国民党的军事行动了如指掌。举个例子，1947年5月12日，蒋介石主持制定了作战方案。这份作战方案还没下达到参战部队，就被时任国防部作战厅厅长的郭汝瑰通过地下党送到了解放军手中。所以有国民党军官哀叹："不是国军太无能，而是共军太狡猾。"再举个例子，最初陈毅、粟裕等人的攻打目标不是74师。解放军获得一份密电，得知74师是攻打华东野战军指挥部的主攻部队，迅速改变作战方案，转而攻打74师。反观国军，虽然也曾收到解放军6纵队活动的情报，但不重视、不核实，导致6纵占领了垛庄，截断了74师的退路。

6月9日，陈毅与在孟良崮战役中放下武器的国民党第74师将校军官举行座谈会。当将校们谈到第74师失败的原因时，陈毅很坦率地说："……贵军在抗战中的战功表现很好，战斗力亦堪为国民党军队之冠。可是一到内战战场，仍然逃不脱被歼的命运。各位应深深研究其中的原因。"

将校们一时无语。

张灵甫之死的几个版本

关于张灵甫之死，坊间说法不一。

第一个版本，是被解放军一名排长当场击毙。1987年8月25日，曾在华东野战军司令部任参谋的金子谷，在《文汇报》上发表《记孟良崮战役》一文说："战役接近尾声时，我6纵穿插部队一个排，冲进张灵甫躲藏的山洞，张灵甫举手投降，排长恨敌心切，端起冲锋枪将他击毙。"曾在孟良崮战役中担任华东野战军第6纵队政委的江渭清也持相同看法。

第二个版本，是投降后被解放军特务团副团长何凤山所杀。刘统的《华东解放战争纪实》（人民出版社1998年版）中有详细描述："……张灵甫等均被生俘。在押解途中，6纵特务团的干部见到张灵甫，旧恨新仇涌上心头，头脑一热，开枪击毙张灵甫。”这个“6纵特务团的干部”，很多人都认为是指特务团副团长何凤山。但何本人坚决否认这种说法。

第三个版本是自杀身亡。国民党方面一直坚持这种说法，并据此进行宣传。据说，当时张灵甫见突围无望，便写了两封信，一封给蒋介石，告知欲“自杀成仁”的决心，另一封给妻子王玉龄，嘱其抚养幼子，并安排随从参谋逃出送信。1947年8月由人民解放军华东野战军政治部编印的《蒋军七十四师的调查研究》一书也表示：“除张灵甫、蔡仁杰、卢醒等自杀及战斗中击毙7000余名外，其余官兵15000人悉数被俘。”

第四个版本，是死于乱枪之下。这种说法来自于何凤山。他在回忆录中还原了当时的经过。1947年5月16日下午，何凤山率特务团一营攻到了74师指挥部洞口。劝降无果，即命令向洞内攻击。过了一会儿，听到洞内有人喊叫：“你们不要打了，张师长已经被你们打死了。”何凤山立即率人冲进洞内搜索，张灵甫已经被击毙了。

随着历史资料、档案的逐渐公布，越来越多的证据否定了“自杀”说。孟良崮一战，张灵甫若未身亡，被俘后会有怎样的选择、怎样的人生结局……

张灵甫的死因还曾引起陈毅的关注。战役结束后，特务团害怕承担“违反我军俘虏政策”的责任，一度向上级报告，说张灵甫是“自杀”。对此，陈毅震怒，要求调查。经过调查，陈毅在5月29日召开的团以上干部会上严肃地指出：“张灵甫是我们杀的，报告说是自杀的，我们……骗了党中央、毛主席、朱总司令。”

无论如何，作为国民党高级将领，张灵甫曾为抗日事业作出过巨大贡献。华野方面对他进行了厚葬。遵照上级指示，由6纵副司令皮定均牵头筹划。6纵政治部副主任谢胜坤亲自主持安葬仪式。古树下，摆放着一口花400元买来的“豪华棺材”。下葬时，被俘的9个国民党将校要求送别，皮定均同意了。他们走到担架旁边，围成半月形跪下，号啕大哭……

红颜遗恨

20世纪70年代，中国与外界处于相对封闭的状况。普通人出国固然很难，国外华人要回国也不容易。在当时，能够自由往返于中美之间的华人仅两位——一是杨振宁教授，一是张灵甫的遗孀王玉龄。

张灵甫与王玉龄的结合堪称传奇。

王玉龄是湖南长沙的“富二代”。抗战胜利后，张灵甫在南京陆军大学甲级将官班第二期深造，一位姓张的处长无意间说起在长沙知名度很高的王家小姐：年轻、漂亮，而且很有个性。张灵甫产生了兴趣，就亲自跑到长沙去见识一下。

这天王玉龄在理发店理发，遇到了一个“怪蜀黍”：他踏进店门，径直走到王玉龄身后，从镜子里直勾勾地看着她。王玉龄从没见过一个男人这么看人，就横了他一眼。这位“怪蜀黍”就是张灵甫。

“后来张将军告诉我，如果不是横他一眼，而是冲他笑，他就不会追我了。因为当年喜欢他的女人有很多，我横他一眼，他可能觉得我很特别”。多年后，王玉龄如此陈说往事。

张灵甫展开了爱情攻势。1945年，17岁的王玉龄与42岁的张灵甫在上海金门饭店结为夫妻，轰动一时。婚后，两人居住在南京，过了一段平静而甜蜜的夫妻生活。

1946年6月，内战全面爆发。当年8月，张灵甫率部队从南京投入华东战场。在战场上的张灵甫还时常给妻子写信。王玉龄回忆：“我记得很清楚，他从不把战场的硝烟和死亡写在纸上，相反，他的信总是弥漫着浓厚的生活气息。在打仗的时候，他还给我画了一个图样，讲我们家的那个院子里的花，要种在什么地方，什么时候种什么花，他都写给我。他从来没有让我感到恐惧。”男人的铮铮铁骨和丈夫的似水柔情，均在张灵甫身上得到体现。

张灵甫死前10天，王玉龄生下儿子。后来母子二人随国民党一起去了台湾，随后又远走美国。

周恩来对张灵甫的阵亡甚为痛心，曾多次在不同场合表示，张灵甫是自己的学生，应该把他争取过来。1973年，周恩来通过各种渠道，获知王玉龄寓居美国，于是邀请她回国访问。经过反复考虑，王玉龄终于踏上了离别已久的故土——打动她的，当然有中共的诚意，但足以让她重回故土的，恐怕还是与夫君张灵甫的"没世难忘恩爱情"。

（作者系文史学者）

原载于《同舟共进》2012年第9期

从“国军伙夫”到志愿军英雄

王　龙

在国民党军队里成天想当逃兵的伙夫，到了共产党军队后成了威名赫赫的大英雄。柴云振在朝鲜战场上的传奇经历，背后暗含着共产党军队在那个年代之所以无往不胜的全部秘密——平等。

在国民党军队里，他只是个卑贱的伙夫，随时挨打受骂，不堪虐待后两次逃跑又被抓回毒打；而在共产党军队里，他却扛着机枪冲锋陷阵不畏生死。他“牺牲”后，邓小平亲自下令必须找到他，一时间他成为世界瞩目的“烈士”。但一朝现身，却是中国大西南山区里的一位普通农民。

33年隐姓埋名，带一身残疾回乡务农，为坚持原则受尽打击，职务被撤、女儿饿死，他为何从未想过凭昔日的战功去寻找部队申诉冤屈？英雄的身份一朝大白于天下，面对昔日屡次打击自己的对手，他为何能一笑泯恩仇？战场上，壮士赴死慷慨悲壮，他比《集结号》里的谷子地更加自信无畏；脱下军装后耿直难改，他的经历比《亮剑》里的李云龙还要坎坷曲折。

他就是“活着的军史”，至今仍健在的抗美援朝“一级战斗英雄”柴云振。

曾是黄继光烈士生前偶像

1952年9月，上甘岭战斗打响前，朝鲜的天空一片钢青色的肃穆。

大战将临，全军动员。担负上甘岭中线关键制高点五圣山阵地防守任务的，是志愿军第十五军第一三五团。这些天战士们一边紧张地构筑工事，一边参加“学英雄立新功”的誓师动员。战壕里、坑道中，团长以自豪的口气反复讲述本团一个响当当的战士名字：柴云振。

一年前的1951年6月，在朴达峰阻击战生死存亡关头，柴云振率全班5人冲向被敌人占领的阵地，一口气夺回三个关键制高点，孤身消灭100多名敌人。搏斗中，敌人用石头将他头部砸得血肉模糊，他仍死死和敌人扭打在一起；他扣扳机的右手食指被敌人生生咬断，扯出一尺多长的肉筋，还摇摇晃晃地站起来，咬牙用左手端枪打死最后一个敌人，直到昏死过去。

英雄的事迹如同闪电，照亮战士们的精神高地。铁骨铮铮的团长每次讲起柴云振，眼里都情不自禁地泛起泪花。战士们和他们的团长一样热血奔涌，高声呼喊着口号“为柴云振报仇！”，整个一三五团前沿阵地沉浸在一片雄浑悲壮之中。22岁的年轻士兵黄继光这时刚刚来到朝鲜前线，正好被分配到老班长柴云振所在的一三五团，任二营六连通讯员。黄继光被团里这位老班长的事迹深深打动着，暗暗把这位前辈当作自己杀敌立功的楷模。1952年10月19日，在上甘岭战斗中，黄继光拖着受重伤的身躯，不顾一切爬到了敌人的枪口旁，然后完成了那惊天动地的一扑，用血肉之躯堵住了敌人的枪眼。

今天，翻开一部威名赫赫的抗美援朝英雄谱，人们耳熟能详的名字是黄继光、邱少云。但很少有人知道，在那个热血沸腾的秋天，作为英雄偶像的柴云振，到底传递给后来的小战友黄继光多么巨大的精神力量。然而，朝鲜战争结束后，柴云振，这位曾激励过无数战友的传奇英雄，从此如人间蒸发般没有了下落。志愿军政治部授予他那闪闪发光的特等功和一级战斗英雄勋章，静静地躺在军史馆的橱窗里，一直无人认领。

“烈士柴云振”原来活着

原来，当战斗进行到第七天，增援部队终于冲上主峰阵地时，昏迷中的柴云振被战友抬下来，转送到了战地医院。当时他伤势严重，昏迷不醒，彭德怀司令员，杨成武、杨勇等副司令员先后到医院看望，指示要不惜一切代价抢救这位了不起的大英雄。为此，部队专程派飞机，从前线战地医院单独转送柴云振回国治疗。回国后，有关部门高度重视，请了专家学者会诊，并先后转送几个医院治疗。那时朝鲜战事纷杂，柴云振所在部队的官兵几乎都牺牲了，部队不断补充、换防，无暇与他联系。柴云振在后方治疗了大概一年多后，慢慢恢复了健康，却和原部队失去了联系。

但直到今天，对我说起这段三十多年甚为遗憾的历史，柴云振依然淡淡地说，当个兵嘛，有什么了不起嘛！当兵就是为了打仗，打完仗没死就回家。

1952年4月，柴云振领了三级乙等残疾军人证，直接在医院办了复员手续。他清楚地记得，那时候上级给他发了80元补助费，还有可以在老家领1000斤大米的票据。柴老先生笑着说，那时候国家困难，能发恁多东西，很知足了。

他穿着褪色的军装回到家。老远就看见老娘背着一堆小山样的柴草缓缓走在村路上，腰弓得头都快勾到膝盖了，满头白发如风中的衰草。他激动地大喊了一声："妈，我回来了！"娘简直不敢相信，扔掉柴草，拉住他痴痴地盯了半天："儿哇，你硬是还活起的吗？！"

朝鲜方面也不知道柴云振是否牺牲，想方设法打听，始终没打听到英雄的下落。但柴云振的事迹却在朝鲜不胫而走，家喻户晓，甚至被编入了朝鲜课本，并被翻译成十多种文字在全世界传播，他成了世界著名的活"烈士"。朝鲜画家还根据柴云振战友的描述，画了一张他的"遗像"，悬挂在朝鲜革命军事博物馆最显眼的位置，供人们瞻仰纪念。

邓小平："哪怕是大海里捞针，也要把他捞起来！"

30年过去了。1980年，朝鲜领导人金日成来中国参加抗美援朝30周年纪念活动。在成都参观时，金日成在与邓小平的会谈中，谈到了四川籍的志愿军英雄人物，他对黄继光、邱少云、赖永泽、柴云振等四人印象特别深刻:“除牺牲的两位英雄外，赖永泽已经找到，而柴云振至今下落不明。不知柴云振在哪里，我至今还惦记着他呀！”

听到这里，邓小平对金日成说:“只要柴云振还活着，还在中国领土上，我们就一定能找到他。”邓小平随即问随行的原志愿军十五军军长秦基伟知不知道柴云振的情况。秦基伟正是柴云振当年在朝鲜战场上的军长，他汇报道，这些年部队先后派人到山西、河北、安徽、山东、江西等十几个省寻找，但苦于没有线索一直没找到。邓小平指示:“只要柴云振在这个世界上，哪怕是大海里捞针，我们也要把他捞起来！”

不久后，有关部门找到了柴云振当年的同班战友孙洪发，是他当年亲自把昏迷的柴云振背到后方医院的。据孙洪发回忆，柴云振满口西南地方口音，有可能是西南一带的人。情况反映上去，邓小平指示：开动所有的宣传机器，在云、贵、川各大报纸上刊登寻人启事，一定要尽快找到柴云振下落。

1984年10月的一天，四川岳池县大佛乡农技站拖拉机手柴兵荣，在县加油站看到了登在《四川日报》上的一则“寻找抗美援朝英雄柴云正”的启事:“一级战斗英雄、特等功臣柴云正，原是我部三营八连七班班长，有一手食指断了一截，在朝鲜朴达峰阻击战斗中身负重伤，与部队失去联系……”柴兵荣至今仍清楚记得，启事全文只有短短92个字。看完后他的心“扑通扑通”直跳。他是柴云振的长子，他记得父亲当过兵打过仗，退伍证上也有担任过班长的记录，而且父亲右手食指也是残疾的。许多事情和这则启事完全一样呀！柴兵荣欢天喜地把消息带回了家。

儿子激动不已，柴云振却无动于衷。他已离开部队33年，30多年间他的生活发生了许多变故，他已安安心心在老家务农了。当然，偶尔他也会在梦中回到大雪纷飞血火迸溅的战争岁月，怀念那帮老战友、老兄弟。可是全班、全连的战友都打光了，自己能活下来，知足了。只是回到地方后，他的军人脾气始终未改，这让他吃尽了苦头。他曾担任过生产队长、人民公社副书记，在“文革”中因反对丑化刘少奇的画像，又被戴上了“五类分子”的帽子。一个被打入另册的“五类分子”，能与战斗英雄扯上什么关系？柴云振苦笑着想。

在家人再三劝说下，柴云振终于还是动了心思。不过听说部队远在湖北武汉，父子二人往返路费就要几十块钱，柴云振又犯起踌躇来。犹豫再三，还是下了决心，卖掉了家里仅有的一头肥猪，带着100元钱，踏上了开往武汉的火车。经过重重复杂的辨认，部队终于确定：这正是他们寻找多年的英雄！原来，当年由于连队文书登记姓名时，将“振”误写为“正”，部队多次寻找“柴云正”未果，导致勋章一直无人领取。

33年，好梦惊回风雪夜，壮心磨尽别离中。此刻流不尽的是战友泪，诉不完的是生死情。老师长向守志将军哽咽着说：“云振啊，我们找得你好苦啊！30多年来，部队派人几乎寻遍了全国每一个省和自治区，今天总算找到你了！”柴云振也激动地说：“想不到老战友们都还记得我，部队首长都还记得我！”

1984年10月的一天，39155部队的军营里如过节般热闹。这一天，56岁的岳池县大佛乡农民柴云振，穿上了一身崭新的军装，站到了庄严的颁奖台上。迟到33年的表彰大会隆重地召开了。中央军委领导专程从北京赶来，亲自把“特等功臣”、“一级战斗英雄”勋章给柴云振佩戴在胸前。主持会议的军长激动地高声宣布：“同志们，这就是我们找了多年的老英雄！下面，请老英雄给大家作报告！”台下的掌声顿时雷鸣般经久不息。受宠若惊的柴云振恍若梦中，他这样一个日出而作、日落而息的农民，一个曾经的“五类分子”，怎么一时间就变成了万众瞩目的焦点人物，一瞬间就变成了人们口中那么了不起的“大英雄”？

站在黑压压的官兵面前，柴云振拘谨地走到麦克风前，讲述起那已渐渐遗忘的生死经历。

口述历史：朴达峰的生死较量

1951年4、5月间，朝鲜战争规模最大的第五次战役打响了。战役末期当志愿军开始往北回撤的时候，联合国军以四个军共十三个师的兵力，在400多公里战线上开始了全线反击。5月22日那天，柴云振和战友们还走在回撤的路上，师长崔建工就被紧急召回军里受领了任务，秦基伟军长亲自严肃交待：“为了掩护志司总部和伤员后撤，我们的四十五师，赶赴朴达峰一线阻击北上敌军，要不惜一切代价阻击敌人十天！”

朴达峰是阻敌北上的咽喉。敌人一旦占领这里，便可以充分发挥强大的机械化优势，无遮无拦地向北进军。这是十五军最后的防线，一旦被敌军突破，志愿军将无险可守。

从5月29日开始，联合国军在飞机、大炮、坦克的掩护下，用摩托化步兵组成了“特遣队”，开始向朴达峰发起进攻。敌人的飞机就如同密密麻麻的黄蜂，挤在空中轮流转，一群才刚飞走第二群又飞来，冰雹一样密集的炸弹，对长不到一公里的朴达峰山脊狂轰滥炸。山头被打下去几尺，尖山打为平山了，随便抓一把土，都是焦黑的弹片。

阻击战打到6月3日，敌人加拿大旅连续几日进攻受挫，伤亡惨重失去战斗力，像被打断脊梁的狗一样灰溜溜撤出了战斗，由更凶狠的美军第二十五师接替，继续进攻。这时防守朴达峰的是我一三四团第三营，当时第七连就剩下7个人了，和九连加起来就四十余人。团长段成秀咬碎牙齿也不下撤退命令，下令该营将七、九连合编为一个连队，继续坚守阵地。柴云振所在的第八连为二梯队，随时准备增援。

6月4日，朴达峰激战整整五天五夜了。五天时间，敌人除了在我们阵地前丢下一千多具尸体，硬是没能前进一步。美国人觉得在其他国家军队前面子丢大了，恼羞成怒，调来了传说中特别厉害的黑人团，从凌晨六点开始，采取先小后大、由排至团蜂拥而上的群狼战术，对七、九连的阵地连续进攻。七、九连几乎打光了，加起来仅剩27人。

柴云振就是这个时候从师部警卫连抽调去补充三营八连的。警卫连专门负责保卫师首长安全，这时师首长完全顾不上了。柴云振和战友们出发前，师首长圆瞪着红红的眼睛喊道，同志们平时决心都很大，要把美国鬼子赶出朝鲜去。但现在形势非常严峻，朴达峰守不住，敌人就要长驱直入，我们就会被赶出朝鲜去！现在鸭绿江背后，就是祖国……

师首长猛然哽咽了，说不下去。战士们的眼睛也都红了，一个个热血涌到了头发根，恨不得和敌人同归于尽。柴云振带着七班的9名战士就上去了。一天之内和敌人较量了三次，全是恶战。战至下午两点钟，敌人以三个营的兵力分多路向我猛攻，占领了我主峰阵地。防线眼看几近全线崩溃，三营指挥所危在旦夕。战士只有紧紧趴在营指挥所里的一个地堡里。

当时送饭的炊事班挨了炮弹，挑的饭被炸翻了。炊事班长全身血淋淋从地上扒了一包饭用围裙抱上阵地来。饿慌了的柴云振用手抓了一把就往嘴巴里塞。咔嚓一声！差点没把牙齿给崩掉——饭里头全是石子和松枝……可还有恶仗要打，必须尽快恢复精神和体力，再吞不下也要吃呀。

柴云振正在猛嚼，就听营长大喊："八连七班，去把阵地给我拿下来！"营长武尚志外号"武和尚"，凶得很，他把眼睛鼓得鸡蛋大："坚决给我把山头拿下来！山头拿不下来，你就拿人头来见我！"

柴云振不说话。班里的人全部牺牲完了，你让我咋个去打？"武和尚"瞪了一眼，发现真的没人了，顺手抓了两个通讯员分给柴云振。柴想通讯员能打啥子仗哟，也没法说什么，出发吧！

6月5日凌晨，朴达峰阻击战进行到第六天。主峰阵地还在志愿军手中——不过天亮后柴云振发现，阵地只在他一个人手中了。柴云振管不了那么多了。上级虽然没下命令，我一个人也要死守阵地，钉在这里。他拣了六七支加拿大冲锋枪，放到右边；拉了两箱半手榴弹，放在左边。这样拿起来更顺手。一切准备停当，就等美国佬来送死。山脚下是一大片树林。很快他发现远处松树开始不断摇晃，说明敌人摸上来了。再详细一观察，指挥官在招手，黑人团上来了。这是他们的敢死队，先上来一个班，最后来了一个排。柴云振沉住气，必须五十公尺内才开枪，居高临下，一打一个准！

天完全亮了，敌人展开了更大规模的反扑。柴云振利用有利地势，将成捆的手榴弹和爆破筒扔向敌群，用机枪和冲锋枪轮番向山下扫射。几次激烈反扑，被他打死的敌人砌砖垛一样，在阵地前堆起一层又一层，把前进路都堵死了。柴云振独自一人连续打退了敌人数次冲锋，到中午时分耗尽了所有弹药，手中只剩下一杆自动步枪了。

敌人暂时停止了进攻，可他一点也不敢大意。一个人守着整个山头，顾得了东顾不上西。枪声暂停，他赶快去山头四周搜索，防止敌人偷袭。果不出所料，刚一转过山头，四个高大的美国人已冲到20

多米远的地方了。他条件反射喊了一声："缴枪不杀，志愿军优待俘虏！"——下意识里还想抓活的呢！几个鬼子一愣，也不知道他身后还有多少人。乘他们一发呆，他一梭子弹就打出去了，当场打死三个。

最后一个美国黑人离他只有十多公尺远了。他一个箭步冲上去，对准他脑袋一搂扳机，枪没响。这个黑人又高又壮，他站在交通沟下面，柴云振在交通沟上面，黑人兵居然还高出一头。柴云振连枪带人把他一下按倒在交通沟里面，两人抱着扭打在一起。那天下了雨，交通沟里，两人都成了泥人。黑人兵手臂长，个头高，抓着石头拼命砸柴云振的脑门，把他的脑门心都砸烂了，鲜血流下来把衣服全染红了。柴云振比他单薄，那天又没吃饭，全身实在没劲了。但他一点也不怕这个黑人，想抠瞎他的眼睛，不料右手食指一滑，被他一张嘴死死咬住了。柴云振使劲扯出来，右手食指的肉筋扯掉出一尺多长，还是死死抓住他不放。

这个黑人吓坏了，也忘记去捡枪打了，只知道用石头砸。昏昏沉沉中，柴云振不断警告自己，就是倒下了，也要面朝着这个敌人，防止他偷袭。黑人一连砸了好多下，见柴云振还是不要命和他厮打，他更怕了，转身就往山下跑。柴云振那时已处于半昏迷了，但心里还是恨恨地想，不能便宜了这个狗日的，你要我死，你也别想活！等敌人一跑，他就摇摇摆摆捡起支枪打——糟了，没打响！这才发现自己扣扳机的右手食指已被咬断了。柴云振立马换到左手，枪响了，黑人跑了十多米远，还是被他打死了！柴云振也一下昏倒在阵地上。

肉搏战中，柴云振的右手食指生生被敌人咬断，头部多处负伤。战斗进行到第八天，增援部队冲上了主峰阵地，昏迷中的柴云振这才被战友转送到了战地医院。朴达峰阻击战，他带领的班共歼敌二百余名，光他自己就消灭了一百多敌人，捣毁敌指挥所一个，保卫了志愿军前线指挥部和后方医院的安全，为志愿军兵团顺利北移赢得了时间。后来他是怎么被救的，如何被战友发现的，至今也还不清楚细节。

人生感悟：真正的英雄没有回来

在听老人讲述往事的时候，我对一个问题特别感兴趣：到底是什么神奇的力量，让这个在国民党军队里成天想当逃兵的伙夫，到了共产党军队后成了威名赫赫的大英雄？

当我提出这个问题时，本来已经有点疲倦的柴云振老人顿时来了精神。他的文化水平并不高，但每句话又都讲得那么实在入理：

“什么，你要问共产党的军队和国民党军队有啥不一样？那可是天上地下般不一样啦！最大的不同，就是平等。共产党军队啥子事情都讲个平等，战士和领导人格尊严上平等，生活待遇上平等，你有什么意见都可以提，好的孬的都可以说，领导不会给你小鞋穿。你有啥不对的，领导也和风细雨跟你讲道理，搞教育，直到你心服口服。

“在国民党军队里，哪个跟你讲个屁道理？动不动就给你一顿耳光！我在国民党军队当兵一年多就没领到过一块钱的军饷，全部给当官的贪污了。大鱼吃小鱼，团长吃营连长、连长吃士兵，士兵逼得就硬是没有活路了。我当伙夫时，有一次送饭上阵地，炮火封锁太严，就迟到那么一小下，那个狗日的副营长抽过我的扁担就朝我腰上砍了三扁担，好狠呐！这个仇我永远都记得。”

柴云振在朝鲜战场上的传奇经历，最精彩的是1951年6月4日这一天。但这改变他一生命运的一天，背后却暗含着共产党军队在那个年代之所以无往不胜的全部秘密。他将这一切作为终生珍视的宝贵财富，用于戒人戒己。

然而，柴云振在战争结束后的命运，却令人叹息。老人从来看不惯一些干部高高在上的作风，一直坚持着一个军人的耿直和尊严。人民公社那些年，他看着一些孤寡老人和困难户日子凄惶，实在过不下去，就带领大家种了点菜养了一些鸡鸭。区委书记姓何，是一个思想僵化的极左领导，对柴云振培育“资本主义尾巴”的行为非常不满，讥讽他是“鸡儿干部”、“鸭儿干部”，一直想往死里整他。军人出身的柴云振不懂“政治”，和这个何书记较上了劲儿。何批评他，他硬着脖子不服气。何踢凳子骂娘，柴云振就掀桌子回敬。

“文革”中，这个何书记一天之内居然斗争了48个人，当然更不会放过不听话的柴云振。他下令撤了柴云振的职，让他“滚回家搓泥巴”。柴云振军人的脊梁仍然绷得直直的，背起铺盖卷就回家当农民去了。家中生活困难，直到无米下锅。小女儿患病无钱治疗，柴云振眼睁睁地看着病饿交加的女儿咽了气。临死前，女儿还咂着干裂的嘴唇，喃喃地说："爸爸，我好饿……" 至今讲起这些，柴老先生依然红着眼长叹一声，沉默不语。在那人鬼颠倒的岁月里，柴云振的生活充满了艰辛、不幸和眼泪。他的命运，就是全体中国人的苦难命运。

后来，他作为战斗英雄出名了，升迁了，反而成了何书记的上级。何书记早已倒台，此时贫病交加。形单影只住在医院里。柴云振不仅没记仇，反而主动登门看望。何书记握着他的手，羞愧交加。柴云振说：都是过去年代的荒唐事，莫挂心上了，只是你急脾气要改一改。

老人的事迹早在上世纪80年代就拍成了电影、电视，上过各大报纸头版头条，是全国闻名的人物。但他对这些名利看得很轻、很淡。相伴多年的老伴悄悄告诉我，他至今一看到电视上的战争画面，就常常一个人背过身悄悄流泪。

采访完毕，合上笔记本，我真诚地对老人说，你是个了不起的英雄！

老人淡淡地说，我不是英雄，真正的英雄没有回来。

（作者系军旅作家）

原载于《同舟共进》2013年第8期

从"拍苍蝇"到"杀老虎"

——战后反腐第一案姜公美案

阮清华

1945年8月15日，中、美、苏、英四国同时发布《四国公告》，宣布接受日本无条件投降。八年抗战，胜利似乎在一霎间突然降临，让人有猝不及防之感。许多人还在迷茫下一步该怎么走，更多的人则一拥而上，纷纷奔赴沦陷区"光复故土，接收敌伪产业"。一大批"土行孙"（国民党地下工作者）、"穿山甲"（沦陷区外围的国民党忠义救国军、别动队之类）、"变色龙"（被重庆政府委任为先遣军的原伪军）纷纷浮出水面，大发"接收之财"。随后，"天上飞来的"（坐飞机奔赴沦陷区的）和"水上漂来的"（坐轮船奔赴沦陷区的）重庆国民政府正式任命的各类接收大员又纷纷登场，上演了民国史上丑陋的"三洋开泰"、"五子登科"的接收闹剧。

沦陷区的人民经历了长达八年的亡国奴生活，在日伪的残酷统治下期盼着中央政府早日光复故土。没想到"想中央，盼中央，中央来了更遭殃"，一时舆论沸腾。而远在山城重庆不能坐享"接收之财"的参议会、检察院等机构，更是要求"顺应民情"，严查接收腐败，挽回民心。国民政府不得不组建清查团奔赴各地进行清查，试图向民众作一交代。

但清查团人少事多、位卑权轻，也只能"拍拍苍蝇，摸摸老虎"，最后多数案件都是不了了之。唯独上海宪兵队队长姜公美一案，却扑朔迷离，一波三折，成为战后清查反腐第一案。此案不仅成为1946年上海的十大新闻之一，甚至引起了蒋介石的亲自过问，重庆宪兵司令部、淞沪警备司令部、陆军总司令部、国民政府国防部等部门纷纷介入。此案的判决结果从两次无罪释放到5年半有期徒刑，到最后突然改判死刑立即执行，一改再改，出人意料且莫名其妙。此案从案发前到案发后，众说纷坛，莫衷一是，尤为令人困惑。一个小小的宪兵队长，何以掀起壮阔波澜呢？

姜公美其人及其发迹史

姜公美何许人也？姜公美，原名姜万廩（读音lin），又名姜美，江苏徐州人，1913年生。曾用化名“蒋廷国”——乍一听似乎跟太子爷是亲兄弟，也许这化名太过招摇，所以他很少使用。1945年抗战胜利后，姜美被任命为上海宪兵队队长，开始改用“姜公美”这一大名。

姜公美幼年没读过多少书，只上过两年初中，却刻得一手好字，并凭此闯荡上海滩，在郑家木桥和南市一带刻字为生。郑家木桥是当年上海滩流氓、瘪三的天堂，藏龙卧虎之地，“青帮教主”杜月笙当年就是著名的“郑家木桥小瘪三”。不过，姜公美在郑家木桥没加入青帮，倒是结识了国民党宪兵司令部特务处驻沪负责人方骥。抗战爆发后，上海、南京相继沦陷，国民党党政军相继撤出东南地区，各部门留下部分力量在上海租界从事抗日活动。方骥领导的特务处就是宪兵司令部潜伏在上海的情报组。因情报工作经常需要使用假名、假印章，方骥经常找姜公美刻假印章，因此与姜相识，并将其吸纳为助手。

姜公美在方骥的培养下，很快学会了特务的基本技能，建立了许多人事关系，开始在上海打开局面。随后，方骥将他推荐给重庆宪兵司令部特务处副处长魏持平，魏持平即委任姜为中尉情报员。宪兵本来是军事警察，必须军人才能担当，但姜公美这个刻字摊主，一出道就是中尉，这在和平年代里可是多数人摸爬滚打多年后才能获得的成果，所谓“时势造英雄”吧。

不久，姜公美被日本宪兵队逮捕，关了一个多月又放了出来。据说因为与日本人做生意出了问题，抓起来后被打得遍体鳞伤，但没查出什么问题，只好释放了事。实际上，姜从此做起了双面间谍，一方面为日伪做事，一方面继续为重庆提供情报。既陷害过抗日人士，也给重庆提供了许多有价值的军事情报，“不无微功”。后来方骥被汪伪特工总部逮捕并杀害，姜公美接替他成为重庆驻沪情报组组长，与重庆宪兵司令部挂上了钩。

1944年，姜公美获得日伪上海第三期清乡军事行动计划草案，并发给重庆，受到嘉奖，于1944年7月被召到重庆受训。到达重庆后，姜公美晋升为宪兵上尉。姜在重庆住了9个月，在此期间，国民党正好准备召开第五届代表大会，并放出传言中央委员可以“自由竞选”。重庆宪兵总司令张镇为了竞选中央委员，到处托人。他得知姜公美是杨虎（上海警备司令）的学生，且与原国民党上海市党部主任吴绍澍关系密切，杨、吴手下都有很多选票，于是委托姜公美与杨、吴联系，请求支持。事情成功后，张镇大喜，对姜公美也更为亲近，姜公美因此得以与宪兵最高司令建立起直接关系。

红得发紫的“封条大队长”

1945年夏，意大利、德国先后战败投降，日本的投降也指日可待了。为提前准备日本投降后的接收工作，宪兵司令部派姜公美随同吴绍澍等同回上海进行地下工作。7月中旬，一行人先转道福建，尚未到达上海就已接到日本投降的消息，宪兵司令张镇立马任命姜公美为宪兵司令部特派上海宪兵队长，要求他尽快赶到上海设立队本部，组织接收事宜。

姜公美连夜赶到上海后，便去拜访杨虎夫人田淑君，不仅借住在田淑君提供的房子里，而且迅速利用田淑君以及洪门李炳清等人的帮会势力，将一班伪警察、国民党地下工作者组织起来，接收了伪警察局的300支手枪，正式拉起了一支宪兵队伍，划上海为六区，组建六个宪兵支队管理各区。姜公美8月24日晚到沪，无一枪一卒，26日就正式拉起队伍开始办公，效率不可谓不高。尤其是杨虎的一班弟子，成了宪兵大队的核心，外界称之为“杨家将”，在上海一时呼风唤雨，好不得意。

姜公美组织好人马后，再通过接收解决枪支问题——有人有枪，在乱世就是枭雄，尤其在战后上海这样一个龙蛇混杂的地方。

姜公美是最早进入上海的接收大员，其时，除了蒋伯诚作为军事委员会委员长驻沪代表以及吴绍澍作为上海市党部主任、三青团上海市主任和上海市副市长两个接收大员外，姜公美就是当之无愧的上海滩大佬了。姜公美一朝大权在握，除了继续与吴绍澍保持密切联系外，根本不买其他人的账。此时宪兵大队的封条满天飞，姜公美的大印则盖满每一张封条，成为名副其实的"封条大队长"，霎时间红得发紫。

战后初期国民党对沦陷区的接收工作非常混乱，直到9月底，由重庆国民政府任命的各路接收大员才纷纷到达各接收区域。管辖上海市等范围的第三方面军总司令汤恩伯9月份抵达上海；上海市长兼淞沪警备司令钱大钧9月9日才出现在上海，而这时距日本公开投降已将近一个月时间。各种各样的接收机构各自为政，开始了新一轮的接收争夺战。有时候一扇大门上就贴有无数个接收机关的封条，到处引发冲突，甚至刀枪相见，情况十分混乱。

"都是豪车惹的祸"

姜公美的宪兵大队，从迅速拥有几百名队员、几百条枪，到遍布大上海的六大宪兵支队，只用了短短几天时间；姜公美从上海滩上的无名小卒，到只手遮天的宪兵大队长、接收大员，也只用了短短两个月时间。然而，月满则亏，水满则溢。姜公美在上海把手伸向每一个地方，甚至不问青红皂白地大肆查封各类机关、企业；且与后起的各接收机关、接收大员产生了尖锐矛盾。其实每一个接收机关、接收大员，不仅都是手握一定权势之人，而且背后都有一个庞大的利益链支撑着，谁都不是省油的灯。姜公美志得意满之时，不仅百姓怨声载道，更得罪了不少权贵，大祸临头只是时日问题。

案件发生的缘起是一辆豪车，据说是当时上海滩最好的汽车，本来属于汪公馆（汪精卫在上海的家），却被姜公美捷足先登，先予接收并自用了（另一说是新新公司总经理、有通敌嫌疑的李泽孝敬给姜的）。

淞沪警备司令部副总司令李及兰看中了姜公美的豪车，想要姜低价转让给他，正踌躇满志的姜公美坚决不肯脱手。

李及兰是堂堂黄埔一期生，蒋介石嫡系中的嫡系。淞沪警备司令部是上海地区最高军事统帅机关，李副司令认为他有权管辖沪上各驻军、警察和宪兵单位。淞沪警备总司令由上海市长钱大钧兼任，而钱大钧与李及兰是连襟兄弟，故放手李管理司令部所有事务。在李及兰看来，上海宪兵队就是其属下的一个小单位而已，这区区小队长居然如此不识时务，简直是大逆不道。姜公美以为有重庆宪兵总司令张镇和市党部主任吴绍澍撑腰，且自恃沦陷时期抗战有功，如今又是上海滩接收第一人，没把重庆来的副司令放在眼里。

然而，世事无常，现在是“重庆人”的天下，“土行孙”、“穿山甲”、“变色龙”们的使命已经完成，再不乖乖听话就只能自取其辱了。10月12日，钱大钧亲自下令警备司令部将姜公美的整个宪兵大队缴械，并将姜公美缉拿归案。本来民众对姜公美的举报信就如雪片般飞来，只是大家忙于发接收财，无暇顾及反贪这一档子事，何况“接收起家的俯拾皆是”，反谁呢？谁来反呢？但现在此人不识相到如此程度，居然连堂堂淞沪警备司令部副司令要辆车都推三托四，是可忍，孰不可忍？！本来宪兵大队就是乌合之众，正好将其解散，还可接收一批武器装备；同时也向舆论表明，警备司令部可是按民意办事，有贪必反。

姜公美的宪兵大队，其成也快，其毁亦快。

四堂会审，扑朔迷离

正当淞沪警备司令部拘捕姜公美并进入侦查阶段之际，重庆宪兵司令部总司令张镇亲自打电话给钱大钧，要求由宪兵司令部审理此案，接着马上派姜公美的顶头上司魏持平来沪提人。宪兵向来独立行事，不受其他单位管辖，姜公美奉张镇之命来沪接收，而且在张看来，姜这两个月的表现可圈可点，其接收成果有目共睹，何罪之有？怎么能让外人审判自己的爱将呢。再说张镇与钱大钧都是蒋介石侍从室出来的人，大家也算是兄弟一场，这个面子还是要给的。钱大钧接到张镇的电话，自然只能让魏持平提人了。姜公美到重庆后被偷偷释放，有人劝姜出去避避风头，但姜自以为已经平安无事，不肯离开。

可能因为钱大钧对宪兵司令部不予审讯的做法极为恼火，于是干脆直接将案情告知了蒋介石。随后蒋介石又命令军政部和陆军总司令部把姜公美逮捕起来，并押回上海交由淞沪警备司令部重新审讯。

此时，报上陆续公布了姜公美的一些所谓罪状，如“纵兵殃民三起”，“擅自释放罪犯九起”，“非刑拷打五起，侵占公物一起，盗取物资两起”以及其他舞弊共七宗罪。并有传言说姜还接收了新新公司总经理李泽的两亿元伪币和汽车一辆，作为姜帮李开脱罪责的报酬。1月14日，报上公布侦查组查获姜公美的隐匿物资：棉布大小107件，约三千疋，另有432疋；肥皂68箱，橡皮车胎134条，内胎一箱，棉花113件，木棉154包，西药26箱，糖133包，螺丝板头38箱，其他颜料、生丝、火柴、蜡烛、硫磺等为数极可观。

钱大钧为示公平，特电邀陆军总司令部派员会审。该案名义上由陆军部和淞沪警备司令部会审，陆军总司令部的李申之成了主审官，淞沪司令部军法处长曾照贻参与会审。第一次会审没有判决，审讯过程中争议颇多。

2月7日，警备司令部、陆军总部、军风纪巡察团和宪兵司令部联合组织特别法庭，对姜公美进行四堂会审。军风纪巡察团和宪兵司令部的介入，使得案件的审判更显复杂。会审时，有关姜公美的罪状并没有调查清楚，甚至具体犯了哪些罪行各审讯者都心中无数。就在这次会审期间，苏浙皖区敌伪物资处理局新查获被姜公美查封之黄鱼10280斤。

2月10日，会审继续进行，淞沪警备司令部在审讯团中的地位明显下降。所有会审都未公开，其时舆论普遍对此不满，认为该案案情重大，民怨极大，应该公审。会审结束后，连判决结果都未予公布，只说需要呈请最高当局核准，方可判决。

但同日主审官李申之却对记者发表谈话，称姜公美案已经查明，各会审法官均认为其罪嫌不足，应“宣判无罪”。李申之此举无疑是想通过舆论影响对姜案的判决。但此时舆论对于姜公美没有丝毫同情可言。李申之这一莫名其妙的举措，不仅把审判组内部的分歧暴露出来，而且导致舆论哗然。

15日，钱大钧发表谈话，认为李申之在审判未终结之前，在会审人员意见并不一致的情况下擅自宣布疑犯无罪，“殊有未合”，尤其在案件尚未核准之前，擅自在报端宣布姜公美无罪，更属违法。“现值委座莅临沪市，本部自当将全卷呈请核阅后，再行遵批办理”，显然，钱大钧试图再次利用蒋介石的权威来推进对此案的处理。16日，蒋介石在上海看过钱大钧提交的有关姜案的卷宗，认为审判过于草率，下令重审。

愚人节的预言

吊诡的是，自从蒋介石指示重新审理姜案后，一晃两个月过去了，姜案却突然没有了任何消息。许多报纸不断发布消息，猜测姜案可能什么时候重审，但是每次都未能准确预言。

1946年4月1日，《申报》突然发布一条独家新闻：“姜公美今日枪决”。事实当然并非如此，这只是记者利用愚人节之机发布假消息，借以表达民众的意见。但这一消息一度使民众信以为真，因为大家实在希望政府能够公正惩处贪污、渎职之接收大员。消息发布后，国民党当局也很难堪：姜案两度被宣布无罪，如今又突然无声无息，早已引起了民众的多方猜测。

第二天，苏浙皖区敌伪产业处理局侦察组宣布了清查姜公美查封物资之部分情况。侦察组先后在江西路荣华仓库，抄获大量布疋西药及车胎等；在外滩八号华通仓库内，抄获糖、油、木棉，在十六铺茂泰冷气堆栈内抄获冷藏鱼类，估计约值数万元，现由宪兵二十三团派兵看护。事实上，以上物资早已查获，且民众也早已知晓，如今之宣布只是具体提供了地点而已，并未多透露有关姜案的任何细节。这些物资只是宪兵大队查封的，并贴有姜公美署名的封条，不能全算贪污、隐匿，但法庭对这些事情并未加以澄清和调查。而且，由于这些物资一直处于查封中，未作出适当处理，不少已经霉烂，白白浪费。

4月25日，警备司令部终于发布消息，准备下周重审姜公美。5月1日，淞沪警备司令部开始重审姜案。姜公美对法庭提出的所有控告均予以否认，声称查封物资都已经移交第三方面军，自己只是依法办事，并未有贪污舞弊行为。但在审判过程中，姜所提出的各项证人都不肯出庭作证。姜之所谓证人，大都是他宪兵队的下属，这群乌合之众早已跑的跑，逃的逃，谁也不肯在这关键时刻露面。法庭无法传讯其证人，只能依据调查的情况定罪。5月30日，审判长谭煜麟宣布本案已经判决，正呈请最高当局核示中。

当时最高法院先后宣判了很多汉奸案件，所判刑期在两、三年者居多。许多人因此认为，姜公美最多也就两三年罢了。然而，似乎突然之间峰回路转，10月16日，上海各大小报纸突然铺天盖地都是有关姜公美被执行枪决的消息。原来姜公美被淞沪警备司令部判处有期徒刑五年半，并已获当局批准，在提篮桥监狱服刑。但是15日淞沪警备司令部突然接到总参谋长陈诚电令："被告姜公美应改处死刑，剥夺公权终身，仰即遵照，并将执行日期连同照片具报备查。"警备司令部接电后立即于16日将姜公美从提篮桥监狱提出，押赴宋公园，执行枪决。

盖棺犹未定论

姜公美突然被执行枪决，很多人觉得不可思议；姜公美自己无疑更是连做梦都没想到。中国人一般讲盖棺定论，但姜公美盖棺而无法定论。当时报纸就议论纷纷，认为姜案拖延日久，变故丛生，令人生疑。而且姜公美到底犯了哪些罪责，始终未有正式之披露；即使是报纸上由记者们发布的消息，有多少是真实的，法庭也未予以证实或证伪。姜公美查封的物资移交后当局并未认真清点处理，在当时物价飞涨、物资匮乏的时候，却任由庞大的物资霉烂，白白浪费，更是引起民众之不满。

熟悉姜公美的人大多认为姜公美只不过是一只替罪羊。姜公美到上海，住所都是借杨虎夫人田淑君的，姜死后其妻子儿女都是别人抚养，根本没有什么积蓄。他手下的宪兵大队的确有许多人趁机大发劫收财，他自己也有些问题，但与其他诸多大小接收官员之贪污舞弊情节相比，姜公美或许罪不至死。

在国民党接收沦陷区贪污腐化层出不穷之际，蒋介石下令组建接收清查团奔赴各地对接收工作进行清查。这些清查团对接收大员基本上不敢触动，时人谓之只“拍苍蝇”，而不敢“摸老虎”。武汉清查团接到一封署名为“接收同仁”的恐吓信，其文曰：“清查工作适可而止，拍拍苍蝇摸摸老虎，接收起家俯拾即是，沽名钓誉监察检举，得过且过何必啰嗦。淌来之物干尔鸟事，淘金得计可以休矣，再不滚蛋谨防炸弹。”这封信无疑道出了当时接收工作的一些真实情况。湘鄂赣接收清查团团长仇鳌当晚就离开武汉回湖南去了。清查团这种“只拍苍蝇不打老虎”的做法，在社会上也引起了强烈不满。

民众对国民政府的战后接收早已怨言满天，清查团又无功而返，更导致收复区民心丧尽。美国特使马歇尔对国民政府的接收腐败深恶痛绝，早已忠告蒋介石下狠招治贪腐。而此时内战重开，蒋介石迫切需要美国的全力支持，因此不能不在反贪腐问题上稍微有所行动。李及兰虽然离开淞沪警备司令部，但他与陈诚关系十分密切，最终通过总参谋长陈诚之手，下令处死姜公美，时人多谓此举仍是因为李及兰的影响所致——姜公美似乎罪不至死，但他又必须去死。他是上海第一个接收大员，也是第一个被抓起来的接收大员，还是第一个被枪毙的接收大员。姜公美案因此成为1946年上海十大新闻之一，也成为二战后清查接收反贪第一案。

（作者系华东师范大学副教授）

原载于《同舟共进》2013年第9期

“明月依然在，何时彩云归”

——毛、周、蒋酝酿的“第三次国共合作”

邓　因

1956年以前，中共对台基本方针主要是武力解决。

中国进入全面社会主义建设时期后，不仅需要一个和平安定的环境，而且要调动一切积极因素。在这种形势下，中共中央对台湾的政策也发生了进一步的变化，争取和平解放台湾、愿同蒋介石进行第三次合作的思想更加明确起来。

1956年1月25日，毛泽东在第六次最高国务会议上宣布：“国共已经合作了两次，我们还准备进行第三次合作。”根据这一精神，1月30日，周恩来在全国政协二届二次会议上正式宣布对台基本方针，强调：“中国政府一年来曾经再三指出，除了用战争方式解放台湾以外，还存在着用和平方式解放台湾的可能性……凡是愿意走和平解放台湾道路的，不管任何人，也不管他们过去犯过多大罪过，中国人民都将宽大对待，不究既往。”（中共中央文献研究室《周恩来年谱（1898—1976）》，中央文献出版社1997年版）此后，对台政策的突出变化是不仅蒋介石集团包括在团结之列，而且明确了解放台湾的方式要力争和平。2月，中共进一步提出“为争取和平解放台湾而奋斗”的口号。（《为争取和平解放台湾而奋斗》，《人民日报》1956年2月4日）9月，中共八大政治报告申明：“我们愿意用和平谈判的方式，使台湾重新回到祖国的怀抱，而避免使用武力。如果不得已而使用武力，那是在和平谈判丧失了可能性，或者是在和平谈判失败以后。”

周恩来总理办公室主任童小鹏说：为了加强对台工作，中央决定成立对台工作领导小组，周恩来直接领导。小组的工作由李克农、罗瑞卿负责，徐冰参加，罗青长、凌云和我做具体工作。（童小鹏《风雨四十年》二，中央文献出版社1997年版）

曹聚仁问"和平解放"的"票面票里"实际价值

为将中共和谈的愿望传递到台湾，1956年3月16日，周恩来接见孙中山前副官和李济深的前卫士长、英国人马坤时说：如果你这次或者以后到了台湾，请你向蒋介石或你的其他朋友转达几句话：蒋介石是我们的老朋友，我们同他合作过两次。既然我们主张和谈，我们就不排除任何一个人，只要他赞成和谈。蒋介石还在台湾，枪也在他手里，他可以保住，主要的是使台湾归还祖国，成为祖国的一个组成部分。这就是一件好事。如果他做了这件事，他就可以取得中国人民的谅解和尊重。（《周恩来年谱（1898—1976）》）

1956年春天，著名无党派人士章士钊前往香港，手上带着一封中共中央给蒋介石的信，信中告诉蒋介石，将来祖国要是统一了，你们的地方军政大权仍归你们管，外交上交到中央就行了，除此之外如果你们地方建设有什么资金不足的，我们中央也绝对可以补贴的。

蒋介石获悉中共提出"第三次国共合作"及完成统一大业的设想后，考虑再三，也产生与大陆接触的想法。当时，蒋介石正面临岛内和美国的压力。一则"台独"势力在日本成立了所谓"台湾共和国临时政府"，二则美国也在密谋换下蒋介石，让更听话的人来当"总统"。

蒋介石父子经过物色，最终确定曹聚仁为合适人选。曹是著名学者和报人，与蒋经国曾在赣州共事，是亦师亦友的关系。曹1949年之后住在香港，与国共高层都有联系。

蒋介石派蒋经国两次找到曹聚仁。曹答应接受委托后，蒋介石就把曹请去台北，向曹表达了自己愿意与大陆沟通的想法，同时告诉曹："你此番去大陆一定要摸清大陆方面的真实意图。"

据曹聚仁的长女曹雷回忆："1956年，我妈妈曾经接到一封我父亲的信，信里面附了一封给邵力子先生的信，大意说为了两党的和好、祖国的统一愿做桥梁前去北京，请邵老向中央转呈此意。不久邵老回复一简函，大意是欢迎他回来。”（《蒋介石曾派密使赴大陆商讨统一后人事安排》，2010年9月6日凤凰卫视）曹聚仁通过香港《大公报》社长费彝民介绍前往大陆。

6月28日，周恩来代表中国政府在一届人大三次会议上正式提出：“我们愿意同台湾当局协商和平解放台湾的具体步骤和条件，并且希望台湾当局在他们认为适当的时机，派遣代表到北京或其它适当的地点，同我们开始这种商谈。”“我愿意在这里再一次宣布，我们对于一切爱国的人们，不论他们参加爱国行列的先后，也不论他们过去犯了多大罪过，都本着‘爱国一家’的原则，采取既往不咎的态度，欢迎他们为和平解放台湾建立功勋，并且还将按照他们立功大小，给以应得的奖励和适当的安置。”（《周恩来年谱（1898—1976）》）这是周恩来在公开场合第一次正式表达了中共愿意同国民党进行第三次合作的真诚愿望。至此，和平解放台湾问题从一般号召进入具体寻求接触和协商的阶段。许多爱国人士主动提出愿从中斡旋，推进大陆与台湾的统一。

据中央文献研究室编的《周恩来年谱》记载：1956年7月11日，周恩来出席中共中央书记处扩大会议。会上商议周恩来接见原国民党中央通讯社记者、现《南洋商报》特派记者曹聚仁的有关事宜。由毛泽东主持中共中央书记处扩大会议讨论周恩来接见曹氏之事，可见中共中央重视程度非同一般。

1956年7月13日、16日、19日，周恩来先后由邵力子、张治中、屈武、陈毅等陪同，三次接见曹聚仁。其中7月16日，周恩来、陈毅、邵力子夫妇、张治中等，同他在颐和园昆明湖上泛舟三个小时，主宾之间谈的就是台海两岸实现“第三次国共合作”的可能。在宴席上，曹氏问到“和平解放”的“票面票里”的实际价值，周恩来回答：“和平解放的实际价值和票面完全相符合的，国民党和共产党合作过两次，第一次合作有国民革命军北伐的成功，第二次合作有抗战的胜利，这都是事实，为什么不可以第三次合作呢……我们对台湾决不是招降，而是要彼此商谈，只要政权统一，其他都可以坐下来共同商量安排的。”（《儿子

回忆曹聚仁当两岸密使的细节与遗憾》，2009年10月10日中新网；《周恩来年谱（1898—1976）》）

8月14日，曹聚仁将周恩来与其会谈的情形以《颐和园一夕谈》为名，发表在他供职的《南洋商报》上，并于多年后编入了曹聚仁文集《北行小语》。此举向外传递了“国共可以第三次合作”的重要信息，立刻在海外华人世界引起了震动。

同年10月3日，毛泽东同曹聚仁长谈，指出：“台湾只要同美国断绝关系归还祖国，其他一切都好办。现在台湾的连理枝是接在美国的，只要改接到大陆来，可派代表参加人民代表大会和政协全国委员会，台湾一切可照旧。”台湾“何时进行民主改革和社会主义改造，则要取得蒋先生的同意后才做。”（毛泽东同曹聚仁谈话纪要，1956年10月3日）

10月7日，周恩来在张治中、邵力子、徐冰、屈武、童小鹏、罗青长等人陪同下，宴请并同曹聚仁谈话，答复他，如果通过谈判台湾归还祖国，蒋介石将来总要在中央安排。台湾还是他们管，如果陈诚愿意做，蒋经国只好让一下做副的。其实陈诚、蒋经国都是想干些事的。陈诚如果愿到中央工作，不在傅作义之下，蒋经国也可以到中央工作。周恩来还真诚地表示，如果目前台湾方面有难处我们可以等待，希望蒋氏父子和陈诚也拿出诚意来。周恩来当时即指示中央对台办公室负责同志通知有关方面，对蒋介石、陈诚等人的祖坟加以保护，对其尚在大陆的亲属注意照顾。（《周恩来年谱（1898—1976）》）周恩来希望曹聚仁将此消息转达台湾当局。

后来曹聚仁回港之后，向蒋经国详细汇报了与周恩来等人会谈情况，以及蒋介石故乡的真实信息：“奉化之墓庐依然，溪口之花草无恙。”当时，某些香港报纸曾发表不实报道，称蒋介石的故居和家里的祖坟已经在大陆镇压反革命和土地改革中被铲平，这些消息一度使蒋介石寝食难安。

为了进一步摸清中共对台政策的底，国民党还曾于1957年春派“立法委员”宋宜山（宋希濂的哥哥）到北京作“实地考察”。李维汉和罗青长会见了他。中共提出国共两党通过对等谈判，实现和平统一。统一后，台湾作为中国政府统辖下的自治区，实行高度自治；台湾的政务仍归蒋介石领导，中共不派人前往干预；国民党可派人到北京参加全国政务的领导。但外国军事力量一定要撤离台湾海峡。（童小鹏《风雨四十年》二）

蒋介石托人带话：希望你们“把金门炸一炸、打一打”

中共中央争取和平解放台湾的一系列措施逐步影响到台湾内部，引起了美国政府的严重不安，开始加紧推行“两个中国”的政策。面对严重的形势，蒋介石希望大陆有所行动，以维系大陆与台湾的联系。1959年毛泽东跟当时苏联驻中国大使透露玄机说，1957年蒋介石曾经托人带话给周恩来，希望我们能好好地把金门炸一炸、打一打。（《蒋介石曾派密使赴大陆商讨统一后人事安排》，2010年9月6日凤凰卫视）

1958年，国际局势紧张，美国对我国台湾的干涉也进一步升级。是年8月23日，大陆万炮轰金门，采取“直接对蒋，间接对美”的指导方针。（毛泽东给彭德怀的信，手稿，1958年8月18日，引自《毛泽东传（1949—1976）》上卷，中央文献出版2004年版）大陆用炮火与台、澎、金、马保持“联系”，维持中国内战的态势，拖住美、蒋，粉碎美、蒋达到“划峡而治”的计划。在炮击金门时，毛泽东曾请章士钊写信给蒋介石，并把“联蒋制美”的方针事先告知了台湾。台湾当局也心领神会，拒绝了美国要求国民党从金、马撤退制造“一中一台”的阴谋。（童小鹏《风雨四十年》二）8月的一天，毛泽东再次接见曹聚仁，让他把中共主要是对美不对台的底细转告蒋氏父子。曹以记者‘郭宗羲’的名义，在新加坡《南洋商报》发表文章，透露了炮轰金门的“醉翁之意”。

虽然海峡两岸在军事上又交了火，但祖国大陆并没有放弃争取和平解放台湾的种种努力。通过各种渠道，采取各种办法，继续开展对台工作。炮击金门后，章士钊给蒋介石写了一封信，毛泽东对其中几句话很欣赏：“台澎金马，唇齿相依，遥望南天，希诸珍重。”毛认为把台湾看作“南天”不恰当，后来改为“南云”。（童小鹏《风雨四十年》二）同年10月13日，毛泽东在周恩来、李济深、张治中、程潜、章士钊陪同下会见了曹聚仁。毛泽东说：只要蒋氏父子能抵制美国，我们可以同他合作。我们赞成蒋保住金门、马祖的方针，如蒋介石撤退金门、马祖，大势已去，人心动摇，很可能垮。只要不同美国搞在一起，台、澎、金、马要整个回来，金、马部队不要起义。毛泽东在谈话中表示：如果台湾回归祖国，“一切可以照旧”，台湾“现在可以实行三民主义，可以同大陆通商，但是不要派特务来破坏，我们也不派‘红色特务’去破坏他们。”“台湾可以派人来大陆看看，公开不好来可秘密来。”（毛泽东同曹聚仁谈话纪要，1958年10月13日，引自《毛泽东传（1949—1976）》上卷）周恩来说：美国企图以金门、马祖换台湾、澎湖，我们根本不同它谈。台湾抗美就是立功。希望台湾的小三角（指蒋介石、陈诚与蒋经国——笔者注）团结起来，最好是一个当总统，一个当行政院长，一个将来当副院长。(《周恩来年谱（1898—1976）》)

中国炮击金门的行动，一度引起苏联的紧张，苏联等国内外许多朋友一开始不很理解，担心会被“拉下水”。10月5日和14日，周恩来两次会见苏联驻中国大使馆临时代办安东诺夫，说明中共中央从原来准备分“两步走”到台、澎、金、马“一揽子解决”的目的是，“不能让美（国）换得一个冻结台湾海峡的局面”。他说：“我们这一方针简单讲来就是要使台、澎、金、马仍留在蒋手里，不使之完全落到美国手里。清朝统治阶级的方针是‘宁予外人，不给家奴’，我们则是‘宁予家奴，不予外人’。我们把台、澎、金、马留在蒋介石手里那就总有一天会回来”。周恩来还指出，蒋介石也不赞成美国的做法，一方面是怕影响蒋军的士气，另一方面也不愿意完全受美国控制。“因此，在这个问题上，我们和蒋找到了共同点，可以联合起来，一致反对美国”。（周恩来会见苏联驻华大使馆代办安东诺夫谈话记录，1958年10月14日，《周恩来年谱（1898—1976）》)

当时以解放军的军事实力，金门和马祖是可以拿下的。但中共中央考虑到如果台湾不能同时解放，那么台湾和大陆将被隔开，接触将更加困难。而且，国民党如果丢失了这些在大陆沿海象征性的据点，将更有利于美国制造“两个中国”的阴谋。1958年9月22日，周恩来致信毛泽东，请示关于沿海军事斗争工作的方针：“在目前形势下对金门作战方针，仍以打而不登、断而不死，使敌昼夜惊慌、不得安宁为妥。”毛泽东当日回复：你“对金门作战方针问题上的批语是很对的，即照此办理，使我们完全立于不败之地，完全立于主动地位”。(《周恩来年谱（1898—1976）》) 10月上旬，毛泽东主持召开中央政治局常委会议，最后确定对金门采取“打而不登，断而不死”的方针，即只打炮而不登陆，封锁金门，断其后援，但不把守敌困死。

为了进一步扩大美蒋间的矛盾，争取和蒋介石在这个问题上共同反对美国，10月6日《人民日报》发表毛泽东起草的、以国防部部长彭德怀名义发表的《告台湾同胞书》，向国民党当局提出：“我们都是中国人。三十六计，和为上计。”“你们与我们之间的战争，30年了，尚未结束，这是不好的。建议举行谈判，实行和平解决。”宣布从10月6日起，暂以7天为期停止炮击金门，以便使台湾、澎湖、金门、马祖军民同胞自由地输送供应品，但以没有美国人护航为条件。(《毛泽东文集》第7卷，人民出版社1999年版）8日，美国国务院宣布暂停为蒋军护航。

这份文告，粉碎了美国提出的所谓停火阴谋，堵住了国际干涉的道路，扩大了美蒋之间的矛盾。

万炮轰金门，实际是在“帮助蒋介石守好金门”。台湾当局对此心领神会，拒绝了美国提出的从金、马撤军的要求。可见这也是中共和平解放台湾政策的一部分。

对台湾问题，大陆是从中、美、苏“大三角”的全局来考虑，但把工作重点放在“小三角”上。为了进一步争取蒋介石，1959年9月14日，毛泽东向全国人大常委会提出中共中央关于特赦一批确已悔过自新、改恶从善的国民党战争罪犯的建议。12月14日，周恩来接见首批特赦战犯杜聿明、宋希濂、曾扩情、王耀武等国民党原高级将领。他在讲话中说：“你们当中与台湾有联系的人，可做点工作，慢慢做，不要急，个人写信靠得住些。”（童小鹏《风雨四十年》二）后来，这些人按照周恩来提出的要求，利用自己的影响，纷纷做台湾方面的工作。他们通过各种渠道致信台湾国民党军政要员，说明大陆的对台政策，希望通过和平谈判，实现祖国统一。这些行动，对台湾方面坚持一个中国原则产生了一定影响。

进入1960年代后，美国一方面加强与中国政府的接触，另一方面又向台湾当局施加政治、经济压力，继续推行“两个中国”的政策，美蒋矛盾加深扩大。毛泽东认为这是开展对台工作的好时机。1960年5月22日，毛泽东经与周恩来研究商讨后，在中央政治局常委会上确定了对台的总方针是：台湾宁可放在蒋氏父子手里，不能落到美国人手中。我们可以等待，解放台湾的任务不一定我们这一代完成，可以留给下一代去做。毛泽东还提出了对台的具体政策，周恩来将其归纳为有名的“一纲四目”。

为了把中共和谈的诚意和信息传递到台湾，大陆通过与国共两党高层都有深交和影响的张治中、傅作义、李济深、邵力子、章士钊等人士，分头寻找线索和渠道转达。

童小鹏回忆：1962年，有一次，周恩来邀请张治中、傅作义、屈武等在钓鱼台吃饭。席间谈到台湾问题，周恩来希望他们写信给台湾当局，告诉他们不要轻举妄动。后来屈武给于右任写了信，张治中、傅作义给蒋经国、陈诚等人分别写了信，转达了周恩来的意思。（童小鹏《风雨四十年》二）

1963年初，周恩来请张治中、傅作义致信陈诚，阐明台湾的处境与前途，说明今日反台者并非中共实为美国，而支持台湾者并非美国实为中共。中共这样做是为了维护国家主权与领土完整之不可侵犯。这年1月4日，张治中发出经周恩来修改的致陈诚信，正式传达了当时大陆对台湾工作的“一纲四目”方针。“一纲”是：只要台湾归回祖国，其他一切问题悉尊重台湾领导人意见妥善处理。“四目”是：（一）台湾归回祖国后，除外交必须统一于中央外，所有军政大权人事安排等悉由台湾领导人全权处理。（二）所有军政及经济建设费用，不足之数，悉由中央拨付。（三）台湾之社会改革，可以从缓。必俟条件成熟，并尊重台湾领导人意见协商决定，然后进行。（四）双方互约不派遣人破坏对方团结之事。此信在周恩来修改后，曾送中共中央政治局常委传阅。（《周恩来年谱1898—1976》）周恩来还在这封由张治中先生给台湾当局的信的背后，写了这样四句话：“局促东隅，三位一体。寥廓海天，不归何待！”（童小鹏《风雨四十年》二）

“一纲四目”实际上是毛泽东、周恩来用和平方式解放台湾构想的具体化。“一纲”，就是坚持一个中国的原则；“四目”就是“一个国家两种制度”。这既维护了民族大义，又尊重了台湾的现实，是一个合情合理的实现祖国统一的方针，因此可以作为国共两党进行商谈的政治基础。

不久，周恩来又请有关人士转告陈诚：过去送去的一些信件虽然大都是以个人名义写的，但政府是支持的，我们个人在政府中担负的工作可以变更，但对台湾政策是不改变的。

周恩来代表中共表达的和谈诚意和提出的具体建议对台湾当局深有影响。蒋介石称：“两个中国”及“中立主义”的幻想，不明事实，不明道义，不负责任，美国不应对此事加以考虑。陈诚则表示说，他要对历史作交代。只要一息尚存，决不会接受“两个中国”。

中国政府的和平呼吁和采取的这一系列措施，在海外引起的反响是可想而知的。台湾当局自然也有所触动，表示：今后不用红色中国、共党中国，而称中共政权。提到他们自己，不再称自由中国而用中华民国。蒋经国又托人表示：不再派人到大陆进行敌对活动，还说进一步派人到大陆谈判是不可避免的，也是必须的。

1963年国共高层的一次秘密会晤

1963年底，经过通信和有关人士沟通，国共双方关系有了新的进展，决定在南海举行高层密谈。关于如何商定的密谈时间、地点，以及双方的参加人员，至今尚未完全解密。现根据有关当事人的回忆和资料，对这次周恩来与两位台湾高层要人秘密会晤作一综述。

广州军区原副司令员兼南海舰队司令员吴瑞林生前有回忆文章和回忆录，讲述了1963年底他为周恩来总理的一次护航行动。直至30多年后，吴瑞林才从他的老战友、原中央调查部部长罗青长口中得知，周恩来此行有绝密目的。可惜吴瑞林知道这一消息3个月之后便与世长辞了。1997年冬天，北京改革出版社出版了一本专为吴瑞林所编的纪念文集《最可爱的人》。文集中，收入了一篇罗青长的文章《他曾为周总理护航——回忆吴瑞林同志二三事》，最先披露了国务院总理周恩来、全国人大常委会副委员长张治中在南海秘密会见台湾高层领导人这一消息。

据吴瑞林回忆：1963年12月初，海军通知我和东海舰队司令员陶勇前往北京，萧劲光司令员将向我们传达毛主席的指示。会议结束后，时任总理办公室副主任的罗青长突然到我的房间。他说："我是刚从总理那里来的。我来向你传达一个重要任务。总理要去视察珠江口，还有两位首长同总理一起去，再就是童小鹏同志和我，还可能有广东省公安厅厅长或副厅长，人数不多。"我问："有多少时间准备？"他说："五天时间以内。"他又说："此事，保密第一，安全第一。这是绝对重要的。"我问他："是否要报告海军首长？"罗青长说："我已请示了总理，总理指示说：不必兴师动众。示意我不要再报告海军了，你回到广州后，可将此事告诉陶铸和黄永胜两个人就行了。还有舰队参加此项接待任务的有关人员。"（吴瑞林《镇守南疆》，广州出版社2000年版）

12月7日，也就是罗青长与吴瑞林所约定的第5天，周恩来按时来视察黄埔，与他同来的有陈毅副总理，国防委员会副主席、人大常委会副委员长、与蒋介石父子均有历史渊源的国民党原高层人士张治中先生，随行人员还有童小鹏、总理办公室副主任兼国务院对台办公室主任罗青长，他们由中共中央中南局第一书记兼广东省委第一书记陶铸陪同，从新洲乘船到达黄埔，吴瑞林到新洲将他们接过江来。

在134扫雷舰的护航下，848护卫舰沿珠江口向伶仃洋进发。从广州到边境的预定地点，海上要有一天多的行程。第二天吃完早餐后，吴瑞林对周恩来说："这里到了万山要塞的防区，属陆军管，要塞的司令员、政委等领导同志都到码头上来迎接首长了。"吴瑞林并未陪同总理上岸。

周恩来、张治中在随行人员的陪同下，驱车前往万山要塞视察，召见了要塞机关直属队的35名校官，并合影留念。合影后，杨敏司令向校官们宣布：周总理坐了一天的船，要休息一下，还要同一个澳门商人谈一些事。（周晓青《1963年周恩来在万山要塞神秘"失踪"数日》，《文史博览》2010年第3期）不过，周恩来秘密会晤的并不是什么澳门商人，而是台湾来的两位神秘人物。

罗青长回忆：1963年12月初，周恩来总理与张治中副委员长到广东省边境，与两位能沟通国共两党关系的人进行秘密会晤。在周总理此次重要的秘密会晤的几天里，吴瑞林同志又亲自带领三艘军舰，在附近的海域里进行了小分队军事演习，以掩护会晤的顺利进行，也确保了周总理一行的安全。（罗青长《他曾为周总理护航——回忆吴瑞林同志二三事》）

中央文献研究室编的《周恩来年谱》记录了周视察珠江口前线部队的情况，但对他与国民党高层人士会晤一事秘而不谈。而该室和中央电视台联合制作的大型电视文献纪录片《周恩来》则披露了这次密谈的客人与内容：1963年12月，他（周恩来）又专门到广东中山县孙中山的故乡向台湾派来的一位客人具体阐述了“一纲四目”的内容。由于这次会见是秘密的，所以在合影的时候，那位神秘的台湾客人不见了。

根据当事人罗青长回忆，周恩来是与台湾两位客人进行秘密会晤，而不是电视片所说的一位客人。

早在1996年1月，香港《南华早报》就发表一篇来自祖国大陆的新闻，点出参加这次秘密会晤的中共领导人就是当时的国务院总理周恩来。随行人员共有两位，一为张治中先生，另一位则是罗青长。国民党方面参与的是蒋介石和蒋经国父子中的一位或者两位。

接着，香港某杂志在1996年4月号上，也发表了“文诗碧”的一篇题为《周恩来确在南海某岛秘密会晤蒋经国》的专稿。该文点出了国民党参加会晤的并不是蒋介石，也不是陈诚，而是蒋介石的儿子、时任台湾国民党“政务委员”、台“国防部政战部副主任”的蒋经国。据该文介绍说，这一重要信息是国共双方的核心机密。

按照惯例，两党谈判历来都是对等的。蒋介石是台湾国民党的首脑，大陆与他对等的是中共中央主席毛泽东，而不是中共中央副主席周恩来。经查，蒋介石在这一期间，在台湾的公开活动排得满满的，因此，蒋介石亲自赴南海某岛与周恩来面晤的可能性甚小。既然如此，那么就只有陈诚和蒋经国二人。然而，有关人士经过认真分析，又感到陈诚和蒋经国同时从台北飞往南海某岛周恩来会晤的可能性也存在不少疑问。主要原因是，陈诚和蒋经国多有不合。到1963年，陈诚不得不辞去台湾“行政院长”一职。而陈诚的辞职日期又恰好在周恩来从北京秘密前往南海的前夕，即1963年12月1日。而且这个时候，陈诚病魔缠身。正因如此，电视纪录片《周恩来》说：那位台湾客人还带回了周恩来送给正在患病的陈诚的一些药品。以周恩来的身份地位，台湾方面对等的，并且能跟蒋介石直接沟通的就蒋经国了。文诗碧说“周恩来确在南海某岛秘密会晤蒋经国”，有一定的可信性。

秘密会晤，大陆方面周恩来、陈毅、张治中、童小鹏、罗青长都一起到了万山要塞，他们是否全部参加，不得而知。台湾方面，罗青长说是两位客人。除蒋经国外，另一位客人的地位应该与陈毅、张治中身份相当。至于随行人员，有一位神秘人物是值得加以研究的——他是否就是蒋经国的心腹、“国防部情报局”副局长，并兼任国民党中央第二组副主任的沈之岳？

联想万山要塞杨敏司令向校官们宣布：周总理要同一个澳门商人谈一些事。这位澳门商人是否就是沈之岳，无疑值得研究。沈曾被安置在澳门弹丸之地，他所担负的恐怕不仅仅是普通的特工任务。他是否与这次国共秘密会晤有关，有待进一步解密和考证。

当年陪同周恩来南海秘密之行的童小鹏的回忆，与罗青长的回忆有些不同。童说：1963年底，我随周恩来率中国政府代表团出访亚非欧十四国，代表团一行经广州、昆明出发。在广州停留时，周恩来于12月7日乘海军南海舰队军舰视察珠江口前线部队。在舰上，经有关部门安排，周恩来秘密会见了一位特殊的客人——香港文化界知名人士张稚群。张正准备去台湾，周恩来要他转告台湾当局，美国正准备采取更多行动搞“两个中国”，而国共两党可以在反对“两个中国”的问题上取得一致。我们不会因自己强大而不理台湾，也不会因自己有困难而拿原则去做交易。我们是从民族大义出发从祖国统一大业出发考虑对台政策的。(《童小鹏对台工作忆旧》，福建人民出版社2000年版)

童小鹏的回忆或许出于保密考虑，没有全部披露真相，并且真中有假，扑朔迷离。如说周恩来会见是在舰上，这显然是个烟幕，因为如在舰上，作为南海舰队司令员吴瑞林不可能不知道，而童说周恩来会见的是“香港文化界知名人士张稚群”。章含之在回忆中美建交过程时提到，“不知为何，目前关于张稚群的资料少之又少”。很明显，童小鹏文章在这里用的是一个化名。

凤凰卫视主持人梁文道说：“1962年（应为1963年——笔者注）的12月7日、8日，周恩来到了广东一趟，陪同他的，还有陈毅，还有张治中，他们说来干嘛呢，是来看看珠江口的防卫，但是看珠江口的防卫，这么大阵仗，而且这个组合也都有点奇怪，于是现在有人就说，他们当时到广东是为了见一个人，这个人叫张稚群。张稚群到底是谁呢，很多人就说其实是一个化名，因为你怎么找，都找不到这个人，他应该是台湾那边派过来的一个密使要来跟他们秘密相见，那这个密使会是谁呢，你想想看，这方有周恩来、有陈毅，有张治中，那一方总不能是个等级太低的人吧。终于，有人就说，说不定他就是蒋经国，这个传闻曾经流行过一阵子，很多人说，蒋经国是回过大陆，见周恩来指的就是这一趟，到底是真是假，我们现在还没有办法确认。”（《“潜行”——国共两党商谈统一内幕》，凤凰卫视2010年9月4日《皇牌大放送》）

至于会晤地点，香港特派记者罗凡1996年11月撰文，认为周恩来和国民党人士的对话地点，在东沙岛的可能性最大。罗凡分析，当时的台湾海峡处于美国第七舰队的严密监视之下，因此周恩来绝不会同意和国民党人士在台湾海峡地区的任何一个海岛上进行这种旨在谋求国家统一重大事情的会晤。既然如此，那么在台湾海峡之外的地区，国民党只有两个岛屿上有少量的驻军：一为太平岛，二为东沙群岛中的东沙岛。因此，猜测会晤是在东沙岛。但笔者经过分析认为，会晤就在万山要塞管辖范围之内，其原因：一是电视纪录片《周恩来》说的是“台湾客人”，并说明由于这次会见是秘密的，所以在合影的时候，那位神秘的台湾客人不见了。既然台湾来人是客人，那么说明大陆方面就是东道主了，会晤应该是在大陆管辖的地方举行；二是会晤期间，由南海舰队司令员吴瑞林指挥舰队进行军事演习，以掩护这次秘密会晤。

蒋介石同意不修改陈诚遗言

这天晚上，海上风平浪静。第二天上午九点钟了，周恩来还没有醒来。童小鹏说："可以叫总理起床了，总理已经多睡了一个小时啦。"周醒来，看了看表，高兴地说："我多年来都没有睡过这么多个小时啊。"（吴瑞林《镇守南疆》；另见吴瑞林原著、吴继云整理《周总理的一次绝密之行》，《中华儿女》2002年第9期）

直到1995年春节，罗青长去吴瑞林家中探望时，才透露了周恩来这次绝密之行的目的。罗青长回忆说："我与吴瑞林同志见面时，又谈起了这段历史。我向他说明这次会晤沟通了当时的台湾当局(蒋介石、陈诚、蒋经国)与大陆，在都主张一个中国的问题上，事实上达成了默契，使国共两党有了一定基础的共识。""当时由于高度的保密，中央未对吴瑞林同志说明此行的详情。在我们回顾完这段历史后，瑞林同志很欣慰地说，他这才知道1963年12月的护航，使他有幸完成了一项重要的政治使命。这件事不但有历史意义也有重要的现实意义。他很感激党中央、周总理当年对他的高度信任。"（罗青长《他曾为周总理护航——回忆吴瑞林同志二三事》）

以后的历史证明，周恩来的努力是富有成效的。1965年3月，国民党中央常委、原副总统陈诚病逝。陈去世前留下的遗言中，既没有提"反共"，也没有提"反攻（大陆）"。据说，他还向蒋介石进言：对中共不能反潮流，不能为外国动用台湾兵力，不能信任美国，不能受日本愚弄。当时，台湾当局的一些人想在陈诚的遗言中加上"反共反攻"的内容，陈诚的亲属不同意，找到蒋介石，蒋介石同意不修改。（周恩来会见原国民党和谈代表团代表、原国民党桂系有关人士的谈话记录，1965年7月13日——笔者注）这说明，蒋介石当时的态度也是耐人寻味的。

陈诚去世后，周恩来继续坚持不懈地对台进行争取工作，他不只一次讲道：对台工作急是无用的，今后可能会拖下去，我们这辈子如看不到祖国统一，下一代或再下一代总会看到的，"我们只要播好种，把路开对了就行。”（周恩来会见一位朋友时的谈话记录，1965年8月31日，引自金冲及主编《周恩来传》三，中央文献出版社1998年版）

1965年7月，毛泽东与曹聚仁谈话中间，毛亲笔写了一首词《临江仙》，其中有两句是：“明月依然在，何时彩云归。”表达了毛泽东“国共再携手，一笑泯恩仇”的诚意。7月20日，蒋介石由蒋经国作陪，在自己的官邸日月潭涵碧楼听取曹聚仁密访北京报告。曹向蒋氏父子出示了毛泽东所写的《临江仙》词，并逐条介绍了中共开出的条件，蒋氏父子经过一番斟酌讨论，也加入了他们的一些意见，由此形成了一个草案，当时称为“六项条件”。其大意为：1.蒋介石偕同旧部回到大陆，可以定居在浙江省以外的任何一个省区，仍任国民党总裁。北京建议拨出江西庐山地区为蒋介石居住与办公的汤沐邑。2.蒋经国任台湾省长。3.台湾不得接受美国任何军事与经济援助；如财政上有困难，由北京照美国支援数额照拨补助。4.台湾海空军并入北京控制。陆军缩编为4个师，其中1个师驻在厦门、金门地区，3个师驻在台湾。5.厦门与金门合并为一个自由市，作为北京与台北间的缓冲与联络地区。该市市长由驻军师长兼任。6.台湾现任文武百官官阶、待遇照旧不变。人民生活保证只可提高不准降低。（刘丕林《1949—1979：国共对话秘录》，湖北人民出版社2009年版）但由于1966年5月“文革”全面爆发，风云突变，民主党派人士受到严重冲击，蒋介石也心存疑虑，“国共第三次合作”因此搁浅。

（作者系文史学者）

原载于《同舟共进》2013年第11期

首任统战部长李维汉

叶介甫

李维汉，又名罗迈，1896年6月出生于湖南长沙县高桥乡一个清贫知识分子家庭。1917年考入湖南一师，辛亥革命后与毛泽东、蔡和森一起成立新民学会，1919年10月赴法留学，后往德国，1922年回国，经毛泽东、蔡和森介绍加入中国共产党。先后任中共中央组织部部长、陕甘省委书记、中央党校校长、中央统战部部长等职。在统战部长岗位上13年，为统一战线事业作出了不可磨灭的贡献。

周恩来："维汉同志出力最大"

1948年10月，中共中央将中央城工部改组成立中共中央统一战线工作部，李维汉任部长，主管统一战线工作及筹备召开新政协的具体工作，并于新政协筹备会举行第一次全体会议上当选第一小组组长。

第一小组的职责是负责拟定参加新政协的单位及其代表名额。新政协筹备工作期间，常委会共收到30件团体和个人要求参加新政协的书面请求。李维汉确立了处理这些请求的基本指导思想："首先注意政治严肃性，严格分清敌我，拒绝国民党反动政府系统下的一切反动党派和反动分子；同时在此基础上强调团结的广泛性，尽可能多地容纳各个方面的团体和代表人物，务使一切为革命作出贡献的团体和代表人物都能适当安排，最大限度地团结一切可以团结的力量。"他带领小组成员，拟定了具体要求，还确定一条重要条款，即"新政协参加范围，由反对美帝国主义侵略、反对国民党统治、反对封建主义和官僚资本主义压迫的各民主党派、各人民团体及无党派民主人士的代表人物组成”。这样，就为新政协的召开作好了政治和思想上的准备。

本着这样的原则，在工作中李维汉较好地处理了一些复杂问题。著名的“柳亚子的牢骚”，就是其中的一个。

柳亚子是毛泽东亲自电邀参加政协会议的。但令人意想不到的是，2月28日，即在他抵平前20天，李济深主持民革第一次中央联席会议，推选出席新政协代表，柳亚子居然被排除在外（后来民革的政协代表由6人增至16人，他才被补入——笔者注）。连代表资格都没有，就连中共领导的“文联”、“作协”这样的文化团体的领袖职位也没他的份儿，他感到十分失意。他觉得，周恩来自进入北平这几天，几乎每天都设宴款待各个方面的头头脑脑，而独独将他晾在一边。这不是赴一顿宴席的问题，而是政治待遇问题，表明一个人在中共领袖心目中的地位。他气得大叫：“再没人管，就吊死在这里！”后来因为出行车辆安排问题，柳亚子曾写信给相关负责人连贯，并请转告周恩来。连贯认为这等小事不能去干扰忙得不可开交的周副主席，便未将柳亚子的话转告周恩来，柳亚子却以为是周恩来不理睬他了。

无独有偶，柳亚子被从六国饭店安排到颐和园居住后，到西苑逛市场，门卫不认识他，回来时就挡住他问“找谁”。柳亚子生气了：“我在这里住七八天了，你还不认识我？”他以为门卫有意刁难，举起拐杖便打。还有一次，因为食谱问题，柳亚子掴了生活管理员一记耳光！这位管理员在部队当过连队的副指导员，出生入死在火线上拼了10年，现在胜利了，竟无辜地被一个民主人士打耳光，他怎么也想不通。此事很快报到周恩来那里。日理万机的周恩来立即带了一桌酒席来到颐和园，在听鹂馆宴请柳亚子。

周公礼遇，柳亚子十分高兴。还未待柳亚子开口，周恩来便很客气地作了解释：“柳先生，我们进城不久，许多事情安排不周，请先生谅解……不参加新政协筹备工作的，不一定在政府里就不安排重要职位，参加新政协筹备工作的，也不可能都是中央人民政府委员。希望柳先生把眼光放远一些，多加保重，今后有的是工作请你做。”最后周恩来叮嘱，“凡是柳老要求的，必须完成，他没有提出来的，我们也要想到。

不要担心经费超过标准，这里不是陕北，也不是西柏坡，北平有高级市场嘛！”（赵庚《毛泽东为什么劝柳亚子“牢骚太盛防肠断，风物长宜放眼量”》,《文史月刊》2010年第7期）1949年9月30日，在中国人民政治协商会议第一届全体会议上，柳亚子当选中央人民政府委员。同年11月，民革举行第二届全国代表大会，柳亚子再次当选民革中央常务委员。

在这个问题上，李维汉作为负责拟定参加新政协名单的主要负责人，配合周恩来在幕后做了大量化解矛盾、理顺情绪等方面的工作。周恩来在总结新政协筹备工作时感叹地说：“维汉同志出力最大。”（《中共党史人物传》第45卷，陕西人民出版社1990年版）当中央统战部与中央组织部把代表人选和各项统计印成一本很厚的资料报送中央时，毛泽东高兴而风趣地说：“这是一部包罗万象的天书。”（《中共党史百人百事》，上海人民出版社2006年6月版）

倡导“对台戏”，发明“神仙会”

开国之初，百废待兴，各项事业都要从头做起，统战工作和民族工作更面临许多新问题，各种关系错综复杂，任务极其繁重。

当时，由于革命胜利，党内不少同志产生了骄傲情绪和以功臣自居的思想，轻视统一战线，不愿安排民主党派和民主人士担任政府领导职务，有关门主义倾向。1950年3月，李维汉在中央领导下主持召开了第一次全国统战工作会议。他针对暴露出来要求提前消灭资产阶级的“左”的思想，阐明了党对民族资产阶级的基本方针，指出在今后一个相当长的时期内，仍然要实行团结民族资产阶级的政策。会议报告经中央批准，成为建国初期统战工作的一个根本指导性文件。一年后，李维汉又提出必须让党外人士有职、有权、有责；共产党员要主动团结非共产党员；把批评和自我批评的方法作为搞好合作共事关系的基本方法，等等。

1957年4月，为学习和贯彻毛泽东在最高国务会议上所作《关于正确处理人民内部矛盾的问题》的讲话，李维汉主持召开全国统战部长会议。他在会上作了长篇发言，讲了自己的体会和认识，主要有三项：一是要执行中央提出的统筹兼顾，适当安排的战略方针。二是要加强政治工作和思想改造工作，提倡学习马列主义。三是唱对台戏。他说，对台戏就是贯彻毛泽东所说的“放”，“就是放手让大家讲意见，使人们敢于讲话，敢于批评，敢于争论；不怕错误的议论，发展各种意见之间的相互争论和相互批评。”又说，“执政的党必须认清对台戏的重要意义，欢迎敢于同我们唱对台戏的人。必须不回避斗争，有听取批评，不怕批评的气量。必须采取从团结的愿望出发，经过批评或者斗争，达到新的团结的方法，而不是残酷斗争、无情打击的方法。必须采取分析和说理的态度，虚怀若谷，是其是，非其非，与任何人平等，以理服人，而不是不分青红皂白，蛮不讲理，以势压人，并且要准备求同存异，求大同存小异，同中有异，允许别人有异”。（李维汉《统一战线问题与民族问题》，人民出版社1981年版）这些发言与观点，即使今日看来，仍不过时，仍值得我们思考、学习。

1957年反右派斗争开始后，由于党的指导思想上出现“左”的错误，造成阶级斗争扩大化。李维汉在统战工作和民族工作的指导上不可避免地也产生了失误。他在晚年回忆这段历史时怀着沉痛的心情写道：“我当时担任中央统战部部长，对反右是积极的，错误多大，我都有一份重要责任。对于一切被误伤的同志和朋友，我至今仍然感到深深的歉意。”（李维汉《回忆与研究》下册，中共党史资料出版社1986年版）

在党外人士中，由于“反右”以来的阶级斗争扩大化，出现了人心惶惶的不安状态。李维汉针对这种情况，在统战工作中提出了“和风细雨神仙会”的方法。1959年底到1960年初，民建和全国工商联召开全国代表大会，李维汉建议民建和全国工商联的领导人采取神仙会的方式，实行“三自方针”（自己提出问题，自己分析问题，自己解决问题）和“三不主义”（不打棍子，不戴帽子，不抓辫子）。神仙会方式的实行，使到会者解除顾虑，敞开思想，畅所欲言，会议开得生动活泼，极大调动了党外人士的积极性。

1960年元旦前后，李维汉与全国工商联主委陈叔通、民建中央主委黄炎培等商量，建议“两会中央”召开座谈会，采取“神仙会”方法，被“两会中央”采纳。不料，会议开始后，当时云南省工商联秘书长聂叙伦、重庆市家属代表杨佩珍、全国工商联杨鉴清三人的发言，遭到了一些与会者的抨击。李维汉知道后，立即把聂叙伦等人约到人民大会堂浙江厅谈话。见面时，他满面笑容，一边亲切地与他们握手，一边连声称赞说：“你们对党讲真话，够朋友！”落座之后，他又对聂叙伦等在小组会上的发言作了充分肯定，给他们撑腰说：“你们被人攻击，不要怕，要顶得住，这就是革命！只要我们不反党，不反社会主义，什么都不要怕。”他抬高嗓音大声道：“共产党是讲真理的，为了真理，杀头也不怕嘛！”聂叙伦听得热血沸腾，凛然正气从心底迸发。

谈完话，李维汉又邀聂叙伦等共进午餐。席间，他深情地说：“工商界中有些人对党不讲真心话，这个问题，我早就嗅到气味了。所以，我曾向‘两会’提出过这个问题，也在中央召开的双周座谈会上谈过自己的意见。对工商业者来说，既要搞好‘顾一头’，也要落实‘包一头’的政策，代表他们的合法利益。你们这次来开会，就是要做好这篇文章。”他一边招呼大家用餐，一边侃侃而谈：“这次座谈会，应该做到大家都讲真心话，应该允许别人有不同的意见。在党内也是这样，你可以保留自己的意见，但已经决定的，就要坚决执行。我们思想上还应该有个准备，就是自己反映出来的情况，不一定全面，将来如果有出入，怎么办呢？改就是了。”聂叙伦等听罢，纷纷点头称是。

李维汉诚恳地说：“我们党内也有这样的人，浮夸、虚报、放卫星。所以我们要整风。地方上也可能有这样的人，只喜欢听好的一面。”他尖锐地指出：“文山县工商联……不说真话，这种作风就该整掉。”稍停片刻，他深沉地告诫大家：“我已经说过了，工商界是不搞整风的，可以用‘神仙会’的方式来改正这种作风。老实说，要我下放和农民一样，评工记分，我也搞不下去。有人说‘我那里没有这种情况’。我看，谁也不敢打这个包票。”他反复强调：“工商业者包括他们的家属不下放农村安家落户。把他们下放到少数民族地区去，这是不对的，这个问题必须纠正和解决。”

李维汉的一席话，使聂叙伦等人既拓宽了视野，又消除了心理压力。

后来，李维汉又将“神仙会”的方法推广到其他民主党派，推广到各地工商界、知识界和民主党派的全体成员，取得了很好的效果。周恩来、邓小平等中央领导对此极为赞赏，曾给予高度评价。（桂新秋《路遥知马力　岁寒见后凋——李维汉与党外人士交往轶闻》，《广西党史》1996年第12期）

艰难的进藏谈判：阿沛·阿旺晋美的回忆

新中国成立之初，我国少数民族工作面临着许多新的问题。如何增强各民族的团结和实行民族区域自治，是李维汉担任统战部长后在认真思考的一个重大问题。

早在中国人民政协筹备期间，毛泽东曾对新中国成立后是否实行联邦制的问题征求过李维汉的意见。李维汉旁征博引，系统地论证了马克思主义关于民族自决权实施的原则和意义。认为：一个国家“采用哪一种形式，或者哪几种形式，要根据各个国家的具体历史条件，特别是民族关系的特点来决定”。根据中国历史和民族关系的特点，他建议在我国少数民族聚居地区实施民族区域自治的政策。毛泽东采纳了他的这个意见。（《中共党史人物传》第45卷，陕西人民出版社1990年版）。

在“大跃进”年代，有人认为社会主义已经建立，各民族已经平等，不再需要实行区域自治，急于实现民族融合，并且想用行政手段来推进民族融合。对此，李维汉明确指出，社会主义阶段，“是各民族在平等团结基础上共同发展与繁荣阶段”，“社会主义阶段，虽有民族融合的因素，但总的来说，它不是民族融合阶段”。针对一些民族自治地方存在的党委包办政府工作，某些汉族干部不尊重少数民族干部职权的现象，李维汉提出了一个极为重要的观点：要使少数民族人民“用自己的头脑想事，用自己的腿走路，用自己的双手来解放自己和建设自己幸福的生活”。（《李维汉选集》，人民出版社1987年版）

1951年4月，李维汉受命为中央人民政府首席全权代表，负责同西藏地方政府的代表商谈和平解放西藏问题。从4月29日开始第一轮谈判到5月23日协议签订，在长达25天的时间里，由于在一些关键问题上双方分歧大，各守谈判底线，曾两度使谈判濒临破裂边缘。5月2日下午，进行第二轮谈判，主要议题商谈人民解放军进驻西藏的问题。这是谈判的焦点，也是整个谈判的基石。双方首席代表阐述了各自的立场，进行了面对面的交锋。中央人民政府的代表耐心细致地向西藏代表介绍解放军的宗旨和优良作风，并拿出清代历史文献，证明中央有权派军队入藏，而且早有先例。

李维汉在发言中概括地阐述了西藏是中国领土不可分割的一部分，是历史上长期形成的，中央政权对西藏的主权管辖没有发生过变化。近百年来由于帝国主义侵略和挑拨，西藏地方政府同中央政权之间的关系有所疏远，即使这样，并没有改变西藏是中国领土的一部分这一根本事实，为保卫祖国安全、防止帝国主义侵略，人民解放军必须进驻西藏。

阿沛提出，西藏地方政府承认西藏是中国领土，这一点已经没有问题，不赞成解放军进驻西藏，并非不承认西藏属于中国，而是有两点重要理由：一是西藏地大人少，物产贫乏，进去大批解放军，在粮食供应等许多方面有很大困难，会加重人民的负担；二是西藏的东部和北部都同内地连接在一起，只有西部和南部有印度，尼泊尔等外国为邻，万一边境上发生外国侵扰等情况，再请解放军进去抵御；同时还可以把藏军扩充改编成解放军的一部分，这样在西藏也就有了解放军部队。

李维汉说：帝国主义侵略中国也就侵入了西藏的事实是不可否定的。英帝国主义通过侵略手段在西藏取得的种种特权，现在由印度继承下来了。这个问题还有待将来解决。西藏路途遥远，交通不便，一旦边境有事，解放军很难及时开进来，岂不误事。至于把藏军改编成为人民解放军，在十条中已经有了，不成问题，那是今后的事。你们既然承认西藏是中国领土，却不愿意人民解放军去西藏保卫国防，岂不自相矛盾，请西藏代表考虑是不是这个道理。你们是不是担心解放军进藏后欺压老百姓，我可以在这里讲清楚，人民解放军是中国共产党领导的中国各民族自己的军队，是全心全意为人民服务的。保卫国家安全，保护人民利益，是这个军队的神圣职责。解放军严格执行三大纪律、八项注意，贯彻执行共产党、人民政府的政策，对群众利益秋毫无犯。这一点，昌都来的代表应该亲眼所见，是了解的，不需要有所顾虑。还可以明确告诉大家，解放军进驻西藏，就是去保卫国防安全，不是去干涉西藏内部的事情。至于进驻西藏的解放军的供应问题，完全由中央人民政府负责，不会增加西藏地方政府和西藏人民的负担。

经过李维汉友好耐心的协商，中央政府终于顺利地同西藏地方政府的代表达成了《关于和平解放西藏办法的协议》。（《中共党史人物传》第45卷，陕西人民出版社1990年版）

1986年6月22日，阿沛在《人民日报》第5版发表了一篇题为《良师诤友——缅怀李维汉同志》的文章，他在文章中这样写道：李维汉“完全是摆事实讲道理，以理服人，丝毫没有强加于人的味道。听了他的发言，我们几位代表都感到心服口服……李维汉同志是我走上革命道路的启蒙老师。”

蒙冤受屈，入狱八年

1962年，中共八届十中全会召开，全会错误地批判了所谓“单干风”和“翻案风”。会上也有人批评中央统战部，说统战部要把民主党派改造成社会主义政党和社会主义领导核心。此后，对李维汉不点名地进行了批判，开了40多次会，历时半年多。

1964年5月，毛泽东在中央工作会议上提出中国会不会出修正主义、会不会出赫鲁晓夫的问题。会后，中央统战部部务会议在传达学习这次会议精神过程中，开始了对李维汉的第二次批判。

李维汉是建党时期的老同志，在党内几十年，对党的感情是很深的，他一生的基本信念就是“一要革命，二要党”，不管遇到什么风浪，哪怕自己多受些委屈，总想留在党内继续为党做些工作。1964年12月25日，李维汉被撤掉中央统战部部长职务，随后在三届全国人大和四届全国政协的第一次全体会议上，被撤掉全国人大常委会委员、副委员长和全国政协常委、副主席的职务。（《中共党史人物传》第45卷）

十年“文革”期间，李维汉受到残酷折磨，被批斗40余次，关押8年之久，1975年被下放湖北咸宁。粉碎“四人帮”后，1977年底他回到北京，重获自由。

党的十一届三中全会以后，对李维汉被批判的问题，中央统战部组成专门小组进行了复查。1979年3月16日，中央统战部在全国政协礼堂召开统战系统干部大会，为李维汉恢复了名誉。此时，他已是83岁高龄了。凭着对党和人民的耿耿丹心，他要把失去的时间追回来。李维汉平反后，担任中央统战部顾问。他以长期革命斗争的丰富经验，多次向党中央和中央领导同志提出很多重要建议，受到中央的重视和采纳。

晚年重要贡献：反对封建主义残余

1979年六七月间，李维汉在北京医院住院。一次他对前去看望他的孙起孟说：有一个大问题，一直压在我心头放不下来，这就是在我们党和国家的历史上，怎么会发生“文化大革命”这样一场空前的浩劫？当孙起孟问及他的看法时，他说，问题的关键在于封建遗毒，为了从根本上挖掉“文化大革命”这一祸根，必须把肃清政治思想上的封建遗毒作为一项至关重要的任务提出来。以后，他又多次对去看望他的领导同志以及采访他的记者谈起这个问题。他想得很多，讲得也很多，概括起来，主要有以下论述：

（1）中国共产党领导全国人民进行了28年的新民主主义革命，在政治上彻底粉碎了封建统治，在经济上改变了土地所有制，这是伟大的胜利。但是，由于革命的原因，我们老是打仗，解放后还有抗美援朝战争。在戎马倥偬的岁月里来不及对封建主义意识形态和传统习惯进行清算。而这些战争基本上都是带农民性的，大批的农民和小生产者自身沾染的封建主义思想意识也未来得及消除。这样，封建主义意识形态成为一种传统力量被带到社会主义时代。

（2）毛泽东对我国封建主义传统的严重性是认识不足的。毛泽东著作中，在个别地方虽然提到过反封建主义思想的问题，但他没有意识到要同封建主义的传统观念实行最彻底的决裂。然而封建主义的意识形态主宰中华民族的精神世界长达几千年，封建遗毒的危害和影响比起教条主义来，其深度和广度不知要大多少倍，他对封建主义的意识形态却没有像对待教条主义那样重视过，也没有花那样大的力气去清算，这不能不引起我们的高度重视。

（3）党的十一届三中全会实现了指导思想上的拨乱反正，应趁此强劲东风，补上反封建主义思想这一课，要在反对资产阶级思想的同时，反对封建主义思想残余，从理论上、思想上进行清算。（《中共党史人物传》第45卷）

1980年5月24日上午，李维汉专门去看望邓小平，向邓小平详细陈述了他的想法。他列举了大量封建主义遗毒在现实中的表现，正式建议邓小平出来补上这一课，并建议在十二大召开时进行。邓小平表示赞同李维汉的意见。

6月22日，李维汉又给胡耀邦、胡乔木写信说：关于反封建主义问题，我曾建议由小平同志对毛泽东思想科学体系补上这一课，并认为可利用十二大召开的机会进行。因为这个问题已经传开，可否在8月人大、政协开会期间，请小平同志在政协开幕时就这个问题作个演讲。

邓小平接受李维汉建议后，对这个问题进行了思考和部署。6月27日，他在同中央负责同志谈起草《关于建国以来党的若干历史问题的决议》的意见时指示："封建主义残余影响的问题要讲一讲。"8月18日，邓小平在中央政治局扩大会议上作了《关于党和国家领导制度的改革》的重要报告，其中第三、第四两个部分对封建主义思想影响问题作了全面的分析和充分的论述，提出了反对资产阶级思想侵蚀和肃清政治思想上的封建遗毒的历史性任务。此后，在研究决定废除领导干部职务终身制、加强社会主义民主和法制建设等重大决策上，中央也都考虑了反对封建主义思想的残余影响这一因素。这是李维汉晚年的一个重要贡献。（《中共党史人物传》第45卷）

"中央交办的工作，累死我也要完成"

1983年，受中央委托，李维汉主持由中央指定的5人小组（李维汉、王首道、冯文彬、荣高棠、何载），会同原陕北、陕甘边区的负责干部，研究解决西北党史上1930年代以错误肃反为中心的一段历史问题。这个问题长期以来存在着相当广泛激烈的争论，要正确地、公正合理地解决，很不容易。这时，李维汉的身体已经很不好，曾两度住院，但他置病弱之身于不顾，毅然挑起了这副重担。他从调查研究入手，调集了约计70万字以上的材料，仔细反复研读。他以高度的政治责任心、实事求是的科学态度、严谨缜密的工作作风，主持领导这项工作，多次举行讨论会，耐心地听取各方面的意见，分别把有关同志请到家里谈话。由于过量的脑力劳动致使神经亢奋，连续多日靠服安眠药维持睡眠，李维汉终于支持不住了。5月13日下午，他从中南海开会回来，极度疲劳，上气不接下气。见到这种情形，家属子女都劝他暂缓工作，并给中顾委秘书长荣高棠写信。李维汉知道后，把家属子女找到办公室，严肃地说："老了，也要为党干一点事，只要一息尚存，就要为党尽一份力，否则活着干什么？西北历史问题是中央交办的工作，累死我也要完成。"

李维汉晚年把大部分精力投入到撰写回忆录上。他经常对人说："为什么说老干部是宝贵财富？我想有两条，第一条是保持革命晚节，做一个像样的、合格的共产党员；第二条就是应该多收集一点党的、革命的历史资料，交给党，为将来写好中共党史作点贡献。"他对自己的回忆录要求极严，立下三条规矩：一、以集体为主，适当联系自己；二、史料力求真实，反映历史的本来面目；三、对个人活动持分析态度，重新学习和认识过去，进行必要的批评和自我批评。他在1983年5月给邓小平的信中说：我写了一些回忆录，是以集体为主的。他常对协助他整理回忆录的同志说，我的回忆录，是写我经过的事，但我并不把自己的活动作为主线来写，而是着重写集体的活动，适当联系自己。他的每一篇回忆录，都是按照这个要求去写的。他多次说：对史料要深入调查、反复核实，做到人真、言真、形象真，忠于历史的真实面貌，不夸大，不缩小，更不能弄虚作假。要经得起时间、后人和史料的检验。对于第一手资料，他也不轻信，认为也需要进行去粗取精、去伪存真的工作。

李维汉对自己一生的历史，采取"再认识"的态度，对于自己做得对的，他认真加以总结，从中吸取有益的经验，对历史材料中不符合事实的记载，实事求是地加以说明。尤其可贵的是，他对于自己的错误，从不掩饰，不诿过，并从错误中认真总结经验教训。他在《对瞿秋白"左"倾盲动主义的回忆与研究》一文中，针对他在1927年11月政治局扩大会议上的讲话写道："现在看来，秋白和我的这些意见，特别我自己的意见，都是错误的，其中也有国际代表的影响。"在文章的另一处写道："我写这篇回忆录把上述情况全部摆出来，目的在于解剖秋白为首的党中央的盲动主义错误，同时也是解剖和批评我自己，因为我是中央政治局主要成员之一。"（李维汉《回忆与研究》上册，中共党史资料出版社1986年版）

李维汉为了写好回忆录，不顾年高多病，自1980年到1981年间，先后3次去长沙、武汉、南京、上海和西安等地收集、查阅资料。每天早上6点前就起床，上午、下午他都伏案学习工作，翻阅大量历史资料，修改稿子。他风趣地说："要先做小人，后做君子。做小人反复无常（指反复修改），做君子一言为定（指拍板定稿）。"由于他严于律己，刻苦治史，对史料极端负责任，故他写出的回忆录，都有较高的价值，为党史界所重视。

1984年7月，因心力交瘁，他实在不能工作了。7月26日，他含着眼泪向秘书表示，自己未能全部完成回忆录写作计划，深感遗憾。8月11日凌晨，这位老共产党员的心脏停止了跳动。但是，让人欣慰的是，他撰写的68万字的回忆录《回忆与研究》，于1986年5月出版发行了——这是李维汉晚年给我们留下的宝贵精神财富。

1984年春节，李维汉曾吟七绝一首：

春回大地百花生，举国欢腾庆日新。
我是采薪忧不尽，残年有志惜晚晴。

这首诗正是李维汉晚年岁月的真实写照。笔者作为统一战线上的新兵，对他的拼命精神和崇高品质表示深深的敬意。

（作者系文史学者，任职于中央统战部）

原载于《同舟共进》2013年第11期

“铁军主帅”李济深

吴东峰

李济深将军（1885—1959）中等身材，额高而宽，鼻大而直，耳圆而厚，眼窝略陷，睛光深褐色，有类西人。徐悲鸿夫人廖静文女士言：“李（济深）先生身着一件灰绸长袍，个儿不甚高，双目炯炯有神，闪耀着尊严与慈惠的光芒。”

李宗仁谓李济深是“人丛中的一条龙”。白崇禧论之曰：“作为广西人的李济深，因其高贵的品格和诚挚待人的作风而在广东军中被广东将官拥戴为领袖。”黄绍竑赞之曰：“即使手握行政和军事大权，他也不滥用职权，他严于律己，克己奉公，而且平易近人。”

与“新桂系”联盟打败旧军阀

李济深，原名济琛、锦江，字任潮，祖籍江苏，1885年生于广西苍梧县。祖父秀才，父亲廪生，均以教书为业。幼时亦耕亦读，体魄强健。曾就读于梧桐中学（胡汉民时在该校任教）、广州两广将弁学堂、北京军官学堂（民国后改称陆军大学）等新式学堂。

李济深年轻时有诗云“马叟知天命，谓吾贵可求，但今身许国，何必列王侯。”

1918年1月，孙中山组建的“援闽粤军”，为粤军之始也。1921年春，受老同学邓铿之邀，李济深毅然由北京迁居广州，出任粤军第一军师部副官长、参谋长，鼎力协助粤军总司令部总参谋长邓铿在一师重组编制，培养青年军官，重用军校学生。其中佼佼者有：陈铭枢、张发奎、黄琪翔、徐景唐、陈济棠、邓演达、叶挺、蒋光鼐、朱晖日、黄振球、陈诚、薛岳、余汉谋、叶剑英等。一时间，粤军新人辈出，军风士气焕然一新。

1923年2月，孙中山经历第一次北伐失败后，回到广州，重建大元帅府，李济深被任命为粤军第一军第一师师长兼参谋长，率部强攻肇庆，轻取梧州，挫败陆荣廷——在李济深的支持下，李宗仁之新桂系由此发力统一了广西。

同年7月，李济深受命西江善后督办兼第一师师长。善后督办负责粤桂交界地区所有工作，党、政、军大权独揽，但他俸给外不苟取毫发，编制内不安排一人，一师官兵军饷均由广东调拨，未取广西地方一分钱。黄绍竑时任督办副主任，论李济深曰："任公两袖清风来，两袖清风出，不得不让人肃然起敬。"

1925年1月，李济深奉大元帅府令，亲率陈济棠之二旅开赴梧州，支援李宗仁、黄绍竑抗击沈鸿英。行进途中，接沈鸿英来电云："东下讨伐目标为黄绍竑，余均袍泽，断不侵犯，前线请撤退三十里，以免误会。"陈济棠请示李济深如何办，李大笑曰："此乃各个击破之计，我们继续前进。"遂命急行，会合李、黄部，连克贺县、八步、平乐，大败沈鸿英。

1924年6月16日，中国国民党陆军军官学校即黄埔军校在广州正式成立。蒋介石任校长，廖仲恺任党代表，李济深任教练部主任。李济深回忆，军校成立之初，遭到许多现职军官反对，讽之为"学生兵"、"娃娃兵"，忧其不善实战，归根结底是害怕军校毕业生将取代他们的位置，剥夺他们原来享有的特权。

黄埔军校成立之初，只有粤造七九毛瑟枪30支，仅够站岗守卫之用。某军阀与蒋介石言："你那几个人，我派一个营就可以全部缴械了。"时李济深甫上任，闻此事即以粤军一师师长名义，提现款3万余元、枪200支交军校使用，并挑选军中一流军官前往任教。知情者言："这是李济深为这个国家做出的鲜为人知的贡献。"故黄埔军校旧址有四大公园：中山公园、介石公园、仲恺公园和济深公园。

1924年秋，时任黄埔军校党代表的廖仲恺任命李济深代理军校"入学实验委员会”委员长，主持学员考试、录取工作。李济深亲自草拟招考章程，贴出公示为“公正无私，细密严谨之旨行之，以其选拔人才，无负重托，绝决徇私舞弊”。李济深言，黄埔军校学员是精中选精，强中挑强，不乏人中龙凤，亦杂有乱世枭雄。

1926年12月，国民党中央委员会成立了国民党政务委员会广东分会（包括广西），李济深任广东省政府主席兼广东政治分会主席，由此成为华南地区实权派人物，主管党政军各项事务。

1927年4月，蒋介石发动“清党”，黄埔军校是重点单位。4月18日，军校当局逮捕并秘密杀害共产党人，其中有政治部主任熊雄、教官萧楚女等。时任黄埔军校副校长的李济深曾自责曰：“每想起这件事，我就深感内疚，对不起人民。”其女李筱桐认为父亲当时有清党之心，而无杀人之意。

时任黄埔军校代校长方鼎英曾回忆当时情景：4月14日，李济深由上海回，召方鼎英与朱家骅、钱大钧研究清党事。李出示国民党中央清党电令，曰：“这次清党关系重大，广州的共产党大本营，就在你黄埔军校。”方鼎英提出不清自清之法，即不派一兵一船来，三天内准许共产党员学生自由离校。其时李济深沉默，而朱家骅、钱大钧两人则瞠目而视。

首任国民革命军第四军军长

1925年8月28日，国民革命军改名人民革命军。部分粤军以及黄埔学员军组成了人民革命军之第一军，蒋介石兼军长；湖南军为第二军，军长谭延闿；云南军为第三军，军长朱培德。原粤军第一师扩大后组成第四军，该军由四个师组成，陈铭枢之十师，陈济棠之十一师，张发奎之十二师，徐景唐之十三师，加叶挺之独立团。北伐中四军以“铁军”著称，首任军长即李济深。

1926年6月，时任国民革命军第七军军长李宗仁赴广州游说国民党北伐。是时支持者寡，反对者众。某日，李宗仁见李济深戏言曰：“若北伐，贵军能否出两个师往湖南，与七军共同作战？”李济深不假思索，一口应允。次日，国民党中央政治委员会讨论李宗仁立即北伐之建议，李济深果然主动请缨，慷慨陈词："为了支援第七军和唐生智的部队，本军愿意派遣张发奎在海南岛的师和陈铭枢在赣州的师，和广州的叶挺独立团。同时也希望其他部队能配合第四军的行动，胜利完成北伐。"

李宗仁晚年回忆：李济深关键时刻的发言，表现出宽广的胸襟和坦诚率真的品格，使当时的形势急转弯，由此北伐大计定也。

1927年北伐正处锋头，汪精卫、蒋介石分道而行，国民党内分为"拥汪倒蒋派"与"拥蒋倒汪派"，李济深持中立态度。同年9月5日，发表时局公告，呼吁党内团结，实行蒋、汪联合。李曰："拥汪倒蒋或拥蒋倒汪，均属失当！"

张发奎敏而好文，作战骁勇。李济深甚喜其才，寄予厚望，张由营长而团长，由团长而旅长，由旅长而师长，李皆有提携之力。1927年10月，张发奎发动"讨蒋战役"失败后，欲回师广东。是时，李济深统辖两广，慨然容之，而张发奎由此扩充势力，竟欲取李而代之。

宁汉战争爆发后，李济深与张发奎联名致电汪精卫，请汪回广东主持"党国大计"。汪将起程，李派特使至汉口迎汪入粤；其时，李济深亲率政府官员到码头迎接，诚心以"国民党领袖"待之，而不知汪与张已相互勾结，怀不轨之心。

1927年10月15日，汪精卫主动约李济深同行，乘船往上海参加国民党四中全会预备会议，李济深欣然如约。赴上海途中，广州黄琪翔、李福林、薛岳等即发动军事政变，以"护党救国"为名，倒李驱桂。城内到处贴满"拥护汪精卫"、"欢送李济深"等标语。次日，张发奎急从香港至广州，指挥一切。此即著名的"张黄事变"。后，有人告诉李济深，此事为汪精卫与张发奎早已密谋的，李则讷讷不解曰："汪精卫是我邀请来的，张发奎是我接纳来的。我待他们不薄，他们为何如此待我？"

同年12月11日，广州共产党人张太雷、叶挺、叶剑英等乘"张黄事变"之机，发动了广州暴动，成立了苏维埃广州公社。三天后，张发奎率部反扑，广州起义失败。次年1月14日，李济深指挥的国民革命军第八路军与缪培南指挥的国民革命军第四军，激战于广东五华西，交战双方投入兵力逾4个师，经两昼夜血战，共伤亡两万人以上。遗憾的是此役双方主力均为李济深原属下第一师之部队。

据李济深之子李沛金云，父亲喜观蟋蟀相斗。凡见小儿斗蟋蟀必驻足观战，两雄相遇，或振翅鸣叫，或逃之夭夭，父亲观之手舞足蹈，乐此不疲。而五华之役后，就再也未见父亲观看斗蟋蟀了。

李济深心肠软，常因轻信于人而“受骗上当”。其子李沛金认为，父亲“汤山被扣”是因为上了由吴稚晖帮腔的蒋介石的当，“张黄事件”又上了张发奎、黄琪翔和汪精卫的当，而福建事变则是上了陈铭枢的当。

三次被蒋介石开除出国民党

李济深曾三次被蒋介石开除出国民党。

1929年3月，蒋桂战争爆发，蒋介石授意国民党元老吴稚晖专程去广州接李济深赴宁，以调停蒋桂矛盾。李济深到达上海时，李宗仁极力劝阻，曰:“你去南京必被扣留，你一失去自由，战祸就免不了。”李宗仁晚年还曾回忆:“但李是好人，他终于以四元老的‘蒋先生以人格担保’的诺言怂恿下，于3月13日自沪去南京。”四元老者，蔡元培、吴稚晖、李石曾、张静江也。

3月21日，蒋介石于南京宴请李济深，以支持桂系反蒋之罪名，将李软禁于南京汤山官员招待所，剥夺军政大权，并“永远开除党籍”。吴稚晖闻之，搬行李至汤山与李济深同住，宣称:“任潮不获释，我就不出去！”时人皆赞之有加，而李济深弟达潮则认为，吴稚晖其实是蒋介石的“帮腔”。

黄绍竑言:“人们总以为李济深是‘新桂系’的一员，那并不是事实。李济深是我们的保护人、资助人和朋友。蒋介石错误地相信李是‘新桂系’的一员而对他施以软禁，这无疑是一宗冤案。”

李济深第二次被开除出国民党是因为1933年的“福建事变”。是年11月18日，李济深由香港至福州，与蒋光鼐、蔡廷锴一起，以原十九路军为基础发动“福建事变”，成立“福建人民政府”，李当选为政府主席和军事委员会主席。李发表人民革命政府成立宣言曰：“对蒋氏政府之存在，已不可一日容忍；对新政权成立之要求，已不可一日迟延。”

是年底，蒋介石自任“讨逆总司令”，集中海空军进攻。次年1月，福建人民政府失败，李济深等逃往香港。蒋介石再次下令逮捕李济深，并开除出国民党。

1935年7月25日，李济深与陈铭枢、蒋光鼐、蔡廷锴等原十九路军将领于香港建立“中华民族革命同盟”，简称“大同盟”，李济深为主席。1947年2月，李济深以回乡扫墓为名离沪转赴香港，即于香港《华商报》发表反对蒋介石发动内战的“七项意见”。蒋介石闻之大怒，以“对总裁失敬和侮辱国民党”为罪名，第三次开除李济深的国民党党籍，并下令“全国通缉”。

1946年夏，蒋介石连发三电邀李济深上庐山会晤。李如约上山，蒋待之如贵宾，谈话两次，均不欢而散。事后，李作诗云：

万方多难上庐山，为报隆情一往还。
纵是上清无限好，难忘忧患满人间。
庐山高处最清凉，却恐消磨半热肠。
自是人间庸俗骨，由来不惯住仙乡。

“及身要见九州同”

七七事变后，国民党宣布恢复李济深党籍，先后任职国民政府军事委员会委员、战地委员会副主任、军事委员会桂林办事处主任、重庆军事参谋学院院长。李济深的职位由中央而地方，由数省而一省，由一省而一市，越当越小。李自云，国难当头，徒有虚名，报国无门。当年的“铁军主帅”则以办油印小报宣传抗日，可堪叹惋。

桂林沦陷后，李济深联络蔡廷锴等人到两广南部组织武装，开展敌后游击战。某日，李独自骑马经北流往玉林，昔日指挥千军万马之“铁军主帅”仅数人相随，不禁有辛弃疾将“栏干拍遍”之慨，乃于马背上吟诗一首云：

舆马分驰到北流，两旁父老尽凝眸。
时人哪解余心苦，惆怅将军已白头。

1944年初，李济深回广西苍梧组织民众抗日。日本华南特务机关派出某信使游说李济深脱离重庆，出任华南伪政府首脑。李济深怒斥之。蒋介石闻之叹曰："任公与汪精卫毕竟不是一路人啊！"

黎椿寿先生回忆，1944年初，国民政府军事委员会研究室破译出一份陈璧君由广州致南京汪精卫的电报。电报大意云："矢崎（当时的日寇华南特务机关长，是一个中国通——笔者注）派人去梧州游说李济深脱离重庆，参加南京政府，被李拒绝，但矢崎心仍不死，正计划派兵劫持李来。如果李真被劫来，我们应如何应付，请预筹对策……"日军此计划最终未实现，而李济深爱国抗日之决心令世人钦服。

李济深秉性忠厚，广交游，重友情，气度恢宏，慷慨乐助，平易近人，有长者之风。

世人不知，他与胡志明原为至交。抗日战争时期，李济深批准越南独立同盟会在桂林设办事处，胡志明化名阮爱国于中国活动一年半，胡会广东话。建国后某日，胡志明访问中国，毛泽东等国家领导人会见胡。毛泽东站前排，李济深站后排。胡到时竟绕开毛，直接走向李济深，又是拥抱又是接吻。毛回首观之，略显尴尬。

梁漱溟，广西桂林人，中国现代思想家，现代新儒学早期代表人物，时人誉为"最后的儒家"。1914年，李济深于北京陆军大学任教，得识梁漱溟，遂成莫逆之交。1927年，李济深主政广东，特邀梁来粤实验其"乡村建设"理论，并任命梁为广州政治分会建设委员会主席。梁漱溟对李济深的印象是："宽厚大量，他对每一个人都是那么仁厚宽慈，让人如沐春风。"

1953年9月下旬，毛泽东雷霆震怒，严批梁漱溟。政协亦组织大会批梁，会上发言火力甚猛，而李济深、张澜两先生端坐主席台，表情严肃，始终沉默。其时，李、张均为中央人民政府副主席，前者为民革中央主席，后者为民盟中央主席。后，李济深约张澜联名致信毛泽东，以保梁过关。毛未回复，见李、张时问寒问暖，谈笑风生，只字不提梁漱溟事。

李济深善书，用笔遒劲，雍容闲雅，得力于魏碑，轨正而不刻板，凝重而有韵致。抗日战争初期，李于桂林居数年，求书者众，将军磨墨填字，笔不停挥，来者不拒，其时大街小巷店名多为将军之手笔。

1946年12月，李济深长子李沛金赴美国留学，将军设宴欢送，并手书“七诀”座右铭赠之：“治道之要在知人，君德之要在体仁，御下之要在推诚，用人之要在择言，理财之要在经制，足用之要在薄欲，除寇之要在安民。”

经李济深、何香凝等人一年多的筹备，1948年1月，中国国民党革命委员会（即“民革”）在香港正式成立。宋庆龄被推选为名誉主席，李济深被选为中央执行委员会主席。5月5日，李济深发表通电，代表“民革”拥护中国共产党提出的关于召开新政协、成立民主联合政府的“五一号召”。

1948年秋，美国驻华大使司徒雷登向美国国务卿的报告中言：“李济深作为代替蒋介石的新领导人出现，将会在国民党中受到广泛欢迎，因为被普遍承认是称职的行政官员，他的爱国精神和个人品格也无懈可击。”

1948年12月26日，在中共的安排下，李济深由香港维多利亚港登上苏联货轮“阿尔丹号”。同行有彭泽民、柳亚子、朱蕴山、茅盾、洪深等人。1949年1月1日，为了庆祝新年，茅盾准备一册子请诸君题词。李济深提笔写道：“同舟共济，一心一意，为了一件大事！一件为着参与共同建立一个独立、民主、平等、和平、统一、康乐的新中国的大事……前进！前进！努力！努力！”

1949年，李济深曾致函白崇禧纵论天下大势曰：“革命进展至此，似不应再有所徘徊观望之余地，放下屠刀，立地成佛，至所望于故人耳。革命原是一家，革命者不怕革命者，望站在国民党革命委员会立场，依反帝、反封建、反官僚资本主义、反独裁、反戡乱主张，赞成开新政治协商会议，组织联合政府，立即行动，号召全国化干戈为玉帛，其功不在先哲蔡松坡之下也。”又曰：“一切听毛主席的，就什么事情都好办了。”

新中国成立后，李济深担任中央人民政府副主席、政协全国委员会副主席和全国人大常委会副委员长。是时，中央政府为李济深配备了一辆美国产的“别尔克”牌小轿车，灰色，6缸，外表雅观，速度快，刹车性能特好。在时速百公里的行驶中，一脚刹车踩下去，整个车子能立即纹丝不动。李常与家人和属下说：“毛主席、周总理也是坐这个车！”

李济深有妻三，子七，女十，若四代同堂计有88口之多。李有自书对联自得其乐云：“无官一身轻，有子万事足。”

1959年10月1日，李济深满怀喜悦代表各民主党派向中共献词，并赋诗一首：

十年建国万年红，衡麓光辉永照中。
我与人民宏愿在，及身要见九州同。

同年10月9日，李济深将军逝世，享年74岁。

本文主要参考书目：
李沛金《我的父亲李济深》（团结出版社2007年版）
《李宗仁回忆录》（广西师范大学出版社2005年版）
陈锡增等主编《黄埔将帅》第二卷（当代世界出版社1999年版）
李筱桐口述《李济深生命中的红线》（周海滨著《我们的父亲》，华文出版社2011年版）

（作者系文史学者、军旅作家）

原载于《同舟共进》2013年第10期

何香凝：坚毅刚正奇女子

王开林

何香凝以其刚正不阿、疾恶如仇的性格，以其同盟会首位女会员和国民党元老的资历与人望，连蒋介石都屡次避其锋芒，不敢正面接招。

1925年3月11日，孙中山自料不起，在弥留之际，将宋庆龄托付给一位最值得信赖的朋友照顾。孙中山叮咛再三：值此万方多难之时，他身后萧条，没有留下多少财产，请她一定要"善视孙夫人"，"弗以其夫人无产而轻视"。受托者坐在病榻前，听完孙中山吐词艰难的临终遗嘱，心中不胜悲恻，深感这位好友和伟人的信任之深、托付之重，当即表态："我亲近先生二十余年，同受甘苦，万一先生病不能愈，我和全体同仁当尽力保护夫人及先生遗族……"能让孙中山放心托付身后大事的人是谁？她就是一代女杰何香凝。

何香凝具有多重身份，她既是孙中山和宋庆龄夫妇的友人、国民党左派领袖廖仲恺的妻子，也是中共高干廖承志的母亲，还是女界领袖、丹青圣手和诗坛"一枝梅"。既为良母，也是贤妻。她是一个能将身家性命彻底豁出去的女人，以其刚正不阿、疾恶如仇的性格，以其同盟会首位女会员和国民党元老的资历，以其才华与才智，以其人脉和人望，连蒋介石都屡次避其锋芒，不敢正面接招。

黎巴嫩诗人纪伯伦在《先知》中说："灵魂如同一千瓣莲花，自己开放着。"所不同的是，一般人只能忍看花谢花落，掉入污泥浊水，失去固有的芬芳，唯有极少数人能够自主神明，终生不改其高洁，纵然升坐莲台，灵魂亦可无愧。

桀骜不驯的"大脚仙"

何香凝的父亲何炳桓是一位经营有方的茶商，在香港的富户当中有名有数。按理说，香港开埠较早，受欧风美雨影响较大，类似裹足这样的传统陋俗理应先行摒弃和淘汰，然而大户人家仍旧坚守故国的"体面"和"体统"。在他们看来，别的事情尽可以向洋人看齐，唯独"三寸金莲"是中华国粹，必须予以保留；女子无才便是德，大家闺秀应当目不识丁，足不出户。何香凝是个桀骜不驯的犟妹，白天被迫裹足，晚上她就擅自动剪刀，将那条束得紧紧绷绷、缝得密密麻麻的裹脚布剪成飞花蝴蝶。七擒七纵的游戏玩过之后，打也打够了，骂也骂够了，父母无可奈何，只好网开一面，由她去了。他们语气幽幽地叹息道："眼下你吃不了苦，将来一双大脚板走路，找不到像样的婆家，后悔都来不及。"何香凝才不会预支烦恼，她有一双天足，"到处飞奔，上山爬树，非常快活"。第一仗大获全胜，这非比寻常，何香凝一生爽朗乐观，无论遇到怎样的难题，在她看来都不过是一块长长的裹脚布，拿起剪刀"咔嚓咔嚓"就能迎刃而解，这与她小时候的经历大有关联。由于受到家规制约，她不能与兄弟同上私塾念书，就吵闹着进女馆去识文断字，不做睁眼瞎。

何家父母当初的预言果然应验，何香凝到了豆蔻年华，媒妁闻风而动，乐颠颠跑来何府提亲，瞧见她是大脚姑娘，一个个大惊失色，讪着脸不声不响地走了。当时，只有小户人家出身的粗使丫头才是"大脚仙"，何香凝可是富家千金啊！怎么野成这副模样？何香凝的父母受到亲友的质疑和邻居的非议，为着这个嫁不出门的女儿整天愁眉苦脸。偏偏何香凝不急不愁，她就不信这个邪：大千世界、朗朗乾坤，难道就没有一位识见非凡的男子肯迎娶她这样的天足少女？

真可谓缘分巧合，廖仲恺适时登场。他是美国旧金山华侨廖竹宾之子，受过高等教育，其父临终时郑重叮嘱他要娶一位天足无损的华人姑娘为妻，以免日后因为她那双颤颤巍巍的小脚遭洋人耻笑。父亲去世后，廖仲恺决意回国发展，到了香港，他向外界宣称非知书达理的天足少女不娶。在当时香港华人社会中，既念了书又未缠足的适婚少女十分稀罕，机不可失，时不再来，何炳桓顺水推舟，请良媒说合了这桩婚事。

旧式婚姻未可一概否定，像鲁迅与朱安那样圆凿方枘的怨偶固然很多，但是碰巧也会有情投意合的绝配。廖仲恺与何香凝的婚姻就堪称天作之合。男方比松奇，比竹劲，比石坚；女方比梅香，比莲洁，比玉润。廖仲恺有改造中国的雄才伟抱，何香凝有拯救苦人的侠气豪情；廖仲恺的诗词歌赋高于流俗，何香凝的咏絮之才不让须眉；廖仲恺在日本时向画家伍乙庄求教过丹青技巧，何香凝在东京本乡女子美术学校高等科专修绘画；廖仲恺行事求真务实，何香凝待人从不作伪蹈虚；廖仲恺自称中山信徒，何香凝信仰三民主义。这么多的共同点决定了他们在感情、事业两方面都能琴瑟和谐，同甘共苦度患难。即使居斗室，嚼菜根，亦能其乐融融。当年，何香凝笔下曾流露出“愿年年此夜，人月双清”的心声。若非身处铁血交迸的乱世，偌大的烂摊子等着热血志士去从头收拾，他们相濡以沫，举案齐眉，类似赵明诚与李清照的亲密融洽亦不足多羡。

陈炯明眼中的“母老虎”

1905年8月7日，经孙中山和黎仲实介绍，何香凝加入中国同盟会，成为首批会员，廖仲恺加入同盟会反倒落在妻子后面。为了确保同盟会在东京的重要活动秘密进行，孙中山特意选定廖仲恺的寓所作为集会地点，并让何香凝辞掉家中做饭洗衣的日本女佣，凡事亲力亲为。以往，何家九小姐和廖家少奶奶只知衣来伸手，饭来张口；如今，她不得不硬着头皮亲自下厨，调制羹汤，烹炒荤腥，奏响锅碗瓢盆交响曲。何香凝把娘家汇来的钱款绝大部分充作伙食费，让常来常往的盟友每月都能打上几餐牙祭。何香凝口风紧，手脚麻利，而且不辞辛劳，深得大家的赞许，被亲切地称为“欧巴桑”。

1911年2月，广州黄花岗起义前夕，何香凝带着孩子返回香港。嗣后，革命事业遭受重大挫折，廖仲恺与何香凝被迫离开故乡，流亡东瀛。许多同志颓唐沮丧，投海自尽者有之，读经逃禅者有之，借酒浇愁者有之，自求多福者有之，脱离营垒者有之，然而何香凝刚强如故，笑傲如故，乐观如故，反衬得某些须眉缺斤少两。此后数年，国民革命败而复胜，胜而复败，孙中山与袁世凯的正面角斗经历了“二次革命”和“三次革命”的低潮期，幸得天才军事家蔡锷“为四万万国民争人格”，潜回云南，出手如电，身穿龙袍的袁世凯还未过足百日皇帝瘾，御座下就发生了地震和海啸。

一个袁世凯死了，数十个大大小小的北洋军阀却纷纷跳出“潘多拉的匣子”，你攻我杀，涂炭生灵，使中国的政治环境变得愈加险恶。孙中山深感革命尚未成功，于是培植和积蓄革命力量，只等时机成熟，大兴北伐之师。然而，他万万没想到会祸生肘腋，一向倚重的将领竟然窝里反。

1922年6月16日清晨，粤军首领陈炯明的部属叶举、洪兆麟突然发动兵变。孙中山幸运脱身，登上永丰舰。此前两天，廖仲恺神秘失踪，何香凝以为他公务缠身，也没太在意，待到城中枪声骤起，顿觉不妙，立刻派人打探廖的下落。陈炯明先是以“领款”和“有要事相商”为由，将廖仲恺诱至惠阳，然后将他关押在广州西郊石井兵工厂。陈炯明得意地说：“我抓住了廖仲恺，‘孙大炮’的钱包就被锁死了，他迟早会向我跪地求饶。”陈炯明万万没料到，他的如意算盘很快就会落空，一只“母老虎”将要找他算账。

何香凝乘坐电汽船去石井兵工厂营救廖仲恺，看到丈夫被沉重的锁链捆缚，艰于呼吸，她又愤怒又悲伤，心如刀绞。他们无法接近和交谈，只能用目光默默传递彼此的心声。第二次探监，她总算给他更换了衣物；第三次探监，她还意外地得到一个纸团，那是廖仲恺写给何香凝和子女的诀别诗，大有身死化厉、誓斩国仇的壮烈情怀：

后事凭君独任劳，莫教辜负女中豪。
我身虽去灵明在，胜似屠门握杀刀。

何香凝读罢，热血为之沸腾。然而形格势禁，她展开的营救行动希望渺茫，坏消息却接二连三。当时，何香凝身染痢疾，精神几近崩溃，甚至想过一死了之。在前往石井兵工厂的电汽船上，她决心抽完手中的香烟就纵身跳江。由于雨天潮湿，加上江风迅猛，她接连废弃了十几根火柴，香烟仍未点着。当手中只剩下最后一根火柴时，她暗自祈祷，要是这根火柴能够点燃，事情必有转机，当然她也就不必投江自尽了。结果，奇迹出现，这根火柴"哧"的一声跳出了红红的火苗。

何香凝不想再这样苦候傻等夫君出狱，她决定主动出击，找陈炯明当面要人，可后者有意回避，使她几次扑空。

1922年8月18日，陈炯明在广州白云山主持军事会议。何香凝一身泥污，突然闯入会场，使到会的军官面面相觑，鸦雀无声。陈炯明赶紧让座，为何香凝斟上一杯白兰地。她毫不客气，当众一饮而尽。陈炯明又叫勤务兵领着何香凝去别的房间更换干净衣服。何香凝冷眼看罢陈的表演，厉声表态："衣湿有什么要紧？我今天来，还做好了血湿的准备！"这话就像一根尖利的鱼骨，直噎得陈炯明回不过气儿。何香凝继续数落："你们记恨廖仲恺帮孙先生筹款，要将孙先生的'钱包'锁得死死的，让他见不着天日。你们何不扪心自问，廖仲恺是否亏待过粤军？粤军在漳州闹饥荒时，他拿孙先生上海莫里哀路的住宅做抵押，填补军饷的缺口。现在可好，你们恩将仇报！"何香凝义正词严，陈炯明无言以对，脸色一忽儿白，一忽儿红，其他军官则惭愧地低下了头。何香凝铁了心要把这幕搅场大戏推向高潮，她当众放出一句硬话："我今天上山，就没打算全身而退。至于廖先生，我也不指望你们放他活路，但我一定要你们给我一个决断的答复：究竟是放他，还是杀他。要杀，随你们的便；要放，就叫他和我一同回家！"陈炯明怕把事情闹大，为免粤军将士离心离德，立刻下令释放廖仲恺。在他眼里，这只"母老虎"的凌厉气势简直比一支劲旅的火力还要强大。

何香凝未卜先知，陈炯明释放廖仲恺，只不过是做给部下看的假仁假义之举，他随时可能反扑回来。她果然料事如神，他们前脚刚撤（去香港避难），陈炯明的爪牙后脚就到，结果扑了个空。

1925年1月，孙中山病势转沉，何香凝入京护理。她在孙中山病床前含泪表示："此后我誓必拥护孙先生改组国民党的精神。孙先生的一切主张，我也誓必遵守。”孙中山紧握何香凝的手，以断续的语句向她道谢。孙中山临终口授遗嘱，何香凝是几位现场见证人之一。

喝退陈璧君，怒斥蒋介石

1924年初，在国民党第一次全国代表大会上，孙中山有两个令人瞩目和震惊的大动作，一是宣布改组国民党，二是提出“联俄、容共、扶助农工”的三大政策。此外，还有一件值得留意的大事——何香凝正式提交了妇女解放的提案，弥补了国民党政纲的重大疏漏。在何香凝的积极倡议下，广东还首次举行了纪念三八国际妇女节活动。同年8月，她出任国民党中央妇女部长，兼任广东省党部妇女部长，确立了女界领袖的地位。

孙中山的不幸早逝给国民党右翼极端分子和军阀政客留下了可乘之机，他们务欲拔除的头号眼中钉就是国民党左派核心人物廖仲恺，因为他集国民政府常务委员、财政部长、军事委员会常务委员、黄埔军校党代表、广东省财政厅长等要职于一身，而且恪遵孙中山的三大政策，与共产党人合作愉快。

1925年8月20日，在惠州会馆中央党部门前，忽闻“啪啪啪”几声枪响，眨眼间，廖仲恺和身旁的卫士一齐倒在血泊中。惨祸发生后，何香凝大声疾呼：“救命！救命！抓人！抓人！”她跑到丈夫身边，俯身抱起他的头部，全然不顾嗖嗖横飞的子弹。夫君惨遭毒手，何香凝创巨痛深，满腔愤怒无处倾泄。刺杀廖仲恺的幕后主使人（胡汉民的嫌疑最大）受到包庇，个个都成了漏网之鱼。葬礼之后，何香凝将“精神不死”的大横额挂在自家大门口，借此抗议反动派的恶行，表明她和子女誓不妥协的强硬态度。

在上个世纪二三十年代的激进女性中，论剽悍，论刚烈，如果何香凝肯认第二，就没人敢认第一，即使是国民党内著名的“母老虎”陈璧君也自愧不如，只得退避三舍。

孙中山逝世后，汪精卫成为国民党主席。“第一夫人”陈璧君得意忘形，每次吐痰都让秘书或佣人手捧痰盂，有时竟颐指气使，叫客人代劳。有一次，陈璧君命令何香凝来干这份脏活，何香凝两眼圆瞪，怒不可遏，当即指着陈璧君的鼻子斥责道："你是什么东西，竟敢要我给你端痰盂？"说罢仍不解气，便以其人之道还治其人之身，指着地上的痰盂使唤陈璧君："去！我要吐痰了，你给我捧痰盂来！"陈璧君大惊失色，她猛然记起以前曾"有幸"领教过何香凝的一记大耳光，立即赔上笑脸，当众道歉。

在同盟会和国民党中，何香凝的声望极隆。她斥骂右翼分子，"拍案顿足，几乎把地板跺裂"。何香凝与孙中山夫妇的友谊摆在那儿，元老资格摆在那儿，谁也奈何不了。何香凝曾数次指着蒋介石的鼻子痛斥，使一贯强悍的蒋委员长下不来台，该道歉时还得道歉，该敬礼时还得敬礼。有个典型例证可以说明问题。1927年12月1日，蒋介石与宋美龄在上海春江大华礼堂举行婚礼，原本确定何香凝为证婚人。然而何借此机会逼迫蒋介石承诺在内政外交两方面改弦更张，回归三民主义。蒋介石虚与委蛇，顾左右而言他，何香凝怒火攻心，一气之下撂挑子拂袖而去。为解燃眉之急，蒋介石只好恳请蔡元培证婚救场。

呛声孔祥熙，大闹公安局

1928年岁末，何香凝发表声明，与蒋介石、汪精卫分道扬镳，与国民党割袍断义。她愤然辞去党内一切职务，放弃薪俸，离开上海。她游历了南洋和西欧，侨居于法国巴黎郊外，"画幅岁寒图易米，不使人间造孽钱"，在异域过着漂泊不定的旅居生活。

1931年，九一八事变后，何香凝激于民族义愤，结束旅欧生涯，决心与四万万同胞共纾国难。淞沪之役，十九路军在前线浴血奋战，何香凝在后方积聚人力物力，建立伤兵医院。据她的《自传初稿》所记，大财神孔祥熙曾到上海救护所慰问伤兵，遇见何香凝，"哈哈孔"讨好地说："廖夫人办伤兵医院办得很好，你愿意到南京去办吗？南京也正预备办呢！"何香凝毫不客气，一句话将"哈哈孔"顶到南墙上："我愿意闻抗日伤兵的血腥味，不愿闻腐化官僚的铜臭味！"嗣后，东北全境沦陷，华北岌岌可危，外寇当前，蒋介石以国力孱弱、必须低调备战为由，继续抱定“攘外必先安内”的国策，优先剿共，延迟抗日。何香凝看不惯这套兄弟阋墙的做法，她效仿诸葛亮当年馈赠女性用品激怒司马懿的成法，给蒋介石邮寄了一条布裙，还附上一首极尽讽刺挖苦意味的诗作：

枉自称男儿，甘受敌人气。
不战送河山，万世同羞耻。
吾侪妇女们，愿往沙场死。
将我巾帼裳，换你征衣去！

蒋介石一生收到珍贵礼物无数，很难一一记得，可这件“礼物”太特殊了，他至死也无法忘却。奇就奇在，这位大独裁者受了耻笑，居然捺着性子不曾发作。何香凝的资历是最好的挡箭牌。老蒋拿“母老虎”没办法，就在“小老虎”身上撒点气，借此找回心理平衡。

虎母无犬儿，廖承志17岁加入国民党，20岁转投共产党阵营，早早地与老蒋成了死敌。廖承志的政治活动半径很大，一生被捕七次，被软禁一次，先后品尝过日本、荷兰、德国、英国的铁窗风味，在国民党的监狱中被囚禁过多年。1933年3月底，英租界在国民政府要求下，将“共党疑犯”廖承志引渡给上海公安局。何香凝救“肥仔”（她对廖承志的昵称）心切，不顾重病未愈，在柳亚子陪同下，去找上海公安局要人。何香凝大驾光临，连上海市长吴铁城也被惊动了，将她请到客厅小憩，她却径直坐在上海公安局院子里，大声质问道：“我不是来做客的，我是来坐牢的。骂蒋介石要算我骂得最多，骂得最凶，为什么不抓我，却把这些无辜的青年关起来？”吴铁城又尴尬又窘迫，他害怕何香凝心脏病发作，会猝死在上海公安局，不好向国人交代，于是赶紧将难题上交，打电话请示宋子文。宋子文再请示蒋介石，蒋介石也担心“大脚婆”死了，会受到国内外舆论谴责，就让宋子文和吴铁城“瞧着办”。廖承志被释放了，何香凝大闹上海公安局，又是一场干净漂亮的胜仗。

“生则同衾，死则同穴”

何香凝遵从孙中山的临终嘱托，成为宋庆龄身边最可信赖的至交。她曾在上世纪三十年代初绘《菊石图》赠予宋庆龄，激赏之情溢于言表：“唯菊与石，品质高洁；唯石与菊，天生硬骨。悠悠清泉，娟娟明月；唯菊与石，品质高洁。”两人深厚无比的同志情和姐妹谊直接决定了何香凝后半生的政治走向：她与孙夫人一同摒弃国民党右翼阵营，出国等待机会；一同营救“七君子”（民主人士沈钧儒、章乃器、邹韬奋、李公朴、王造时、史良、沙千里），发起“爱国入狱”运动；一同组织成立“中国民权保障同盟”，为民主斗士杨杏佛善后；一同反对内战，与蒋介石不共戴天，坚决留在大陆。晚年，何香凝担任过民革中央名誉主席、全国政协副主席、全国人大副委员长，还担任过中国美术家协会主席。真可谓老当益壮，不坠青云之志，受到的推崇也是当世无几。

有人说，“文革”期间，周恩来总理开列过一份特别保护名单，13人中有宋庆龄、郭沫若、章士钊、张奚若、何香凝。其实，周恩来远不止为13人下过特别保护令，钱学森等数百名科学家所受到的保护尤为严密周至。

庄子有“寿多则辱”的说法。“文革”期间，何香凝的政治生活突然变成了一团浓得化不开的迷雾。许多老朋友因为各种强加的罪名含冤而逝，她寿至期颐，尽管有幸得到挚友周恩来总理的特殊关照，在万方多难的浩劫时期免受狂飙冲击，但她的处境仿佛鼎鱼幕燕，似安实危。何况她的精神每天都要忍受痛苦的煎熬，爱子肥仔（廖承志）再度身陷囹圄，音信全无，这一回她就是想骂人，也不知该骂谁；就是想救人，也不知从何着手。即使是至友宋庆龄那儿，她也不方便多走动。1966年，宋家在上海的墓园遭到红卫兵的疯狂破坏，宋庆龄看到照片后伤心欲绝，何香凝打电话去安慰，千言万语却不知从何说起。她想到自己当年曾向病危的国父亲口承诺，竭尽所能保护孙夫人，内心就不禁隐隐作痛。

心境凄苦则画意索然，她提起画笔，就自然想到母子在画案前合作的温馨场面：肥仔先在宣纸上画出若干人物，然后她依形就势，去布置花鸟虫鱼、梅兰竹菊、亭台楼榭、山水云雾。一旦失去肥仔作陪（为使廖承志“免遭毒手”，周恩来以“隔离审查”名义将其保护起来近三年——编者注），她的心里就感到空落落的。昔日的艺友傅抱石病逝了，潘天寿正遭受迫害。寂寞之中，这位双清楼主只能靠回忆度日。当初她选择绘画，是由于孙中山、黄兴在国内组织和领导武装起义，需要起义的军旗和安民告示的花样、军用票的图案等，得由丹青高手设计图案，绘制成形。辛亥革命期间，反清起义部队所用的旗帜符号，不少就是何香凝在孙中山的当面指导下描绘和绣制而成的。那些爱国者云合雾集的日子早已一去不返，何香凝一生画虎画狮画梅画松数以千计，又何尝不是革命精神合乎逻辑的延展。

何香凝的生命经历了94度春夏秋冬，大多数岁月都是在严酷险恶的环境中度过的。她曾在一幅《梅花水仙图》上题诗言志：“一树梅花伴水仙，北风强烈态依然。冰霜雪压心犹壮，战胜寒冬骨更坚。”她做到了岁寒而后凋，这样坚毅刚强的奇女子必定史上留名。

1972年9月1日凌晨，何香凝魂归道山。弥留之际，她仍然牢记自己早年与廖仲恺发过的“生则同衾，死则同穴”的誓言和那副“夫妻恩，今世未全来世再；儿女债，两人共负一人完”的挽联。她对多年挚友周恩来提出的唯一要求是“我不要烧”：她不愿去世后被火化，一旦火化了，就无法陪伴地下长眠的夫君。中共中央特事特办，批准并安排何香凝与廖仲恺合葬于南京紫金山中山陵园墓地。这一对革命夫妻分别了将近半个世纪，尽管天上人间早已非复旧观，但他们相知相爱的灵魂永远都不会变得陌生和疏离。

（作者系文史学者）

原载于《同舟共进》2013年第1期

关于中国：罗斯福与斯诺的三次密谈

丁晓平

斯诺是“中美人民间的活桥梁”。

自1928年来到上海，斯诺目睹了中国人民水深火热的生活，从而理解并同情、支持了中国革命。他以客观、公正、诚实的品格，参与帮助了中国青年学生的“一二·九”运动、抗日战争中的“中国工业合作运动”。他是第一个冒险进入红色苏区报道中国革命的西方记者，是第一个也是唯一一个采访并撰写“毛泽东传”的人，是第一个将“皖南事变”的真实情况公布于世的人，是第一个翻译鲁迅作品的外国人，是第一个报道上海抗战的美国记者，是第一个报道新中国的美国记者，是第一个报道“文化大革命”的外国记者，也是第一个被邀请登上天安门城楼和毛泽东一起参加国庆大典的外国记者……在旧中国，他曾因此两次被国民党吊销外国记者特许证，并在1941年被迫离开中国；新中国成立后，他又被迫离开自己的祖国迁居瑞士。

从一个本想在中国只呆6个星期“撞大运”的青年，到后来成为在中国生活了13年的优秀记者，斯诺深深地爱上了中国，先后与宋庆龄、鲁迅、毛泽东、周恩来等建立了深厚的友谊。而在美国，因为斯诺报道了中国革命，罗斯福总统三次在白宫约见他，密谈中国问题，还亲自推介斯诺报道的书籍。这一切使斯诺成为20世纪当之无愧的“红色记者之王”。

罗斯福二战期间为什么在白宫三次接见斯诺？他和斯诺到底就中国问题谈了哪些鲜为人知的事情呢？

罗斯福问斯诺："怎样帮助中国才最有效？"

1942年2月24日下午，华盛顿，每周例行的白宫新闻发布会正在进行。白宫新闻发言人正在回答记者的提问。

斯诺坐在记者们中间，认真地做着笔记。这时，总统助理走到斯诺身边，轻声耳语了几句，原来罗斯福总统打电话来想立即接见斯诺。此前，因为自己与一般的美国人关于世界形势的看法有距离，斯诺曾亲自给罗斯福写了一封信，询问政府的倾向和政策。让他想不到的是总统竟然非常重视，邀请他去总统办公室见面。这个消息多少让斯诺有些吃惊。

罗斯福已经快60岁了，他仍然坐在轮椅上执政，鬓发霜白，眼眶下的黑圈说明他非常疲劳，嘴里叼着一只黑色的大烟斗，但点香烟时手有些抖动，面色憔悴，时而咳嗽。斯诺一走进椭圆形办公室，罗斯福总统就满脸微笑着表示欢迎，热情地和他握手，并示意他坐下。等斯诺坐下，罗斯福把科伊支走，掏出一支香烟递给斯诺，并欠身给斯诺点上火。

罗斯福笑着先发表声明式地说："斯诺先生，你会想得到，我们两人间的谈话是敏感问题，不供现在发表的。"

斯诺微笑着点点头，答应了。

罗斯福说："我是通过阅读你的《红星照耀中国》认识你的，你该是一个'中国通'了，我想今天我是'记者'，向你'采访'，怎么样？"说完自己就先笑了。斯诺也被总统的幽默和随和逗笑了。

"斯诺先生，你能告诉我，中国那里的情况到底怎么样？中国人认为我们好吗？"罗斯福深深地吸了一口自己的大烟斗。

"中国人知道总统先生本人是常常设法在帮助中国的。"斯诺竖起大拇指，学着用中国话说："他们说'罗斯福，顶好！'我在中国内地访问时，那里的人们一听说我是美国人，就会对我说这句话。就是在我们还向日本人出售战争物资的时候，也是这样。"

罗斯福咧着嘴笑了："给我说说，你对蒋介石的看法。"

"蒋介石是个独裁者，他很聪明，但又无能，他不知道中国人民需要什么，不知道怎么为人民办事。这一点和毛泽东大不相同。你要知道中国是一个农业国家，农民占了一大半，不能赢得绝大多数的民心就很难统治中国。"

"斯诺先生，日本人简直像是一个为粉碎老殖民主义制度、推动势在必行的改革所不可或缺的恶魔。当然，这种角色竟然要日本人来扮演，也实在太不像话了。"罗斯福仍咧着嘴笑着："因为欧洲人看不到这种不祥之兆。我看我对日本人是有点偏见，也许是受了我祖父德拉诺影响的缘故……我很高兴你对中国人的看法和我们一样。他们和我们相处，要比和英国人相处好吧？"

斯诺说："我觉得，中国人对我们不信任的程度要比他们对英国人不信任的程度少一些。这可能与我们和他们之间没有发生过任何战争，也没有占领他们的领土有关。但是，我们从来没有放弃过治外法权，我们继续分享帝国主义的利益而不承担义务。"

罗斯福挥动了一下手臂，说："我们早就应该把所有这些都取消了。1933年我就曾给国务卿赫尔写过一张条子，告诉他，我认为我们该放弃在中国的治外法权了。赫尔也赞成我的意见，但是他在国务院的顾问们不同意。当然，我对情况还不够了解，不能驳倒国务院的所有人！"

"总统先生，你要知道中国人是最适合做我们的朋友的。"

"我年轻时有这样的一个印象，中国人和欧洲人通婚生的孩子最好看，也是最奉公守法的公民。"罗斯福微笑着说："哦，对了，斯诺，你接触的毛泽东、周恩来他们，到底是不是真正的共产党？"

"是的，他们是真正的共产党，并不是我们国内一些人想象的是斯大林莫斯科的附庸。"

"中国共产党领导的抗日游击队情况怎样？用什么装备？吃得饱饭吗？是怎么跟日本部队作战的？"罗斯福问道。

"他们是勇敢的十字军。我至今没有看到过这样英雄的军队，他们的军官和士兵一样，与我们美军相比，物质生活简直是一个天上一个地下。就像我在《红星照耀中国》中记述的那样，他们有一套自己的战略战术，有毛泽东、朱德、周恩来这样一大批优秀的指挥员，他们的游击战争打得日本人防不胜防，让日本人胆战心惊。而最让我感动的是，他们的士气高昂，在艰难的环境中从来没有失去希望，从将军到士兵都充满着胜利的信心。”斯诺充满激情地说。

罗斯福满意地点点头：“我有一个军队的朋友叫埃文斯·卡尔逊上尉，他曾深入中国共产党的抗日根据地，你所描述的情况和他跟我说的大致相同。我觉得，这样的人会赢得战争的。斯诺，我问你，我们要怎样帮助中国才最有效呢？”罗斯福歪着他的大脑袋望着斯诺，好像在希望斯诺给他一个答案。

就在这时，秘书利汉德小姐提醒罗斯福，海军上将希莱会见的时间到了。斯诺看看手表，准备告辞。罗斯福吩咐秘书后，却示意他坐下来：“斯诺先生，我希望你继续说说关于我们的中国政策的看法。”

“总统先生，我不明白，我们只为争取在欧洲实现自由而打一场战争，怎么能指望亚洲殖民地人民感到振奋。我们还需要一个太平洋宪章。你知道，对于中国，我们在那里开展了工业合作运动，对恢复抗日战争时期的战后经济取得了一些成效，它对中国抑制通货膨胀，帮助中国达到消费品自给，为中国的政治民主建立一些新的经济基础具有直接的和潜在的作用。总统先生，你要知道，除了红十字会以外，‘工合’是唯一能在国统区和共产党管辖区都可以进行活动的战时组织。但现在仍然存在资金不足。因此我建议总统先生要求蒋介石在我们对中国的2000万美元的军事援助信贷中，拨出一部分来作为给工业合作运动的贷款和活动资金。”斯诺自然而然地谈到了自己参与发起的“中国工合”运动。

罗斯福思考了一会说：“嗯，我知道了，蒋介石的统治似乎缺乏民众的一致与热烈的支持。可我不能像一个野蛮的酋长一样，采取高压手段直接给蒋介石下命令。但是我会想办法让蒋介石了解我们希望这样做，同时我会要求蒋介石随时向我通报这方面的进展情况。难道这样他还会不知道要支持这项事业么？”

斯诺想了又想，似乎有话要说，又吞了回去：“谢谢您！总统先生，我占了您很长的时间，我想，我该走了。”斯诺再次起身告辞。之后，双方又略微谈了一下斯诺的工作打算。

罗斯福摇着自己的大脑袋和斯诺握手话别，那双碧蓝的大眼睛里闪烁着喜欢旅行的人的那种羡慕的神情。而斯诺却一直沉浸在莫大的幸福和兴奋之中，深深地被罗斯福的优秀品质所感染，心情愉悦并有些骄傲和自豪。

“我准备与蒋介石协商，派观察组进入延安”

1944年5月26日，罗斯福第二次在总统办公室接见了斯诺。罗斯福微笑着和斯诺握手：“斯诺先生，什么时候回来的？”“回来一个星期了。”

“哦，我已经给蒋介石写过信了，跟他谈到了‘中国工合’的事情，我想，蒋介石会重视这件事情的，你放心好了。”罗斯福说。

“谢谢总统先生！我的朋友艾黎已经从中国给我发来消息，说‘工合’已经从蒋介石那里得到了一些特别贷款。”

“这次采访可有什么收获？”

斯诺说：“总统先生，我通过这次苏联和印度之行，深深感到苏联、印度的反法西斯战争的艰苦和中国一样，但他们的胜利也同样是辉煌的，对反法西斯战争在全世界的胜利起着非常重要的作用。可是不同的是，中国的国民党政府太腐败。”

罗斯福说：“我在开罗时，就曾坦率地对蒋介石夫妇说，反法西斯战争已进入了关键时刻，而中国国内的形势一直使我们担忧。蒋介石却说‘这种担忧的局面是由共产党造成的’。他的夫人宋美龄也在帮蒋介石说话，在用英文翻了蒋介石的原话之后，自己还加了一句，说‘共产党闹独立的事，常使委员长睡不着觉、吃不下饭’。我就说，据我所知，你们国民政府很难称得上是现代民主政府，但按理来说，我们希望它应该是这样的政府。而蒋介石却阴沉着脸说，‘中国的情况太复杂，历史包袱太重，这是总统所难以了解的，要将有四亿五千万人口的国家按美国的民主标准管理，是要经历一个艰难历程的。’我就告诉他，现在的情况是，前所未有的战争正在进行，我希望你们与中共之间的分歧能够通过谈判解决，国民党和共产党应该在战时就建立一个联合政府。显然，蒋介石内心对共产党始终怀有戒心，但是当着我的面，他只好答应说，会考虑同意我的意见，邀请中国共产党参加国民政府。我说，这样就可以避免你们之间冲突的发展，而达到共同抗日的目的。"说着，罗斯福将双手都拧成拳头同时击向前方，"拧紧拳头，打击日本人！"

斯诺看着总统的模样笑了："蒋介石对共产党有条件吗？"

罗斯福说："蒋介石是有条件的。他提醒我注意，说中国共产党可不是一般的政党，它是一个大国支持的武装集团，对政府构成了很大的威胁。他们愿意与中共和解，吸收共产党的领袖参加政府；但是，应有一个前提，就是共产党必须放弃武装。"

"那你怎么说呢？"

"我说，据我所知，中国共产党就在日本士兵的眼皮底下，他们能不拿起武器吗？蒋介石却又说，苏俄也不得插手中国事务。我还是强调说他们必须设法与中共合作，一致抗日，不支持任何中国内战。"

"是的，总统先生，我认为，如果国共两党不能达成某种联合，那么在日本被打败以前或者日本被打败以后不久，中国将有可能爆发大规模的内战。"

"是的，这也是我所担心的问题。中国可能会发生内战，我已把促进中国国共双方妥协看成美国的一项确定的政策。我准备与蒋介石协商，我们派出军事观察组进入延安。我将派副总统华莱士作为特使前往中国和他谈判。"

斯诺说："总统先生的意思是我们美国政府将与共产党直接打交道了……"

罗斯福神秘地笑了。

"我正在考虑是否直接向中共提供援助"

1945年3月3日，斯诺第三次来到总统办公室。罗斯福正和海军上将希莱一起审阅公文。这一年，罗斯福进入白宫已12个年头了，62岁的他仍坐在轮椅上执政。

罗斯福的鬓发更显霜白，眼眶下的黑圈从来没有消失过，点香烟时手抖动得更明显了。他面色憔悴，不断咳嗽，常常感到疲劳，还患有高血压和严重的支气管炎，心脏病在加重。总的说，开罗会议及德黑兰会议之后，对盟国来说，战争形势更好。代号为“霸王”行动的诺曼底登陆，紧锣密鼓地进行最后的筹备。罗斯福却重病在身了。在这个关键时刻，他不能倒下，也不能退下。他仍要前进。

罗斯福抬头看见斯诺进来，露出了热情的微笑：“斯诺先生，你到处旅行，比我到过的地方多得多啊！我很欣赏你写的这本著作《人们在我们这边》。那书写得引人入胜，我在去开雅尔塔会议的‘昆西号’轮船上一直看到半夜都没有合眼。”总统的声音很高，看得出他见到斯诺很高兴。

“谢谢总统先生。我只是在我的书中建议美国战后在亚洲，最后在非洲，取消一系列的殖民地，并希望能把帮助各殖民地人民迅速实现自由平等作为它的对外政策的主要目标。”斯诺谦虚地说着自己的观点。

罗斯福说：“我完全赞成在这次世界战争以后竭力争取持久的和平，建立一个使我们能够共存的世界。雅尔塔会议就是这样的一次历史性的会议。英国的丘吉尔代表右，斯大林代表左，我呢，算是一个中间派，是统一战线的结合剂。”

“那么中国呢？”斯诺问道。

“中国，我当然要提高中国的国际地位，使中国取得与美国、英国和苏联相同的地位。这样在将来形成的四大国俱乐部中，中国无疑是需依赖于美国的。可斯大林是不同意的。你知道的，开罗会议他为了不想见到蒋介石，就拒绝参加会议。没办法，后来，我们在德黑兰又开了一次。而在莫斯科会议上，苏联外长莫洛托夫强烈反对中国成为《关于普遍安全原则》的签字国时，我就明确地指示赫尔国务卿无论如何要坚持让中国参加，我告诉他‘两个三国协定远远抵不上一个四国协定’。赫尔国务卿在此问题上也坚持了强硬立场，在莫斯科会上强调‘排除中国是错误的，罗斯福总统说了，如果不以‘四强’名义发表，宁愿此次会议不发表宣言’。而在战略上，就是如此，中国，对于美国实在太重要了，我们不能失去中国。”

斯诺说："但是现在的中国很复杂。而我们的战时援助实际上并没有派上用场，甚至成了国民党打内战的资本。总统先生，我不知道这是否是对中国进行一种政治干涉？"

"是的，中国问题是一个令我头疼的问题，既让我迷惑不解，又让我神魂颠倒。"罗斯福又点燃了他的大烟斗："我，甚至任何人都无法作出满意的解释。但敢断定，我真诚地希望我们的这种援助能使用得当，既可以使中国继续进行抗日战争，又能带来社会、经济和政治的进步。但是，这怎么能办得到呢？"

"总统先生这话是什么意思？"

罗斯福说："说真的，我对蒋介石这个政治家和他的为人实在是迷惑不解了。你知道，上次我就跟你说过，我们派驻延安的观察组在延安受到了中国共产党的礼遇和优待，合作得很好。可是最近从中国传来一个非常令人失望的消息，我的总统特使赫尔利先生斡旋的延安和重庆之间的谈判破裂了。"

"不是早些时候就有消息说已经制订了一个方案吗？"

"是的。这个方案的五条协议，应该说，是经双方协商一致达成的，赫尔利将军也在那上面签了字的。共产党人提出的要求也是符合权利法案的，我看也是完全合情合理的。可延安方面给赫尔利特使的满意答复却被蒋介石提出的一些荒谬绝伦的反对意见给否定了。你知道，在中国，中共的势力在不断增长，而国民党在人民的心目中的威望却在下降。可我们又需要蒋介石……"罗斯福抽了一口烟，也给斯诺点上一支，"斯诺先生，你觉得蒋介石这个人到底怎么样？你喜欢他吗？"

"总统先生，对于蒋介石这个人，我实在是不敢恭维，虽然我曾经采访过他，可是我对他本人真的不太了解。"

罗斯福机敏地看着斯诺说："嗯。我在开罗时也根本没有对他形成什么看法。当我后来想到这件事时，我才发现我所了解的情况全是蒋介石的夫人宋美龄告诉我的。会谈时，宋美龄担任翻译，实际上就是她在那里斟酌各种问题、词句和我对话，和我谈她的丈夫的事情和想法，而不是蒋这个家伙本人的想法。所以我也根本不可能直接了解他。我只能希望赫尔利回来的时候能多告诉我一点情况。但我正在考虑是否直接向中共提供援助，帮助他们抗日，作为军事上的权宜之计。”

“我感觉，我们应该这样做。”斯诺说。

“我想，这样还可以有助于在中共那里占俄国人的上风。不过，斯诺，我想请你告诉我，中共是否是真正的共产党人？俄国人是否在操纵他们。而他们的目标是无产阶级专政呢还是像某些人所说的那样，他们只不过是‘土地的改革者’？”

“总统先生，关于这一点，我可以告诉你，中共是真正的马克思主义者，他们的最直接的纲领是土地改革，或者说是平均地权，是真正的共产主义者。这10年来，中共从未得到莫斯科的军事援助，因此也就谈不上俄国人在操纵他们。但是，据我猜测，莫斯科会通过他们在共同对日作战中与中共加强联系，来达到控制中共的目的。”斯诺分析说。

“那么，如果当我们逼近日本时，将运送一些补给品和派联络官至华北沿海地区，也就是说给中共的八路军军事物资援助，当然迄今为止，我们没有向共产党军队提供任何军事援助。埃德，这些谈话当然也是不能发表见报的。我设想，这也包括共产党的游击队，我们设法取得国民党的合作。我不知道在日军占据的公路、铁路、城市之外，控制着中国华北绝大部分人口的共产党人对此将做出什么反应？”

斯诺反问道：“情况是不是这样？假如我们承认蒋介石是唯一合法政府，我们只有通过他才能继续运送军事物资。而这些物资送去后，也只能通过他来分配，即使是在和游击队打交道时，也是这样。可是我们总不能在中国支持两个政府吧？”

罗斯福果断地把头往后一扬说：“这个嘛，我一直在和那里的两个政府合作。我打算一直这样做下去，直到我们能使他们凑在一起为止。”

“总统的意思是不是说，我们在延安派驻了外交和军事观察人员，是否就是看作一种事实上的承认呢？”

正说着，电话铃响了。罗斯福拿起话筒，开始接电话。不一会他轻轻放下电话，转过头来对斯诺说：“斯诺先生，对不起，我有一个重要的电话，今天就谈到这里，好吗？”罗斯福坐在轮椅上面带微笑和斯诺握手言别，并大声地说：“斯诺先生，别忘了来信，随时告诉我你看到和听到的情况。”斯诺微笑着点头。

然而让斯诺想不到的是，一个月以后的1945年4月12日下午，罗斯福因脑溢血倒在了工作岗位上。罗斯福逝世后，美国和中共进行的军事合作计划自然流产——这是令人叹惋之事。或许，中国的历史在这里转了一个弯。

4月13日，蒋介石亲赴美军驻华总部致唁，同时令外交部政务次长吴国桢前往美国驻华大使馆致唁。而中共，在当时的中央机关报《新华日报》也发表了题为《民主巨星的陨落——悼罗斯福总统之丧》的社论，沉痛追悼罗斯福。

（作者系文史学者）

原载于《同舟共进》2013年第2期

陪都重庆：一些曾被忽略的侧面

左双文

自抗战爆发、国民政府西迁重庆后，由于日敌的严密封锁与狂轰滥炸，战争的巨大消耗，陪都的经济环境变得恶劣，生活条件日益艰苦。到了抗战中后期，通货膨胀严重，百姓生活状况趋于恶化，情况越来越糟。本文拟从生活在战时陪都一些人士的日记与回忆录中，撷取不同的侧面（其中某些地方似曾一直为人们所忽略），以使读者得到一些直观的印象。

简陋的办公与住宿条件

在战时重庆，沈剑虹曾任国民政府军事委员会国际宣传处英文编撰科科长，国际宣传处撤退到重庆后，“大家挤在重庆两路口巴县中学原址一幢破旧不堪的校舍内办公”，“除极少数人之外，几乎全体同仁，上自副部长、处长，下至科长、主任、科员、办事员都在巴中觅地自建竹筋、土墙、泥地、稻草顶的房子，藉避风雨”。（沈剑虹《半生忧患——沈剑虹回忆录》）

嘉陵宾馆，在当时的重庆是众人瞩目之地。1940年7月1日，国民党五届七中全会开幕，蒋介石请全体中委的晚宴就在此处举行。但这一战时陪都最好的宾馆档次究竟如何，顾维钧有一个有趣的回忆可供参考。1942年10月，他从驻英大使任上回重庆述职，“我听说这是重庆设备最好的旅馆，必要的卫生设备齐全，但不足之处甚多。房间里的电铃没有电，不响。抽水马桶因水管损坏，不能自动冲洗。夜间，灯光十分昏暗，我不得不用鼻子闻一闻来辨别是哪种食物。但是，这是整个重庆最好的旅馆……我睡在一张类似我在国外监狱看见过的那种简陋的铁床上，又小又窄，而且油漆剥落。我暗思，中国处在战争状态中毕竟已有五年之久了。”（《顾维钧回忆录》，中华书局1987年版）

可能战时重庆的居住条件确实较差，冯玉祥贵为军委会副委员长，看到一些人住洋楼，也表示愤愤不平：“因为我是个丘八出身，忍不住，没涵养，听说巴中周围的洋楼都被炸了，我真是忍不住要说几句话，这些少爷小姐们，在上海、南京、武汉都是住的小洋楼，到这里的重庆还是花了几十万元盖洋楼，把百姓的血汗都消耗在上面，为什么这样办，因为他不知道什么是抗战，什么是打仗。”（《冯玉祥日记》第5册，1940年6月11日）

蒋的亲信，曾任江西省主席、中央设计局秘书长、东北接收主官等要职，战时以国民政府军事代表团团长身份赴欧美访问的熊式辉，1943年4月15日回到重庆，发现他的家人、亲友也很不宽裕，“住”是一大难题：“行装甫卸，纷纷于亲友之往来访问，所见一般衣衫多不齐整，午至山洞与家人团聚，居室服食，甚为简陋，但重见诸儿女甚乐，俱未言苦，城内屋租奇昂、无所居处，晚借空军招待所暂寓。”（《海桑集——熊式辉回忆录》）

1939年3月，浦薛凤至重庆任国防最高委员会参事之职，“初到时即闻房荒。时有谋事不如娶妻易，租屋不如谋事易之谚。以各大学而论，确有一个家庭挤住一间房子者。中央大学之建筑，全属临时性质。一切竹撑泥墙，因陋就简。大抵一家只一间房。一般公务员宿舍亦挤得不堪言状。大房间要住十余人，小房间要住三四人。携带家眷者更觉痛苦。”

不过，孙科的住房似乎较好，在嘉陵江边盖了一所“圆庐”作公馆，据说是由他的“二夫人”蓝妮出资所建。建成后，蓝妮以圆庐主妇的身份陪伴孙科，招待来宾。但住不到几年，蓝妮还是嫌轰炸威胁下的重庆生活单调，且时处险境，于1940年重返日伪占领下鱼龙混杂、十里洋场的大上海，周旋于陈公博、周佛海、褚民谊等日伪要人之间，如鱼得水。战后且让孙科出面为这位“敝眷”索回被查封的财产，闹得满城风雨。

吃在陪都：物价飞涨，难以为继

在战时陪都，食物的获取也十分不易，吃的条件有限。顾维钧提到嘉陵宾馆1942年10月份的一次宴会："在嘉陵宾馆我出席了孔祥熙博士及行政院的人士为国民参政员举办的宴会。我们吃了一顿既经济又富于营养的饭。每人一个盘子，盛着三样东西：肉、蔬菜和米饭。豆浆是唯一的饮料。另外还有一碗汤、一碟甜食，主要是些水果。"（《顾维钧回忆录》）

在陪都，冯玉祥还常常请人吃饭，被请者包括左右中外、三教九流各色人等，日记中隔数日即有此类记载，但所用食材似较为俭省，因此他曾对苏联大使宴客食物之丰盛称羡不已：晚7点30分，"苏联大使请吃饭，真是烟酒充足，菜又丰富。咱们请他吃饭，也不过是馒头、豆包、稀饭，菜不过几盘。今日看到他的一切这么丰富，我有点面子上过不去的样子。可是他请我是他全国的钱，我请他吃饭是我自己的钱……"

而他自己及一次孔祥熙的请客亦是如此：某晚7点，"警报解除了，庸之先生请吃饭到行政院，菜也很简便"。另一次"散会后聚餐，每人一碗大锅菜和馒头，别的也没有什么。"（《冯玉祥日记》第5册）在重庆，冯玉祥与苏联、中共及左翼人士往来甚密，中共有时碰到某些难题也会请他出面解决，他在各种场合都反复强调"精诚团结，抗日救国"。1940年4月16日，中共的叶剑英、董必武、林伯渠、秦邦宪等到他处拜访，他即批评了国民党内搞摩擦的人，中共方面则向他"表示信仰三民主义，拥护国民政府，拥护蒋委员长，精诚团结。"他听了很高兴，将此转告了国民党搞党务的马超俊。（《冯玉祥日记》第5册，1940年4月16、17日）中共对冯玉祥的统战工作颇具成效，他身边亲近的人中，有些还是中共地下人员。

这期间，冯玉祥时有资助乡间邻里的贫困之人，从几十到数百元不等，但有些开支则能省就省："报载马相伯先生逝世，本来想发电报吊唁，并安慰其家属，可是没发电报，发了一封快信，因为什么呢？电报每一个字须6元，要是有50个字就得300元，因为我是穷小子，所以没发电报。”（《冯玉祥日记》第5册，1939年11月6日）

1942年，搬迁到重庆的上海交通大学分校，学生“吃饭靠贷金。八个人一桌，有桌无凳，站着吃。饭是‘八宝饭’：霉米、老鼠屎、沙子，不一而足。有一位同学用早餐时从稀饭桶里捞出来一条蜈蚣。菜是牛皮菜、藤藤菜、莴笋叶子之类，有一点榨菜。月底如有结余，有一点肉，称为‘打牙祭’。伙食由学生管理。伙食委员会每月改选一次，选出主席、总采买和总保管。每天的采购和保管由同学轮流担任。我替刚从沦陷区来的同学写申请贷金的‘呈文’……呈文送上去，没有不批准的。”（《从孤岛到陪都——抗战时期流亡学生的回忆》，《近代史资料》总117号，中国社会科学出版社2008年版）一些流亡大学生因饥饿难耐，竟沦落至与乞丐无异：“昆明梅校长来渝，曾云联大学生竟有进入酒馆，俟客人散走，即群集取吃剩余菜食者。”〔《太虚空里一游尘：浦薛凤回忆录（中）》〕

湖北军政界元老、战时任军委会军法执行总监的何成濬记载，1944年1月27日，“近数日物价又涨，米每老斗已超过七百五十元，其他各物大略相同”。1945年3月11日，“简若素来寓……述成都物价之高涨，为人意想所不及，公教人员皆有朝不保夕之势”。（《何成濬将军战时日记》下册）何并在日记中多次提到，只要是奉公守法的公务员，谁的日子都不会好过，有的甚至被迫自杀。4月18日，“今日中央通讯社发出之参考消息，有南郑地方法院首席检察官杨丕烈投井自杀一事云：杨家有妻一子女五，在法界任事多年，近以物价高涨，所入恒不能饱腹，房主又逼令迁居，陷入绝境，乃以一死了之……吾意杨必系一廉吏，否则枉法受贿，生活自可维持也，殊为国家惜之”。（《何成将军战时日记》下册）

过去我们熟知的一种说法是，国民党在抗战中是“前方吃紧，后方紧吃”，前、后方恰成鲜明对照。从上述情况看，似也未必尽然，后方“吃紧”的也实在不少，甚至包括许多中高级官员。

食难，衣亦不易

战时因纺织工业遭到重创，外援通道又极不畅，衣物的获取异常艰难。据浦薛凤回忆，当时公教人员十之八九来自外省，千里万里辗转流亡，只能携带少许衣服。起初一两年尚不觉困难，至三四年后，新者已旧，旧者已破，破者已补，补者已至捉襟见肘。且亦有因生活困难，早将可售之衣出售，及欲添衣而“一月薪金尚购不到一套旧西装”。帽子也成了奢侈品，“予自己所带呢帽，即是油腻发光。化成则冬夏光头，笑称时髦”。浦托人从安南代购回薄大衣一件，“幸重庆冬不严寒，尚可勉强支持。皮鞋则因为朝晚步行，特别消耗，所以破旧不堪”，若不幸为空袭所炸，则更是连破旧衣物也无力再添置。“总而言之，抗战重庆之一般公教人员，以言衣服，不特极不整齐，抑且近于褴褛”。

冯玉祥见其女儿“弗矜穿我的大小袄，有些不雅，想给她买一件黑外套，随便找了一件要800元钱，我们穿不起，还是不买吧”。(《冯玉祥日记》第5册，1940年12月17日）上海交大学生潘君拯自上海至重庆八千余里跋涉，一路所见，“沿途很少穿新衣的。布匹极端困难，连阴丹士林都算‘奢侈品’，要课重税。沿途大中城市的纺织厂都叫鬼子占了”，“当时全国有几百万将士在抗日，解决他们的被服可不是一件容易的事。”(《从孤岛到陪都——抗战时期流亡学生的回忆》)

陪都战时交通：行无车与蜀道难

战时重庆的交通，显然也不敷分配。罗家伦身为中央大学校长、国民政府赴新疆监察使，没有自己的车，当然也没有配司机。1943年9月他回重庆参加国民党五届十一中全会，出行都是靠蹭车：9月6日，“本偕咏霓同进城，因相左，另乘车行，致未及参加开幕典礼”。9月12日，“上午休会，下午公祭林故主席，我因无车不能往，甚为怅怅！”(《罗家伦先生文存》第8册，台北“国史馆”1989年版）

一般人的“行”则更是麻烦，虽有黄包车，但价钱很贵。山城多上下坡，车行速度很慢，晚上车夫休息后，更不易叫上，就只得步行。至于公共汽车，“非常拥挤，车辆又少。自都邮街登车到上清寺，开驶只需二十分钟。但有时站立等候（平常每刻钟一辆），连三接四，都已客满，故可等候至二小时之久。特别是重庆多雨满街泥泞，谓非狼狈而何”。〔《太虚空里一游尘：浦薛凤回忆录（中）》〕

1942年8月16日，时64岁的黄炎培续娶夫人姚维钧，在巴蜀礼堂举行了有杜月笙、沈钧儒等130余人参加的婚礼。次日，黄姚二人由城内往黄桷坪，清晨出发，下午4点半才到达目的地，路上几经周折：“赴朝天门……购票坐小汽轮下水，抵寸滩上岸，不意人多拥挤中所带行李较多，未及运完而轮已开，致维钧及一部行李均留船上，余坐江干茶肆读《论衡》，自九时半候至十三时，维钧之轮到唐家沱折回，乃始相聚……偕维坐滑竿行二十里至黄桷坪，已下午十六时半”。（《黄炎培日记》第7卷，华文出版社2008年版）

姚维钧是黄炎培第一位夫人去世后经自由恋爱喜结的良缘，姚先后毕业于江苏省立松江女子中学高级师范科、大夏大学中文系，见识、文采俱佳，黄炎培对其十分看重，结婚前写有大量的信稿、诗文予姚。一次黄视察川西北汶川途中，采到野花一束，触景生情，乃赋《牵牛花歌》一首：“你这花儿呀！天生你在碧涧旁，青峰下，很可怜地天然白玉无瑕……你不睬那阔绰绰的锦衣公子，绣阁娇娃，偏错爱了我穷书生冷落乌纱……花儿呀！你可怜我失却了如花美眷，我定要玉成你做有主名花……我只认你香是国香，色是国色，你所象征着的，是光明灿烂的中华。”（《黄炎培日记》第7卷）在国际大都市上海长期生活、阅人无数的黄炎培先生，对姚维钧有如此之高的评价，可知姚氏确是黄的知音。

1942年10月14日，顾维钧回到重庆，“飞机在长江中一个小岛上着陆”，代表蒋介石的陈仪、行政院副院长孔祥熙及王宠惠等30余人前往迎接，随后坐滑竿离开机场。（注意，不是想象中的一长溜黑色轿车鱼贯驶出机场。）“我感到坐滑竿并不舒适，特别是自江边上坡登上几百磴石阶时更不舒服……滑竿不过是一把没有遮盖的藤椅。当轿夫抬着我上石阶时，我的脚和腿悬在空中，比我的身体还要高”。（《顾维钧回忆录》）

战时进入重庆的交通相当困难。潘君拯从上海到重庆，搭过的交通工具有木船、汽轮、汽车和火车。西南公路大部是山路，多急弯陡坡，“车辙深，晴天像香炉，雨天像浆糊。大雨以后多滑坡，山上的大石头滚下来压在公路上，阻碍车辆通行；或者一段路面整个滑下去了，公路中断”。汽车上坡时，部分乘客下来推车，潘的徒弟拿着一块三角木跟在汽车后面，当汽车爬不上坡向后倒退时，赶紧把木块塞在后轮下面，阻止汽车下滑。下坡时更危险，如刹不住车，遇急弯时来不及打方向盘，车子就会冲出路面，坠入深谷。“在七十二弯，从高处往下看，破车随处可见”。当时中国是贫油国，汽车和汽油都是进口的，汽油是军用物资，极其珍贵。当时有一句口号：“一滴汽油一滴血。”在这种情况下，民间用木炭作发动机燃料，车身旁装一个煤气发生炉，内填木炭，点火后用手摇鼓风机送风，然后用燃料产生的一氧化碳气体供给发动机。到站后要出灰，洗布袋（滤清器），加料，极为繁琐。徒弟辛苦得很。“木炭车马力小，这也是车祸频发的原因之一”。（《从孤岛到陪都——抗战时期流亡学生的回忆》）

而到战争结束时，因大批职员、家属急欲离渝返回南京等地，出川交通工具之紧缺，超乎想象，只好八仙过海，各显其能。有关系的，找诸如军统的高层人员去搞票。据唐纵日记：“今天有三位太太找我帮忙买票。现在的交通真困难，如再不能停战，恢复交通，政府将给人民怨死了！”没关系或关系不硬的，如沈剑虹的夫人，则只好改坐木船离川：“1946年内子等候飞机票无望，终于携同长女从重庆改搭木船，经三峡抵达南京转乘火车抵达上海，找到了我的老家”。（《半生忧患——沈剑虹回忆录》）

1940，陪都物价开始暴涨

抗战初期，国民政府公教人员的生活虽受到严重影响，但还未到难以忍受的程度，因为消费品价格的增长相对缓慢：“最重要的是战争头两年食品价格上涨和缓——在重庆仅为8.5%。原因是1938年和1939年国民党地区受惠于大丰收——在当时未被占领的15个省中，收获量高出战前平均水平8%。其他日用必需品，如衣服和住房的价格比食品上涨快——例如衣服的价格到1939年年中大约翻了一番，但大多数中国人可以推迟购买新衣服。而住房的费用，除难民群集的城市外，则上涨不大。其结果是在头两年里，大多数人能够承受通货膨胀的影响而不过分困难”。（《剑桥中华民国史1912—1949》下卷，中国社会科学出版社1994年版）

但到抗战中后期，民众的生活状况日益恶化。这种明显的变化起自1940年，据《中国抗日战争时期物价史料汇编》所载1937—1941年6月《重庆各项商品平均零售价格表》，从1937—1939年，食品类的价格基本持平，而自1940年起，各种食品价格陡然爬升，其中每市斗中等籼米1937、1938、1939、1940这几年的价格分别为：1.253、1.203、1.297、7.067元，而到1941年6月更上升到每市斗41.87元，其他主要食品的价格也基本类似。1940年，王世杰在其日记中也多次提到物价问题，十分直观地记录了这一年中米价上涨的惊人速度：

3月15日：“据调查，重庆市之物价，如以七七事变时之物价为准（100），在二十八年一月，尚不过一七，到本年一月，则已跃至三八以上。（即每一元之实值仅等于战事发生时之二角六分）此事最为可虑”。

8月9日：“重庆市米价，在政府尽力平抑之下，每市石（一百二十余斤）亦达七十元以上。”

11月16日：“近日重庆市米价，较诸四星期前，突涨一倍（即由每市石八十余元涨至一百六十余元）。一般公务人员及教员学生均有断炊之虞。今午在蒋先生宅商讨发给公务人员及学校以‘平价米’办法。惟办法不得其人恐亦不易有良结果。”

12月7日：“近因米价猛涨（每一市石涨至一百九十元），公务人员及学校教员大都不能维持生活（因薪俸仍与战前无异）。政府对于渝市实行供给平价米”。

另据易劳逸的研究，“在1940年，官员工资的购买力已下降到战前水平的大约1/5。到1943年，实际工资跌落到1937年的1/10。虽然他们的境况因每月有米、食油等津贴而有所缓解，但官员们经常生活在——用张嘉璈的话说——‘赤贫’之中。”（《剑桥中华民国史1912—1949》下卷）

战时公务员生活一再恶化

时任国民政府军事委员会委员长侍从室少将组长的唐纵，在1943年1月17日的日记中写道："近来罗家湾盗窃甚盛，有一军令兵盗一裤为督察所缉，泣曰，来局工作八年，每月月薪仅十三元，家有老母，病不能医，故出此下策，良非得已，夜乘卫兵监视之疏忽，贻信而遁。书曰，穷困出此下策，无以对国家，自杀以谢老板。闻之不胜凄然。"

此时，不但是一些职务低的公务员感受到物价的刺激，一些国民政府高级官员亦感受到痛苦。唐纵在日记中多次写到生活困难："戴太太送了几百元来酬劳代他汇的款。这些时，实系太穷了，不然，我哪能受他这些酬劳呢？""下午晋见委座，问我调统局情形，人员情形。委座注意其内部人事尤其人才，问我何以外间人才不能进去？答两个原因：一对戴怀恐惧；二待遇太低，原有人员均不肯卖气力。委座对职员待遇已允改良。临时，问我的生活情形，我见委座已在开门，外间史迪威参谋长候见，不便多说，答可以。实际上生活很苦，只是不愿开口向委座要钱"。"为何近来大家不安，议论甚多？我以为几个原因：一、因物价高涨生活困苦，烦恼之情充溢；二、因风气日坏，贪污日多，政治弱点日益暴露。"

家庭负担较重的王子壮则对此感受更深："昨由部带薪水归，约略计之，本月又不敷甚巨。盖因过阴年已先借三四百元，本月又须为铎昭两人交学费，约二百元。余八百余元之薪金，如何能济此月之用。""因物价日昂，布匹尤甚，普通上涨十倍以上，全家人甚多，收入至感不敷……余之收入，上月因捐扣较少，达九百元，在公务员中亦为收入较高，以人多物贵，痛苦至此。其他一般普通之公务员在生活上，必更感重大之威胁也。"。(《王子壮日记》第6册，1940年5月6日)

在国民党高级职员中，王子壮应属老老实实、奉公守法之辈，因之他的生活过得格外辛苦。不仅是唐纵、王子壮感到了生活的重压，即使是丁惟汾、戴季陶等国民党元老亦未能幸免："丁(惟汾)先生生活之简，人所共知，而彼每月家用达一千八百元，以见物价之逐日增涨，有固定之收入者直无以维持生存也。”（《王子壮日记》第7册，1941年8月7日）“上月三十日晤戴先生，余询彼暑期是否去成都，彼对目前生活极为艰难，以为回家，亲友多孤寡，今并此维持彼等之费难以筹得，岂不可叹……院长地位在全国为最高，仅亚于主席而叫苦如此，是八年抗战之结果，真已使人心趋于不安之境矣。”（《王子壮日记》第10册，1945年8月6日）由此观之，3年多之后戴季陶的自杀，就不仅仅是出于政治上的绝望了。

“总裁”对真实情况知之甚少？

为缓解公教人员的生活压力，国民政府也力图采取了一些措施：“政府确实力图缓解官员们和在公立大学授课的教授们的经济窘境，为他们提供特殊的津贴、廉价的住房，和各种人为的低价供应的日用必需品。米一度以每斤0.10元售给政府雇员，而在公开的市场上米价为5.00元。”（《剑桥中华民国史1912—1949》下卷）“本星期一国防会决议每公务员补助三十元饭费十元房费，暂时当可作小补，以与飞涨之物价相较，实属望尘莫及也。”（《王子壮日记》第6册，1940年11月22日）

补助费外，还有实物补贴，比如大米、食盐、粮油、糖、布匹之类，“今后物资局将以大批平价物品，通过合作机构，分发于各级公务员，详情正由合作管理局与物资局共同商讨中。目前管理之物资为棉纱、布、煤、纸及其他日用品。公务员领购各项平价物品闻已拟有定项：布匹，男子每年限购二丈四尺，女子限购一丈八尺。煤每人每月拟限购五十斤。油每月限一斤半，盐每月限十一两。据关系方面称：公务员于得平价米后，再得平价日用必需品，可暂得温饱云。”（《公务员福音可得平价日用品》，《大公报》，1942年2月20日）但物价上涨得太厉害，这些措施终究只能是杯水车薪，无济于事。

面对如此严重的情势，蒋介石却似乎对真实情况了解不够。1943年5月7日，蒋介石对熊式辉言：“今日军心疲靡为可虑。”熊答曰：“军心、民气、官常三者俱属重要问题。关于军心，经济关系最大，此日军风纪之败坏，类皆由于官兵生活之受压迫，食不能饱。”蒋则称：“师团长好者，士兵痛苦较少，并非食不能饱。”（《海桑集——熊式辉回忆录》）并未意识到物价上涨的严重程度。“物价高了，委座不知道高到如何程度。听俞侍卫长报告，每月临时费一百五十余万元，委座大怒！叫陈希曾出大骂其不是，并将座椅打翻了，希曾喝了几杯酒，言之流泪！余主张将实情报告，给委座知道实际情况。”（《在蒋介石身边八年——侍从室高级幕僚唐纵日记》，1944年4月28日）

但在蒋左右的某些人，却甚至以作伪手段避免蒋知道真实情况：“总裁以雄才大略，本不免英雄自喜之心，近年以总裁身旁至少诤言，且往往蒙蔽事实以饰非，如物价高涨，彼并不深知，外出购物，左右则先嘱店铺低减物价，此种作伪甚非国家之福，其尤者更利用弱点，以邀总裁之欢心。”（《王子壮日记》第8册，1943年11月12日）故“十二中全会时总裁致词有云‘我相信在坐诸位必无一人感觉生活压迫痛苦。’余闻而讶，以明彼与社会隔离远矣，左右蒙蔽之深也。现在特任官（全国不过数十人）所得每月不足万元，以五百倍物价指数计，万元只等于战前二十元，以此区区如何养生，况有事畜之责者，人口多教育费尤重耶。据余所知除孔宋少数人外莫不感生活困苦，领袖未之知也。”这必然引起其内部不平、不满的情绪日益增长，也不利于问题的有效解决。

这种情形任其发展，势必对国民党统治造成很大威胁，因之，何成濬、唐纵、王子壮等在日记中均多次表示这种担忧。如1940年8月14日，唐纵就在其日记中写道：“抗日三年，有钱者未尝减少，且因国难而膨胀其资财。中间层以薪水为生活之士大夫阶级，因物价之上涨而日见感受生活之痛苦，其思想感情，逐渐左倾，加以我政治之无能，腐化依旧，建树毫无，此在客观环境上，均于共党有利，如再过一年两年，纵敌军不深入夔门，社会亦将有巨大之变动。”（《在蒋介石身边八年——侍从室高级幕僚唐纵日记》）王世杰、熊式辉、唐纵等也时有向蒋介石进言，但由于种种客观的因素及主观的牵绊，情形还是愈来愈糟。

保障美军供应成为难于承受之重

在战争后期经济陷于极端困境，还有一个较少为人提到的原因，就是国统区的美军人数急剧增加，对他们的供应成为十分沉重的负担：从1942年末的1255人增加到1945年1月的32956人，到1945年8月增至60369人。这些军队主要由地方经济供应，并且是按大多数中国人从未见过的消费水平。1944年年中，孔祥熙曾抱怨："在中国，你们的孩子们每天需要6只鸡蛋，而现在减为4只。但是，你们每天吃1磅牛肉……为了供应肉食，我们把耕牛拿来给你们吃……很快将没有任何牲畜留下来帮助农夫们耕种他们的田地了。"在中国的一个美国士兵的费用，高达500个中国士兵的费用。中国用于美国军队的开支对通货膨胀的影响，由以下事实可以看出：在战争的最后一年半里，这笔开支足足等于新发行货币的53%。（《剑桥中华民国史1912—1949》下卷）

而中国士兵则根本吃不饱，穿不暖："今日余汉谋司令自粤来，对蒋先生言，前线士兵只能日食一粥一饭。予闻之不胜震骇。"（《王世杰日记》第2册，1940年7月7日）从宜昌前方回来的张公干对冯玉祥谈"士兵生活太苦，衣服问题，冬天少棉，夏天缺单，一件衣服，往往数月不换，衣上的虱子振一振几乎要盖地，晚上铺盖全是稻草……吃的呢，是带糠的大米，盐都得不到，菜更不足谈……苦干半年尚得不到一元，加之衣食不丰，生病者要占五分之四，一则下级官没有巨款与之疗治，二则兵乏分文无所购药，因是病亡者，不可胜数。"（《冯玉祥日记》第5册，1940年4月24日）

1941年6月，梅贻琦自重庆乘船去泸州途中，船舱"房门外兵士坐卧满地，出入几无插足之处，且多显病态，瘦弱之外，十九有疥疮，四肢头颈皆可见到，坐立之时遍身搔抓。对此情景，殊觉国家待此辈亦太轻忽，故不敢有憎厌之心，转为怜惜亦。"梅等客人在"船上三餐皆为米饭，四盘素菜，略有肉丁点缀"，但"兵士早九点吃米饭一顿（自煮）后，至晚始再吃。下午门外有二兵以水冲辣椒末饮之，至天夕又各食万金油少许，用水送下。岂因肚中饿得慌而误以为发痧耶！"（《梅贻琦日记》，1941年6月5日，清华大学出版社2001年版）

过去读史，以为1940年代中国抗战进入最困难时期后，只是中共根据地异常艰苦，乃集中精力开展大生产，佐以精兵简政等措施，未尝想到国民党抗日部队亦面临如此空前之困难，而且还没有类似中共的大生产运动；过去常讲美国运输大队长给蒋介石运来枪炮物资，国军是美式装备，耀武扬威，吃的是美国罐头，喝的是美国威士忌，未尝想到美国大兵之来，甚至成为抗战末期压垮国民党的最后的稻草之一。以国民政府军上述生活状况和精神状况，在对日作战及对中共作战中常常处于下风，甚至大批大批转投中共，一教育、一诉苦就可以调转枪口，就是很容易理解的了。同时也反映出，官兵生活得不好，决不是小事，它足以撼动军政大局。

（作者系中国现代史学会理事，华南师范大学历史文化学院副院长、教授）

原载于《同舟共进》2013年第1期

李茂堂：潜伏"中统"十五年

陆　昇

2007年，中央电视台8套黄金时间热播的40集谍战大剧《特殊使命》好评如潮。该剧讲述了一个"无间道"式的中共特工因与组织失去联系，单枪匹马在敌人情报系统内部奋战十多年的谍战故事。

故事发生在西安，主人公巩向光的生活原型，就是原国内贸易部（现商务部）首任副部长，曾任国民党中统局驻西北局专员、中统陕西省室主任的李茂堂。

中共党员变身中统特务

李茂堂又名李自靖，化名杜清。1906年生，陕西渭南人，1921年进西安电报局开办的电信人员传习所学习电报技术，之后被派往北平、杭州、开封工作。李茂堂1926年在西安补习时，由罗承运、林达夫介绍加入中国共产党。1927年去武汉，任职中华全国总工会。大革命失败后，李茂堂回到陕西搞工运，历任中共陕西省电报局支部书记、西安市东区书记，曾两次被国民党反动派通缉。

1935年9月，在李茂堂赶去郑州参加中共陕西省委常委扩大会议的路上，全部与会者因叛徒告密被抓。整个陕西省委委员就剩下他侥幸躲过了大搜捕。他跑回家，呆了两天，换了一身破衣服，什么话都没说，又走了。敌人放出话来：只要李茂堂自投罗网，别人一概无罪释放。李茂堂天真地想用自己换取其他被捕同事的自由，主动送上门去。结果，答应放的人一个没放，本来自由的人反倒不自由了。李茂堂被押送南京反省院。国民党中央调查统计局局长徐恩曾派中共陕西省委原书记、叛徒杜衡以高官厚禄对李进行利诱劝降。李茂堂顺水推舟“上了贼船”，成为国民党中统特务。

李茂堂被敌人逼着去揭发自己的同志。无奈，他只能有保留地去做些事情应付敌人。他想到了王世英曾跟他说过王超北失去了组织关系，就想用王超北去搪塞敌人，于是带着特务去上海抓王超北。据王超北说，他的被捕与李茂堂的自首有关。王超北出狱后重新接上组织关系，而李茂堂却“陷入敌人营垒，和我分道扬镳，彼此失去了联系”。

情况报到中共上海临时中央局，当时代管临时中央局、中央特科的王世英执著坚信：“这个人，绝对不可能叛变。”王世英让人给李茂堂捎话，单线联系，长期潜伏，“越貌似反动越好”。

冒死跳伞“营救”蒋介石

1936年12月12日凌晨，张学良、杨虎城在西安实行兵谏。国民党南京政府乱作一团。宋美龄、宋子文等人主和，何应钦等人主战，内战一触即发。

中统特务系统也提出众多营救蒋介石的方案，其中以李茂堂提出的“空降营救”方案最为抢眼，这一石破天惊的举动，让所有人大跌眼镜，甚得中统特务头子徐恩曾的赏识。李茂堂的长孙李炜京后来接受采访时说：“当时就是要救蒋介石。到底怎么救？谁去救？老是定不下来。出主意的人很多。一个比一个足智多谋。就是没有一个干实事的。我爷爷就主动请缨，铤而走险。他说他熟悉西安，熟悉周围地形，朋友也多，父老乡亲也多，一个人坐上飞机就飞过去了。”李茂堂天生胆大，说干就干，在一个天低云暗的夜晚，真的独自登机飞去西安，在郊外跳伞下来。当时西安城内兵荒马乱，昼夜戒严，他只好藏身在一个姓武的亲戚家中。李炜京说：“亲戚不让我爷爷出门。说你不能出去，人家知道有人跳伞过来了，到处找呢，可是他还是出去了。他说不出去怎么救人？他简单化装一下就进城去了。”在西安城门口，李茂堂被如临大敌的东北军看出破绽，当场五花大绑。

东北军发现李茂堂是中统派来的特工，再三逼他如实交代南京方面的动向，李茂堂无论对方如何大刑伺候，就是装聋作哑，一声不吭。李茂堂的顽固激怒了张学良，下令把他拖出去毙了。幸好后来西安事变和平解决，李茂堂才侥幸免死。

李茂堂英雄般地返回南京，不仅徐恩曾称赞他“对党国忠诚可嘉”，另眼相待，就是蒋介石也礼迎他的归来。李茂堂就此脱颖而出，得到重用，成为中统新星。

1937年，抗战全面爆发，李茂堂在无意之中抓到刺杀韩国独立党主席金九的日本凶手。此人心狠手辣，身怀绝技，任务就是刺探军情，伺机刺杀蒋介石及其左右。李茂堂再立新功，蒋介石对他恩宠有加，连升两级，提拔为中统特训班总教官，后任中统陕西调查室副主任，成为中统特务在陕西的重要人物。

密送“中统电报密码”

1941年，李茂堂由兰州回到西安，他委托表兄、地下党员武少文给王超北写了一封信。信中说他可以把国民党中统局陕调室的反共阴谋资料偷出来交给共产党，要求见王超北一面。王超北即把原信交给当时直接领导其工作的中共西安八路军办事处主任伍云甫。伍云甫思考后让王超北去见一下李茂堂。王超北立即说：“李茂堂我不见！李茂堂在1935年自首后向敌人出卖过我，并带着特务去上海搜捕我，是我的死对头，我是发过誓不见李茂堂的。”伍云甫听后批评他要顾全大局。胡宗南现正准备破坏八路军驻西安办事处，而我们正苦于无法了解敌人的阴谋诡计。

后来，中央决定由王超北和李茂堂联系。为了更好地为党工作，李茂堂争取从兰州调到西安，任中统陕西省室副主任。

据王超北晚年回忆：李茂堂利用他任特务头子的公开身份，向党提供了敌人的许多政治情报和军事情报。例如，由胡宗南亲自主持的“党政军警宪特联席会议”是极其机密的。出席者一律用化名，本人如不能出席，不得派代表参加。然而，1945年5月1日由胡宗南亲自主持的，有谷正鼎（国民党陕西省党部主任委员）、祝绍周（陕西省主席）、王友直（西安市长）、杨尔瑛（陕西省三青团头子）、李犹龙、李茂堂、陈建中（均为中统特务头子）等参加的第一次会议的全部记录，都被李茂堂搞来了。后来每次会议的记录，李茂堂都按期送交西情处（中共西安情报处——作者注）。同时，他在掩护地下党组织、保护西情处工作人员安全、破坏敌特组织等方面，都起了重要作用。最重要的是，他曾把中统的电报密码告诉我党中央，中央因此破译出敌人的许多重要军事情报。（王超北《来自秘密战线的报告》，百花出版社1997年版）

利用国民党派系之争接掌一方大权

国民党特务系统有“中统”和“军统”等派系。在中统和军统内部，又分为不同系统。进入中统高层的李茂堂，了解到国民党高层“朱系”与“CC系”的矛盾。抗战初期，朱家骅任国民党中央组织部长，任用亲信王季高为陕西省党部主任委员，属于这一派的有省党部委员杨大乾、米志忠等。另一派是CC系，后台是陈立夫、陈果夫，直接联系的是二陈的表弟徐恩曾。朱系力图打击、排挤、收买CC系的人。CC系十分不满。李茂堂向王超北反映这一情况后，王、李与潜藏在国民党陕西党部的中共情报员陈子敬暗中商议，决定进一步挑起敌人的派系矛盾，以便坐山观虎斗，瓦解打击敌人，以此提高李茂堂在中统内部的地位，搞掉王季高并取而代之。

1943年春末（一说1942年末），国民党陕西省党部召开年会，李茂堂带头发难，质问王季高为什么扣押他们向上级的报告。王季高回答不出来，早已埋伏在门外的CC系人马一拥而入，把王季高和组训处长翟绍武打得鼻青脸肿……中央组织部部长朱家骅闻讯大怒，一状告到蒋介石处，指名要惩办祸首李茂堂。蒋介石亲自下令，李茂堂被专机押送重庆，打入大牢候审。陈立夫、陈果夫不甘示弱，也向蒋介石告状，说王季高结党营私、排斥异己、横行霸道，才激起下属群起反对。一时两大派斗法，鹬蚌相争。这场官司打下来，由于蒋介石与陈氏兄弟之间你中有我、我中有你的微妙关系，朱家骅输了，陈果夫接任中央组织部部长，谷正鼎接任王季高的陕西省党部主任。CC系大获全胜，在西安为李茂堂召开庆功会。论功行赏，李茂堂被任命为中统陕西省室主任、西北局专员，掌握了陕西中统的最高权力。

1944年夏，谷正鼎到陕西不久，在西安办了一个集中营，关押许多中共地下党员和奔赴延安的青年学生。在国共合作的局面下，国民党没有理由继续关押，可又不甘心放虎归山。谷正鼎设了一条毒计：派遣一个叛徒，以苦肉计方式取得难友信任，而后策动大家越狱，再由监管当局借口越狱暴动，用机枪扫射。在敌特联系会议上，李茂堂得悉这一阴谋后，西情处立即通知狱中地下党提高警惕。果然，集中营里来了一个新犯人，多次带头顶撞监管当局，并受到严刑惩罚，俨然敢斗分子。一天，周围的警戒人员突然不见了，此人振臂高呼："同志们，机会来了，逃啊！"就在他带头爬上高墙的时候，难友们把他拉下来，大喊："打死这只狐狸精！"一顿拳脚，这只癞皮狗就呜呼哀哉了。谷正鼎机关算尽，却吃了一个哑巴亏。他做梦也想不到令自己阴沟里翻船的正是亲信李茂堂。

毛泽东：两个主任介绍一个主任，我能不同意吗？

1945年春，抗日战争已到局部反攻阶段，中共中央要王超北去延安汇报工作，接受新的任务。李茂堂也想去延安，解决他的党籍问题。

经再三考虑研究，认为秘密去不可能，只能明去。他们想出一条妙计，由李茂堂直接找"西北王"胡宗南，以到延安打探中共召开七大后的动向为由，提出到延安搞到中共高层的情报。但胡宗南认为危险性太大，李表示为了党国，粉身碎骨在所不惜。不料奸诈的胡宗南马上变脸，大拍桌子，令人把李茂堂带下去枪毙。当李从容走出门外时，胡宗南又把他叫回来，问他在枪决前有什么话要说。李脸不变色心不跳，说："我李茂堂在胡长官领导下，为党国赤胆忠心，光明磊落，要杀就杀，问心无愧，还说什么！"胡宗南说："我担心你到延安之后，中共如对你有怀疑，突然把你抓起来，要杀你，你吃不消；同你开个玩笑，你不必介意。"李茂堂因此获得胡的信任。应胡之请，他说出自己的锦囊妙计："我准备化名张怀中，以中央交通部邮电视察员的身份去延安，视察邮电工作。直接去找李秉昆（堂兄）。随行人员不多带，由我的堂兄李茂荣陪同。他想去边区做点生意。这样可以减少中共的怀疑。同时，让第一战区长官部给延安联防司令贺龙发一公函，叫他加以照顾。"

胡宗南听罢，连说妙计。延安也同意李茂堂等的计策。8月，李茂堂穿着笔挺西装，以中央视察员身份通过国民党封锁线。而王超北则打扮成富商大贾的样子，以商人身份跟随。

李茂堂、王超北抵达延安后，中央社会部（统管情报与保卫工作）副部长李克农及罗青长、师哲等人热情地接待了他们。李克农紧紧握住李茂堂的双手，欢迎他归队回家。李茂堂则百感交集、恍如隔世。"旧路青山在，游子白首归"。

王超北与李茂堂向中央汇报了西安情报处几年来的工作。在会上，李茂堂郑重提出重新入党的要求。入党问题反映到毛泽东那里，毛泽东问李克农："李茂堂的党籍问题，你们为什么不给他解决？"李克农说："有人说不行啊，都断了那么长时间。"毛泽东说："这不是问题。问题是入党要有介绍人，你们谁愿意介绍李茂堂入党呢？"李克农说："罗青长和汪东兴可以介绍李茂堂入党。"当时罗青长是中央社会部一室主任，汪东兴是中央社会部二室主任，而李茂堂则是国民党中统陕西省室主任。于是，毛泽东哈哈大笑："两个主任介绍一个主任，我能不同意吗？"（郝在今《中国秘密战》，作家出版社2007年版）

为了迷惑国民党，中央把中共七大的文件《论联合政府》、《论解放区战场》及中央对时局的政治态度等文件，交李茂堂带回，作为在延安搜集到的共产党"情报"。李茂堂离开那天，延安新华社还发表了一条消息：国民党邮电视察员"张怀中"到延安后擅自行动，并发表攻击边区政府的言论，很不友好，本社授权声明，"张怀中"是不受延安欢迎的人。

延安之行，满载而归。西安CC特务大小头目，以至胡宗南、祝绍周等都赞扬李茂堂的冒险之举。在国民党陕西省代表大会上，李茂堂成了大红人。CC的大小头目都把他视为不避艰险、敢入虎穴的英雄。

1945年秋末的一个晚上，胡宗南在小雁塔第一战区长官办公室主持召开“党政军警宪团特”联席汇报会议。司令部情报处处长刘庆曾汇报说：他获得关于中共西安地下情报组织的匪首胖子所在地点的确切情报，决定在今晚12时动手。他已制订了详细的行动计划。此时，离12时还差2个小时。参加会议的李茂堂知道要抓的胖子就是王超北。他故作镇静，在会上提出一连串的突袭行动的建议，希望尽快结束会议。但中统西北局局长陈建中还在滔滔不绝地讲着。胡宗南也毫无倦意。李茂堂急中生智，佯装毒瘾发作，突然弄摔茶杯和热水瓶，满嘴喷吐白沫，一头栽倒地下，吓了大家一跳。胡宗南见状，赶忙吩咐左右送他去医院。一到医院，李就打电话给他的夫人张蕴玉：“刚才听说狄仁权今晚得急病，要马上送医院动手术，你立即去照料一下，要快！”夫人一听，知道狄仁权是西情处的代号，王超北遇到了危险。她立即通过奇园茶社的老板梅永和转告王超北，及时作了转移，脱离险境。当刘庆曾十万火急地带着一群特务赶到预定地点时，早已人去楼空……

设计巧取潜伏特务名单

1947年10月，中统改组为中央执行委员会党员通讯局，简称“党通局”。由于新局长叶秀峰把主要精力放在清洗老长官徐恩曾的势力和培养自己的班底上，陕西方面也就大换血，以向离替代李茂堂。

1949年初，中共西北野战军连续发动荔北战役和宜川战役，胡宗南部主力遭到毁灭性打击，西安解放指日可待。此时潜伏在国民党“党通局”内部的李茂堂，已经获取国民党即将派遣大批特务，潜伏并实施炸毁西安的“焦土政策”。为彻底摧毁这一惊天阴谋，李茂堂经过深思熟虑想出了一条连环计。他釜底抽薪，派人将潜伏名单中的一名特务刺杀于西安火车站。听说自己的亲信被杀，向离马上驱车赶到现场，追查打黑枪的杀手。但即使这样，也于事无补，因为他千挑万选定的那一份潜谍名单已报到南京。向离最怕惊动顶头上司叶秀峰。他快刀斩乱麻，一边严密封锁消息，对外一律说死者得了急病，一边重新起用李茂堂的旧部谢维杰，要他顶这个空缺。向离欺上瞒下，自以为得意，却深深陷入李茂堂给他设下的圈套。

谢维杰是李茂堂的亲密战友。他是西情处的骨干成员，而他的公开身份是中统资深特务。向离重新起用谢维杰，给西情处猎取那份潜谍名单及其背景资料提供了方便。但这还远远不够。李茂堂想要一石二鸟，除了逼迫向离以谢维杰补缺，还要进一步斩草除根。李茂堂抓住了一个可以置向离于死地的机会，他得知"党通局"陕西省通讯组二科科长王克平与向离面和心不和，让王克平带上重礼去南京见叶秀峰，状告向离瞒天过海。叶秀峰拍案怒起，当即撤了向离的职，由王克平取而代之。

这一来，李茂堂就又策反王克平。王克平迷途知返，临阵倒戈，把全体潜伏特务名单交给了谢维杰。

李茂堂还策反军统起义。据王超北说："突击军统特务起义的工作，李茂堂作了一番艰苦的努力。到1949年5月，取得了一定的成绩。"军统陕西站组长任鸿猷将他所能拿到手的人事档案资料全部交给西情处，把他所知道的军统特务潜伏情况全部抖出。西情处已基本掌握了陕西省军统特务的分布及活动。西安解放后，李茂堂向有关部门递交了一份6000多人的国民党潜伏人员的名单，为整个西北地区扫除了巨大的隐患。

兵不血刃解放西安

李茂堂几乎把国民党的营垒变成了共产党的天下，胡宗南却还蒙在鼓里，把他当做最可信赖的知己。

国民党快撤退时，胡宗南打算撤往终南山，李茂堂劝胡不要往终南山撤，意思是胡的名字和终南山谐音，不利，到那儿就死亡。胡宗南听了他的劝告，向陕南和四川退。其实，李茂堂不希望胡宗南撤到终南山，是因为离西安太近，只有几十里路，威胁太大了。

为了给解放军做内应，李茂堂向胡宗南主动请缨，由他代表西北军政长官公署和西北绥靖公署暂留西安，统一指挥有关各方有序疏散，并监督实施摧毁西安的"玉石俱焚"计划，最后再去宝鸡与胡会合。胡宗南特意留下大批人员、物资、钱财和飞机由他调度指挥。

1949年5月中旬，当胡宗南得悉解放军已占领渭河北岸，正向西安推进，便挟持陕西省主席等人登机飞汉中。但是胡并没有听到西安剧烈的爆炸声，在西安地下党的配合下，李茂堂和西情处彻底粉碎了胡的阴谋，他们挖出了胡宗南部逃跑前埋下的炸药，使文化古城西安免遭破坏。人民解放军兵不血刃，拿下了一个完好如初的西安。胡宗南听到的是欢庆解放的锣鼓和鞭炮，为此他在台湾遭到国民党的审判。

新中国成立后，李茂堂任国内贸易部第一任副部长，后因对他的政治问题有怀疑，以“他在敌人营垒染上了吸毒等旧习未改”为名，1950年12月遭到逮捕。1953年患病出狱治疗，5月在北京病逝，终年46岁。李茂堂潜伏在敌人心脏，英雄虎胆，屡建奇功，但在“左”的思想影响下，这位红色特工的传奇人生差点被尘封湮灭。然而，共和国不会忘记那些为民族独立和解放立下历史功绩的人——1982年3月，经中央有关部门复查，李茂堂得以彻底平反昭雪、恢复名誉。他的英名，将永远镌刻在共和国的丰碑之上。

（作者系文史学者）

原载于《同舟共进》2012年第12期

莫雄：国民党少将的“潜伏”人生

莫栋梁

2011年初，辛亥老人、已故全国政协委员、第四届广东省政协副主席莫雄的后人，从国家图书馆中翻出了一份民国二十五年的《贵州评论》(第15期)，“惩办莫雄”几个大字赫然在目。

这段评论反映的是，1935年莫雄任毕节地区行政督察专员兼保安司令期间，秘密与红军长征部队合作，一枪不发让出毕节城，让红军在这里休整半个月以继续长征，后被蒋介石严令扣押（为掩耳目，公开说是押往重庆）的鲜为人知的历史。莫雄弃城获罪后，贵州反动舆论哗然，认为莫雄死有余辜，理应在当地执行枪决，为何还要押走？他们担心对莫雄的处理会像之前“罪大恶极”的王家烈一样，雷声大雨点小。

莫雄何许人也?

莫雄何许人也？一位国民党少将为何要铤而走险？

莫雄，字志昂，1891年生，广东英德人。贫苦出身，13岁到广州石室天主教堂当小伙夫，16岁接受孙中山革命思想，参加中国同盟会。之后受指示打入清廷新军执行策反任务，策应由革命党人发动的黄花岗起义。武昌起义后，广东独立，组成北伐军北上，莫雄先后在广东北伐军中担任排长、连长。莫雄追随孙中山先生，在粤军部队中屡立战功，威名远扬，敌军为之胆丧。又因其豪爽义气，在军内被称为“莫大哥”。

1922年6月，陈炯明部发动兵变，孙中山顿失手中唯一的革命武装——粤军。当时莫雄在驻梧粤军中担任中校营长，兼梧州卫戍司令。

此间，莫雄拒绝陈炯明的高官引诱，秘密派手下连长张域到广州永丰舰向孙中山表示忠心，请孙派要员到梧州联络滇军和桂军以及尚存的部分粤军，发动和组织联军东下讨陈。孙先生依计而行，先后派出副官张猛、警卫团薛岳等前往梧州。在莫雄的帮助和联络下，是年12月，滇、粤、桂成功举行“白马会盟”，莫雄担任前敌指挥官，率义师四万之众沿西江而下。西路联军一举将陈炯明赶出广州，为孙中山第三次在广州建立革命政权立下汗马功劳。由于拥立有功，孙先生亲自委任莫雄为粤军少将旅长，是年莫雄31岁。从此，莫雄以功臣的身份，正式登上了国民党的政治舞台。

第一次东征讨伐陈炯明逆军，莫雄的部队中加入了不少中共党员，他们勇往直前、不怕牺牲的精神，光明磊落、意气风发的面貌，给莫雄留下了深刻的印象。

孙先生于1923年再回广州，重建大元帅府后，致力推行新三民主义和“联俄、联共、扶助农工”三大政策，实行国共第一次合作，委派蒋介石任黄埔军校校长。蒋介石起初给莫雄的印象是相当不错的，以至于他不同意粤军中大部分人反蒋的态度和言论。他认为蒋虽是江浙人，曾在上海当过小混混，但他知耻而后勇，还到过日本的士官学校攻读。蒋在孙先生身旁永远毕恭毕敬笔挺站立，行军途中还常在轿子上揭帘看书，潜心革命事业。莫雄接近蒋介石的举动引起了粤军部分军官的不满。一次，粤军总司令许崇智打算让蒋介石担任东征粤军右翼总指挥，这样就要原先担任此职的张民达师长让出。许崇智知道张与蒋素来不和，便请莫雄从中游说。张闻言大骂，说：“就算让我指挥他，我也不干。要我听他的指挥，除非拼个输赢！”听到莫雄的转达后，蒋介石深深地认识到，许崇智领导的粤军是横在他面前的一座难以逾越的高山。

蒋介石除了在孙先生面前表现出无限忠诚，在许崇智面前亦如此，言必称“许总司令”，“听候许总司令指示”。但正是此人，借廖仲恺遇刺案，先是推举任命莫雄为粤军第十一师中将师长，命令他去收缴粤军杨锦龙、梁士峰的武装。孰料完成任务后，莫雄的粤军第十一师却被黄埔军包围，蒋介石假许总司令之命，宣布莫雄“同为反革命部队”，要他接受缴械。莫不知道许总司令这时已被蒋介石软禁，愤激之余只好接受命令。后来莫雄在上海见到许崇智，方知蒋介石篡夺粤军军权的全部真相。许问他为什么不率部回师广州“救驾”？原来许知道蒋发动军事政变后，即派密使送信，命令莫雄回师广州灭蒋，可惜密使被杀。莫雄闻言扼腕，从此，他一心为粤军复仇，并先后参加过由张发奎等人发动的两次反蒋活动。当然，莫雄也参加过镇压由共产党领导的广州起义。他当时是在不知情的情况下参加的，所指挥的“新兵团”曾占领观音山阵地与起义部队展开战斗。

1930年，由中共领导的中国革命处于低潮。全国95%以上的地下党组织均被破坏，屡遭重创的几万红军部队只能撤退到深山密林坚持斗争，白色恐怖渗透到每一个角落。但由周恩来领导的上海地下党依然顽强地坚守着。

在中共上海“特科”这支秘密队伍的统战名单上有莫雄。在党的教育影响下，莫雄朴素地认识到共产党所主张的社会主义，即孙先生致力的“新三民主义”中的民生主义，他认为即便不能实现新三民主义，实现民生主义也是好事。更主要的是，共产党要坚决推翻蒋介石的统治，这一点莫雄举双手赞成。莫雄还提出参党要求，后来李克农请严希纯同志转达了党的意见：你是革命的老前辈、孙中山的忠实信徒，你参党的要求我们是欢迎的。但组织上认为你在国民党中资格老、社交广，为方便工作起见，以暂不参党为宜。我们党难得的是有一个虽不是党员，却一心为党的同志和朋友。今后参党的机会还很多，你虽然不是中共党员，但党需要你做的事，又是你力所能及的，就请你帮忙解决；你认为对党有利的事情，你就尽力去做。莫雄把共产党的这番答复当作自己对党的承诺，并为此奋斗一生。

“最为辉煌的一页”

习仲勋同志是这样评价他的战友项与年的：他最为辉煌的一页，是他和他的战友在获得庐山会议“剿共计划”这一重要情报后，为了及时送到中央苏区，敲掉门牙，扮成乞丐，穿越重重封锁线，把这一关系到革命全局的重要情报及时送到瑞金，亲自交到周恩来手中。(《山路漫

漫——项与年的革命生涯》，人民出版社1997年版）

这份“关系到革命全局的重要情报”，项与年是如何获得的？是莫雄给的。莫雄与中共上海特科共同演绎了一出精彩的“潜伏”故事。

当时蒋介石对中央苏区发动的围剿不断失败，便把原因归结到手下将领头上，认为“剿共”大业所托非人。一天，蒋的高级幕僚、南昌“剿共”行营秘书长杨永泰偶遇莫雄，他眼前一亮——这不是当年威震一方的粤军虎将莫雄吗？就江西的“剿共”而言，数原粤军将领如薛岳、陈诚最为得力，若加上这个莫雄，岂非如虎添翼？他马上将莫雄接到官邸住了下来，并用了一个月的时间进行考察，认为万无一失后，把莫雄推荐给蒋介石。在蒋眼里，莫雄不过是一介武夫，眼下没有具体官职，在这时委以重任，莫一定感恩戴德，便答允了杨永泰。当杨永泰把江西剿共行营下达的委任状和组织表以及三千圆大洋支票摆到莫雄面前时，还没等莫雄反应过来，杨便把“谜”给揭了。他说，我素来知道你跟委员长相熟，只不过中间断了两年线，现在我为你把这条线“续上”。当下正是委员长用人之际，他任命你为江西德安赣北第四区行政督察专员和江西德安赣北第四区剿共保安司令。莫雄见组织表是空的，便问怎么回事？杨笑着说，莫大哥，你有那么多粤军老部下，他们都等着你东山再起，还用我给你介绍吗？莫雄顿时感觉到蒋介石和杨永泰对他的极大期望，表示一定不负重托。

离开杨府后，莫雄直奔上海，找到上海特科的严希纯、项与年、刘哑佛（莫雄家的常客），把组织表和委任状以及大洋支票摆在桌面上。莫雄开诚布公，请他们把两份组织表交给上级。他说：“蒋介石要我剿共，我就要用他的拳头打他的嘴角！假如你们信得过我莫雄，你们就派些共产党同志来与我一齐干吧，我当司令，你们来当我的部下。”上海地下党很快接受了莫雄的意见，一个以中共地下党为骨干的“剿共司令部”和专署成立了。其中，莫雄任专署的督查专员和司令部司令官，刘哑佛任专署主任秘书（后牺牲）。

与此同时，上海地下党还委托莫雄介绍多名同志打进国民党特务高级训练班和南昌“剿共行营”，杨永泰照单全收。应该指出，当时上海正处于极度的白色恐怖阶段，上海地下党曾先后6次遭军统特务严重破坏。共产党接受莫雄的意见，并派出大批同志到任，是冒着极大风险的，搞不好会被“一锅端”，可见党对莫雄极为信任。

但革命并不是一帆风顺的。对莫雄的剿共司令部，国民党军统方面照例派出了一个名为谢也夫的高级特务进行监视。谢也夫对常在莫司令身边的几位“官员”特别不放心。一天，他对一位被抓的年轻女共产党员实行严刑拷打，并同时在“刑讯室”旁的一间房里给莫雄和项与年、卢志英、刘哑佛安排了麻将局，打算仔细观察他们对女共党受刑时发出的凄厉尖叫有何反应。结果一无所获。由于他们成功的工作，当地苏维埃政权和红军相机撤退、转移，还煞有介事地与莫雄的部队打了几仗，“仓惶败退”到别的防区。莫雄的第四区“捷报频传”，蒋介石高兴得不得了，发出通报：“传令嘉奖，考成第一！”1934年9月下旬，在庐山召开的绝密军事会议，莫雄被特邀参加。所谓“特邀”，是因为按照级别，没有省一级的军事长官是不能参加的，莫雄当时还差了好几级。蒋介石在闭幕会议上慷慨陈词：“现在剿共大业已握胜券，望各方负责人积极执行，毕其功于一役！”

会议毕，莫雄连夜赶回德安，把蒋介石的“铁桶围剿”军事计划全部交给特科同志。同志们未等看完，已吃惊得额头冒汗：这份由德国军事顾问提交给蒋的计划，其严密程度闻所未闻，所动用的军事力量也是空前绝后的：150万军队，分别部署在红区的四周，每日向瑞金中心区推进7—8华里，每推进1华里，布上一重铁丝网；每推进10华里，筑上一道碉堡线和地雷阵，构成极为强大的交叉封锁网。计划每月向纵深推进50华里，6个月就能逼近红都瑞金，而红都四周届时将会树起300重铁丝网、30重碉堡线以及难以数计的障碍物。这些文件上每一件都盖着蓝色的“极秘密”字样，并有编号，若出纰漏，莫雄必死无疑。很明显，这个人已经置个人身家性命于不顾了。三位同志紧紧握住莫雄的手，几乎同时说道：我们代表党感谢你，莫大哥！

项、卢、刘马上行动，把整套计划送到南昌秘密联络站。有同志认为必须马上把计划的核心部分用电报形式向瑞金发报，但这个提议被项与年拒绝，因为当时国民党特务机关对中共电台的破译能力很强，若依此办法，不但会把莫雄出卖了，敌人还会提前行动。他提出必须马上将计划密写后秘密送往党中央。经研究，党组织接受了这个意见。项与年同志对敌斗争经验丰富，又能操本地口音，组织上决定派他给党中央密送情报。项几经艰险，通过道道封锁，最后关头竟用石头敲掉自己的四颗门牙，装扮成乞丐混过敌人的盘问，终于在启程7日后把这份“关系到革命全局”的情报交到周恩来手里。看到这份计划，党中央马上制定了提前转移、实行长征的计划。10月16日，红军终于跳出了蒋介石的“铁桶”，开始了二万五千里长征。

转战毕节与“通共嫌疑”

1935年3月，莫雄正在司令部询问刘哑佛红军长征的情况，忽然接到蒋介石的一纸命令：“速飞贵阳。”莫雄到达后，蒋见到“老伙计”，顾不上寒暄，直截了当地告诉他，要莫雄带原班人马到川、滇、黔三省交界的贵州毕节当督察专员和剿共保安司令。据报，那里聚集着七八千“共匪”伤病员，莫雄的任务是剿灭这些“残匪”。蒋配给他中央军第六十三师，师长陈光中归莫指挥。

莫雄到了毕节上任。据探报，这里果然滞留着红军伤病员数千，如果让中央军来对付这些已经失去战斗力的红军战士，情况将十分严峻。莫雄与卢志英、刘哑佛看准了陈光中好色的弱点，把陈接到毕节后，马上给他“介绍”了两个相当漂亮的风尘女子，整日以茅台美酒招待，并告诉他剿灭“残匪”是手到擒来之事，已交待下面完成，完全不必担心。陈到任前便已听说莫雄与委员长交情很深，如今更是一万个放心地陶醉于美酒与美女之间。卢志英迅速通过地下党通知红军伤病员马上转移，又谎报军情，告诉蒋介石“业已肃清流窜之残匪”。此时的蒋介石正让红军主力部队折腾得晕头转向，他的“围追堵截”不断告败，闻报后没再核实毕节的事情。

1935年12月，陈光中师调离毕节。1936年2月，贺龙、肖克率三万红军要通过毕节。贺龙给莫雄写了一封信，信上说：莫雄先生，你是我们的革命老前辈，现在我们组织反蒋民主联军，李济深先生已经加入。我们一致公推莫老先生为黔军总司令。落款签名的有贺龙、肖克、夏曦等共9人。莫雄问卢志英该怎么办？因为贺龙所委任的“黔军总司令”基本上是个空头司令，他手下只有一个团左右的地方民团武装，根本就不是可以掉转枪头反蒋的部队。卢说，你觉得难为情的话，不当就是了。莫雄让送信的红军代表告诉贺龙将军：你们三两天内就要走的，你们一走，我岂不成了无兵司令？要是你们不走，让我当个排长也可以。以后日子还很长，我还可以帮助你们的。就这样，莫雄打开毕节城门，让红军部队在毕节城休整了约半个月时间，他则撤到城外十多里地的山沟里。司令部及专署的地下党同志听从组织安排分头解散，卢志英带着部分同志参加了长征。

莫雄一枪不发放红军过境，红军在毕节城得到休整的事情很快就在贵州传开了，蒋介石获报后勃然大怒，又听闻在上海抓到一个莫雄的部下，证实是共产党，在他的身上有莫雄的信件，虽然只是一般的问候亲人的信件，但莫雄已有“通共嫌疑”。蒋介石发令马上将莫雄押到南京军法处。

于是，当时的《中央日报》便公布了“究办莫雄”的消息。贵州城内一片哗然，反动派大喊：莫雄死有余辜，不能一飞了之便宜了他！这就有了本文开头所说的“贵州评论”。莫雄命运堪虞！

躲过一场天大的危机

关押莫雄的囚室设有沙发椅、书桌、弹簧床，还有浴室，军法处也没有给他上镣铐，但如此特殊待遇反倒令莫雄揪心，因为看守告诉他，邓演达先生遇难前，住的就是监狱里最豪华的单间囚室。

中共地下党很快获悉莫雄并不是押往重庆而是关到了南京军法处，马上着手营救。卢志英接到命令随即脱离长征队伍赶到南京，把消息告诉莫雄家属，建议他们马上请杨永泰、张发奎等保住莫雄。莫雄家属立即赶到杨永泰家求情。杨永泰对莫夫人说，陈诚、张发奎他们早来过了，我告诉他们，莫雄犯的是“通共罪”，是委员长最忌恨的，他说过“对付共产党宁愿错杀也不能放过”。若我现在提出了，莫大哥只会更不好过。但他又告诉莫夫人，说我会关照他的，大哥怎么可能通共呢！

好在莫雄命大，在被关押了150天后，杨永泰趁着陈济棠闹两广独立反蒋之机，叫张发奎和陈诚以策反两广为借口向蒋介石要求保释莫雄。张、陈依计而行，果然奏效。出了监狱，莫雄被蒋召去“谈话”。一见莫雄，蒋就劈头盖脑地问道：“你身边为什么总是有共产党？！”莫雄愣了一下，因为杨永泰已跟他打过招呼，放他出来是让他去策反两广的，怎么委员长倒是要审问他呢？莫雄故作坦然地说没有这回事。蒋更严厉地问道：“怎么没有？你司令部那个黄什么的（指黄觋书）都承认是共产党了，他是谁介绍给你的？”莫雄镇定地分析：蒋肯定不知道内情，不然还用由他亲自来审问吗？于是答道：“他是我以前的同事，粤军陈炯明部的主任参谋，是他自己找上来的。”蒋介石终于缓下口气，说：“哼，你根本不知道共产党，他们是很厉害的。他们积极、能干、有朝气、有本事，但越是这样就越危险，不能用的，知道吗！”莫雄点头答道：“请委员长放心，以后我多留意就是了。”蒋训斥完了，便对莫雄说：“你现在跟陈诚参谋长到两广搞策反，要戴罪立功，听到没有！”随后委任莫雄为中央军事委员会特派员。

一场天大的危机就这样让莫雄避过了。

拨开泥尘，金子总要发亮

1949年10月，广州市解放。叶剑英去信香港，把躲避国民党特务追杀的莫雄从香港请了回来参加工作。他向这位当年的粤军同袍转达了毛泽东的指示。毛在叶剑英南下之前曾嘱咐他到广东后要找到莫雄，说莫雄是我们党的老同志、老朋友，无论他过去犯过什么罪，都要安排他工作。

就这样，莫雄先是被安排到北江治安委员会协助解放军剿匪，然后回到广州，被安排到广东省人民政府参事室工作。在填写个人履历时，他照实将1934年至1935年那段不为人知的“革命”历史填上。对这段历史，人事部门不置可否。1951年英德土改时，当地农民不知道莫雄的历史，在土改工作组的支持下，上书省委，要求把莫雄押解回乡进行批斗，然后执行枪决，华南分局办公厅也表示同意。眼看莫雄命悬一线，时任中共广东省委统战部部长、政法委主任的古大存闻讯后直接找到陶铸，他以抗战期间莫雄已被中共长江局定为广东的统战对象，莫雄曾向他陈述过参加反“第五次围剿”的情况为理由，为莫雄申辩。他说，虽然这段历史尚需求证，但我们不能就这样将莫雄交给地方处理。古老费尽口舌，却不见陶铸有什么反应，于是扔下一句：“我们共产党不能过桥抽板！”古老心急火燎地回到办公室给叶剑英去电。叶剑英听罢大惊，马上电令陶铸“刀下留人”，这才把莫雄保了下来。

直到1956年，莫雄在《南方日报》上发表了《关于纠正某些公安人员违反宪法的行为》的文章，被远在辽宁的时任辽宁省监察厅副厅长的项与年看到，他马上打电话问广东的陶铸，你们报纸上的这个莫雄是不是以前粤军的莫雄？获肯定答复后，项欢喜若狂，马上给自己的老上司李克农报告，说当年给我们送情报的莫雄还活着！李克农大喜，吩咐项与年立即到广州把莫雄接到北京。项赶往广州，与莫拥抱良久，还在莫雄家搭铺过夜。最关键的是，项亲自领莫雄找到陶铸，当面证实了莫雄在江西的那段历史。随后，莫雄被连升三级，当上了省府参事室副主任。

但莫雄与中共特科紧密合作反“第五次围剿”的历史一直没有作为正史公开，有些地方还把莫雄当作反面人物，这反映在纪念红军长征70周年的电视剧《雄关漫道》里，把贵州毕节的“莫专员”描写成反动派，还细细描写他阴谋策划刺杀贺龙的过程。某电视台为纪念建党90周年播出的“红色国都瑞金”节目中这样叙述：“蒋介石没有想到，与会的国民党要员中，有一位名叫莫雄的老同盟会会员，他把这份计划（第五次“围剿”军事计划）交给了部下项与年，而项与年是中共地下党同志，他把这份情报通过千难万险送到周恩来手中。”不知道这段历史的人，会认为莫雄根本不知道项与年是中共地下党，是一个“失误”造成了情报泄露。

直到党的九十华诞前后，事情有了变化。全国政协主办的《人民政协报》2011年5月5日发表了由莫栋梁（莫雄之子）、项小米（项与年之孙）联合署名的文章《蒋介石“铁桶围剿”计划外泄始末》。在全国性机关报发表这样的文章，其意义是不言而喻的。

然而，我们做党史宣传工作的同志也太疏忽或者说是太不负责任了。更有甚者，也是上述这个电视台，在某栏目播出的“雨花台”节目中，为了树立卢志英的高大形象，说莫雄是经过卢志英同志多番劝说，晓以大义，才缓缓交出“第五次围剿计划”的。看到这里，莫雄的后人十分气愤，直接指出这些党史宣传工作人员不但亵渎了莫雄这位爱国民主人士与共产党风雨同舟的一片赤诚，而且客观上置中共于忘恩负义之地。更要命的是这个电视台是向全世界播出的，莫雄在海外的遗属已经表示要通过驻当地的中国使领馆或新华社提出严正抗议。

尘封的历史一旦揭开，竟然有这么大的尘埃，呜呼！

（作者系广东电台退休干部，莫雄之子）

原载于《同舟共进》2011年第12期

红色特工张克侠

陆 昇

解放战争三大战役，是国共两党两军命运的大决战。在淮海战役中，解放军为何能以60万雄师吞掉国民党80万兵马？潜伏在国民党中枢机关的红色卧底，发挥了至关重要的作用。其中一位就是在国民党军队长期担任要职，并被蒋介石赐予佩剑的西北军名将张克侠。他是周恩来直接领导的秘密红色特工，遵照党的指示长期潜伏、孤身作战，在淮海决战打响之际，与何基沣将军率部起义，为解放战争的胜利作出了特殊贡献。

冯玉祥身边的共产党员

1900年10月，张克侠出生于河北省献县，原名张树棠。1916年考入北京清河陆军军官预备学校，从此开始了戎马生涯。

在张克侠上军校的时候，由于母亲双目失明，无人照料，经家庭包办，与通州农家姑娘李德璞结婚。李早年在北京护士学校读书、工作，并供二姐李德全读书。1924年，因前妻去世，冯玉祥将军与李德全喜结连理，张克侠和冯玉祥成为连襟。这为张克侠以后在西北军长期隐蔽创造了很有利的条件。（张克侠《在西北军中从事党的地下工作的经历》，《北京文史资料选编》第9辑，北京出版社1981年版）

1921年，张克侠考入北洋政府创办的保定军官学校，1923年以军事、操行全优毕业，去了冯玉祥部队（同去的有同学董振堂、边章五、何基沣等），在宋哲元的第二十五旅任见习军官。半年后，因为得了肺结核病，不断吐血，他不得不离开军队回家疗养。

1924年秋天，经护士出身的李德璞精心料理，张克侠才从鬼门关重回人间。他大病初愈，面临命运的艰难抉择：一是和他刚刚结为连襟的冯玉祥将军再三劝他返回冯部，并许以要职。二是孙中山先生确定了联俄、联共、扶助农工三大政策，在广州成立了大本营，并向全国征聘军事人才。张克侠决定只身南下广州。为了防止遭到迫害，他把原名张树棠改为张克侠。通过北洋军阀的军警层层盘查，由上海乘船抵达大革命的策源地广州，经李明灏介绍，见到军政部部长程潜，被任命为大本营军政部少校科员，后兼任陆军讲武学校（后改为黄埔分校）教官及队长。

冯玉祥从苏联回国时，李德全还留在苏联，她从莫斯科寄来一封信给张克侠，热情称赞苏联的革命和建设，劝他去莫斯科中山大学学习。1927年春，张辗转到达莫斯科，进入中山大学学习。这期间，他与共产党员左权、张存实（振亚）、李翔梧（相武）等关系密切。他甚至多次提出参加中国共产党的申请。恰在这时，蒋介石叛变革命的消息传到了莫斯科，斯大林一气之下断绝了与国民党的关系。像张克侠这样的国民党中级军官，自然被党组织拒之门外。

1928年暑假，苏联党决定把国民党的学生以及非共产党学生分批送回中国。张克侠回国之前，党组织派人认真地和他谈了话，指出：他的入党问题在莫斯科暂时解决不了，回国后仍可申请，并郑重地告诉他：和他一同回国的张存实，会向党组织汇报情况，希望他回国后继续争取。张存实原是冯玉祥派驻外蒙的代表，1926年在东方劳动大学秘密入党，回国后被分配到设在上海的中央军事部工作，直接在周恩来领导下从事地下斗争。张克侠回国后，一度任第二集团军总部参谋，旋即调任张自忠的二十五师任少将参谋长。1929年5月，在冯、阎反蒋的中原大战之初，张克侠突然接到张存实的一封信，约他到上海会面。

7月间，张克侠抵达上海滩，见到了接头人董健吾牧师，并于两天后见到了张存实。张存实和李翔梧(时任中央军委副秘书长)成为张克侠的入党介绍人，周恩来直接领导他。张克侠后来回忆：过了一段时间，组织正式通知我说："中央已批准你为共产党员，是特别党员。你不要与地方党组织发生关系，不可暴露身份……""西北军与我党曾多次良好地合作，并和蒋介石嫡系有深刻矛盾。五原誓师后，刘伯坚、刘志丹、宣侠父、安子文曾在那里担任过政治领导工作。这是一支可以团结改造的部队。你的任务是：一方面提高部队的军事素质，一方面积极培植革命的思想……”

1931年“九一八”事变后，张克侠考入南京陆军大学第10期。当时，民族危机空前严重，一些具有爱国之心的国民党将领激于义愤，反对蒋介石的不抵抗主义，迫切要求抗日。1933年5月，张克侠从李连山来信中得悉冯玉祥与共产党合作，组织察哈尔民众抗日同盟军，便利用陆大放暑假的机会赶赴张家口，积极支持冯的爱国抗日行动。

此后，张克侠又加入国民党军张自忠部，为抗日战争作出了贡献。

密会陈毅，策反郝鹏举

1945年8月抗日战争胜利后，蒋介石命令第三十三集团军由湖北速开到信阳接受当地日军投降事宜。在路上，张克侠看到了生机勃勃的新四军部队向东开去，便和同行的何基沣、尹心田、刘鸿书等人交谈，他表示，国共即将冲突，唯有与共产党合作，与国民党决裂，才是正大光明的道路。他认为，要实行这一打算，首先要联系上新四军，以便密切合作，不发生矛盾。他委托何基沣派人与新四军取得联系。

其实，何基沣与张克侠一样，都是中共特别党员。但按照党的秘密工作原则和纪律，他们不发生横的联系，彼此都不知道对方的党员身份。然而他们是老同学、老同事，可说是“心有灵犀一点通”，又深知对方的人品，所以能敞开心扉交谈对时局的看法。

到信阳不久，蒋介石命令第三十三集团军开往徐州集结。待赶到徐州，岂料日军受降工作已由中央嫡系第十九集团军办理完毕。“竹篮打水一场空”，这时大家才如梦初醒，知道受了蒋介石的骗——蒋是让他们赶到华东来打内战。不久，蒋介石将第三十三集团军改为第三绥靖区，司令官冯治安，张克侠任副司令。蒋介石发布动员密令：一是将军队重新编组，二是作出了进攻解放区的部署。并将原来的汪伪军郝鹏举部划归第三绥靖区指挥。张克侠认为蒋介石这个密件很重要，于是让参谋抄了一份，准备送给陈毅。同时，张也看到蒋介石要把已改编和未改编的伪军全部解散的密令，并听说蒋介石反感郝鹏举（国民党新编第六路军中将总司令）。

郝鹏举原在西北军，曾任冯玉祥的传令员，被送到苏联炮兵学校学习过，张克侠过去就与他认识。张任副司令官后，时常借视察防务和部队为由到他那里交谈。郝对蒋介石嫡系人员对他的敲诈勒索很不满意。张克侠有意把他的队伍安排在台儿庄，让他孤立在一翼，意图利用他和蒋的矛盾，使他在解放军的影响下走向起义。

第三绥靖区司令部迁到贾汪后，一天，陈毅给张克侠写了一封信，并着重交代参谋长宋时轮和七师政委曾希圣物色可靠的送信人，务必要将此信送到张克侠手中，绝不能让第三者转交。最后选定了敌工干部柏寒，不仅因为他手里握有国民党新编第六路军的“谍报证”，还因为他富有敌军工作经验，曾四次秘密进入敌伪军盘踞的徐州，多次完成送信任务。

张克侠提供的重要情况，很快汇报到陈毅这里。陈毅在接到柏寒的报告后，立即派津浦前线野战军参谋长宋时轮和鲁南区党委城工部部长王少庸去与张克侠会面，以便听取他的意见。双方密谈了六七个小时。在这次谈话中，张克侠和何基沣向宋时轮提出：应利用第三十三集团军总司令冯治安希望保存实力、不愿打内战的心理，由他们劝说按兵不动，与国民党淮海绥靖公署长官、第六路军总司令郝鹏举一起滞留于现有阵地，叫国民党第十九集团军（总司令陈大庆）单独北进，以便让解放军集中优势兵力，消灭陈大庆部。然后，力争冯治安、郝鹏举部向徐州退却，解放军则正好可以乘胜追击，形成对徐州的包围。

根据中央关于争取西北军的多次电报指示，以及各方面汇报来的情况，陈毅经过深思熟虑，设计了一个大胆的军事政治斗争方案：除全力争取郝鹏举起义外，尽最大努力争取冯治安起义，歼灭临城之九十七军，截断津浦线，包围并相机夺取徐州、海州。

为了争取冯治安起义，陈毅指派冯文华(冯玉祥的侄孙，很早参加革命工作)秘密去贾汪会见五十九军军长刘振三。此后，张克侠到台儿庄与郝鹏举作了一次开诚布公的长谈。张把蒋介石要将伪军解散的命令透露给他，又说蒋介石正试图将他置之死地，叫他早作打算。郝说："蒋介石不把我当人看，只好另找出路。"张当即指出："出路是有的，那就是起义投奔共产党，弃旧图新，这是唯一光明的出路。"郝小声说："解放军已派人来联系过了。"又吞吞吐吐地说："陈毅司令员要会晤我，时间就在今晚，这事情拿不定该如何办才好。"张立即指出：这是决定一生前途的关键时刻，一定要当机立断，决不可再迟疑。为了坚定他的决心，同时也为了趁此良机给解放军送去重要文件，张当即表示："今晚一定去！我可以陪同一起去。"郝同意了。

当天晚上，在国共两军控制线的中间地带——山东峄县的高皇庙，陈毅和张克侠见了面。对这次会见，张克侠回忆道："这是1945年冬季的一个阴历月底，天色墨黑，郝鹏举和我带着他的几十名骑兵，以查哨为名，一同乘马越出了警戒线……我的马陷入沟内跌了一跤。这时，有人接应我们进入北面的房子里休息，屋内只有几个小凳，我在靠西头的墙角坐下，郝紧挨我坐。不一会，陈毅同志和七八位参谋人员走进屋里。我们虽是初次见面，但感到十分亲切。陈毅同志精力充沛，热情洋溢。屋内放着一个炭火盆，我们仍感很冷。但是，陈毅同志敞开衣领口，不时地擦汗，显然是匆忙赶来的。陈毅同志讲了当前形势和新四军的政策，欢迎蒋军官兵到解放区来，并指出，到解放区后一切由解放区供给。愿留者，则安之；不愿留，仍可回去。我也在一旁劝郝说，停战令即下，蒋介石就要收拾异己了，你不起义，蒋也要遣散你。还犹豫什么？只有这一条路了，希望郝即刻表明态度。陈毅同志频频点头称是。郝仍彷徨不定，态度模棱。"

张克侠还回忆说："这时，参谋人员纷纷向我探听蒋介石徐州部队番号及指挥官的姓名，我便从口袋中取出蒋的命令抄件念给他们听。他们说来不及记录，要求我把文件借给他们看看。我说：'这就是带给你们的。'郝鹏举在旁边看见忙说：'这可是无价之宝啊！'"（张克侠《从抗战胜利后个别策反到淮海前线率部起义》，载《国民党军起义投诚·沪苏皖浙赣闽地区》，解放军出版社1994年版）

1946年1月9日夜里，在解放军强大的军事压力和政治争取下，郝鹏举乘机率部一万余人在台儿庄起义，改编为华中民主联军。这次起义

对蒋介石是一个沉重的打击。（但郝生性多变，此后又企图重回国民党，被新四军擒毙——作者注）

郝鹏举起义后，第三绥靖区司令官冯治安怕张克侠在军中生事，就叫张去临颍整顿刚来后方的各单位。住了一个多月，冯治安来电要张克侠返回前方。原来，军、师长们看见张久不回来，联名找冯治安，一定要请他回来。冯迫于无奈，才不得不给张致电。但是，冯对张仍有戒心，不让他住贾汪，要他住在徐州都天庙营房，照管徐州留守的司令部各机关。

国民党徐州城防图落入解放军之手

张克侠重返徐州后，为便于联络，中共中央决定将张的关系转给华东野战军党委。华东军区联络部部长刘贯一根据党的指示和张克侠的请求，派出了交通员互通情报。按照周恩来的嘱托，张克侠也积极展开活动。他先后找过五十九军军长刘振三、副军长孟绍濂等人谈话，向他们分析形势。事后，刘振三告诉副军长李九思：“如徐州有大的战争时，五十九军的一切行动应当听张副司令指挥。”

徐州是交通枢纽，许多部队及后勤机关均在徐州停驻。每当解放军进攻到徐州附近，徐州市内就一片慌乱。1947年10月，徐州“剿总”为了安定军心民心，维持秩序，决定成立徐州地区守备指挥部。“剿总”参谋长郭汝瑰与张克侠是陆大同学，特推荐张担任徐州守备指挥官一职。张克侠考虑担任这个职务，便于掌握徐州军队行动及工事情况，又可自由出入“剿总”，到参谋处查阅军事情报和军事图表，随时了解军情的变化，就同意兼任了这一职务。在此期间，张克侠经常派人将徐州敌军情况及工事图表送往华东野战军。

早在1946年秋，华东军区敌工部就开始重点做三绥区的工作，还秘密派了一些干部打入该部，建立了一些能出入敌区的秘密交通线和落脚点。随着形势的变化，华东局“国军”工作部副部长韩去非向鲁中南军区前线办事处敌工科副科长孙秉超当面交代任务，保持与何基沣、张克侠的联系。联系上之后，张克侠交给孙秉超一份《徐州城防部署图》，说："这份图很重要，共制了3份，这是其中一份，很宝贵，你务必及早送回去，面交陈毅或粟裕司令员。"这份图分好多张，内容有徐州城防部队的部署、番号、兵种、兵器、兵员数量等，还有炮兵群的设置，标明了炮的种类、数量，还用红颜色标明了火网封锁的方向和地段工事配置的情况，还有各种碉堡和地堡群的结构、数量、每个地堡的位置，用红线箭头标明了射击和封锁的方向，以及一些城防指挥机构的位置，等等。徐州是国民党"剿总"的所在地，是"首都"南京的北大门，可是它的城防要图却完完整整地落入了解放军之手！张克侠兼任徐州城防司令期间，徐州市长滕杰是军统特务。一天，他对张克侠夸口说，徐州市完全被他用特务控制了，"共产党在徐州根本无立足之地"，"有个共产党在徐州，多年也不敢活动"，还说："有个共产党刚到徐州，就被逮捕了"。他说得口吐白沫，洋洋自得，但万万没有料到，眼前他自己就在一个共产党员的指挥之下，整个徐州正处在共产党员的控制中。

机智脱身，成功起义

1948年秋，粟裕提出了淮海战役的设想，得到了毛泽东的批准。10月11日，毛亲自制定的作战方针指出：淮海战役"第一阶段的重心，是集中兵力歼灭黄伯韬兵团，完成中间突破"。（中共中央文献研究室编《毛泽东年谱（1893—1949）》下卷，中央文献出版社1993年版）

在淮海大战即将发起之际，华东军区又特地派出杨斯德（以陈毅司令员代表的身份）潜入三绥区，协助张克侠开展起义准备工作。

正当张克侠积极活动，准备在前线策动起义的关键时刻，国防部参谋总长顾祝同来到了徐州。他深入即将展开决战的徐州前线，是来传达蒋介石旨意的。蒋对这次徐州决战相当重视，前不久在南京召开的军事会议上曾放言："徐蚌为首都门户，党国存亡，在此一举。是否能免于崩溃，就看今后这三个月了。"顾祝同抵达徐州"剿总"，即安排了授剑仪式。他威严地站在将台上，接过侍从校官递给的写有"中正剑"和"民国三十七年金秋"字样的两个描金匣子，将"中正剑"佩带在第三绥靖区副司令官张克侠、绥靖区副司令官兼第七十七军军长何基沣的腰间。顾祝同一手搭在张克侠身上，一手拉着何基沣的手，说："自古徐州乃兵家必争之地，二位将军是把守徐州北门的虎将，校长特派小弟前来赐剑，二位必能体察总裁用心。"

10月下旬，华东野战军各部开始向南移动，徐州外围形势日见紧张。这时，陈士榘参谋长向杨斯德发出指示：淮海战役将在11月8日发起，届时将由七纵、十纵、十三纵从三绥区正面渡运河南进，分隔徐州同黄伯韬兵团的联系。要求何、张部按计划在战役发起时起义，让开运河防线，并力争控制运河上的桥梁，以便确保我军顺利渡河。同时，还研究了联络方式，夜间识别标志、开进路线以及我方几个干部的位置，并决定起义部队联络口令为"杨斯德部队"，夜间反穿棉衣，手电明灭三次；起义后，分两路开向解放区。

11月6日，毛泽东为中央军委起草致粟裕、陈士榘、张震并陈毅、邓小平电：你们对冯自安部之抵抗者及游移不决者，应采取坚决歼灭手段，以便迅速夺取临城、韩庄、峰城、台儿庄、贾汪、柳泉地区，威胁徐州，对其决心起义者则采取超越前进方法，将其留在后面，陈、邓对刘汝明部亦是如此。

此时，张克侠的处境相当困难。冯治安因为张曾多次动员过他起义，也知道张在解放战争初期就动员过不少原西北军高级将领起义，所以对张存有戒心，一直令张住在徐州，不允许张接近部队。此外，不久前李德全通过解放区的电台号召西北军将士起义，加重了冯治安对张的戒备，对其监视更严了。面对这种困难局面，张克侠想，冯治安顽固不化，而起义的时机已经来到，自己必须设法脱身，尽快赶到贾汪，以保证起义的顺利和成功。这时，前方已有了战斗，张克侠便向冯治安提出去贾汪参加作战指挥，并通过何基沣及五十九军高级将领向冯提出同样要求，冯一概拒绝。张克侠严正地对冯说明："前方吃紧，我应该到位，不然，无法向总座交代。"冯不予理睬，并想了个主意，把各军长请到徐州，由张主持开会，讨论作战计划。

11月7日，三绥区高级将领会议在冯治安住处召开。参谋长陈继淹（大特务，解放后被镇压——作者注）参加了，冯治安有时也来听听。会议由张克侠主持，开了一整天。晚上，冯治安要宴请在徐州的国民党高级将领邱清泉等，走了，留下陈继淹及冯治安的亲信继续开会。这时贾汪来电话找张克侠。开始是何基沣，只说了句有人和你说话，接着便是杨斯德的声音，他催促张即刻到前方去。张克侠一面压紧耳机，一面告诉他们："现在还在开会，会后争取早去。"陈继淹已有了怀疑，张刚把耳机放下，他就急忙追问什么人来的电话？张敷衍说："是何基沣的电话，前方很紧张，要我早一点回去。"

11月8日凌晨4时左右，张克侠要来吉普车，带了一个随从，向贾汪出发。当时，徐州四周已戒严封锁，等候出入的车辆拥塞在路上。张的车直开到栅门口，哨兵见他身穿军服，又是高级将领，马上开门放行。

张克侠以为走得很机密，但不知陈继淹早已派人监视他。他一出发，陈便知道了。在冯治安楼下住的是冯的随从高级参谋尹心田。解放后，尹告诉张克侠说，8日早晨，陈继淹慌慌忙忙进来对他说："张副司令开小差了，你知道吗？"说完就匆匆上楼向冯治安报告去了。半小时后，冯全副武装走下楼来，叫尹准备汽车去"剿总"见刘峙。尹问冯做什么？冯说："去报告张克侠开小差的事。"尹早年参加过共产党，在莫斯科中山大学学习时与张克侠是同学，平时关系很好，有意成全张的行动，即说："事情还没有弄清楚就去报告，万一错了，刘峙一定会批评你过于慌张。"尹建议："最好先打电话到各处，问问张副司令是否在那里，请他回个电话。"这样，冯治安犹豫了，没有立即去报告，给张克侠的脱险赢得了时间。

为了稳住冯治安，张到贾汪后就打电话给他，说："前方吃紧，我到前方来了。解放军昨晚已开始攻击运河闸了，在这重大战争面前，我必须和我们部队同生死共患难。我希望你也来前方。"冯治安自然是不敢去前方的，于是送了个顺水人情，命张在前方负责指挥。这样，又为起义赢得了时间。

张克侠上午8时赶到贾汪总部。何基沣告诉说："昨夜孟绍濂副军长从徐州赶回来以后，立即在五十九军军部召集了一个军、师领导干部会议，杨斯德同志出席并宣布了起义计划，解除了一些人的疑虑。"当谈到有些反动分子可能破坏起义时，一八师崔振伦师长拔出手枪说："谁反对，以手枪对待。”最后，大家完全同意起义，决定8日中午出发，向台儿庄集结。总部通信官樊云门把无线电台及电话都已控制起来。此后，禁止任何人去徐州。

9日这天，解放军的大部队向台儿庄三绥区驻地开来，知道他们是起义部队后，便迅速向南开去。

就在起义当天，华东野战军第一、四纵队由台儿庄附近的万能闸渡过运河，国民党徐州“剿总”惊惶万状，立即令各兵团向徐州收缩，以图巩固徐州。据张克侠回忆：后来，有位同志告诉我，毛泽东主席非常关心这次起义，急切地盼望着起义成功的电报，8日下午就问军委负责情报工作的李涛同志起义的电报来了没有。9日上午又亲到机要室询问，并嘱咐电报一到就立即送给他。由于电台通讯路线故障，电报晚到了一天，9日下午4时，毛主席接到起义成功的电报，拿着电报，来到周恩来办公室，对他说，张克侠、何基沣率军起义成功了，淮海战役多了一分胜利的把握。当晚，毛主席和周副主席一起为庆祝三绥区贾汪起义成功，还高兴地喝了点酒。

朱、毛高度评价张、何起义的重要贡献

11月11日，毛泽东亲自起草中共中央军委致刘伯承、陈毅、邓小平、粟裕等将领的电报，指出：冯治安集团何基沣、张克侠部已起义，黄百韬兵团已被包围，李弥兵团已撤回徐州，蒙城孙元良兵团11日调回宿县，“在此种形势下，只要你们歼灭黄百韬、孙元良两兵团，占领宿县及徐蚌段铁路，徐州就处于被包围中，就可以准备第二步歼灭邱、李，夺取徐州。”（中共中央文献研究室编《毛泽东年谱（1893—1949）》下卷，中央文献出版社2002年版）

朱德曾高度评价这次起义，认为对战局影响很大，使敌人部署大乱。后来粟裕也说：“我南下部队如在贾汪耽误4个小时，黄百韬就可能退到徐州，那样战局就不一样了。”

张克侠、何基沣率部起义后，根据华东局的指示，起义部队被改编成两个军——五十九军和七十七军，张克侠任五十九军军长。1949年1

月10日，淮海战役结束，五十九军与华东野战军渤海纵队合编为中国人民解放军第三十三军，张克侠任军长，隶属第三野战军第九兵团建制。随后，张克侠率部参加渡江战役，在广德追击战中歼敌万余，尔后又参加解放上海战役，兼任淞沪警备区参谋长。

新中国成立后，张克侠先后任华东农林部部长、国家林业部副部长兼中国林业科学院院长。1955年，被授予“一级解放勋章”。后又当选为第四届全国人大代表、第五届全国政协常委。“文革”中他遭受严重的身心摧残，1970年下放广西干校劳动，次年经周恩来指示返回北京。他抱病为百余名旧属写证明材料。1984年7月7日病逝，享年84岁。

张克侠精彩、传奇的人生，后来被文艺家多次搬上舞台与银幕。

（作者系文史学者）

原载于《同舟共进》2012年第7期

潜伏："红色卧底"郭汝瑰

卢 荻

1907年，郭汝桂出生于四川省铜梁县家道中落的书香门第。谁又能料到，这个男孩后来竟成为潜伏在蒋介石身边的"最大共谍"。

投身黄埔军校，秘密加入共产党

1919年，郭汝桂随父亲郭郎溪前往成都，进入省城读书。1925年底高中结业，其堂兄川军师长郭汝栋建议他报考黄埔军校。1926年，郭汝桂考入黄埔军校第五期，并将"汝桂"改成了"汝瑰"。

郭汝瑰进入黄埔军校后被编入政治科第五学生队。随着北伐捷报频传，国民政府迁都武汉，郭也随军校一部前往武昌。当时正值第一次国共合作，黄埔军校的政治教官多为共产党员。恽代英、萧楚女、熊雄、吴玉章等共产党人先后在军校任职，是郭汝瑰的老师，郭深受影响。黄埔军校的政治"洗礼"使他系统了解了共产主义。他由崇拜孙中山的三民主义，转向了赞成共产主义。这时，郭汝瑰得知与自己同入黄埔军校的好友袁镜铭是共产党员，便要求袁介绍自己入党。因为是郭汝栋的堂弟，袁镜铭告诉郭汝瑰，这个身份需要经过一段时间的考验。

1927年4月12日，蒋介石在上海发动了"四一二"反革命政变，在南京拥兵自重，与武汉国民政府（仍与共产党合作）对立。一天，中共党员、黄埔军校实际主持校务的吴玉章悄悄把郭汝瑰和傅秉勋叫到校务办公室，通知他们提前毕业，立即返回四川。吴神情严肃地说："现在形势十分危急，蒋介石已经公开叛变，很可能进攻武汉，四川军阀杨森将会配合蒋介石进攻，你们尽快返回四川，想尽办法让郭汝栋阻止杨森出川攻打武汉。如果郭汝栋阻止无效，可让他待杨森出川后，伺机打其后方，使其崩溃。如果这也办不到，要郭汝栋无论如何不出一兵一卒帮助杨森。”（《郭汝瑰回忆录》，中共党史出版社2010年版）

这时，郭汝瑰的堂兄、傅秉勋的妻兄郭汝栋，已是川鄂边防司令部的副司令（杨森为司令），拥有两师一旅的兵力。郭汝瑰和傅秉勋肩负着吴玉章交代的使命，与同时毕业的中共党员任逖猷等5人，由武汉溯江而上，返回四川。来到郭汝栋的驻地涪陵后，他们转达了吴玉章的意见。郭汝栋表面上表示不会支持杨森，暗地里却派出特使去南京向蒋介石表示效忠。郭汝瑰对这一切毫不知情，他被安排在政治部任科员。他到处发表演讲，宣传孙中山的“联俄、容共、扶助农工”的三大政策，斥责蒋介石背叛革命的行为，并赢得了以后成为他妻子的女师学生方学兰的深爱，很快成为涪陵城里有名的红色人物。但不久，以汪精卫为首的武汉国民政府就与南京的蒋介石合流反共。郭汝瑰从此与吴玉章失去联系，只好继续留在郭汝栋部。

尽管大革命遭到失败，全国到处腥风血雨，但郭汝瑰对党的坚定信念不改，仍为入党努力。1928年5月8日，在重庆綦江县任驻军连长时，郭汝瑰由同学袁镜铭介绍，终于秘密加入中国共产党，实现了多年的夙愿。

1930年4月，中原大战爆发，蒋介石调二十军军长郭汝栋率部到湖北驻防，以稳定其后方。这年七八月，郭汝瑰所在的一团调往平汉路花园、广水一带护路。此时，袁镜铭已离开郭部，专任地下党平汉路方面的交通。一天夜晚，袁前来联系已升任郭汝栋部独立旅一团三营长的郭汝瑰，要他率所属部队，配合红军游击队举行兵暴。但由于通讯联络差错，敌我混淆，结果郭中弹负伤，被送医院。待出院才知道三营因损失太大，已被撤销建制，郭被调到黄州二十军部担任参谋。而入党介绍人袁镜铭也于1930年被国民党杀害。郭汝瑰再次中断与组织的联系。

蒋介石为加强对二十军的控制，命令郭汝栋设法将部队中的共产党员清除干净，并派亲蒋的陈孟熙等黄埔生前来主持政治部。郭汝瑰和傅秉勋虽然不承认自己是共产党员，但郭汝栋为了应付蒋介石，劝他们去日本士官学校读书。郭汝瑰以为去日本可学点对革命贡献更大的真本领，没想到要等15年之后，才与党组织再次产生联系。郭晚年回忆说："岂知这成了我政治生活中的一个转折点，此后走了十几年的弯路。"

不爱金钱，屡立战功，蒋视之为"军界精英"

1931年底，郭汝瑰与一批从日本士官学校退学的学生回到上海，他与三名学生被推选为代表，前往南京训练总监部，要求报考中国陆军大学，继续深造。几经周折，进入陆军大学第10期学习。

中国陆军大学是国民党培养高级指挥和参谋人员的高等学府，校址在南京，每期只招收几十名学员。郭汝瑰进校时，校长为杨杰。杨曾任国民党陆海空军总司令部总参谋长，思想比较开明。不久，蒋介石自任校长，杨杰改任教育长，校务实际仍由杨主持。郭继军校之后，又一次成为"天子门生"。蒋军后来戏称陆大毕业的黄埔生为"绿头巾赏穿黄马褂"，这种人官运亨通——只绿不黄、只黄不绿都略逊一筹。郭入学不久，即因成绩优异、见解独到受到杨杰的器重。他在陆大学习三年，以第一名的成绩毕业，被杨杰推荐进入陆军大学研究院第三期继续深造，还未毕业，就被推上教学第一线，担任战史学教官。

1936年12月西安事变发生，蒋介石被迫同意与中共合作抗日。郭汝瑰见报效祖国的时机已到，经陆大同学曾粤汉推荐，1937年5月到湖南常德陈诚所属的十八军第十四师任参谋长，不久就到蒋介石筹办的对日作战的"庐山军官集训团"将官队受训。

1937年7月7日卢沟桥事变，抗日战争全面爆发。郭汝瑰奉命随第十四师参加华北抗战。中途因日军进攻上海，又奉命回师参加淞沪会战。这时的蒋介石调集近百万主力部队，自任司令长官，在淞沪地区与入侵日军激战。第十四师两个旅奉命在南、北塘口一线作战，第四十二旅旅长曾粤汉畏敌，师长霍揆彰怕其误事要副师长代理，副师长也不愿干。师长于是让郭汝瑰代理四十二旅旅长。受命于危难之际的郭汝瑰率部在上海郊区与日军浴血奋战，在数十架敌机的狂轰滥炸下坚守阵地，每到下级有人喊"顶不住"时，他就冲出掩蔽部督战，并在危急关头给师长写信留下遗嘱，大意是："我八千健儿已经牺牲殆尽了，敌攻势未衰，前途难卜，若阵地存在，我当生还晋见钧座。如阵地失守，我也就战死在疆场，身膏野草，再无见面之期了。他日抗战胜利后，你身为世界名将，乘舰过吴淞口时，如有波涛如山，那就是我来见你了。我有两支钢笔，请给我两个弟弟一人一支，我那只手表就留给我妻子方学兰作纪念。"（《郭汝瑰回忆录》，中共党史出版社2010年版）遗书写得慷慨激昂，令人涕流。郭旅与日军反复冲杀七天七夜，阵地仍未丢失，到奉命撤退时，8000多人只剩下2000多人，而且多是一些伤号和炊事员。这一仗使郭汝瑰成了上海家喻户晓的人物。宋庆龄、何香凝组织的慰问团专程来到四十二旅，特别送给他一件毛衣。被一些同僚视为书生的郭汝瑰，从此成为闻名全军的战将。郭随军撤退到武汉不久，被任命为陈诚嫡系部队五十四军参谋长。

淞沪战役后，郭汝瑰备受陈诚赏识；武汉会战时，善于战役谋划的郭汝瑰更令陈诚刮目相看。起初，蒋介石和陈诚并没有接受淞沪战役特别是南京保卫战失败的教训，还是根据德国顾问的建议，在武汉三镇构筑环形工事，准备死守武汉。当陈诚召开作战会议，宣布已拟定好的作战方案时，郭汝瑰直言："我认为这个作战方案，实际上是步南京战役之后尘，如果我们沿武汉三镇构筑环形阵地，一点突破，必将全军崩溃……我全军将士就有下河吃水的危险。"他建议尽量利用幕阜山脉和大别山脉有利地形，在武汉外围与敌作战。到会人员对郭汝瑰的意见纷纷表示赞同，陈诚也点头称是，并指定郭汝瑰等重新部署武汉战役的作战计划。结果，武汉会战各军均因实施外围作战，未受重大损失。郭汝瑰也因此受到陈诚的特别青睐，提升他为第二十集团军的参谋长，并且由陈诚推荐、蒋介石批准成为暂编新五师师长。

新五师是由各地山寨武装、土匪武装新编的杂牌部队，众将官谁都不愿意前去训练和指挥，担心丧师失地而丢官舍命。郭汝瑰运用官兵民主的方法训练和指挥新五师，实行经济、军事、生活"三公开"，并身体力行，雨夜里常与士兵共同守卫在最前线的牛棚内，教授如何以五人为一战斗分队的方式，"巧攻"敌方中心阵地，大量消耗日军精力与火力，切断敌军供应线。他鼓励官兵像兄弟同胞那样同住同吃同杀敌，谁消灭一个鬼子，他就授予谁抗日英雄的大奖。1942年2月16日(正月初二)，郭汝瑰指挥国军杂牌新五师，出奇制胜，打败了日军王牌师，夺回长沙战役中最重要的阵地飘风山岭至汨罗江防线，俘虏一批日军和枪炮，创造了抗日保卫战中的经典战术，使日军1942年春节占领陪都重庆的狂梦成为噩梦。在会战中，郭汝瑰因指挥得当，以弱胜强，受到当局的嘉奖和青睐。驻陪都重庆的中外各国新闻界，也连续数周宣扬了郭汝瑰的奇迹。

1942年10月，郭汝瑰回重庆参加中、美、英、苏四国代表研讨如何对日作战的高级国际军事会议，受到四国代表的高度赞扬，后来英国还请郭代表重庆政府去英国讲授30天的破日军“神奇”战术课。郭离别新五师回重庆时，爱国人士慰问奖励他五千银元，他却未要一个，全部拿来奖励士兵。当时，郭汝瑰不爱金钱的“神奇”性格在国军上下越传越“神奇”。宋庆龄女士多次用英语向外宣传郭汝瑰是“无野心无私心”的将军。

不久，郭汝瑰又被陈诚调到培养“全能将校”的国际研究院任研究委员，并被蒋介石任命为“中央训练团”(蒋兼任团长)副大队长，成为蒋心目中的“军界精英”。

与董必武秘密会面，与蒋介石渐行渐远

郭汝瑰进入国民党上层，有与国民党军政要员直接接触的机会。他亲眼目睹国民党“各方面都已腐朽透顶”，认为它“行尸走肉，不足以担当救国救民之大任”，于是与蒋介石及其亲信陈诚渐行渐远，“千方百计希图与共产党恢复联系”。

1945年5月，郭汝瑰在军务署偶遇黄埔五期的同班同学任逖猷，他们曾是党内相熟的同志。郭汝瑰一见老友，忙将他拉上车，开到冷僻之地，表露了想找到党组织的迫切愿望。任逖猷说自己入狱后，已经和共产党断了联系，但临别时还是丢下了一句话：“就看廉儒是否与党有联系。”任廉儒是任逖猷的堂弟，郭以前在涪陵时经常与他见面。两三天后的晚上，郭汝瑰的寓所突然来了一位不速之客，正是当年涪陵相识的

任廉儒。郭对任叙述了自己的曲折经历，并言："我对共产党十分怀念，我请求组织恢复我的党籍。我愿意接受组织对我的考验。我很想去延安工作，为人民的解放事业尽自己的一点微薄之力。"任廉儒当时是中共中央南方局的地下工作者。他表示一定向党组织转达他的愿望，请他相信必当报国有门。

任廉儒几次来到郭家，对郭进行考察，逐步弄清了他的立场、观点，并从这里获得了一些国民党的重要军事情报，从此就不再避讳了。抗战胜利后的某一天，任廉儒对郭汝瑰说："你想到延安去的事，我对董老（董必武）说了。你愿不愿意会他？我会安排得很好的，可以保证你的安全。"郭表示无论冒多大的风险也去。次日，郭汝瑰得以与仰慕已久的董必武剪烛夜谈。

1946年3月17日傍晚，郭汝瑰又一次应约去任廉儒家与董必武、薛子正等人见面。在这次谈话中，郭汝瑰要求恢复自己的党籍，甚至请求到延安去。董必武未正面作出答复，而是问："国民党最近叫你干什么？"郭汝瑰如实相告："何应钦约我去美国任中国军事代表团员。但是，我不想去，我想去延安。"董必武说："你可以去美国，多多调查了解美国，并与我们保持联系！革命要看远些。"这次谈话后一两天，任廉儒前来告诉郭汝瑰："董老说，'你要求恢复党籍，原则上可以，但要经过一番考验。我们同志打入国民党机要岗位很不容易，你去延安作用不大，你留在这边可以为党作更多的工作，更有助于你组织问题的解决。希望你能为我党提供一些有价值的情报。'我们单线联系，我以天主教作掩护，不会惹人注意，可以保证你的安全。"郭表示："只要党容纳我，我可以把安危置之度外。"郭汝瑰的人生轨迹由此改变。

在与董必武秘密会见，成为中共高级情报工作人员之后，郭汝瑰就作为张治中的助手，参加了有美国五星上将马歇尔参与调停的国共谈判。1946年6月，蒋介石在完成战争准备之后，撕毁停战协定，悍然发动全面内战。蒋根据美国特使魏德迈的建议，将军事委员会改组为国防部，使陆、海、空三军一元化。掌握国防部实权的参谋总长陈诚，先是任命郭汝瑰为总长办公厅少将副厅长；不几天，又突然任郭为掌握军务的国防部第五厅中将厅长；不久陈诚因战绩不佳，又向蒋介石保荐郭为主管作战的国防部第三厅（即作战厅）中将厅长，并一度派赴徐州，任顾祝同为总司令的陆军总部参谋长，上演了一场“一年三迁”的闹剧。这样的人事安排实际就是蒋介石嫡系与杂牌，以及嫡系内部派系之间权力的重新洗牌，因此，一些反对陈诚的人乘机鼓噪，散发传单，攻击郭汝瑰是陈诚网罗的“十三太保”之一，官运亨通，红得发紫。

随着日本侵略军的节节溃败，蒋介石的反共气焰日益嚣张起来。国民党军令部每周都召开一次大战研究会议。这样的会议是极高级的军事会议，郭汝瑰很少有机会参加。但郭汝瑰深知目前是关键时期，一定要设法参加这样的会议，以便掌握第一手信息。考虑再三，郭汝瑰给陈诚打电话：“听说苏联要出兵东北，这是不是会壮大共产党的力量啊？”陈诚起初不明白，郭接着献计献策说：“这样一来，军政、军令两部的业务也需要进一步协调了。”陈诚明白了郭的意图后，回话说：“言之有理，要不这样，正好明天开大战研究会，你跟我的侍从参谋一起参加旁听吧。”

就这样，本来不该郭汝瑰参加的会议，郭却堂而皇之地进入了会场。会上的机密情报很快被送到与他单线联系的中共交通员任廉儒的手中。据郭汝瑰之子郭相操回忆：他(郭汝瑰)有8本日记，上面全部都是记的国军大事，开什么会呀，任廉儒来呀，他就在底下记着“廉儒来”三个字，起码是两三百次，那就是说任廉儒来一次就传达一次共产党的指令或者带走一次情报。（凤凰卫视《卧底将军郭汝瑰》）

从1945年5月与中共建立秘密联系始，此后4年，至1949年12月领导国民党第七十二军在四川宜宾起义为止，郭汝瑰冒着生命危险，通过来往于宁沪之间的任廉儒，累计向中共提供了100多次核心军事情报，为解放战争的胜利作出了一份特殊贡献。一次，任廉儒问郭汝瑰：“新六军战斗力很强，怎么办？”郭提供了重要情报：“新六军装备精良，但后勤供给只有五天。”1948年10月，国民党新六军被人民解放军东北野战军歼灭。

屡次提供绝密情报，差点被识破身份

郭汝瑰要求恢复党籍虽一时未能如愿，但从那时起就严格按照共产党员的标准要求自己，在国民党官场中，坚持廉洁自守。

1946年郭到南京任职，在四条巷租了一套普通民房。当时蒋经国住在三条巷，与他是近邻。一天，蒋经国与亲信贾亦斌去拜访郭汝瑰。据郭相操回忆：蒋经国在四条巷走了两个来回都找不到郭公馆。因为他想着总还要有一个比较好的房子嘛，一问都没有姓郭的。这时就有一个过路人指给他看，说那边有一个卖肉的肉铺，上面有一家好像是国防部里面的人。蒋经国就找到那个肉铺，一楼就是卖肉的案子，我们家就住在二楼。蒋经国上了楼以后，我父亲不在家，就是我母亲、我、我姐姐还有一个老妈子在吃饭。我母亲不认识蒋经国，见到国防部的人来了，上茶、请坐、寒暄两句，并没有特别的热情。蒋经国当时也很震动，因为底下是肉铺，但在我们家吃中饭没有肉，只有两道素菜。蒋经国就讲，如果党国的干部都像郭汝瑰这样，那党国就有救了。（凤凰卫视《卧底将军郭汝瑰》）

由于郭汝瑰人才难得，人品出众，越来越得到国民党中枢的赏识。他周旋于陈诚、何应钦、顾祝同、白崇禧四个军事要人之间，得心应手。1947年5月12日下午，时任国防部第三厅（作战厅）厅长郭汝瑰，接到蒋介石侍从室主任俞济时的电话，说当晚蒋介石邀请作战人员到他官邸出席晚宴，并研究山东方面的作战。20点30分，参谋总长陈诚、参谋次长刘斐、郭汝瑰与国防部主管情报的二厅厅长侯腾一同出席晚宴。

这时，山东军情紧急，陈毅率华东野战军神出鬼没，声东击西，弄得徐州方面手忙脚乱。郭汝瑰与侯腾分别汇报了战场态势和作战方案。郭、侯二人汇报完，陈诚发言谈兵力部署和作战方案。蒋介石当场决定了进攻方向和目标，以汤恩伯兵团攻营城、沂水，以欧震兵团攻南麻，王敬久兵团攻博山，“对共军实施合围”。郭汝瑰一一记下。

回到自己住所后，郭汝瑰把蒋介石的作战部署用极小的字抄写在一张纸上。刚写完，正巧任廉儒来访。郭汝瑰把作战部署交给任，还特别强调：在这一次的战斗序列中，有整编七十四师。这个师全都是美式装备，辖3个旅，共3.7万多人，战斗力强。师长张灵甫是抗日名将，骁勇善战。解放军要特别小心。

后来，孟良崮战役中，解放军因知己知彼，全歼国民党王牌部队七十四师，击毙张灵甫，使蒋介石重点进攻山东的图谋严重受挫。

1948年10月29日，淮海战役前夕，顾祝同邀何应钦、肖毅肃、刘斐与郭汝瑰在国防部召开作战会议，大家认为中原作战是为了保障江南的战略防御，提出“守江必守淮”的主张，决定集中优势兵力于徐州、蚌埠之间的津浦铁路两侧形成重点，寻机与共军决战，并责成郭汝瑰制订作战方案，送蒋介石审批。此方案尚未下达有关部队，就被郭汝瑰通过任廉儒报到解放军指挥机关了。

郭汝瑰频繁地为中共方面提供绝密情报，并助长蒋介石的瞎指挥，差点被个别明眼人识破。这个明眼人，就是徐州“剿总”副司令长官杜聿明。杜在东北和华东战场屡战屡败，看到国军几次重大错误决策都有顾祝同和郭汝瑰经手，开始怀疑总参作战部长兼第三厅厅长郭汝瑰是间谍，忍不住向蒋介石告状说：我自己就够廉洁了，可是“郭小鬼”更是清廉得不像话，“他一不好女色，二不贪财，甚至连家里的沙发都打上补丁！”蒋介石大怒：难道我堂堂国民政府的官员，都要到处捞银子才不是共产党，笑话！

1948年11月28日，蒋介石嫡系部队黄维兵团在双堆集地区被解放军包围，蒋介石召杜聿明到南京参加军事会议，当时杜决定放弃徐州，坚守蚌埠。杜已得到情报，说郭汝瑰是深入中枢的“共谍”，但一时苦无真凭实据，不敢向蒋报告。杜在会议上没有公开说，只是在会后向蒋介石个别呈请，并获批准。想不到移师途中，郭汝瑰又诱使蒋介石三变决心，改在徐州外围作战，先是要他率兵去解黄维兵团之围；旋又令“万勿再向永城前进，迂回避战”；不久又接到蒋介石的命令“就地停止待命”，增加了所属部队的混乱和蒋军在移动中被解放军分割围歼的机会。杜聿明后来在《淮海战役始末》一文回忆说：“这时，我心中忐忑不安，觉得上了蒋介石的当，并认为蒋介石、顾祝同是完全听信郭汝瑰这个小鬼（因他是军校五期毕业生，人又矮小，所以我称他小鬼）的摆布，才造成这种糟糕局面。我想质问郭汝瑰为什么不照原定计划将主力撤到蚌埠附近，正在犹豫不决之际，见顾祝同等人同意郭汝瑰报告的这一方案，觉得争亦无益，一个人孤掌难鸣，争吵起来，反而会失了蒋

介石的宠信。”（杜聿明《淮海战役始末》,《文史资料选辑》第21辑）

蒋介石也曾对郭汝瑰产生疑心。一次，蒋和王叔铭(时任国民党空军总司令部副总司令)研究空军如何帮助杜聿明突围，却不愿让身为作战厅厅长的郭汝瑰听见。好在这些怀疑都没有具体证据，郭汝瑰得以在国民党军队安身。

郭汝瑰后来回忆：杜聿明如何知道我与共产党有联系，至今仍是一个谜。1982年我与邓锡洸去拜会他时，我曾问过他：“你当年为什么硬说我与共产党有联系，是猜测吗，还是有根据？”他说：“山东来人谈的，有根据。”“是谁？”我问。“这是秘密，我不能告诉你。”杜回答。(《郭汝瑰回忆录》)

杜聿明在淮海战役中被解放军俘虏，1959年大赦后做了全国政协委员。一次杜聿明去探望病中的郭汝瑰，他抓住郭的手说：“我最后再问你一次，你当时是不是共产党？”郭断断续续地说：“光亭啊，我们是属于政见不同。”

国共两党的激烈谍战，由此可见一斑。

率军阵前起义，为解放大西南撕开缺口

辽沈、淮海、平津三大战役之后，蒋介石几百万精锐嫡系主力已丧失殆尽，蒋家王朝已处于风雨飘摇的绝境。郭汝瑰回忆说：凭我多年的经验，我知道蒋介石作战失败经常迁怒于人。近来我多少有点敏感，觉得有人中伤我，蒋介石已开始对我不信任。我是深深了解特务手段的残酷的。一想到万一情况败露，被严刑拷打，血肉横飞，求死不得的情景，确实有点不寒而栗。不如还是引咎辞职，早日离开受怀疑的境地为好。因此于1948年12月24日何应钦离职、徐永昌就任国防部长的机会，递上报告请辞第三厅厅长。但是顾祝同劝我打消辞意。他说：“你不过是承办业务的人，重大决策都是上级决定的，哪能由你负责呢？你不必引咎辞职！”(《郭汝瑰回忆录》)

1948年10月以后，郭曾一再请求任廉儒把其心愿转告党。任廉儒向上级请示后，来南京对郭说：“你到解放区没有什么大的作用。你与

其到解放区，不如想法争取到大西南去。党组织认为，解放军渡江及扫平江南不会遇坚强的抵抗。但是蒋介石最后必然妄图巩固西南，西南必有一场恶战，到那时，你能想法举行起义，瓦解敌军，影响作战进程，其作用和影响不是比到解放区去更大吗？”郭于是决心再冒险争取带部队到西南。

后郭汝瑰回到四川组建七十二军，同时，任廉儒也以重庆川盐银行高级职员的身份回到四川，与郭汝瑰接上关系。随着解放军进军西南，郭汝瑰也加快了起义的准备。他剪除了七十二军中的特务和反动分子，做好官兵的思想工作，按照与任廉儒商定的计划，于解放军入川之际，也就是1949年12月11日，以国民党二十二兵团司令兼七十二军军长的身份，在四川宜宾地区通电宣布率七十二军起义，破坏了国民党蒋介石固守大西南的计划，为解放大西南撕开了一个缺口，立了奇功。远在台湾的蒋介石气得大骂："娘希匹……没有想到郭汝瑰是最大的共谍。"台湾报纸也有"一谍卧底弄乾坤，两军胜负已先分"的说法。

宜宾起义后，郭汝瑰回到了党和人民的怀抱，踏上了新的征程。

几经坎坷，重新加入共产党

新中国成立之初，四川分为四个省级行政区，郭汝瑰被任命为川南行署交通厅长。1950年6月，郭向党组织提出了恢复党籍的请求，时任川南行署主任的李大章对他说：要进入"阶级队伍，谈何容易，你想恢复党籍，而你的介绍人和同小组的同志都不在人世，何从证明？因此，你只能重新争取入党。"于是，郭又争取重新入党。

1951年1月，中国人民解放军军事学院在南京成立，刘伯承为广罗人才，来电征询郭汝瑰是否愿意前去任教。郭欣然辞去川南交通厅长的职务，于1951年3月到南京军事学院报到。当时，到军事学院任教的有上百名原国民党军队起义、投诚的高级将领。郭被调到南京军事学院后，曾先后给董必武、任廉儒等人写信，董回信说："入党事应由基层吸收。"任廉儒虽然清楚地知道郭在解放战争中的功绩，但郭作为国民党中将，以前又曾是中共党员，若没有上级的态度，任也不可能解决郭汝瑰的入党问题，因此仍劝郭：“耐心经受考验，争取早日入党。”但是，入党一事始终无人出面解决。昔日早期中共党员、堂堂国民党军兵团司令兼军长，只好屈就军事教员之职，一晃就是18年。

在解放后的历次政治运动中，郭汝瑰也与许多党的干部一样，受到不同程度的冲击。1956年6月，在肃反运动中，南京军事学院一位投降留用军官教员程宗晋“坦白”自己是“国民党特务”某号，并胡乱编造假材料指郭汝瑰是国民党潜伏特务组长，致使郭汝瑰于8月8日遭到隔离审查。不久事情真相大白。时任军事学院副政委钟期光上将亲自向他赔礼道歉，并赞扬说：“在军事学院的肃反运动中，只有两个半人没有说假话，其中你是表现最好的一个。”

一次帮助整风座谈会上，郭汝瑰曾直言：“刘邦入关，约法三章；李世民尊贤纳谏。所以才能将政权巩固几百年。这就是一个是法制，一个是民主，我们要厉行民主法制，才能长治久安……”但这竟被说成“攻击党连古代帝王都不如”，又遭批判。军事学院曾准备将他划为右派分子，中央军委批示：“情节轻微，不作右派处理。”总算逃过一劫。

1966年，“文革”风暴席卷全国，郭汝瑰挨了一阵批斗之后，就被安排到军事学院所属的农场进行体力劳动。1970年，南京军事学院撤销建制，年过花甲的郭汝瑰被遣散安置到四川巴县政府所在地渔洞镇，直到十一届三中全会落实政策后，才移居重庆北碚。他多次提出恢复党籍或重新入党的要求，都被上推下卸，长期搁置下来。直到粉碎“四人帮”以后，郭汝瑰直接给中共中央组织部写信，申述自己的全部历史，表达多年的入党愿望。随后两次书面申请入党。1979年4月10日，在巴县武装部支部大会上，郭汝瑰终于成为中共党员。孜孜追求入党35年，直到年逾古稀，郭汝瑰才实现了自己的夙愿。

1997年10月，郭汝瑰在送爱女途中意外发生车祸逝世，享年90岁。这位经历曲折的军事家，既是国共两党合作和斗争的一个缩影，也是中国近现代政治史上的一个传奇。

（作者系文史学者）

原载于《同舟共进》2011年第8期

打入蒋介石侍从室的段氏兄弟

陆　昇

辽沈、淮海、平津三大战役之后，国民党遭到重创，金陵王气黯然收。蒋介石一面企图借长江天险与共产党划江而治，一面做退守台湾的准备。然而，他怎么也想不到的是，当解放军百万雄师即将过大江之际，“自家后院”竟然起火了。曾先后进入其御用机构——总统府侍从室的段伯宇、段仲宇兄弟，竟是长期潜伏在自己身边的中共地下党员，并且成功地策动蒋家“御林军”预干一总队和伞兵三团起义。这两支全副美式装备的特种部队可谓蒋氏嫡系中的嫡系。蒋得悉此事后，不禁猛拍桌子，咬牙切齿：“段氏兄弟断送了我的半壁江山！”

周恩来说：你要想办法打入蒋介石那里

段伯宇、段仲宇兄弟出身河北省蠡县的军旅世家。父亲段云峰早年追随孙中山，是同盟会会员，在保定姚村速成武备学堂时与蒋介石是同学。蒋介石学的是炮兵科，段云峰学的是步兵科。辛亥革命后，在“整军经武、救亡图存”的号召下，段云峰1914年考入陆军大学第四期，与李济深、徐永昌是同学，毕业后在保定军校任教，先后教过步兵科、炮兵科的战术，学生众多，桃李满天下。陈诚、白崇禧、张治中、顾祝同、周至柔等国民党军政大员，都毕业于保定军校，算得上是段云峰的门下。其后，段云峰在段祺瑞政府一度担任代理参谋次长，在军界的地位和声望十分显赫。段云峰因痛恨军阀混战，辞官返乡办培德中学，自任校长兼授国文、数学。

少年时期的段伯宇受父亲影响，思想激进。1930年，段伯宇从河北大学毕业，应同学刘静波之邀到太原一起开诊所。后经父亲段云峰的一个老朋友介绍，段伯宇到国民党32军干训团当了一名军医。

抗战爆发后，段伯宇于1938年只身奔赴延安，进入抗日军政大学第四期学习。毕业前夕，队长找他谈话，说明共产党与国民党有协定，抗大不能吸收国民党现职军人，以免引起对方“抗议”，要求他毕业后回到原部队。当时实行国共合作，他的身份比较特殊，适合在国民党军队里做工作。8月初，段伯宇回到国民党第32军。王兴纲听说段从延安回来，主动约谈。王兴纲的公开身份是国民党第32军商震的副官和私人秘书，实际是1928年入党的潜伏在该集团军的中共地下党负责人。不久后，王兴纲郑重地通知段伯宇，组织同意他入党。

32军调防江西不久，蒋介石借口日军进窥南昌，需加大防备，将32军“肢解”到不同战区。段伯宇不得已离开了32军，他奉命辗转来到八路军驻重庆办事处，受周恩来的秘书周怡（以前是中央特科人员）单线领导。周让段找个公开身份作掩护。通过父亲段云峰的关系，段伯宇到“战地党政委员会”做了中校视察员（该委员会由蒋介石担任主任委员，李济深担任第一副主任）。为了便于做统战工作，周恩来担任该委员会委员，并派了张友渔、高崇民、梅龚彬等一些中共党员去工作。

段伯宇向周怡汇报：李济深不大在公开场合讲话，但私下里说过：看来共产党是真心抗战的；而且他主张团结抗战，反对国民党搞摩擦。段的汇报引起了周恩来的关注。1939年某一天，周恩来亲自和他谈话。周首先询问了其父段云峰的情况，特别是他和蒋介石、李济深的关系。段伯宇简要汇报。周听完后，首先“量体裁衣”，给段伯宇的工作定了位：重庆这里也是第一线，你就留在重庆……你的社会关系不少呀！今后你要和他们多接触，主动和他们联系，做好国民党上层的统战工作，动员和推动他们共同抗日。还要通过他们去影响和推动蒋介石抗日。接着，周恩来教给段伯宇工作方法，教导他要学习三民主义，学习国民党的《一大宣言》。要他“长长见识，也好取得他们的信任。要用三民主义的语言来做国民党上层人士的工作”。

但不久之后，蒋介石害怕李济深反对他，将李“放逐”桂林。战地党政委员会也被撤销。段伯宇一筹莫展。正在为难之际，陆军大学特别班第七期公开招生了。段伯宇发奋努力，在1943年的复试中脱颖而出。他怀着毕业后打进国民党“心脏”去做地下工作的壮志雄心，走进了重庆山洞陆军大学的校门。

当时陆军大学流行同学会、同乡会、联谊会等活动，段伯宇利用这些活动结交了一批对国民党消极抗日不满的人，如贾亦斌、刘农畯、宋健人、宋光烈等。贾亦斌29岁时已是少将军衔，虽不是黄埔嫡系，但在抗日战争初期担任团长，率部积极作战。

蒋亲自挑选的侍从参谋，竟是共产党员

1946年初，段伯宇和二弟段仲宇促膝相谈，段仲宇问大哥毕业后的去向，伯宇表示想回河北老家开展工作。段仲宇则建议他到总统府侍从室工作，因为那是国民党最高军事机关，有很多优越的条件，可以用其所长，开展工作。段伯宇同意了弟弟的建议。

二弟段仲宇提出这样的建议，是因为他对侍从室非常了解——仲宇先后毕业于黄埔军校和陆军大学，经国民党元老钱大钧推荐进入侍从室。

侍从室是蒋介石政权最重要、最机密的核心机构，掌握军机、党政、人事大权，地位凌驾于国民党政府各部门之上，是影响中国的许多重大事件的策划之地。侍从室的人不仅可以影响蒋介石对人事的罢黜，甚至可以决定将何种情报上呈给蒋。每天，侍从室要将各院、部、委、局(如军统局、中统局)呈送给蒋介石的报告、文件等，提出拟办意见，直接呈蒋。蒋批阅后，由侍从室再将这些报告、文件转至各承办单位。侍从室送与不送，关系到一个单位的生死存亡，因此，国民党的党政机关和部队对侍从室奉若神明。蒋介石对侍从室人员的任用，控制得特别严格。尤其是参谋、秘书、机要、警卫等人员，都要亲自看审查表，并一一亲自会见，进行当面考核。

段仲宇的推荐人钱大钧，一直忠心耿耿地追随蒋介石，被称为蒋麾下的“八大金刚”之一。而钱大钧又非常赏识段仲宇的才干。不久，段

仲宇调任联合国安全理事会军事参谋团中国代表团，侍卫长俞济时询问他，谁适合替补他离任后的空缺。段仲宇利用这一机会推荐说：“我大哥段伯宇适合这一工作，他是陆军大学特别班第七期学员，名列第七，是上校军衔，即将毕业……文字能力和组织才干都好，还懂外语。”当时俞济时正在陆军大学将官班学习，听段仲宇如此一说，非常满意，于是把段伯宇的情况上报给了蒋介石。

陆军大学特别班第七期在重庆举行毕业典礼时，蒋介石以校长名义检阅了每个学员。典礼结束后，蒋在后台召见了段伯宇，询问姓名、年龄、籍贯、学习情况，讲了一大堆勉励的话，强调要效忠党国，服从校长。最后蒋介石问他，你陆大毕业准备干什么？段伯宇说：报告校长，我写了一篇论文，我毕业以后要带兵，要打仗，我要和共产党较量较量。蒋介石听了很高兴，说：“你们父子三人都是陆大毕业，难得，难得！好，好！”（《潜伏国民党军中最大共谍因生活俭朴遭揭发》，《凤凰大视野》2010年1月29日；夏继诚《打入蒋介石侍从室》，中共党史出版社2010年版）

几天后，段伯宇被调到军事委员会委员长侍从室（后改为军务局）第四科，负责情报工作。但蒋介石怎么也没有想到，当年他亲自挑选的侍从参谋，竟是潜伏进来的共产党员。

中共在“国军”千里江防形成的秘密战线

1946年4月，段伯宇到侍从室第四科报到时，侍从室正处于向军务局过渡时期。

刚到军务局不久，段伯宇就接到一份国防部递上来的军事情报。这是有关将中共广东游击队东江纵队转移到华北地区的报告，其中还为东江纵队转移规定了具体路线，要他们经江西、浙江、江苏抵达山东解放区。他看完报告，心头一沉：长途迁移还要走规定路线，分明是一个阴谋，目的是在路途中截击消灭东江纵队。为了掩护该纵队，段伯宇在随后召开的专门研究东江纵队转移一事的军务局内部会议上，提出将他们水运北上。理由是既可避免他们沿途与群众接触，又可便于监视。他的主张得到军务局内稳健派的支持和局长俞济时的同意，报蒋介石批准通过。东江纵队2580多名官兵于当年6月30日由广东大亚湾乘船北上，7月5日安全到达烟台解放区。

1947年，段伯宇被擢升为少将，并接任第四科科长，参与蒋军的最高军事机密。这时，正值国共两党为和平建国谈判、政治协商会议召开不久。国民党内部相当一批有识之士真诚希望和平建国，不愿再打内战。段伯宇利用自己在军务局的有利条件，和部分陆大同学多方联系，酝酿如何反对蒋介石的内战政策。他与万建藩、贾亦斌、刘农畯、宋光烈、宋健人等一批陆大同学经常聚会，漫谈形势，各述见闻，为日后组织武装反蒋奠定了思想基础。

在这些同学中，段伯宇与贾亦斌和刘农畯走得最近。贾亦斌是当时公认的蒋经国的亲信，所谓“太子系”的重要人物。蒋经国曾三次在蒋介石面前保荐这个朋友。贾亦斌因为目睹国民党日渐贪污腐败，巧取豪夺，与早先理想背离，因而失去信心。只因蒋经国的抱负很大，贾一度对蒋经国还抱有希望。不意蒋经国1948年8月乘国民政府发行金圆券代替法币之际，雄心勃勃地在上海同时实施“打虎”行动，结果因宋美龄和蒋介石的干预而不了了之，此事激起贾的强烈逆反心理，最终对蒋经国和国民党都死了心，下决心倒向了共产党。（贾亦斌《半生风雨录——贾亦斌自述》，中国文史出版社1996年版）

1948年10月20日左右，贾亦斌开着吉普车接段伯宇到南京中山陵半山上密谈。贾亦斌说：“国民党根本没有希望了，准备逃之夭夭。你看我们怎么办？”段伯宇说：“要自己抓武装才有办法。光依靠杂牌部队，不行。”经过分析讨论，“自己掌握武装”成了他们的共识。于是他们当即拟订了一个自行组织武装的初步计划。此后不久，计划初见成效。贾亦斌利用蒋介石在长江以南组建30个新军的图谋，毛遂自荐表示愿意负责动员召集和组织训练他手上的青年军（共有7.6万多人），因此当上了预备干部局（简称“预干局”）代局长，并兼任预备干部训练第一总队总队长。与此同时，刘农畯调到伞兵三团任团长。这支部队是国民党军队之精粹，号称“国军之花”，是1944年从国民党远征军、青年军和中央军校精选组编，并由美军顾问团训练的一支现代化部队。

1948年9月，段仲宇被任命为上海港口副司令，负责宁沪杭海陆空三军的供给。司令部设在虹口四川北路底。有利的是，司令是汤恩伯的原财务处长兼任，他常驻舟山，事务都由仲宇代管。另外，段仲宇还兼沪宁、沪杭两路铁道军运官和上海市政委员。所以，段伯宇语重心长地对段仲宇说："我们的重点放到了上海，在你这里设个基点，也是联络中心。"

此后，段伯宇加强了对国民党阵营的分化工作。到1948年冬，段伯宇所掌握的部队有：贾亦斌领导的国防部预备干部训练第一总队，刘农畯领导的伞兵三团，王海峤领导的国防部工兵第4团，齐国楮领导的江苏保安第九旅，段仲宇领导的上海港口司令部及其所属辎重汽车团两个团，贾亦斌老部下周敬亭领导的驻守江苏扬中县的41师，贾亦斌老同学方懋锴领导的驻守上海大场镇的青年军209师、驻守浦镇的96军、驻守芜湖的106军，以及国民党装甲兵一个营，大约有六七万人之众。这些部队，西起芜湖，东至嘉兴、杭州，沿江千余里，形成了一条秘密战线。

1948年7月，中共中央上海局专门成立了策反工作委员会，张执一为书记，委员有王锡珍（即陈约珥）、李正文、田云樵。他们利用一切关系策反国民党人员，以减少解放上海的损失。1948年底，策反工作进入紧张阶段，段伯宇就以治疗肺结核病为由脱离了军务局，到上海集中全力搞军运工作，以便配合解放军渡江。

策划蒋家"太子军"嘉兴起义

据李正文的儿子回忆：1949年2月间，上海党组织恢复了段伯宇长期失掉的组织关系，又批准贾亦斌、段仲宇、刘农畯、宋健人等人的入党要求。对于这些新党员和联络员，都按地下党的特别组织原则，由李正文单线联系和领导。对他们的联合起义计划，"策委会"和上海局领导经过仔细分析和反复研究后认为，条件不足不能实行。因为即使加上我党所掌握的其他所有准备起义的部队一起联合起义，也会因为敌我力量悬殊难以成功，只有各自利用有利时机单独起义、分别行动比较合适。（李海丘、李海鹰《疾风劲草，青史英豪——我的父亲李正文》,《中华魂网》）上海地下党提出先组织贾亦斌部起义的方案，因为预干总队是蒋经国的嫡系部队，起义又选在宁沪杭中心地带，政治影响将是巨大的，即便不能在军事上给国民党以重创，也可使其新建30个军固守江南的计划受动摇，并与解放军渡江作战相呼应。

可是，贾亦斌已引起特务的注意。3月初，蒋经国打来电话，命贾亦斌随同国防部监察局局长彭位仁即刻去溪口见蒋介石。贾意识到溪口之邀无异于“鸿门宴”。去还是不去？贾亦斌赶到上海向李正文、段伯宇报告。李正文后来回忆：“贾亦斌当时估计，去了凶多吉少，重则拘留扣押，轻则撤职了事。但去，可以凭三寸不烂之舌，争取信任于万一，以便率部起义。不去，固然可以避免关押之险，但将完全失去为党率兵起义的机会。于是贾亦斌认为冒险去溪口还是值得的。”（李正文《我所知道的贾亦斌率领预干总队起义》，载《国民党军起义投诚·沪苏皖浙赣闽地区》，解放军出版社1994年版）

贾亦斌见到蒋介石后，为打消蒋的怀疑，爽快地服从南撤福建。蒋终于放贾亦斌回到上海。3月12日，贾在华懋饭店向李正文和段伯宇汇报溪口之行情况，并再商起义计划。不料，蒋介石还是对贾不放心，断然下令撤销了贾的各项实职，只保留了一个国防部少将部员的虚职，等于是撤职看管。

3月底，贾亦斌回到上海。4月2日，李正文和段伯宇正式向贾传达了中共上海地下党的指示：发动预干总队起义，起义部队经莫干山向天目山挺进，与苏浙皖边区游击队联系，策应人民解放军渡江。起义日期定在4月15日，起义后部队易帜“苏浙皖边区民主联军”。（《贾亦斌：与蒋经国之间从挚交到分手》，载王凡、东平:《特别经历：十位历史见证人的亲历实录》，中共党史出版社2008年版）贾当即表示：绝不辜负共产党对他的信任，保证完成起义使命。

3日凌晨，贾亦斌秘密潜回嘉兴，他在秘密住所不断地同起义骨干碰面，开始了紧张的起义部署。遗憾的是，消息泄露了。5日，贾亦斌在南湖游艇上与李正文紧急交谈，要求提前起义。李鉴于形势紧迫，当机立断，代表策反委员会批准了贾的行动计划，并告诉贾，由于起义时间改变，不可能通知驻平望的江苏省保安第二旅同步起义，预干总队将在没有策应的情况下孤军奋战。

就在贾亦斌着手提前起义的同时，得知消息的黎天铎，也在筹划着如何逮捕贾亦斌，扑灭起义，向其上司邀功请赏。

4月6日临近黄昏，贾亦斌接到第一大队长李恺寅已经发现贾在嘉兴的急报，于是毅然决然作出当晚就准备行动的决定。

4月7日凌晨，贾亦斌率领预备干部训练团第一总队4000余人，在嘉兴举行震惊宁沪杭地区的武装起义。起义部队经莫干山向天目山解放区挺进。当日清早，蒋介石、蒋经国父子在奉化溪口，收到了贾亦斌率领“太子军”叛变的急电。听闻此讯，蒋经国痛心疾首，流涕向父亲检讨。蒋介石暴跳如雷，连连斥责儿子“无能”，“用人失策”；他指示国防部火速调兵遣将，对起义者围追堵截，并悬赏银元5万，购买贾亦斌的头颅。国民党当局随即调集了数个师及浙、苏、皖地区好几个县的保安队警察，甚至动用了守卫长江的精锐和空军，对起义部队层层包围，以图迅速扑灭这燃起在国民党心脏地带的起义之火。

起义军在敌人重重围追堵截下，且战且走，损失严重。贾亦斌率余部300多人于4月12日下午到妙西山良村，又遭到敌人的密集枪炮袭击。一夜血战，只剩80余人冲出了敌人的包围圈。贾亦斌决定化整为零，扮装成老百姓，分散突围，并散布了贾亦斌已战死的消息，以迷惑敌人。国民党当局出于宣传目的，在各报以大幅标题刊发“贾亦斌在良村被击毙”的消息。

后来，贾亦斌在农民的帮助下，历经辗转，终于在浙江、安徽交界处，找到了中共苏浙皖边区工委书记兼游击队政委钱敏。4月21日，人民解放军突破长江天堑，南京、芜湖等地先后解放。数日后，贾亦斌被送往刚获解放的南京家中养病。

几天后，中共华东局和三野的领导陈毅、曾山和中共中央上海局书记刘晓，在丹阳大旅社接见了贾亦斌。贾亦斌悲怆地说：“我没有将起义部队全部带到解放区......”“不，你已经胜利完成了起义任务，你的英勇爱国行动值得称赞！”陈毅没容贾亦斌说完，就截住他的话头。他随后留在了由陈毅统率的三野。

预干总队起义失利后，除了牺牲、失散逃脱者外，2200多名官兵被俘，国民党将其改编后驻扎厦门。后来，厦门部队中的原预干总队学员再度起义，大多数参加了解放军。

“国军之花”伞兵三团海上举义

国民党伞兵部队于1944年组建于昆明，下辖一、二、三团，隶属陆军总部。伞兵军官都是国民党中级和高级军事院校的毕业生，一律美式装备，是蒋家王朝的特种嫡系机械化部队。1949年初，伞兵第三团从南京调到上海，驻防远郊安亭、三林塘一带，担负沪宁线和沪杭线铁路警戒任务。

段伯宇与刘农畯建立关系后，刘表明愿意投奔共产党。段向刘传达了中共上海局的指示：利用南撤之机，在上海举行起义；然后调转船头北上，直驰苏北连云港解放区。刘欣然接受。

1949年3月，在解放军渡江战役前夕，为了谋求最后的逃路，蒋介石匆忙赶至上海，召见伞兵司令张绪滋少将和3个伞兵团的正副团长，决定将伞兵部队调往福建，然后去台湾。就在这次召见时，蒋特意单独对刘农畯交底：到台湾后，将三团编为自己的“御前卫队”，给予特殊待遇。上海策委会接到刘农畯送来的情报后，决定放弃原定的就地起义方案，让伞兵三团在调防途中起义。同时，为集中策反力量，中共上海局决定把策反伞兵三团的三股力量汇合在一起，归上海策委会统一领导。这样，这几路地下工作者终于接上了关系。

3月20日，国防部给伞兵司令部下达命令：“因战局吃紧，日后恐无法解决运输船只，三团需提前起程，与伞兵司令部军械处一道，和伞兵二团合并为一个梯队，于3月28日撤离上海。”面对突然改变的南撤计划，段仲宇想尽办法，以“三团一营还在北火车站担任警备，接防的汤恩伯部队还没下命令调来，一营不能撤”为借口，予以拖延。

不料，在这个节骨眼上，李正文等负责人被特务发现，不得不撤至苏北根据地。段伯宇也接到上级指示，必须立即撤往香港。策反委员会的工作改由张登主持，改派田云樵领导伞兵三团起义。田云樵和段仲宇在万国公墓按约定暗号接上了头。田指示，一定要按照已决定的方案行动，如果上海火线起义不成，就争取在调防途中起义，决不能把队伍撤到南方去。

4月13日晚8时许，登陆艇行驶到嵊泗列岛东北部，这里是南下北上的转折点。按预订的起义计划，舰艇应在此转向北上。关键时刻，航行指挥官李贵田以国防部命令伞兵第3团北上青岛待命为名，命令船长改航北上。刘农畯立即召开全团营以上军官会议，传达所谓国防部令伞兵第3团北上的电报，并宣布转航青岛的命令。

4月14日下午4时，登陆艇来到苏北射阳县的东北海面，即将向西拐入去连云港的航道。这一带已经是不受国民党控制的安全地带。指挥部决定召集连以上军官宣布起义。

刘农畯后来撰写的《伞兵三团海上举义记》，展现了这一惊心动魄的场面：刘见军官们到齐了，说道："今天我团以孤军增援青岛，无疑是以卵投石，不是当炮灰，便是当俘虏，总之是有去无回。"此言一出，全场愕然。"全团官兵，上有父母，下有儿女，兄弟们与我共事多年，不忍把大家往死里送。不少兄弟已组织起来，提出不去青岛打仗，起义投共，因事关重大，特地把各位请来商议"。

军官们听了，面面相觑，沉默不语。"共产党搞的鬼，老子和他拼了！"八连长一声嚎叫，猛地拔出一颗手榴弹，用手指扣住导火索，恶狠狠地说："谁是共产党，有种的站出来！"

"胡闹！"刘农畯一拍桌子，"甲板上堆满汽油弹药，船舱里都是家小，你想让大家都完蛋？把他带下去，给我禁闭起来！"早有准备的纠察队一拥而上，三下五除二将八连长制服，架了出去。这当头一棒，把满腹狐疑的副团长姜健等人镇住了。

"陈主任，听听你的高见。"刘农畯有意让也是地下党员的伞兵司令部军械处主任陈家懋带个好头。"欲进无路，欲退无门……"陈家懋沉吟着说，"如今只有起义这条路了。"

刘农畯看见营连长们纷纷表态愿意追随自己弃暗投明，便说："我宣布，伞兵三团从现在起脱离蒋帮，即刻起义。请各位立即向全团兄弟传达这一命令，不服从的，立即关押起来。"

当日深夜，军务局长俞济时匆忙送给蒋介石一份电报："新华社4月18日电，驻上海浦东的国民党伞兵三团全体官兵毅然起义，参加人民解放军，全体官兵向毛主席、朱总司令发了致敬电……"蒋介石看后立刻脸色苍白，头晕目眩。医生、副官、侍从闻声而至，乱作一团……

预干总队和伞兵三团被称为蒋介石和蒋经国的"太子军"、"御林军"。这两支队伍"从蒋家的心窝里反出来"，震撼了宁沪杭各方。它们的起义，对于瓦解国民党党心军心，配合解放军渡江，解放南京、上海，发挥了重要作用。

此后，其他部队也相继行动。段仲宇利用手中职权，以各种借口拖延发车、发船计划，使国民党大量部队无法正常调动，存放在上海的军粮、被服和武器弹药落入解放军手中。

段伯宇转移香港后，找到乔冠华，再转移到解放区。1949年10月1日，段伯宇和他的战友们登上了天安门观礼台，光荣地参加了新中国的开国大典。（1998年逝世——编者注）段仲宇解放后一直在军中任职，1982年以副军职离休。

（作者系文史学者）

原载于《同舟共进》2012年第4期

潜伏:“隐形将军”韩练成

卢 荻

韩练成将军是当代中国军界的一个异数，一生充满传奇色彩：他不是黄埔军校出身，蒋介石却“钦赐”他为黄埔军校三期毕业生，可以佩剑出入蒋氏侍从室。他为了追求信仰，从国民党走向共产党，曲折的入党经历与坚定不移的抉择，先后多次被搬上银幕。

与共产党失之交臂

韩练成1908年出生于宁夏同心县一个贫农家庭，8岁开始给人干活，12岁进私塾，一边念书，一边帮工。1925年，韩练成以“韩圭璋”之名考进宁夏西北陆军第七师（师长马鸿逵）军官教导队，随军北伐。

1926年，韩练成所在部队改编为国民联军（总司令冯玉祥）第四路军（军长马鸿逵）。韩练成当兵后，作战勇敢，先后升为排长、连长、营长。在北伐进军途中，韩结识了担任联军总政治部部长的共产党员刘伯坚和任第四集团军政治处处长的共产党员刘志丹。刘志丹觉得韩练成本质善良，就向他讲革命道理，要他做革命的人。不久韩练成加入共青团。（习仲勋、马文瑞《善做团结工作的模范——纪念刘志丹同志诞辰95周年》,《人民日报》1998年10月18日）在刘伯坚、刘志丹的引导下，韩练成接受了进步思想，并被确定为入党培养对象。但由于他的联系人吴某因病未随军东进，故未能办理入党手续。1927年4月，蒋介石叛变革命后，刘志丹被联军总司令冯玉祥“礼送出境”，回到陕北组织革命武装。韩练成因此失去与共产党组织的联系，随冯玉祥部转战河南、山东等地，由于才干出众，屡立战功，韩很快被提升为五十九团团长，旋改任骑兵团团长，受东路军前敌总指挥白崇禧指挥。白将本部一团骑兵和韩部合编为骑兵集团，以韩为司令，后改为骑兵旅，韩为旅长。

1929年，军阀混战，民不聊生。曾经称兄道弟的蒋介石、冯玉祥反目成仇，兵戎相见。精于权术的蒋介石派人以重金收买了西北军阀马鸿逵。马投蒋倒冯，被改编为讨逆军十五路军，马任总指挥，驻守徐州。

1930年，中原大战爆发，蒋、冯主力鏖战豫东。其间，冯玉祥得悉蒋介石在归德（今商丘）车站的“列车行营”坐镇指挥。事不宜迟，擒贼先擒王，冯玉祥派出得力部队，果断地包围了“列车行营”。马鸿逵接到情报，深知此次救驾非同小可，万一闪失，蒋委员长性命难保，自己也将命丧黄泉。他想来想去，认为只有智勇双全的韩练成才能担此重任。

韩练成时任马部六十四师团长，守备归德。他接到任务后，不惜一切代价，带队连夜杀进冯玉祥设置的包围圈。天亮时分，终于将蒋介石从重围中解救出来。

自北伐以来，这是蒋介石第二次遇险。危难过去，韩练成登上列车，以下级的身份郑重向蒋报告战斗经过。大难不死的蒋介石连连称赞，询问他是黄埔军校第几期的学生——在蒋看来，这样临危不惧英勇善战的将领，一定是黄埔军校生。

问话令韩练成一时摸不着头脑，当他反应过来，如实报告自己并非黄埔军校毕业，并简单地介绍了自己的出身和经历。蒋介石听了微笑着点了点头。据蒋身边的人说，蒋介石对下属一向不苟言笑，如果对人笑了，证明对这人十分欣赏或者将有重用。

果然，蒋介石亲下手谕：“六十四师团长韩圭璋，见危授命，忠勇可嘉，特许军校三期毕业生，列入（黄埔）学籍，内部通令知晓。”这项特殊命令使韩练成立即成为国民党军队中令人瞩目的人物。

在国民党的要人们看来，韩练成被蒋介石“赏穿黄马褂”，从此前途无可限量。然而，获此殊荣的韩练成，并不怎么看重蒋介石的这一命令。他向往的革命，是中国共产党领导的为人民翻身求解放的革命。

1935年秋，韩练成由蒋介石特批，进入陆军大学特别班第三期深造，与冯玉祥等120名将官学员同窗3年。在这里，他结识了桂系军阀白崇禧的副官石化龙。石多次将韩介绍给李宗仁和白崇禧，劝说他们重视这位战将。

1937年，全国抗战爆发，白崇禧推荐韩练成担任第五战区司令长官李宗仁的高级参谋，并指派其为李、白两人与各方联络的军事代表。已被蒋介石钦点列入黄埔系的韩练成，此时进入以李宗仁、白崇禧为代表的桂系。

8月中旬，韩练成陪同白崇禧会晤在南京参加国民政府最高国防会议的周恩来、朱德、叶剑英等中共高级将领，商谈合作抗日等问题。白崇禧向周恩来等人介绍韩练成："北伐时，他是我们东路军的骑兵集团司令，跟我一直打到山海关。"韩练成对曾任黄埔军校政治部主任的周恩来和军校教授部副主任的叶剑英久仰大名，如今见面，感到非常亲切。像其他黄埔系军官一样，韩练成对周恩来、叶剑英敬礼，尊称为"老师"。这是叶剑英与韩练成的首次见面相识。

9月23日，经过国共两党代表六次正式谈判，蒋介石发表《对中国共产党宣言的谈话》，承认中国共产党的合法地位，以国共合作为基础的抗日民族统一战线正式形成。

1938年初，侵占南京的日军北渡长江，侵占济南的日军南渡黄河，8个师团5个旅团约24万人以徐州为目标，北南对进，津浦路一线大战在即。

3月上旬，国民政府军事委员会政治部副部长周恩来、第十八集团军参谋长叶剑英，由韩练成联络、安排，会见奉命到徐州协助李宗仁指挥作战的白崇禧，商讨津浦路作战方案。会见中，白崇禧告诉周恩来、叶剑英："韩练成刚刚任了第十六集团军一七师副师长兼五八旅旅长，还是我们的联络代表。如果贵军在广西有什么事情，请不必客气。德公在，我在，找我们，我们不在，找他。"会见后，韩练成赶往广西就职。

3月22日，日军第十师团兵至台儿庄，被沿运河而防的孙连仲部强力阻击，激战及旬，4月7日，歼灭日军精锐部队近2万人，取得"台儿庄大捷"。

1940年3月初，蒋介石在重庆召开各战区军以上参谋长会议。韩练成作为第十六集团军副参谋长出席，与第十八集团军参谋长叶剑英座位相邻，交谈甚欢。会上，蒋介石把冬季攻势失败的责任全推到十八集团军身上，说十八集团军“游而不击”，“破坏抗战，制造摩擦”。随后，国民党有几个战区和集团军的参谋长相继发言，大肆攻击八路军。3月8日，针对国民党的种种恶意攻击，叶剑英在发言中以大量事实详细说明十八集团军抗日是坚决、积极和英勇的，并以具体事实证明华北敌后的摩擦问题，错误完全在国民党军队。叶剑英的发言有理有据，使韩练成等许多人心悦诚服。

1941年1月4日，“皖南事变”爆发，这对韩练成刺激极大。他不愿意在民族抗战的关键时期，看到他正在追随的白崇禧积极参与反共。“皖南事变”后，叶剑英从重庆返回延安，任中共中央军事委员会参谋长兼十八集团军参谋长，与韩练成的接触就比较少了。

让周恩来大吃一惊的“接头人”

1942年2月，韩练成升任第十六集团军参谋长，晋升中将军衔。不久，国防研究院在重庆成立，蒋介石兼任院长，指名调韩练成为第一期研究员。

1943年5月，韩练成从国防研究院毕业，被蒋介石调入国民党军事委员会委员长侍从室担任高级参谋，同时担任参谋总长办公室参谋组长。由于中原大战救蒋有功、军衔较高等因素，韩在侍从室内的地位比一般的参谋要高一些，也被人称为“组长”。蒋曾亲自介绍儿子蒋经国、蒋纬国与韩认识，他们称韩为“师兄”，韩自然而然地成为蒋介石的亲信将领，在大批黄埔将领中也建立起牢固的关系。后来当蒋纬国得悉韩练成的真实身份时，感到非常震惊，认为这是“隐藏在老总统（蒋介石）身边时间最长、最危险的共谍”。（韩兢《“要党员不要上将”的韩练成》，《百年潮》2005年第7期）

6月，经过缜密的考虑，韩练成委托无党派人士周士观通过周的女婿、中共地下党员于伶安排了与周恩来的第一次单独会面。

由于与周已不是初次见面，又有“黄埔师生”关系，谈话直入主题：韩练成向周恩来简要介绍了自己的经历，谈了自己对当前军事、政治形势的看法，明确表示要投身革命，要求加入共产党。周恩来则谨慎地表示，目前国共合作，共产党不在国民党内部、国军上层发展党员，希望韩在国统区，在蒋、桂高层好好工作，为国家、为抗日统一战线作贡献。在谈话就要结束，准备分手时，周突然问：“韩参谋长，你是桂系将领，刚才你说在西北军为焕公（冯玉祥）解围，是怎么回事？”韩介绍了他与冯的渊源，周又问：“那么，‘四一二政变’前后，你也在西北军了？有一位，也姓韩，叫韩圭璋的人，你认识吗？”韩练成惊呆了！半晌才说：“我就是韩圭璋。”周恩来也吃了一惊：“你就是？”周告诉韩，他是从刘志丹处知道韩圭璋的。

从此，韩确定了与党的同志关系，开始了在周恩来直接领导下的秘密工作。韩严格遵照周恩来的指示：从整体战略高度，以人民解放事业的大战略为目标，直接参与制定或影响国民党的既定战略；除了周或周本人指定的王若飞、董必武、李克农、潘汉年之外，绝不接触党的其他地下组织及党领导下的各种武装力量。

1944年7月，韩练成调回广西，任第十六集团军副总司令兼参谋长，在多次军事会议上，与第十八集团军参谋长叶剑英座位相连，互通情况更为方便。

1945年2月，在蒋桂两方面都深受信任的韩练成被任命为第四十六军军长。9月，韩练成率部渡过琼州海峡，兼任海南岛防卫司令官，接受日军投降。同时，他还得到蒋介石的密令，让他消灭那里的一切共产党领导的军队。

到海南前夕，韩练成接到周恩来的亲笔信：“现在只能运用你个人的影响和你手中的权力，在无损大计的前提下，尽可能保护琼崖党组织的安全，并使游击队不受损失或少受损失。注意！从实际出发，能做多少，做多少，由你酌定。”（韩练成《回忆在海南的一段经历》，《广东党史资料》第5辑，广东人民出版社1985年版）

在此期间，蒋介石曾多次派何应钦、宋子文、张发奎等人到海南岛视察，当面催促他安排“剿共”，但韩练成都以种种机智而充足的理由搪塞过去，尽量保护那里的共产党人。

莱芜战役关键时刻，他去了哪里？

1946年10月上旬，时任国防部部长的白崇禧调韩练成的整编第四十六师（即原第四十六军）在上海吴淞口登陆，表面上是负责警备宁沪线、策应江北、保卫南京，实质却是想将大别山区的桂系势力与其连在一起，等待时机，对蒋逼宫。

在上海停留期间，韩练成在白崇禧公馆与中共代表团成员董必武会晤，向董必武报告了蒋介石主持召开的最高作战会议关于发动全面内战的战略计划，以及对西北、山东两个主要战场的战略部署。当时，韩练成按照国民党当局的命令，正准备率整编第四十六师调到山东莱芜一线。他遵照周恩来的指示，专程从南京赶到上海，找董必武请示到山东后的行动方针。董必武向韩练成传达了中共中央关于坚决粉碎国民党反动派军事进攻的指示，交代了任务以及与华东野战军联系的办法。8日，董必武电告陈毅、张云逸、黎玉，韩练成已从华南调山东，不愿内战，请派人与之联系。（《董必武年谱》，中央文献出版社1991年版）

1946年底，韩练成率领整编第四十六师被调至山东战场参加进攻解放区。华东野战军党组织很快就与韩练成接上了关系。陈毅为了便于与韩联络，派魏文伯、舒同化妆潜入韩部，作为党组织与韩练成的秘密联络人。

1947年1月，国民党军队分南北两线展开攻势，企图同华东野战军主力在沂蒙山区决战。韩部整编第四十六师刚换上美式装备，是北线李仙洲集团的王牌军之一。华东野战军准备在运动战中诱歼李仙洲集团于莱芜一带，希望韩练成能发挥内应作用。由于蒋介石与桂系的矛盾，李宗仁和白崇禧指令韩练成避免牺牲，保存实力，这就为韩配合中共提供了方便。华野司令部随即派了杨斯德、解魁到韩部潜伏，一个当秘书，一个当高级情报员，暗中协助韩练成。

当韩部被解放军分割包围之初，韩练成本应率部起义，但情况有变，韩无法操控部队阵前倒戈，于是只好按照预先与中共方面约定的

“第二方案”实施。韩在战斗惨烈进行的关键时刻，突然率领12名亲信离开指挥岗位，使该军陷入混乱状态，造成全线动摇。战役全面打响后，华野的几个纵队一块出击，从莱芜到口镇这片狭窄土地上，不到两小时，李仙洲的几万大军就被歼灭殆尽，李仙洲、韩浚等21名将级军官全部被俘。这就是当年震动南京朝野的莱芜战役。时任国民党山东省政府主席、第二绥靖区司令王耀武得知消息后大为震惊，骂道：“5万人，不知不觉三天就被消灭光了。老子就是放5万头猪在那里，叫共军抓三天也抓不完！”

关键时刻，韩练成到底去了哪里？这困扰了李仙洲26年。1973年，李仙洲获特赦后，还是周恩来总理给他解开了这个谜团。

陈毅后来高度评价韩练成的贡献，并说：“莱芜战役第一功，应是恩来同志和董老。”韩练成在其中发挥的作用，已载入史册。（新华社发表的华东前线战报中唯独不提韩练成，实际上是为了配合韩练成继续潜伏。）

1948年10月下旬，韩练成因身份暴露，在老朋友周士观的安排下，秘密从上海乘飞机转道香港，几经辗转，到达当时中共中央所在地西柏坡。西柏坡的小砖房里，毛泽东在欢迎韩练成的简单家宴上愉快地说：“蒋委员长身边有你们这些人，我也调动得了国民党的百万大军哪！”

不久，中共中央决定韩练成到西北工作，担任第一野战军副参谋长。随后，担任西北军政委员会委员。

“要党员不要上将”

1950年1月，时任西北军政委员会副主席的张治中曾当着彭德怀、习仲勋的面说：我问过周总理，韩练成“是蒋身边的红人，并非常人从表面上看到的‘杂牌’军人，也不是受排挤、没出路的人，这样的人为什么也会跟共产党走？”周答：“这正是信仰的力量。”（韩兢《“要党员不要上将”的韩练成》）

1950年5月，受周恩来的委托，经西北军区副司令员张宗逊、副政治委员兼政治部主任甘泗淇介绍，韩练成加入了中国共产党，终于实现了20多年来的入党夙愿。

1951年1月，中国人民解放军军事学院在南京成立。学院初创之际，刘伯承院长广罗人才，聘请郭汝瑰等上百名原国民党军队起义、投诚的高级将领到军事学院任教。曾在南京陆军大学深造、在重庆国防研究院做过研究员的韩练成，虽然远在兰州，也被刘伯承院长“收入囊中”，邀请他为军事学院做了部分教学研究工作。韩练成对刘伯承的兵学造诣非常钦佩，欣然从命，将自己多年研究成果全盘托出。刘伯承则对韩练成撰写的“合成军队”、“瘫痪战略”、“训练基地”、“军官养成”等学术论文颇感兴趣，认为很有创意。

1955年9月27日，中国人民解放军授衔典礼仪式在北京中南海怀仁堂举行。叶剑英被授予中华人民共和国元帅军衔，韩练成被授予中将军衔。

在评定军衔过程中，叶剑英和韩练成均要求低评一级，表现了高风亮节。当时，中央议定，中央军委委员一律评为元帅。叶剑英因病没有参加中央军委召开的讨论军衔问题的座谈会，当他看到彭德怀、罗荣桓给毛主席的报告时，作了注明：“我诚恳请求，我最多摆在大将的军衔上。这是历史的定评。”（郭志刚《关于新中国元帅军衔的评定问题》，《军事历史》2007年第1期）韩练成时任兰州军区第一副司令员，授衔前，周恩来曾征求他的意见：根据他的坎坷经历和条件、贡献，如果按起义的国民党军长对待，可考虑授予上将军衔，但若按他的入党时间和当时的职务，将被授予中将军衔。韩练成明确表态：“和平建国，我就该功成身退了，还争什么上将、中将？何况，你是最了解我的人，我是什么起义将领？再说，我干革命本来就不是为着功名利禄。”韩坚持按自己入党时的职务、级别，接受中将军衔，不仅没有接受起义将领的授衔待遇，对发给他的按起义将领对待的奖金，连看都没看就一次性地交了党费。

1960年，取代彭德怀担任国防部部长的林彪开始推行“政治挂帅”、“四个第一”、“三八作风”，韩练成的学术思想和“旧军人作风”显得不合时宜，因而在军事科学院受到重点批判。在这次批判中，凝聚他多年心血的关于国防现代化、正规化的大部分手稿被拿去“分析”、“批判”，以致散失。他一怒之下，将其余手稿付之一炬。若干年后，每每提起这把火，他都痛惜不已。

晚年无意复出

1966年“文革”爆发后，韩练成感到很不理解。1967年春，当陈毅、叶剑英等元帅拍案而起“大闹怀仁堂”，对林彪、江青进行针锋相对的斗争，被打成“二月逆流”时，韩练成十分同情和支持“三老”（李富春、谭震林、李先念）、“四帅”（陈毅、叶剑英、徐向前、聂荣臻）。1967年7月，他写《蜀葵》一诗，寄托自己对老帅们的思念之情。他在序中说：“连日骤风暴雨，园中群芳零落，唯蜀葵独立挺拔，感而有作，远怀陈总。”

林彪事件后，中央决定由叶剑英主持中央军委工作，在陕西临潼干休所的韩练成得知消息后，与被贬黜在临潼任装甲兵副司令员的程世才等人畅饮相庆。

1978年2月，韩练成作为军队特邀委员出席第五届全国人民政治协商会议，当选为全国政协常委。在此前后，全国人大常委会委员长叶剑英曾多次直接或间接地向韩练成发出“廉颇老矣，尚能饭否？”的问询，韩练成无意复出，以诗词代言寄达叶帅，有《中秋夜坐偶得（兼答叶帅）》一首：

年年秋雨送秋光，今夜天晴净夜长。
老去时逢新际遇，梦回屡省旧词章。
身闲不觉人心险，风疾犹闻桂子香。
绣女炫工她自得，庸才碰壁我何妨？
早惊白发羞看剑，肯为浮名斗巧妆？
吟罢哑然无说处，半窗落月照清凉。

韩练成晚年虽年事已高，但仍十分关心国家的和平统一大业，特别怀念台湾的亲朋故旧，渴望祖国早日实现和平统一。

1984年2月27日，韩练成走完了传奇的一生，终年76岁。胡耀邦、叶剑英、邓小平等中央领导人对其一生作出了高度评价，他长期的“隐形将军”身份，也逐渐公开。

（作者系文史学者）

原载于《同舟共进》2011年第6期

青年蒋经国为何加入苏共

何仁勇

1925年10月，上海江湾港口。悠长的汽笛声中，一艘苏联货轮缓缓驶出长江口。甲板上站着一群十几岁的年轻人，他们望着逐渐远去的港口，唱起了《国民革命歌》和《国际歌》。激昂的歌声在深秋的风中飘扬……

这群将要经海参崴乘火车前往莫斯科的年轻人，是孙中山改组国民党后，根据新三民主义（联俄、联共、扶助农工）政策，派往苏联的留学生。里面有几个应该记住的名字：一个叫张锡媛的美丽姑娘，一年后成为邓希贤的恋人。邓希贤的另一个名字，是邓小平。另外一个操着安徽口音的18岁青年叫陈绍禹，他也另外有一个名字，王明。此外还有邵力子的儿子邵志刚，冯玉祥的儿子冯洪国和女儿冯弗能，于右任的女儿于秀芝等。

不过，这里面还有一个不应被忽视的年轻人——蒋经国。这位注定将在中国近现代史留下深深足迹的年轻人，当时只有15岁，也只有一个身份——黄埔军校校长蒋介石的大公子。

听邓小平讲巴黎的故事

1925年11月，这群年轻人在寒风凛冽中抵达冰天雪地的莫斯科中央车站。随后，全部进入莫斯科中山大学学习。校方给蒋经国取了个俄罗斯名字——“尼古拉·维拉迪米洛维奇·伊利扎洛夫”。这个名字蒋经国一直用了12年。

在网上可以找到蒋经国少年时的照片，方脸，短发。由于蒋介石管教很严，蒋经国脸上总有一缕拘谨的神态。但不知道是不是因为遗传的原因，蒋经国对政治有着天生的热情。早在上海读书时，他就在五卅运动中担任学生领袖，发动群众抗议日本帝国主义。学校当局以“思想危险、行为越轨”为由，将他开除。那年夏天，蒋经国又来到广东，探望身为黄埔军校校长的父亲蒋介石。在校园里，他遇见许多来自苏联的学生，感到“只有俄国人才是中国的真正朋友”。

留苏的蒋经国积极参加学校的政治运动。尽管离开上海之前，蒋经国已经正式加入了国民党，可他更喜欢跟共产党员打交道，并且先后加入了中国共产主义青年团和俄共青年团。他写了一篇文章叫《革命必先革心》，鼓吹“在中国建立起苏维埃政权”。这一篇蒋经国留苏期间最早留下的文字记录，被莫斯科中山大学贴上布告栏《红墙》。校方十分欣赏这篇文章，将这位年仅15岁的作者拔擢为《红墙》的编辑。

1926年春天，蒋经国所在的班级多了一位来自法国巴黎的插班生。这位插班生比蒋经国大5岁，来到莫斯科之前已在巴黎留学5年——他叫邓希贤，来到莫斯科中山大学后，被校方取了俄国名字伊凡·舍吉维奇。由于他爽朗活泼、爱说爱笑，富有组织能力和表达才能，得到了“小钢炮”的外号。

蒋经国身材不高，邓小平比他还矮。两人因形体相似，倍觉亲近，交情一直不错，经常在黄昏时到莫斯科河边散步。蒋经国对邓小平在巴黎的经历很感兴趣，向他了解情况（蒋经国留学首选目标其实是法国，后来改变了主意）。邓小平就写了几篇文章，记录了他在巴黎勤工俭学的经历，交给蒋经国编辑的《红墙》发表。

1927年，邓小平回国，受中国共产党派遣，到冯玉祥的国民联军所属西安中山军事学校工作，任政治处处长、学校中共组织的书记。那时，正是中国局势大震荡的前夕。

与蒋介石断绝父子关系，仍被苏联扣押

蒋经国在莫斯科中山大学的最初一段日子过得还不错。大约1926

年底，处于16岁青春期的蒋经国有了一段罗曼史，他和冯玉祥的15岁女儿冯弗能坠入情网，不久又结了婚——当时在莫斯科，结婚是很简单的事，甚至根本不必办理婚姻登记，男女双方情投意合，同居在一起就行了。在大龄男光棍成堆的中山大学，这还真是个奇迹——尤其对蒋经国这种其貌不扬的男人来说。

但平静而浪漫的生活很快就被来自国内的风波打断。

1927年“四一二”政变爆发，消息很快传到了苏联。莫斯科中山大学的中国学生立刻召开会议，声讨蒋介石叛变革命的行为。满腔怒火的蒋经国在讲台上抨击蒋介石是“叛徒”、“杀人凶手”。不久，蒋经国又在苏联《消息报》发表给父亲的公开信：

蒋介石的背叛，并非意外，当他口头颂扬着革命的时候，已渐渐地开始出卖革命，一心想和张作霖、孙传芳共流合污。他的革命事业，已经结束了。就革命而言，定了死刑。背叛了革命，从此他是中国工人阶级的敌人。过去他是我的父亲、革命好朋友。去了敌人的阵营，现在他是我的敌人。

“四一二”政变意味着国共第一次合作的终结，也意味着中国国民党与苏联当局的蜜月走向了尽头。第三国际东方部和苏联当局采取报复政策，一面解散“国民党旅莫支部”，一面大量驱逐中国学生离境。很快，国民党籍的学生几乎全部被清退并遣返回国。滞留在莫斯科的大部分是共产党员。

虽然蒋经国发表公开信断绝与蒋介石的父子关系，但苏联当局并不打算让蒋经国回国，几次驳回了他的回国申请。苏方认为，“让蒋经国回国，他一定会成为蒋介石的得力助手”。蒋经国成了“人质”。

此时的蒋介石一定在后悔。在发动“四一二”政变之前，他的保密工作做得太好，甚至都没有通知自己的长子，导致长子成为留学苏联最久的人。

“革命夫妻”闪婚闪离

冯弗能是冯玉祥的大女儿，俄文名字叫“妮芝达诺娃”。这是一位美丽的少女，不过对政治的兴趣远远比不上蒋经国。她也很少参加社会活动。因此，蒋经国不少思想激进的朋友都认为，冯弗能不配做他的妻子。

“四一二”政变，让蒋经国和冯弗能面临两难选择。

冯玉祥与苏共的关系一度很好，1926年，冯玉祥被张作霖与吴佩孚联军打败，还奔赴苏联“考察”了三个月，受到了在苏联留学的中国学生的热情欢迎。“四一二”政变后，冯玉祥于1927年6月宣布与蒋介石合作，与苏共断绝关系。苏共中央立即通过莫斯科中央大学的共产党支部，要求冯弗能与冯玉祥划清界线。没料到，冯弗能坚决不愿与父亲反目。在政治和亲情面前，她选择了亲情。

冯弗能要求返回中国，并试图影响蒋经国与她同行，蒋经国拒绝了。不仅如此，蒋经国还在1927年7月向莫斯科中山大学党委会写了一封自白书，宣布断绝与冯弗能的夫妻关系。他在自白书里声称，“她想对我加工(改革思想)，我也曾对她加工”。暗指冯弗能是国民党派来监视、影响他的。这显然是无中生有之说，但话说到这份上，可见蒋经国之决绝。

1928年5月25日，冯氏兄妹终于获准回国。此后，蒋经国与冯弗能终生不复相见。

抗战胜利后的1945年冬天，蒋经国曾去过一次苏联，商议国共和谈、外蒙古独立等事宜，并两度与斯大林会谈。会谈间隙，蒋经国来到莫斯科河滨散步。夕阳西沉，河边人影憧憧。这正是当年黄昏后，他和冯弗能散步温存的地方。旧地重游，但已物是人非。蒋经国心头涌起的，想必还有那么一缕惆怅吧？

蒋经国不知道的是，这时，冯弗能已另嫁他人，跟蒋经国一样，也住在南京。

加入苏共，因表现太好惊动斯大林

虽为“人质”，苏联当局对待蒋经国堪称“优待”。从莫斯科中山大学出来后，蒋经国先在莫斯科军事特种技术学校进修，半年后被保送进入列宁格勒托玛卡红军军政大学学习。

这是正规军事学府，专门为苏联红军训练优秀的军事指挥官。与莫斯科中山大学不同的是，这里上课不用翻译，课程偏重军事技术。另外，学校除了教军事之外，同时教政治。

蒋经国在日记中写下对军队政治思想工作的心得：

党的工作对象是党员群众，军事政治工作对象为非党员群众，党对两机关的政治工作，必须互相发生关系，所执行的政治路线是相同的。我们共产党在军队中就是唯一的领导者。在每军、师、旅、团中皆有共产党代表，他的权力与军官相同。军部命令如不经过党代表签名不能有效，连部中政治指导员制度，他的任务完全与党代表相同。在国内战争时期中，党代表除作宣传训练工作外，尚有检查及监视军官命令正确与否的责任。

这种体会是很深刻的。1950年，败退台湾的蒋介石总结教训，结论之一就是政治思想工作搞不过共产党。因此，由蒋经国接手，把以前的国军政工局改组为国防部总政治部。“于是海峡两岸，标榜的主义迥异，控制军队的方法雷同”，《蒋经国传》的作者江南如此评价。

1929年12月，蒋经国申请加入苏联共产党。为了表示坚定的立场，他还一度在苏联报纸上发表声明，如果将来有机会碰到蒋介石，要“给他和他的党羽严酷的惩罚”。12月15日，蒋经国被接受为第四类布尔什维克党员。所谓第四类，指的是“人民敌人”的子女。这说明他是被作为特殊情况处理的。

1930年，蒋经国曾有一次机会回国。那时，他以全班第一名的成绩从军政大学毕业。校方在他的个人档案里如此评论：“非常聪明、忠诚，是全校最优秀的学生。”蒋经国的表现太好，以至于惊动了斯大林。斯大林指示苏共中央有关部门与中共驻共产国际代表商议，准备把蒋经国派回中国，参加中共领导的红军。但是，中共驻共产国际代表拒绝了斯大林的建议。这就让蒋经国第一次回国的机会成了泡影。他再度请求到红军工作，这个请求也落了空。

与王明发生冲突，被下放劳动

从军政大学毕业后，蒋经国进入莫斯科郊外的狄拿马电气厂实习。后来，因为卷入苏共的“托派”之争，他被送至一个叫石可夫的集体农场劳动。

托洛茨基在斯大林等人的排挤下，逐步退出权力核心，甚至被开除出联共中央。1927年11月7日，著名的红场事件发生后，“托派”被定性为反党、反苏维埃和反革命组织，成了被严厉打击的对象。1929年，苏共更是针对“托派”发动了一场残酷的清党运动……

蒋经国在莫斯科中山大学读书时，曾经加入过“托派”组织。后来，为了进入军政大学学习，他退出了“托派”。不过，厄运并未因此放过他。

1931年，已经是中共驻共产国际代表的王明来到苏联，无意中碰到蒋经国。在一次会议上，不知出于什么状况，率性的蒋经国批评了王明，王明很生气，后果很严重。他提出要对蒋经国严加惩处。蒋经国不甘受罚，以身体原因提出申述。好在苏共中央出于政治斗争需要，对蒋经国采取了保护措施，只是把他安排到莫斯科郊外石可夫集体农场劳动。第二年，他被送到西伯利亚的的阿尔泰地区做工。

1931年前后，是蒋经国在苏联最难熬的时光。当时，苏联发生了“大饥荒”，消费品奇缺。半生追随蒋经国的谋士王升，曾经记载蒋经国这段近乎传奇的生活经历——那时候，蒋经国常常身无分文，甚至还讨过饭。一次，发现一家餐馆后面有一条地沟，里面漂浮着一层油水，饿昏了的蒋经国把油水舀起来，装在罐子里，回去之后烧着吃。还有一次，蒋经国生病倒在路上，幸亏一个叫“小彼得”的要饭孩子，把每天讨来的饭送给他吃，救了蒋经国一命。后来，“小彼得”死了，蒋经国还写过一篇文章《永远不要挂起白旗》，纪念这位患难之交。

这之后，蒋经国先后做过斯维尔德洛夫斯克一家重型机械厂的技师、助理厂长，以及当地《重工业报》的主编。1935年，蒋经国与这家工厂的女工、白俄罗斯姑娘芬娜（后改名蒋方良）相恋、结婚，同年12

月生下长子蒋孝文，次年得一女蒋孝章。

“西安事变”促使蒋经国回国

在苏联的每一天，蒋经国都未放弃回国的努力。在斯维尔德洛夫斯克，他曾经通过一个名叫陈甫玉的华侨带信给蒋介石。遗憾的是，陈甫玉在距离中苏边境只有几里的赤塔被捕。

与此同时，思子心切的蒋介石也在想办法把蒋经国营救回国。他在1934年2月13日的日记中说：“今日者母亡家破，子散国危。若不奋勉，何以对先人？何以见后嗣？勉之！”8月15日的日记中说，“近日病中，想念两儿更切，甚望其能继余之业也”。

1936年12月，张学良发动“西安事变”，扣留了蒋介石。在这之后，共产国际负责人季米特洛夫致电中共中央，主张“用和平方法解决”。12月19日，中共中央召开政治局会议，确定和平解决事变的方针。蒋介石两次见周恩来时也答应，只要红军听命国民政府，接受统一指挥，他“不单不进剿，且与其他部队一视同仁”。国共双方“一笑泯恩仇”，以“西安事变”的和平解决为标志，展开了历史上的第二次合作。

“西安事变”发生戏剧性转变，在一定程度上缓和了中苏关系。苏联当局对蒋经国回国的态度也发生了戏剧性变化。

1936年11月上旬，苏俄驻华大使通过第三者向蒋经国传达，“经国可以回国”。1937年3月10日，季米特洛夫把蒋经国叫来莫斯科。中共驻莫斯科代表团向他表示，他很快就可以回到中国，但首先要写一个声明，保证回到中国后不跟中共作对，也不能站到托派一方。3月25日，蒋经国到中国驻苏大使馆领取护照，向蒋廷黻大使辞行。同日，季米特洛夫邀蒋经国到自己家里，对他说：“请转告令尊蒋总司令，共产党已经诚意决定和国民党联合。”

25日下午2时，蒋经国携妻子离开莫斯科，由中共驻共产国际代表康生陪同，乘火车经海参崴回国。在快车上，蒋经国给季米特洛夫写信称，“我在旅途中向您致以最热忱的布尔什维克的问候，您的全部指示都将完成”。目前尚无证据显示，季米特洛夫究竟给了蒋经国哪些指示。想来无非是让他回国后，搞好国共关系，动员蒋介石积极抗日云云。

蒋经国还在路上时，蒋介石就释放了在上海逮捕的苏联特工站站长“雅柯夫”。

耐人寻味的是，蒋经国回国前，还最后一次向苏共中央投书表白忠于斯大林，同时秘密告发了斯维尔德洛夫斯克市和工厂同事的“反党言行”。据称，当蒋经国从莫斯科乘火车途经斯维尔德洛夫斯克市的时候，他的这些同事还赶到车站为他送行……

小蒋终其一生的“赤化”烙印

回到中国，并没有想象中父子相见、无语凝噎的动人场景。蒋介石甚至好几天没有召见这位12年没有谋面的长子。

“你现在还是共产党员，而且还写信骂他，你必须先写信给他，向他报告，你已经不是共产党员，希望加入国民党”，对蒋介石心态一清二楚的陈立夫提出建议。

于是，蒋经国写了封信，拜访国民党元老吴稚晖，并请他转交蒋介石。吴稚晖向蒋介石转述了蒋经国在苏联的12年留学经历，一番动之以情、晓之以理之后，蒋介石被说服了，终于肯接见长子，安排在杭州市的国民政府主席别馆进行。一进门，蒋经国就向父亲跪下，三叩首。他以如此独特的方式，表达与过去12年彻底决裂的态度。

蒋经国说到做到。一方面，在这之后，他不再是苏联共产党员“尼古拉”同志。相反，他以坚决的“反共”立场，出现在中国政坛。另一方面，不管是在书信还是在日记中，蒋经国都极少提及留苏经历，12年的风风雨雨被他封进了记忆，绝不轻易示人。

但即使如此，12年留学苏联的经历，苏联政治、经济、文化潜移默化的影响，并不是他想忘就能忘的。甚至终其一生，蒋经国的为人行事，都带着深深的“赤化”烙印。

1940年10月1日，江西赣州群乐大戏院内，刚刚年满30岁的蒋经国对着赣南十一县的县长、秘书、参议会议长、社会贤达等慷慨陈述其

"三年计划"，"我们在三年之内，要办331个工厂，要开垦2万亩荒地，要办314个农场，要建筑995个农业示范区，要成立3000个合作社，要建筑6043个水利工程，要开辟321个果园，要建筑259个新校舍……"

蒋经国要在3年内，将赣南建成一个"人人有工作，人人有饭吃，人人有衣穿，人人有屋住、人人有书读"的新社会。此时，离他受蒋介石任命，履新江西第四区行政督察专员一职不到4个月。

很显然，这不过是苏联"五年计划"的照搬照抄。

"三年计划"只是经济上的影响，事实上，政治上的影响更为深远。蒋经国认为，一个治理国家的领导人必须两条腿走路——计划经济与秘密警察。前者可以抓住民心，后者才能抓稳政权。他曾写信告诉蒋介石，斯大林为了提防内部反对势力图谋不轨，无情地枪决了八大红军将领。蒋经国在信中表达了这样的观点：打胜仗需要千军万马，但如果敌人在领导人身边埋藏一两个奸细，就可以打败这千军万马。

说到这里，我们或许可以大致明白，为什么蒋经国在回国之前，还要向斯大林秘密告发自己的同事和朋友。

1947年2月，蒋经国向蒋介石提出了"特种监察网组织计划"。该计划集中央调查统计局、保密局、国防部第二厅、宪兵司令部、首都警察厅、交通警察总局六个情报机构的权力于一身，如果蒋介石接受了这项构想，那么蒋经国将取代戴笠，成为新一代更有实权的特务首脑。

不过，因为内战的原因，该计划被蒋介石无限期搁置下来。1950年3月，被赶到台湾的蒋介石任命蒋经国担任国防部总政治部主任和总统府资料室主任（后改为"国家安全局"）。前者是军队中的政治机构，后者则是"特种监察网组织计划"的变体。直到1988年去世，蒋经国都是"国家安全局"的实际领导。

应该指出的是，蒋经国在去世前解除了实行38年56天的"戒严令"，并开放了"党禁"和"报禁"，从而大大推动了台湾民主进程——这可能是他唯一并非在苏联学到的东西。

（作者系文史学者）

原载于《同舟共进》2012年第8期